ARTIFICIAL INTELLIGENCE
101 Things You Must Know Today About Our Future

인공지능:

미래를 위해 반드시 알아야 할 101가지 사항들

저자 라세 로우하이에넨
역자 임세헌

도서출판 청람

저자 서문

내가 17살이었을 때, 나는 TV 퀴즈쇼에서 컴퓨터가 세계 체스 챔피언인 게리 카스파로프(Garry Kasparov)와의 경기에서 이겼다는 소식을 들었다. 이 사건은 1996년 IBM이 개발한 딥 블루(Deep Blue)라는 컴퓨터에 의해 일어난 사건으로, 나에게 큰 흥미를 가져다주었지만, 반면 여전히 컴퓨터가 생소한 분야라는 생각을 들게 하였다. 또한 이 사건은 나에게 컴퓨터가 하는 업무처리가 이전 인간이 수행하였던 업무처리 방식보다 뛰어난 성과를 가져다줄 것이라는 것을 알려주었다.

이전에 컴퓨터 사이언스(computer science) 분야는 나의 관심을 끌지 못했지만, 이 사건이 일어난 순간부터 나는 컴퓨터 사이언스 분야의 인공지능에 대한 다양한 뉴스에 관심을 갖게 되었다.

지난 10년 동안 나는 소셜 미디어와 디지털 마케팅에 관한 많은 국제 강연과 세미나를 해왔다. 이러한 이유로 내가 하는 일의 중요한 부분은 기술 동향을 파악하고, 빅테크 기업들의 미래 계획을 돕는 것이다.

최근 몇 년 동안 나는 인공지능이 소셜 미디어에서 점점 더 중요한 역할을 하고 있다는 것을 깨닫기 시작했다. 그 당시에 구글, 페이스북, 아마존과 같은 모든 빅테크 기업들은 그들의 제품과 서비스에 인공지능을 위한 애플리케이션을 연구하고 개발하기 시작했다. 이것은 나의 호기심을 자극했다. 나는 그 이후로 인공지능 분야의 발전을 면밀히 추적하였다.

2016년, 내가 '교육의 미래(the future of education)'에 대한 책을 집필하

던 중 나는 인공지능이 교육을 개선하는 데 이용될 수 있는 것을 발견하고 놀랐다. 이것은 분명히 다른 분야에도 적용될 수 있다. 비록 인공지능이 다양한 분야에서 효율성을 개선시킬 수 있는 잠재력을 가지고 있었지만, 이에 대한 정보는 많지 않다.

동시에 내가 대학교 수업에서 인공지능을 가르치고, 인공지능이 사회에 어떤 영향을 미칠지 가르치는 동안, 나는 학생들이 인공지능을 공부하는 데 많은 관심을 가졌다는 것을 깨달았다. 이와 같은 일은 로스앤젤레스, 세비야, 헬싱키에서 열렸던 콘퍼런스에서도 일어났다. 콘퍼런스 참석자들은 인공지능과 그것이 앞으로 가져올 극적인 변화에 대해 큰 호기심을 보였다. 이 모든 것들은 내가 인공지능 주제를 지속적으로 연구하고, 궁극적으로 이 책을 집필하는 데 용기를 주었다.

또한 내가 인공지능에 대해 보고 있던 미디어에서는 로봇이 우리의 모든 일을 맡을 것인지, 아니면 언제 인공지능이 인간보다 지능적으로 운영될 것인지와 같이 선정적인 내용을 다루었다. 하지만 나는 인공지능이 우리의 일상생활에 어떤 영향을 미칠지에 대한 실질적인 정보는 거의 보지 못했다. 이것은 내가 이 책을 쓰기로 결심한 또 다른 이유가 되었다.

내가 이 책을 쓰는 주된 목표는 인공지능과 그것이 세계에 미칠 수 있는 영향에 대한 다양한 관점을 여러 사람들과 공유하는 데 있다. 나는 인공지능의 미래 영향이 우리 시대의 가장 중요한 문제라고 믿는다.

다가오는 미래에 우리는 인공지능을 이용함으로써 대부분의 업무를 보다 잘 처리하고, 보다 빠르게 처리하고, 보다 저비용으로 처리하게 됨으로써 인공지능의 놀라운 혜택을 누릴 것이다. 이러한 세상은 곧 현실화되겠지만, 그 혜택과 함께 중대한 도전이 올 것이다. 우리는 인공지능의 활용에 따른 중대한 도전에 대비해야 할 것이다.

2020년 COVID-19의 세계적 대유행은 우리의 삶과 우리가 살고 있는 세상을 영원히 바꾸어 놓았다. 이러한 역사적 변화는 우리가 일을 하고, 여행행할 수 있게 해주기 때문에 많은 사람들이 일자리를 잃게 될 것이다. 당신은 인공지능이 얼마나 많은 일자리를 잃게 하고, 어떤 종류의 직업이 로봇으로 대체될 것인가와 같은 질문들에 대한 대답을 포함하여 인공지능이 사회에 어떤 영향을 미칠지에 대해 학습하게 될 것이다. 5장에서는 인공지능에 의해 영향을 받을 수 있는 직업을 가진 사람들을 돕기 위한 실용적인 조언을 제시하였다. 예를 들면, 미래의 잡마켓에서 어떤 기술이 가장 가치 있는 기술인지를 설명하였고, 더불어 인공지능이 시대에 새로운 사업을 시작하는 방법을 설명하였다.

머지않은 미래에 거의 모든 차량은 자율주행이 가능하게 될 것이다. 6장에서 당신은 자율주행차의 장점과 단점을 포함하여 우리가 살아가는 방식을 영원히 변화시키는 기술에 대해 학습할 것이다. 또한 당신은 자동차 회사들이 이러한 변화에 어떻게 대비하고 있고, 다양한 국가의 자율주행차 시험에 대한 해답을 찾을 수 있을 것이다.

7장에서는 로봇이란 무엇인가? 로봇에는 어떤 종류가 있는가? 로봇과 관련된 윤리적 문제는 무엇인가? 등 로봇에 대해 일반적 질문에 대한 해답을 학습할 것이다. 또한 이 장에서는 로봇에 관련된 가치 있는 자원에 대해 설명할 것이다.

인공지능은 이제 구글, 페이스북, 아마존, 애플, 마이크로소프트, 엔비디아, IBM과 같은 미국의 모든 빅테크 기업들의 주요 우선순위가 되었다. 8장에서는 이들 각각의 회사가 어떻게 AI 기반 제품과 서비스를 개발하고 출시해 왔는지를 중점적으로 설명하였다. 또한 8장에서는 중국 빅테크 회사인 알리바바, 텐센트, 바이두가 진행하고 있는 주요 AI 프로젝트에 대한 자세한 정보를 학습할 수 있을 것이다.

마지막 9장과 10장은 인공지능에 대해 사람들이 일반적으로 자주 묻는 질문에 답변하는 데 초점을 맞추었다. 9장은 우리의 삶에서 인공지능의 역할과 관련하여 우리가 고려해야 할 근본적인 문제들에 초점을 맞추었다. 당신은 많은 사람들이 인공지능에 대해 무엇을 두려워하는지, 윤리적인 문제와 사생활에 대한 우려는 무엇인지 그리고 인공지능이 외로움에 영향을 미칠 수 있는지 여부를 알게 될 것이다.

10장은 어떻게 인공지능이 무기화되거나 정치적 선전에 이용될 수 있는지, 인공지능이 우리가 가난을 벗어나는 데 어떻게 도움을 줄 수 있는지 그리고 인공지능이 세계평화를 달성하는 데 어떻게 도움을 줄 수 있는지와 같은, 인공지능이 우리 사회 전반에 미칠 수 있는 영향에 대한 추가적인 질문에 대한 답변을 다루었다.

당신은 이 책에서 이용된 다양한 이미지와 아이디어에 대한 시각화된 프레젠테이션을 접하게 될 것인데, 이는 당신의 독서 경험을 개선시키고 개념을 보다 쉽게 이해할 수 있도록 도움을 제공할 것이다.

나는 당신이 이 책에서 제시한 인공지능에 대한 지식을 공유함으로써, 인공지능이 우리 삶에서 중요한 역할을 제공하는 새로운 현실을 받아들이도록 하는 데 도움을 제공할 것이다. 또한 당신이 인공지능과 함께 일하고, 인공지능을 활용해 보다 개선된 미래를 만들어 가는 데 도움을 받기를 바란다.

나는 당신이 이 책을 즐겨 읽기를 바란다. 만약 그것이 당신에게 가치 있는 경험이라고 생각한다면, 아마존닷컴(amazon.com)에 이 책에 대한 리뷰를 써서 다른 독자들과 인공지능에 대한 여러분의 생각을 공유할 것을 부탁하고 싶다.

내가 개설한 웹사이트 http://www.lasserouhiainen.com/bonus에 가입하면, 당신은 무료로 인공지능에 대한 추가 자료와 유용한 링크에 접속할 수 있을 것이다.

또한 당신은 링크드인을 통해 나와 연결할 수 있다: https://en.linkedin.com/in/lasserouhiainen.

당신은 내가 집필한 다른 책을 다음 사이트에서 확인할 수 있다: http://www.lasserouhiainen.com/amazon.

역자 서문

4차 산업혁명에 따라 기하급수 기술(exponential technologies)이 다양한 산업 현장에서 업무처리 방식에 혁신을 제공해서 생산성을 높여주었다. 예를 들면, 4차 산업혁명을 구현하기 위해 기업 에서는 인공지능(artificial intelligence), 빅데이터(big data), 나노 기술(nanotechnology), 양자컴퓨팅(quantum computing), 블록체인(blockchain), 생명공학(biotechnology), 사물인터넷(Internet of Things), 가상현실(virtual reality), 증강현실(augmented reality), 3D 프린팅(3D printing) 등과 같은 기술을 활용하고 있다.

특히 4차 산업혁명을 구현하는 기술 중 여러 사람들로부터 가장 관심을 받고 있는 대표적인 기술로는 빅데이터, 인공지능, 사물인터넷이 있다. 인공지능 기술은 업무처리 혁신을 구현해 주는 핵심 기술이다. 빅데이터 기술은 인공지능을 지원하기 위한 원천을 제공하는 기술이다. 마지막으로 사물인터넷은 유무선 통신 기술을 이용해 다양한 데이터의 습득부터 데이터의 전송과 네트워크에서의 다양한 디바이스 사이에서의 활용을 가능하게 해주는 기술이다.

몇 년 전 구글 자회사 딥마인드(DeepMind)에서 개발한 인공지능 바둑 프로그램인 알파고(AlphaGo)는 세계적으로 유명한 바둑기사들을 물리치면서 세상사람들을 깜짝 놀라게 했다. 일부의 사람들은 인공지능 기술을 전혀 새로운 것으로 인식하고 있는데, 실제로 인공지능 기술은 갑자기 나타난 새로운 기술은 아니다. 인공지능 기술은 과거부터 다양한 연구자들에 의해 연구되어 왔고, 현재도 인공지능 기술은 지속적으로 연구되고 있고 많은 발전이 이루어지고 있는 기술이다. 인공지능 발전에 기여한 대표적인 연구자로 앨런 매티슨 튜링(Alan Mathison Turing), 마빈 민스키(Marvin Minsky), 존 매카시(John McCarthy), 제프리 힌튼(Geoffrey Hinton), 요슈아 벤지오(Yoshua Bengio), 톰 미첼(Tom Mitchell) 등이 있다.

일반적으로 사람들은 포괄적 의미로 인공지능이라는 용어를 이용하는데, 이 포괄적으로 이야기하는 인공지능은 다음과 같이 세 가지 체계를 가지고 있다. 인공지능 범주는 상위개념으로 인공지능(Artificial Intelligence), 중위개념으로 기계학습(Machine Learning), 하위개념으로 딥러닝(Deep Learning)으로 체계화할 수 있다. 첫째, 상위개념 인공지능에는 퍼지이론(Fuzzy Theory), 유전자 알고리즘(Genetic Algorithm), 지식공학(Knowledge Engineering), 전문가 시스템(Expert System) 등이 있고, 기계학습에는 K-NN(K-Nearest Neighbor Algorithm), K-평균 알고리즘(K-means clustering algorithm), 의사결정나무(Decision Tree), SVM(Support Vector Machine), 나이브 베이지언(Naive Bayesian) 등이 있으며, 딥러닝에는 CNN(Convolutional Neural Network), DBN(Deep Belief Network), RNN(Recurrent Neural Network), LSTM(Long Short Term Memory Network), GNN(Generative Adversarial Network) 등이 있다. 오늘날 이러한 다양한 인공지능 기술들이 우리 삶의 유용성과 편리성을 높이는 데 활용되고 있고, 더불어 기업에서의 서비스, 제품, 프로세스 혁신을 위해 활용되고 있다.

라세 로우하이에넨(Lasse Rouhiainen)은 〈*ARTIFICIAL INTELLIGENCE: 101 Things You Must Know Today About Our Future*〉라는 저서를 통해 기업에서 인공지능을 활용해 비즈니스를 수행함에 있어 반드시 알아야 할 101가지 질의사항에 대한 저자의 의견을 제시하고 있다. 본서는 인공지능 기술을 설명하는 저서가 아닌 인공지능 기술을 활용한 비즈니스를 수행하는 데 도움을 제공하는 관리자를 위한 정보를 제시하는 서적이다. 본서는 10개의 장에서 다음 내용을 설명하고 있다.

- 1장에서는 인공지능의 정의, 인공지능의 특성, 인공지능의 중요성, 인공지능과 데이터, 발전과정, 4차 산업혁명, 인공지능의 장점과 단점, 현실세계에서의 인공지능, 인공지능 전문가, 인공지능 용어에 대해 설명을 하였다.
- 2장은 인공지능 기반 금융 산업, 인공지능 기반 여행 산업, 인공지능 기반 헬스케어 산업, 인공지능 기반 물류 산업, 인공지능 기반 소매업, 인공지능 기반 저널리즘, 인공지능 기반 교육, 인공지능 기반 농업, 인공지능 기반 엔터테인먼트, 인공지능 기반 정부 부분에 대해 설명하였다.
- 3장에서는 스마트 어시스턴트 시스템, 인공지능 시장조사, 인공지능 기반 판매 시스템, 인공지능 기반 마케팅 시스템, 인공지능 기반 전자메일 시스템, 인공지능과 리더십, 인공지능 기반 고객 서비스, 인공지능 기반 회계 시스템, 인공지능 기반 인적자원 시스템, 인공지능 기반 법률 시스템에 대해 설명하였다.
- 4장에서는 챗봇의 개념, 챗봇 도구, 챗봇의 장점, 챗봇의 도전과제, 챗봇의 성공요소, 기업에서의 챗봇, 챗봇에 대한 전문성, 챗봇 이용 촉진, 헬스케어와 교육을 위한 챗봇, 챗봇 용어와 자료에 대해 설명하였다.
- 5장에서는 잡마켓의 미래, 인공지능이 대체하는 직무, 인공지능이 대체하기 어려운 직무, 인공지능과 경제성장, 인공지능 교육, 인공지능 관련 직업, 미래 필요한 기술, 인공지능 채용, 보편적 기본소득, 보편적 기본소득의 미래 과제에 대해 설명하였다.
- 6장에서는 자율주행차, 자율주행의 장점, 자율주행의 도전과제, 자율주행 수준, 자율주행 미래, 자율주행 현황, 스마트시티와 자율주행, 자율주행의 영향, 자율주행 용어, 자율주행 자료에 대해 설명하였다.

- 7장에서는 로봇의 정의, 로봇의 활용 현황, 로봇의 종류, 국가별 로봇 활용, 가정용 로봇, 정교한 로봇, 호텔에서의 로봇 이용, 로봇에 대한 윤리적 문제, 실생활에서의 로봇 이용, 로봇 관련 자료에 대해 설명하였다.
- 8장에서는 구글, 페이스북, 아마존, 마이크로소프트, IBM, 애플, 엔비디아, 알리바바, 바이두, 텐센트의 인공지능 기술 개발과 비즈니스에 대해 설명하였다.
- 9장에서는 우리가 이용하는 인공지능, 인공지능 이용에 따른 두려움, 인공지능과 프라이버시, 인공지능과 외로움, 인공지능과 과대 선전, 인공지능과 윤리, 인공지능 애플리케이션, 비즈니스에서의 인공지능, 기하급수 기술, 인공지능의 갈등에 대해 설명하였다.
- 10장에서는 인공지능과 세계평화, 인공지능과 대중, 인공지능 정부, 인공지능과 빈곤, 원격관리를 위한 인공지능, 인공지능 발전에 대한 국가별 노력, 인공지능과 정치적 이슈, 인공지능과 지리적 영향, 인공지능의 무기화에 대해 설명하였다.

본 번역자는 라세 로우하이에넨(Lasse Rouhiainen)의 저서를 번역하는 데 있어서 가급적이면 쉬운 용어를 이용하였고, 가독성을 높이기 위해 많은 노력을 하였다. 가급적 모든 전문용어에 대해 한글 표현과 외국어 표현을 병기하였다. 독자 여러분들께서 이 번역서를 읽어 나감에 있어서 이해가 어려운 부분이 있을 수 있다. 이는 본 번역자의 표현력 부족과 역량 부족 때문이다. 이에 대해 독자 여러분께 너그러운 사전 양해를 부탁드리고자 한다.

더불어 본서의 번역에 여러분들로부터 많은 도움을 받았다. 도움을 주신 은사님, 동료 교수님, 산업계 전문가, 가족, 지인에게 진심으로 감사의 마음을 전하고자 한다. 추가로 본 번역서 출판에 도움을 주신 도서출판 청람의 이수영 사장님 이하 직원 여러분들께도 진심으로 감사의 마음을 전하고자 한다. 마지막으로 본 역자는 인공지능 기술을 이용해 비즈니스를 수행하고자 하는 기업의 관리자분들과 인공지능을 공부하는 학생 여러분들이 이 번역서를 통해 인공지능 비즈니스에 대한 전문지식을 습득하기를 진심으로 소망한다.

2021년 8월

임세헌 드림

(상지대학교 경영정보학과 & 경영경제데이터산업학부 교수,
slimit@sangji.ac.kr)

차 례

제1장 ▎인공지능에 대한 소개

제2장 ▎인공지능은 어떻게 산업을 변화시키는가?

제3장 | 인공지능은 어떻게 비즈니스 프로세스를 변화시키는가?

제4장 | 챗봇은 어떻게 커뮤니케이션을 변화시키는가?

제5장 | 인공지능은 어떻게 잡마켓을 변화시키는가?

제6장 | 자율주행차는 어떻게 교통을 변화시키는가?

제7장 | 로봇은 어떻게 우리 삶을 변화시키는가?

제8장 | 빅테크 기업들의 인공지능 활동

제9장 | 인공지능에 대한 FAQ(1)

제10장 | 인공지능에 대한 FAQ(2)

제1장

인공지능에 대한 소개

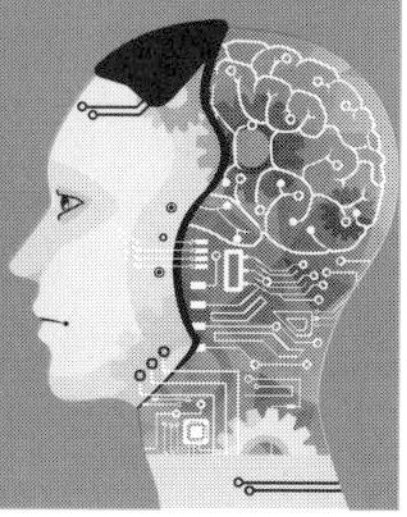

그림 1.1 | 1장의 주제

1장에서 나는 비기술적 관점에서 인공지능에 대한 개요를 설명할 것이다. 나는 인공지능의 기본적인 정의, 왜 인공지능이 지금 당장 그렇게 중요한지, 우리의 삶에서 인공지능의 역할을 무엇인지, 그리고 몇몇 인공지능과 관련된 다양한 주제에 대해 설명할 것이다. 더불어 내가 인공지능에 매료된 몇 가지 이유를 설명할 것이다. 또한 나는 당신의 개인 생활과 비즈니스에서 인공지능을 이용할 수 있는 몇 가지 방법을 설명할 것이고, 인공지능 기반 제품과 서비스를 만들기 위한 기본적인 지침을 설명할 것이다. 인공지능 적용 방법에 대한 보다 심층적인 정보는 8장에서 설

명할 것이다. 8장에서는 현재 인공지능 개발에 관여하고 있는 일부 기업에 대한 내용을 설명할 것이다. 1장은 인공지능에 대한 당신의 호기심을 자극하고 구현을 위한 아이디어를 공유하기 위한 내용을 설명하였다. 이것이 인공지능에 대한 모든 내용을 포괄하는 정보를 충분히 제공하지는 못한다. 하지만 나는 당신이 1장에서 인공지능의 세계에 대한 소중한 자원을 찾기를 희망하고, 인공지능 애플리케이션 분야를 보다 깊이 탐구하기 위한 영감을 얻기를 희망한다. 1장의 끝부분에서는 현재 인공지능 분야의 혁신적인 리더와 전문가 목록을 제공할 것이다. 이 인공지능 혁신가들과 미래학자들은 내가 이 책을 저술하는 데 큰 영감을 제공해 주었다. 나는 당신이 그들의 인공지능에 대한 견해와 업적에 대해 충분히 학습할 것을 강력히 추천하고자 한다.

001 인공지능은 무엇인가?

만약 누군가가 당신에게 AI 또는 인공지능(AI or artificial intelligence)에 대한 정의가 무엇인지를 물어본다면, 당신은 인공지능을 어떻게 설명할 것인가?

그림 1.2 I 실생활에서의 인공지능 이용 사례

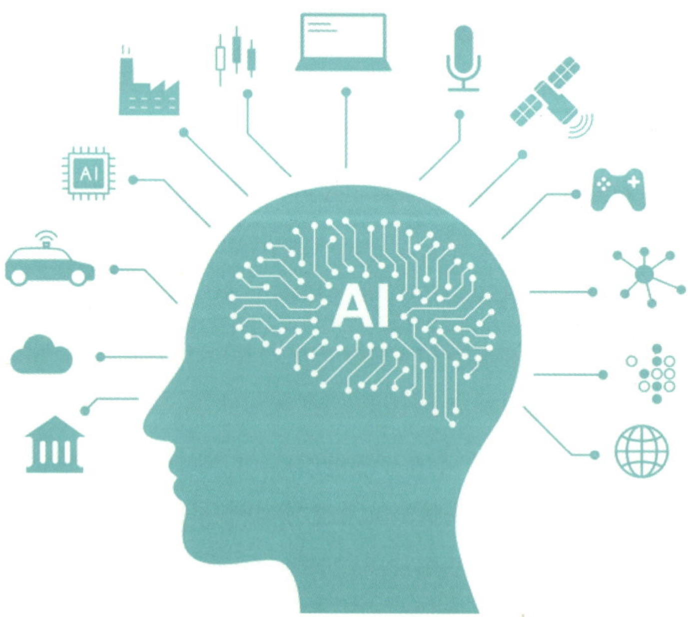

인공지능은 매우 복잡한 주제이다. 이러한 이유로 당신이 마주칠 수 있는 인공지능은 다양하게 정의될 수 있다. 다음은 다양한 인공지능에 대한 정의 중 구글(Google)에 의한 정의이다.

> "인공지능은 시각인식, 음성인식, 의사결정, 및 언어 번역과 같이 일반적으로 인간의 지능을 필요로 하는 작업을 수행할 수 있는 컴퓨터 시스템을 개발하거나 이론화하는 분야이다."[1]

내가 주최한 세미나에서 나는 인공지능에 대해 다음과 같이 단순하게 정의를 내렸다. 나는 인공지능이란 컴퓨터를 이용하여 인간의 지능을 필요로 하는 것들을 수행하는 것으로 정의하였다. 그러나 인공지능에 대해 보다 상세하고 완벽한 정의를 위해 온라인 출판물 서비스를 제공하는 웹사이트인 쿼츠(Quartz)[1)]에서 제공하는 내용을 살펴볼 것을 제안하고 싶다.

> "인공지능은 학습 메커니즘을 가지고 있는 소프트웨어나 컴퓨터 프로그램이다. 인공지능은 인간처럼 새로운 상황에서 의사결정을 내리기 위해 지식을 이용한다. 이 인공지능 소프트웨어는 이미지, 텍스트, 비디오, 오디오에 대한 정보를 읽을 수 있고, 그것으로부터 무언가를 학습할 수 있다. 일단 소프트웨어 기계가 데이터로부터 다양한 내용을 학습하고 나면, 그 학습을 통해 얻은 지식은 다른 곳에 이용될 수 있다."[2]

다시 말해, 우리는 인공지능이 알고리즘을 이용해 데이터로부터 학습하고, 학습한 사항을 이용하여 인간처럼 의사결정을 내릴 수 있는 능력이라고

1) [역주] 쿼츠(Quartz)는 글로벌 비즈니스 뉴스와 통찰(global business news and insights)을 제공하는 기업이다. 보다 상세한 내용은 https://qz.com/을 참고하기 바란다.

말할 수도 있다. 하지만 인공지능으로 작동하는 기계는 인간과 달리 휴식을 취할 필요가 없고 엄청난 양의 정보를 한꺼번에 분석할 수 있다. 또한 인공지능으로 작동하는 기계의 오류 비율은 동일한 작업을 수행하는 인간 작업자와 비교할 때 매우 낮다.

이 책은 비즈니스 세계와 사회 전반에 걸쳐 인공지능의 개발과 적용을 통해 새로운 기회를 만들고 도전할 수 있는 방법을 제공하고자 한다. 그렇기 때문에 당신은 이 책에서 인공지능의 기술적 측면에 대한 자세한 설명을 찾을 수 없을 것이다. 이러한 미흡한 점에 대한 보완을 위해 나는 1장의 끝부분에서 AI 기술 세계에 대해 추가 학습에 도움을 제공할 수 있는 참조목록을 제공하였다.

AI 기술을 활용하는 컴퓨터나 소프트웨어 프로그램이 학습하고 의사결정을 내릴 수 있다는 개념은 중요하다. 우리가 알아야 할 것은 이러한 컴퓨터나 소프트웨어 프로그램의 프로세스가 시간이 지남에 따라 기하급수적으로 강화현상이 나타난다는 것이다. 이러한 기술 덕분에 AI 시스템은 한때 인간이 해결하지 못하는 많은 일들을 해결할 수 있게 해주었다.

AI 기반 기술은 이미 인간의 모든 실생활 영역에서 효율성을 높여주었고, 중요한 개선을 제공함으로써 다양한 혜택을 제공해 주는 데 이용되고 있다. 인공지능의 발전이 계속됨에 따라 우리의 삶의 방식과 일하는 방식은 보다 많은 부분에서 변화가 일어날 것이다.

인공지능의 또 다른 장점은 인공지능을 활용하는 기계와 로봇이 사람들이 어렵다고 생각하거나, 지루하거나, 위험하다고 생각하는 업무를 보다 잘 수행할 수 있게 해준다는 것이다. 따라서 AI 기술은 인류가 한때 불가능하다고 생각되었던 일을 할 수 있게 해줄 것이다.

AI 기술의 단점은 기계가 현재 인간의 손길이 필요한 많은 작업을 수행할 수 있게 되어, 잡마켓이 크게 위축될 것이라는 점이다. 또 다른 단점으로 인공지능은 정치적 권력 투쟁을 일으킬 잠재력을 가지고 있다. 이 두 가지 주제는 이 책의 다른 장에서 다룰 것이다.

인공지능은 보다 좋고, 보다 효과적으로 우리의 경험을 변화시킬 가능성을 제공할 것이고 거의 모든 상황에 적용할 수 있을 것이다. 현재 급성장하고 있는 AI 기술 애플리케이션 분야는 다음과 같다.

- 정적 이미지 인식(Static Image Recognition), 분류(Classification), 태깅(Tagging)[2)]: AI 도구는 이와 같은 다양한 산업에서 도움을 제공한다.
- 알고리즘을 이용한 거래 성과 개선 시스템: 이 시스템은 이미 금융 분야에서 다양한 방식으로 구현되었다.
- 환자 데이터의 효율적이고 확장 가능한 처리(Efficient, Scalable Processing of Patient Data): 이 시스템은 환자 치료를 보다 효과적이고 효율적으로 수행하는 데 도움을 제공한다.
- 예측 유지관리(Predictive Maintenance): 이 시스템은 다양한 산업에서 광범위하게 적용되고 있다.
- 객체인식과 분류(Object Detection and Classification): 이 시스템은 자율주행차 산업에서 볼 수 있고, 그 밖에 다양한 분야에서도 이용될 수 있는 잠재력을 가지고 있다.
- 소셜 미디어에서의 콘텐츠 유통(Content Distribution on Social Media): 이 시스템은 주로 소셜 미디어에서 마케팅을 위해 활용되고 있고, 더불어 비영리단체에서 공공 서비스에 대한 정보를 신속하게 전파하는 데도 이용되고 있다.
- 사이버 보안 위협으로부터 보호(Protection from Cybersecurity Threats): 이 시스템은 은행의 온라인 송금을 위한 금융 시스템에 활용되고 있다.[3]

---

2) [역주] 전자 태깅(electronic tagging)은 범법자 등을 추적 관리하는 데 이용되는 전자 감시 시스템이다. 이러한 시스템에도 인공지능 기술이 이용된다.

위에서 제시한 사례들은 AI 기술을 활용하는 일부의 사례이지만, 인공지능이 우리 주변의 세상을 보다 잘 보고, 듣고, 이해할 수 있는 잠재력을 제공해 줄 것이라는 것은 분명하다. 인공지능은 인간의 독특한 학습하는 특징을 가지고 있기 때문에, 인공지능은 완전히 새로운 가능성의 세계를 열 것이다.

인공지능은 우리의 삶에서 제기되는 중요한 질문에 대해, 이와 관련된 솔루션과 예측을 제공함으로써 우리의 삶을 보다 용이하게 만들어 줄 것이고, 더불어 우리의 건강, 웰빙, 교육, 일 그리고 우리가 다른 사람들과 상호작용하는 과정에 영향을 미칠 것이다.

또한 이러한 AI 기술이 적용된 도구를 빠르고 효과적으로 이해하고 적용하는 기업들은 비즈니스에서 경쟁우위를 확보하게 될 것이다.

때때로 '인공지능(artificial intelligence)'이라는 용어는 사람들을 놀라게 하는 경향이 있다. AI 전문가인 세바스찬 스런(Sebastian Thrun)은 인공지

그림 1.3 | 인공지능, 기계학습, 딥러닝

출처: wikipedia.com, investopedia.com

능을 보다 덜 위협적인 용어인 '데이터 사이언스(data science)'라고 부르는 것이 더 낫다고 주장하였다. 이는 아마도 인공지능에 대한 대중들의 수용을 증가시키는 결과를 가져다줄 것이다.[4]

기계학습

기계학습(machine learning)은 인공지능에 대한 주요 접근법이다. 간단히 말해 기계학습은 컴퓨터나 기계가 명시적으로 프로그램되지 않고 학습할 수 있는 능력을 갖는 컴퓨터 사이언스의 한 분야이다. 기계학습의 전형적인 결과는 특정 상황에서 제안이나 예측을 제공해 준다.[5]

1980년대에 소비자들이 이용할 수 있게 된 최초의 개인용 컴퓨터를 생각해 보자. 이 기계들은 분명히 특정한 일을 할 수 있도록 프로그램되어 있었다. 이와는 대조적으로 미래에 이용될 많은 기술 장치는 기계학습을 활용해서 개인을 위한 경험과 통찰력을 얻게 될 것이고, 이를 통해 개별 이용자들에게 개인화된 이용자 경험을 제공할 수 있게 될 것이다. 이미 이와 관련된 사례는 페이스북과 같은 소셜 미디어 서비스와 구글 검색 엔진에서 개인화된 서비스를 찾아볼 수 있다.

기계학습은 알고리즘을 이용하여 데이터 패턴을 학습한다. 예를 들면, 전자메일 스팸 필터는 기계학습을 이용하여 스팸인 전자메일을 탐지한 다음에 합법적인 전자메일과 분리한다. 이것은 기계학습 알고리즘이 데이터에서 패턴을 학습하는 데 어떻게 이용될 수 있는지 보여주는 간단한 사례이다. 여기에서 습득한 지식은 스팸메일 여부에 대한 의사결정을 내리는 데 이용될 수 있다.

다음 [그림 1.4]와 같이 기계학습은 지도학습(supervised learning), 비지도학습(unsupervised learning), 강화학습(reinforcement learning)으로 구성된다.

그림 1.4 | 기계학습의 유형

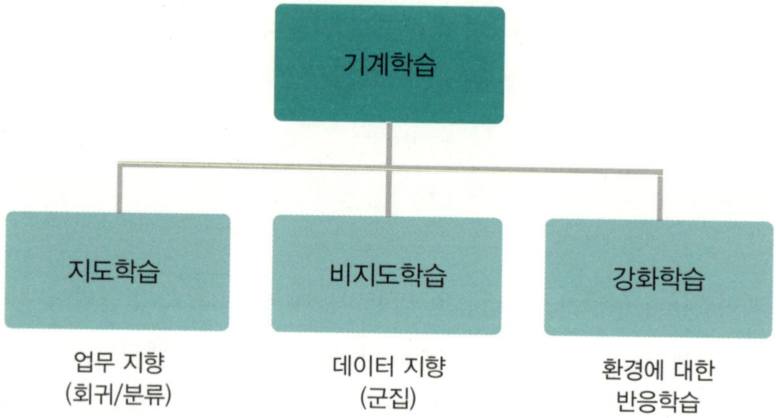

출처: Analytics Vidhya

지도학습에서 알고리즘은 이미 라벨이 부착되었거나 조직화된 데이터를 이용한다. 이 지도학습 방법으로 피드백을 제공할 수 있으려면 인적 입력 작업이 필요하다.

비지도학습은 데이터가 사전에 라벨링되거나 정리되지 않는 알고리즘을 통해 구현된다. 대신에 관련성은 인간의 개입 없이 탐색할 수 있어야 한다.[6]

마지막으로 강화학습을 통해 알고리즘은 경험으로부터 학습한다. 그들은 어떤 보상을 최대화하는 것 외에는 명확한 목표가 주어지지 않는다.[7]

딥러닝

가장 강력하고 빠르게 성장하는 인공지능 애플리케이션 분야는 기계학습의 하위 분야인 딥러닝(deep learning) 분야이다. 딥러닝은 이전에 매우 복잡하다고 여겨졌던 문제를 해결하는 데 이용되고 있으며, 일반적으로 딥러닝을 위해서는 엄청난 양의 데이터를 필요로 한다.

딥러닝은 데이터의 복잡한 관계와 패턴을 인식하도록 계층화된 신경망을 이용해 구현한다. 실무에서 딥러닝 응용을 위해서는 방대한 데이터셋과 강력한 컴퓨팅 성능이 필요하다. 현재 딥러닝은 음성인식, 자연어 처리, 컴퓨터 비전, 운전자 지원을 위한 차량 식별에 이용되고 있다.[8]

딥러닝을 응용한 사례로 페이스북의 번역 시스템이 있다. 최근 페이스북은 딥러닝 덕분에 매일 약 45억 번의 번역 작업을 수행하고 있다고 밝혔다.[9] 이것은 사람들이 페이스북 프로필 업데이트와 같은 내용을 짧게 번역하는 것이다. 페이스북 AI 도구는 프로필 메시지를 자동으로 다른 언어로 번역할 수 있다. 만약 딥러닝이 없었다면 이와 같은 번역 과정에 믿을 수 없을 정도로 많은 비용이 소요되고, 많은 사람들이 번역 업무를 제공했어야 했을 것이다.

딥러닝의 기술적 측면과 애플리케이션 분야를 보다 잘 이해하기 위해서 나는 당신에게 딥러닝 분야의 최고 전문가인 앤드류 응(Andrew Ng)이 가르치는 온라인 강좌를 추천하고자 한다. 이 온라인 딥러닝 코스는 http://www.deeplearning.ai 웹사이트에서 확인할 수 있다. 또한 당신은 http://www.deeplearningbook.org 웹사이트에서 딥러닝 학습을 위한 자세한 내용을 확인할 수 있다.

또한 나는 당신에게 http://eee.udacity.com 또는 http://wee.edx.org 에서 제공하는 인공지능과 기계학습과 관련된 온라인 강좌 수강을 추천하고자 한다.

비록 이 책에서 기술적으로 딥러닝이나 기계학습을 의미할 수 있는 부분에서도, 나는 보다 간략한 설명을 위해 주로 인공지능(artificial intelligence)이라는 용어를 이용하였다. 이 책 전 부분에서 인공지능이라는 용어가 보다 일반적인 의미로 이용되었다는 것을 기억하기 바란다.

002 인공지능은 보고, 듣고, 이해할 수 있는가?

인공지능이 우리의 삶에 미칠 엄청난 영향을 보다 잘 이해하기 위해서, AI 기술은 이제 그 어느 때보다 더 많이 보고(컴퓨터 비전), 듣고(음성인식), 이해할 수 있는 자연어 처리 능력을 가지고 있다는 것을 아는 것이 도움이 된다. [그림 1.5]는 이 개념을 잘 보여준다.

AI 과학자들은 이 세 분야(컴퓨터 비전, 음성인식, 자연어 처리)에서 각각 놀라운 발전을 이루고 있다. 예를 들면, 구글은 흑백 사진과 비디오에 적절

그림 1.5 | 인공지능을 보고, 듣고, 이해할 수 있다

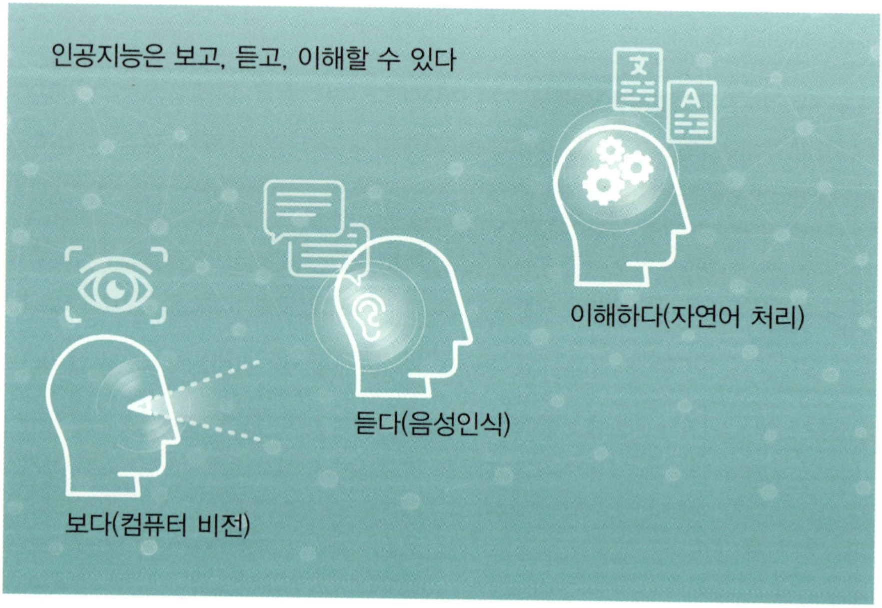

한 색을 첨가할 수 있는 컴퓨터 비전 기술을 개발했다.[10] 또한 구글은 영어를 95%의 정확도로 사람만큼 듣고 이해할 수 있는 음성인식 기술을 개발했다.[11]

컴퓨터 비전 분야에서 또 다른 놀라운 업적은 매사추세츠 공과대학(MIT: Massachusetts Institute of Technology)의 과학자들이 RF 전파(radio frequency waves)를 이용해 벽을 꿰뚫어 인식할 수 있는 인공지능을 개발했다는 것이다.[12]

가까운 미래에 우리는 이 세 가지 기술(컴퓨터 비전, 음성인식, 자연어 처리)의 유사한 업적에 대해 읽게 될 것이다. 우리는 인공지능이 인간에게 제공할 도움은 그것이 완벽하게 보고, 듣고, 이해할 수 있을 때 헤아릴 수 없이 많을 것을 확신할 수 있을 것이다.

이 세 가지 감지 기능은 모두 중요하지만, 특히 컴퓨터 비전이 가장 중요하다. 이 기술은 자율주행 자동차, 안면인식, 드론, 로봇과 같은 분야에 가장 유용성을 제공하기 때문이다.

내 예상에 미래에 컴퓨터 비전 기술은 여러분 집의 거의 모든 장치를 포함하여 거의 모든 곳에서 이용될 것이다. 예를 들면, 냉장고는 컴퓨터 비전을 이용하여 누락된 항목을 확인하여 주문을 직접 대체할 수 있을 것이다. 또한 대부분의 건물들은 안전상의 이유로 컴퓨터 비전 기술을 이용할 것이고, 따라서 보안요원의 필요성이 없어지게 될 것이다. 또한 컴퓨터 비전 기술은 슈퍼마켓과 다른 소매점에서 이용될 것이며, 얼굴인식 기술을 이용하여 당신의 표정을 바탕으로 당신의 감정을 분석하고, 그 정보를 여러분이 구매할 제품을 제안하는 데 이용할 것이다.

잠시 당신의 일을 생각해 보자. 이러한 세 가지 AI 기술(컴퓨터 비전, 음성인식, 자연어 처리)은 애플리케이션이 작업을 보다 효율적으로 수행하는 데 어떤 도움을 줄 수 있을까?

다양한 AI 기술과 마찬가지로 컴퓨터 비전 기술은 이제 클라우드 기반 컴퓨터 비전 서비스를 통해 모든 회사, 조직, 정부, 개인이 액세스할 수 있다.

그러므로 어떤 사람이든 아무것도 없는 상태에서 컴퓨터 비전 플랫폼(computer vision platform)을 구축하는 것보다 컴퓨터 비전 서비스를 빌려 이용할 수 있게 되었다. 이러한 유형의 서비스를 흔히 서비스로서의 컴퓨터 비전(CVaaS: CV as a Service)이라고 한다.

003 인공지능을 보다 중요하게 만든 것은 무엇인가?

지금 인공지능을 필수적이고 특별한 기술로 만드는 것이 무엇일까?

인공지능과 딥러닝 전문가인 앤드류 응(Andrew Ng)은 아마도 인공지능을 전기(electricity)와 같이 묘사하면서, 인공지능의 특징을 설명하였다. 그는 인공지능이 곧 사회와 기업에서의 우리의 활동 대부분을 지배할 것이고, 인공지능이 우리가 일하고 살아가는 방식을 크게 변화시킬 것이라고 하였다.

나는 개인적으로 인공지능이 어떻게 작용하는지를 배우고, 그것이 우리 삶에 미치는 영향을 이해하는 것이 적어도 읽고 쓰는 법을 배우는 것만큼 중요하다고 생각한다. 다시 말해 우리는 이제 인공지능 시대에 살고 있다는 것을 인지하고, 인공지능에 대해 가능한 한 일찍 배우는 것이 중요할 것이다.

인공지능에 대해 학습하는 데 있어 우선시해야 할 사항이 많지만, 그중 내가 가장 중요하다고 생각하는 사항은 다음과 같다.

- **AI 구현 속도**: 새로운 AI 기술이 매우 빠른 속도로 도입되고, 따라잡기가 어려울 수도 있다. 이 시점에서 소수의 사람들만이 빠르게 진화하는 AI 기술이 우리 세계에 미칠 모든 영향을 진정으로 이해하고 있을 것이다. 분명히 이러한 급격한 변화는 많은 도전을 일으킬 것이다. 이 책의 뒷부분에서 이에 대한 내용을 다룬다.
- **사회에 미치는 잠재적 영향**: 인공지능은 상상할 수 없을 정도로 수많은 것들을 개선, 변형, 창조할 수 있다. 우리는 현재 인공지능을 삶의 다양

한 분야에 적용하기 시작했을 뿐이다.

- **거의 모든 빅테크 기업의 AI 우선순위 지정**: 모바일을 최우선으로 내세웠던 구글마저 AI 쪽으로 방향을 틀었다. 거의 모든 빅테크 회사들은 AI 연구개발에 막대한 투자를 하고 있는데, 이는 인공지능이 기업 전반에서 갖는 중요성을 분명히 보여준다.
- **지식 노동자의 부족**: 인공지능이 급속도로 발전하고 있기 때문에 데이터 과학자, 기계학습 전문가, 기타 기술 전문가 등 AI 솔루션과 서비스를 구축할 수 있는 전문가가 더 필요하다. 또한 AI 분야의 교육가와 컨설턴트 같은 인공지능 분야에서 기업과 개인 삶에 있어서 인공지능이 가져다주는 새로운 시사점을 설명해줄 수 있는 다양한 인공지능 전문직 종사자들이 부족하다.
- **먼저 인공지능을 정확하게 적용하는 회사의 경쟁우위**: 대기업과 중소기업 모두 인공지능을 적용할 수 있으며, 인공지능을 먼저, 정확하게 적용하는 기업은 놀라운 경쟁우위를 누릴 수 있다.
- **전 세계에서의 법적인 고려사항**: 거의 모든 국가에서 법과 규정은 AI 시대의 새로운 트렌드를 반영하기 위해 검토되고 갱신되어야 한다. 또한 의료와 교통과 같은 다양한 분야에 인공지능을 적용함으로써 사회가 혜택을 볼 수 있는 수요가 있다.
- **인공지능 활용에 따른 윤리 개발**: AI 발전에 대응하기 위한 준비에 있어, 우리는 기업들이 윤리적으로 책임감을 가지고 새로운 AI 기술을 개발하고, 인류에게 보다 나은 서비스를 제공하고, 전 세계 사람들의 삶의 질을 개선시키도록 촉구해야 한다. 이것은 말하기는 쉽지만 이러한 유형의 정책은 인공지능이 계속 발전함에 따라 더 늦기 전에 실제로 구현될 필요가 있다.
- **인공지능에 대한 장점과 기회의 소통**: 테크 기업에서 일하는 사람들은 인공지능이 제공할 미래 새로운 기회에 대해 긍정적인 전망을 제공하

는 경향이 있다. 하지만 그 분야 밖에서 사람들은 종종 인공지능에 대한 이해 부족으로 인해 AI 도구에 대해 부정적인 생각을 가지고 있다. 인공지능이 제공하는 혜택에 대한 정보를 공유하는 것은 사람들이 이러한 새로운 기술을 채택하는 것을 편안하게 느끼도록 돕는 중요한 요소가 될 것이다. 미래에는 사회의 가장 생산적인 구성원들이 인공지능과 함께 일하면서 동반자 관계를 위한 로봇을 만들고, 그들의 노력을 훨씬 더 효율적으로 만들 것이다. 이것이 어떻게 적절하게 수행될 수 있는지에 대해 모든 사람과 지식을 공유하는 것은 중요하다.

- **민관협력**: AI 연구와 개발은 대기업에서만 일어나서는 안 된다. 대신 국제적으로뿐만 아니라 모든 규모의 기업들 사이에서와 공공 부문과 민간 부문 사이에서 강력하고 개방적인 협업이 이루어져야 한다.
- **전염병과 기타 건강 위기에 대처하도록 지원**: 2020년 전 세계 전염병 대유행에서, 우리는 과학자와 전문가가 전염병 대유행을 막기 위해 일하는 것을 지원하는 인공지능의 영향을 학습하였다. 캐나다의 소규모 AI 스타트업은 대부분의 정부나 세계보건기구(WHO: World Health Organization)보다 훨씬 일찍 코로나 바이러스(Coronavirus)의 발생에 대해 경고하였다. 미래에는 새로운 전염병을 탐지하기 위해 여러 개의 AI 도구가 이용될 것이다. 또한 대만과 한국처럼 전염병 대유행을 가장 잘 피할 수 있었던 나라들은 자국민을 보호하고, 그러한 전염병 발생을 막기 위해 몇 가지 AI 기반 기술을 이용했다. 아마도 모든 국가들이 다음 번 발생할 수 있는 유행병 위기의 보호와 대응 준비를 돕기 위해 인공지능에 많은 투자를 하게 될 것이다.[13]

한 가지 해롭고 잠재적으로 위험한 AI 개발은 시민의 감시와 모니터링을 위해 인공지능을 이용하는 것이다. 'AI 감시의 글로벌 확장(The Global Expansion of AI Surveillance)'이라는 보고서에 따르면 현재 75개국이 스마트시티 플랫폼, 안면인식 기술, 스마트 치안 기술 등을 통해 시민을 감시할 목적으로 AI 기술을 이용하고 있다고 한다. 대부분의 경우 이러한 AI 기술은 정부를 보다 강력하게 만들기 위해 시민의 자유나 윤리적 지침을 전혀 고려하지 않고 채택되고 있다.

또한 인공지능이 정치적 논의 또는 사회적 논의에서 중요한 문제 중 하나로 제기되지 않고 있기 때문에, 대부분의 사람들은 AI 감시 기술의 폐해를 알지 못하는 상황이다. 이것은 AI 기술이 부정적으로 활용되는 것을 보여준다. 따라서 우리는 이러한 AI 문제에 대해 세심한 주의를 기울여야 할 것이다.[14]

이것은 우리가 AI 기술에 대해 보다 많은 정보를 찾기 시작해야 할 몇 가지 이유에 불과하다. 이 책의 9장과 10장에서는 위에 나열된 항목과 관련된 여러 주제에 대한 20가지 질문과 답변을 제공한다.

나는 당신이 이 책에서 설명한 인공지능에 대한 다양한 주제를 통해 인공지능에 관심을 갖게 되기를 바라고, 더불어 인공지능에 대해 보다 공개적으로 보다 자주 이야기할 것을 바라며 새로운 AI 도구 이용을 시작하길 바란다.

004 데이터는 인공지능을 위한 새로운 오일인가?

당신이 인공지능에 대해 생각할 때, 당신은 다음과 같은 궁금한 사항을 질문할 수 있을 것이다. 인공지능이 왜 그렇게 중요한가? 왜 그렇게 많은 빅테크 기업들이 AI 도구를 개발하고 적용하는 데 노력을 집중하고 있을까?

개발의 관점에서 인공지능 발전의 한 가지 분명한 이유는 컴퓨터 처리 능력이 기하급수적으로 향상되어 컴퓨터가 보다 복잡한 알고리즘을 처리할 수 있게 되었기 때문이다. 이것은 인공지능에 동력을 공급하는 것과 같은 종류의 고급 알고리즘이다.

데이터는 AI 발전을 촉진한 또 다른 중요한 요소이다. 가장 기본적인 요인으로 데이터가 없었다면 AI 제품과 애플리케이션을 만드는 것은 불가능할 것이다.

기술 커뮤니티에서 자주 듣는 유명한 속담에 '데이터는 새로운 오일'이라는 이야기가 있다. 오늘날 세계에서 가장 가치 있는 기업은 가장 많은 양의 데이터에 액세스할 수 있는 기업이다. 비즈니스에서 중요한 것은 데이터의 양뿐만 아니라 품질도 중요하다.

데이터는 대기업에 의해 오용되거나 대중들에게 엄청난 해를 끼친다는 점에서 오일과 유사한 특징이 있다. 두 경우 모두 이러한 상품에 가장 빨리 접근할 수 있는 기업들은 AI 제품을 개발하는 데, 장기적 결과를 고려하지 않고 단기적인 재정적 이익을 얻기 위해 무책임하게 데이터를 이용하기 급급했다.

특히 규제를 제정하기 이전에 과도하게 부적절한 오일 이용은 지구와 환경에 재앙적인 결과를 초래했다. 오늘날 이러한 유사한 현상이 데이터에도 일어나고 있다. 구글, 페이스북, 아마존과 같은 빅테크 기업들은 소비자 사생활에 전혀 개의치 않고 목적을 달성하기 위해 엄청난 양의 이용자 데이터를 수집하고 판매하고 이용한다. 빅테크 기업들은 개인과 사회에 일반적으로 다양한 새로운 종류의 문제를 야기하고, 윤리적인 지침이나 데이터 개인정보보호법도 따르지 않으며 데이터를 활용하는 비즈니스를 하고 있다. 우리는 미래에 이용자 데이터의 프라이버시와 보안을 위해 윤리적으로 데이터를 이용하고 공유할 수 있도록 보장하는 솔루션이 필요하다.

개인적으로 나는 데이터가 오일보다 더 낫다고 주장하고 싶다. 오일이 세계에서 가장 가치 있는 상품이었던 지난 기간 동안, 오일을 통해 이익을 얻은 기업들은 극소수에 불과했다. 그러나 오늘날 거의 모든 사람이 인공지능과 기계학습의 기본 내용을 학습하고, 이러한 기술들을 이용하여 가치 있는 도구를 만들 수 있고, 온라인에서 무료 데이터 소스에 쉽게 액세스할 수 있게 된다면 누구든지 데이터로부터 이익을 얻을 수 있을 것이다.

데이터에 대한 액세스

현대 사회에서 우리는 이용할 수 있는 풍부한 데이터를 가지고 있다. 대조적으로 30년 전에는 의료, 교통, 금융, 기타 중요한 산업과 주제에 대한 데이터가 거의 없었기 때문에 이러한 분야에서 기본적인 문제에 대한 AI 기반 솔루션을 만드는 것이 불가능했다.

동일한 논리로 보다 많은 데이터에 대한 액세스(access to data)가 가능해짐에 따라 현재 보유하고 있는 기술이 10년 후 훨씬 더 강력해질 것이라고 가정해도 무방하다.

이러한 사례는 자율주행차와 상호 연결된 스마트시티의 개발을 관찰할 때 찾을 수 있다. 이러한 것들을 가능하게 하는 근본적인 요소는 AI 시스템의 성능을 향상시키기 위해 수집되고 분석될 수 있는 데이터의 양이다.

데이터 분석은 일반적으로 정형 데이터(structured data)와 비정형 데이터(unstructured data) 두 가지 유형의 데이터에 의존한다. AI 시스템을 진정으로 이해하기 위해서는 이 두 가지 유형의 데이터 간의 주요 차이를 인식하는 것이 중요하다.

과거에는 정형 데이터가 비정형 데이터보다 보다 많이 이용되었다. 정형 데이터에는 숫자값, 날짜, 통화 또는 주소와 같은 간단한 데이터 입력이 포함된다. 비정형 데이터에는 텍스트, 이미지, 비디오와 같이 분석하기 더 복잡한 데이터 유형이 포함된다. 그러나 AI 도구의 개발로 더 많은 종류의 비정형 데이터를 분석할 수 있게 되었고, 그 결과 분석 결과를 추천과 예측에 이용할 수 있게 되었다. 미래에는 사회 전반에서 활용되는 AI 도구에 강력한 애널리틱스 기능을 적용할 수 있게 될 것이다.

메릴린치(Merrill Lynch)는 전 세계 모든 비즈니스 데이터의 80~90%가 비정형 데이터라고 추정했다. 즉 이러한 비정형 데이터 분석은 매우 가치 있는 일이다.[15] 이러한 비정형 데이터의 분석 결과는 보다 개선된 의료 서비스

그림 1.6 | 구조화된 데이터와 비구조화된 데이터

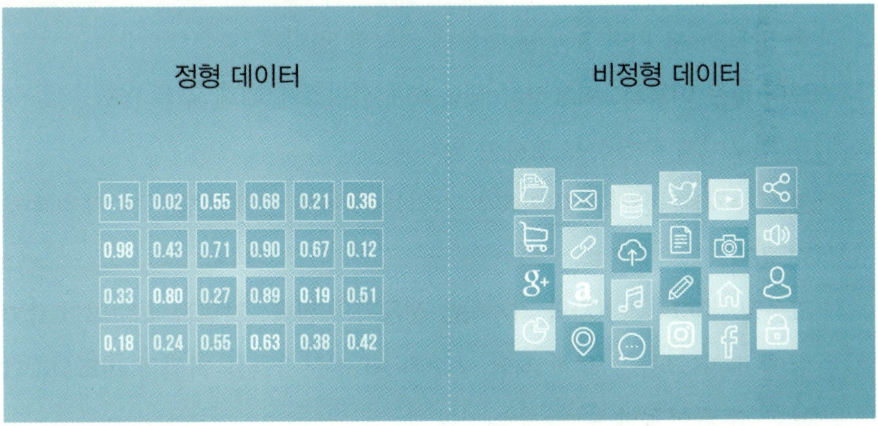

선택권 제공을 포함하여 현대 사회에 많은 장점을 제공할 것이다. 무엇보다도 이러한 비정형 데이터 분석 결과는 교통 패턴과 교육에 대한 접근성을 높여준다.

비즈니스와 사회에서의 데이터 이용

또한 빅데이터 분석은 대기업의 내부와 외부의 운영 개선에도 도움을 제공한다. 벤처 투자가이자 시노베이션 벤처스(Sinovation Ventures)의 CEO인 카이푸 리(Kai-Fu Lee)는 기업이 AI 솔루션을 개선하기 위해 이용하는 다섯 가지 단계를 설명하면서 데이터가 빅테크 기업에 중요한 이유를 설명하였다.

- **보다 많은 데이터 확보**: 구글 검색 엔진은 엄청난 양의 데이터를 확보하고 있다. 마찬가지로 페이스북도 사람들의 사회적 움직임에 대한 데이터에 접근하지 않고서는 그렇게 강력한 소셜 네트워크 기업이 될 수 없을 것이다. 여기에서 핵심은 테크 기업들이 강력하고 유용한 서비스를 만들어 사람들이 서비스 이용 과정에서 자신의 데이터가 이용되도록 기꺼이 허용한다는 것이다.
- **보다 개선된 AI 제품**: 구글과 페이스북을 통해 이용자로서의 경험은 당신 회사에 적절하고 유용하도록 맞춤 제작된다. 이것은 개인화된 경험을 만드는 AI 기반 도구들 때문에 가능한 일이다.
- **보다 많은 이용자**: 이용자가 제품이나 서비스에 대해 좋은 경험을 할 경우 친구에게 추천하는 경향이 있다.
- **높은 수익**: 이용자가 많아지면 기업들은 대부분 보다 많은 수익을 얻을 수 있다.
- **고품질 데이터 과학자와 기계학습 전문가의 활용**: 기업들이 수익이 증가함에 따라 그들은 세계 최고 수준의 AI 전문가들을 기업의 비즈니스에 보다 잘 끌어들일 수 있게 되었다.[16]

궁극적으로 인공지능이 중요해질수록 데이터 과학자들과 기계학습 전문가들은 기업에서 많은 일을 하게 될 것이고, 이러한 현상은 기업에 보다 큰 가치를 제공할 뿐만 아니라 미래 발전에 도움을 줄 것이다.

[그림 1.7]은 데이터 활용에 대한 5단계 모델이다. 비록 미국의 테크 기업의 특별한 사례를 이용하였지만, 이러한 5단계 모델은 알리바바, 바이두, 텐센트와 같은 인공지능에 의존하는 다른 글로벌 기업에도 중요하다.

데이터는 AI 개발에서 매우 중요한 부분이다. 그렇기 때문에 많은 전문가들은 다양한 기업들이 유용한 애플리케이션 개발에 데이터를 활용할 수 있도록 빅테크 기업들이 보유한 데이터의 일부를 공개해야 한다고 요구하고 있다. 이 논의는 중요한 질문을 제기한다. 앞으로는 이와 같은 데이터셋을 AI 제품과 서비스의 지속적인 개발에 이용하는 것이 중요해질 것이다.

그림 1.7 | 데이터는 인공지능을 위한 핵심

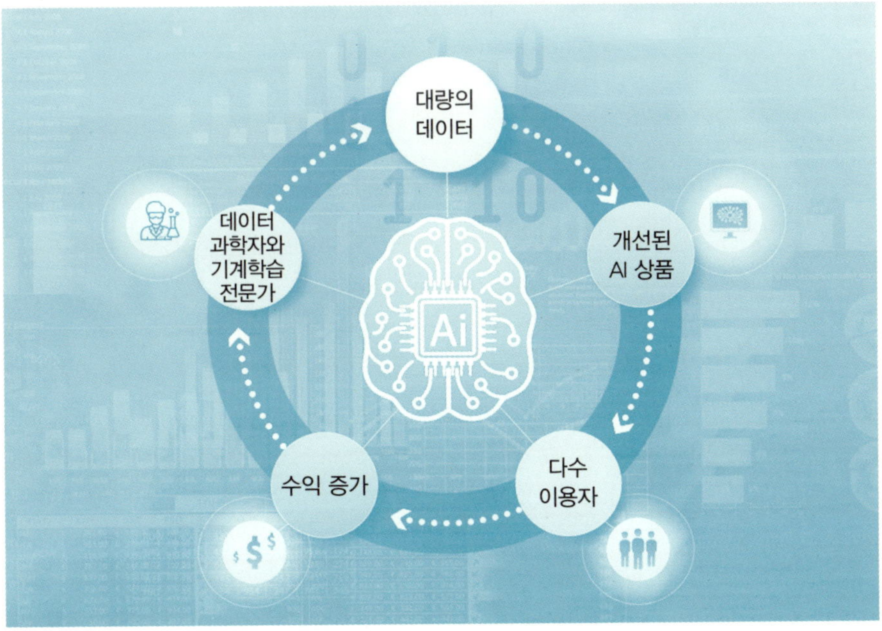

출처: Kai-Fu Lee, Sinovation Ventures

1장에서는 인공지능을 위한 데이터의 중요성에 대해 간략하게 설명한다. 하지만 앞서 설명한 바와 같이 향후 설계하거나 개발할 수 있는 잠재적인 AI 기반 애플리케이션에 대해 생각해 보기 바란다. 이 책의 다양한 주제들과 마찬가지로 만약 이 개념이 당신의 관심을 끌게 되었다면, 나는 당신이 이에 대해 보다 자세히 학습할 것을 추천한다.

005 인공지능 기술이 얼마나 빠르게 발전하는가?

이미 당신도 알고 있듯이 컴퓨터의 성능은 점점 더 강력해지고 있으며 매우 복잡한 작업도 처리할 수 있게 되었다. 컴퓨터는 보다 빠르고 효율적으로 일할 수 있을 뿐만 아니라 언어 번역, 작곡 심지어 자동차 운전까지를 포함해, 한때 사람들이 했던 대부분의 업무를 처리할 수 있게 되었다.

당신은 아마 인공지능으로 작동되는 기계가 할 수 있는 일에 대한 뉴스 헤드라인을 보았을 것이다. 하지만 만약 당신이 인공지능으로 작동하는 기계가 실제로 할 수 있는 일을 고려한다면 매우 놀라게 될 것이다.

인공지능의 주요 특징은 기계가 새로운 작업에 특정한 프로그래밍을 요구하기보다는 새로운 것을 인공지능이 스스로 학습해서 처리한다는 것이다. 그러므로 미래의 컴퓨터와 과거의 컴퓨터 사이의 핵심적인 차이점은 미래의 컴퓨터는 스스로 배우고 자기 개발을 할 수 있다는 것이다.

가까운 미래에 애플의 시리(Siri)와 아마존의 알렉사(Alexa)와 같은 똑똑한 인공지능 기반 가상 어시스턴트 시스템들이 당신의 가장 가까운 친구나 가족보다 당신에 대해 보다 많이 알게 될 수도 있다. 당신은 이러한 AI 기술 발전이 우리의 삶을 어떻게 바꿀지 상상해 보길 바란다. 따라서 새로운 AI 기술이 우리 세계에 미칠 변화와 영향을 인식하는 것은 중요하다.

AI 컴퓨터는 지속적으로 발전하고 있다. 이에 대한 보다 쉬운 이해를 위해 AI 컴퓨터가 다양한 게임에서 세계 최고의 경쟁력을 갖춘 게이머들을 정복했던 사례를 살펴보면 다음과 같다.

- 1996년: IBM의 딥 블루(Deep Blue)가 세계 최고의 체스 선수인 게리 카스파로프(Garry Kasparov)를 상대로 승리했다.
- 2011년: IBM의 왓슨(Watson)이 최고의 TV 퀴즈쇼에서 사람들을 상대로 승리했다.
- 2016년: 구글의 딥마인드(DeepMind)가 세계 최고의 바둑 선수를 상대로 승리했다.[17]
- 2017년: 카네기멜론대학교(Carnegie Mellon University) 연구팀이 개발한 AI 프로그램 리브라투스(Libratus)가 세계 최고의 포커 플레이어들을 상대로 우승했다.[18]
- 2017년: 구글의 딥마인드가 개발한 알파고 제로(AlphaGo Zero)는 바둑 게임하는 법을 스스로 터득한 것만으로 인간의 바둑 데이터 없이 최고 바둑을 둘 수 있는 수준에 도달했다.[19]

구글이 소유한 대표적인 AI 회사인 딥마인드가 AI 알파고 플레이어를 만들 수 있었던 것은 대단한 성과이다. 초기에 인공지능은 단순히 게임을 마스터하기 위해 이용되었지만, 미래에 인공지능은 말기 질환 연구를 위해 이용될 것이다.[20]

2018년 6월, AI 개발의 중요한 이정표가 마련되었다. 비영리 AI 연구단체인 오픈AI(OpenAI)는 멀티플레이어 전략 게임인 도타2(Dota 2)에서 최고의 인간 플레이어 팀을 이길 수 있는 AI 기술을 개발했다고 발표했다. 매우 놀라운 사항은 AI 플레이어가 도타2 게임 방법을 학습하는 속도였다. 이 회사는 AI 플레이어들에게 그들끼리 도타2 게임을 하면서 학습하도록 가르쳤고, 이렇게 함으로써 도타2들은 하루 만에 인간 플레이어가 180년 동안 배울 수 있는 양의 지식과 기술을 습득할 수 있었다.[21]

미국의 사업가이자 자선가인 빌 게이츠(Bill Gates)는 이것이 AI 발전에 있어 매우 중요한 성과라는 것을 확인했다. 이것은 인공지능이 팀워크와 협업이 필요한 게임에서 인간을 이기는 것은 처음이었기 때문이다. 또한 이러한 성과는 인공지능이 복잡한 현실 문제를 해결해 줄 수 있을 것이라는 가능성을 알려주고 있다.[22]

비록 인공지능이 인간을 상대로 여러 게임에서 승리하는 데 성공했지만, 이것이 AI 기술이 인간 수준의 지능에 가깝다는 것을 의미하지는 않는다. 인공지능이 수학지능에서는 인간을 능가했을지 모르지만, 다른 분야 지능에서는 아직 인간을 따라잡지 못하였다.

이것은 사람들이 인공지능에 대해 가지고 있는 가장 흔한 오해이다. 그렇기 때문에 이 차이를 강조하는 것이 중요하다. 나는 많은 세미나에서 젊은 청중들로부터 인간과 인공지능의 차이에 대한 질문을 받았다. 청중들은 기계가 언제 인간이 할 수 있는 모든 일을 하게 될지를 알고 싶어 한다. 이러한 사람들의 기대는 우리가 보는 대부분의 주요 미디어와 소셜 미디어에서 볼 수 있는 선정적인 헤드라인의 결과이며, 이는 인공지능이 인간 수준의 지능을 보유하기 직전이라는 것을 알려준다.

인간은 언어지능(linguistic intelligence), 공간지능(spatial intelligence), 음악지능(musical intelligence), 운동감각지능(kinesthetic intelligence), 대인관계지능(interpersonal intelligence) 그리고 개인 내 지능(intrapersonal intelligence)과 같은 다양한 지능을 가지고 활동한다. 사람들의 다중지능(multiple intelligences)은 복잡하고 완전히 이해하기 어렵다.

인공지능이 인간이 할 수 없는 많은 일을 할 수 있는 것처럼, 인간이 가지고 있는 지능은 매우 독특하며, 인공지능이 할 수 없는 일을 할 수 있게 해준다.

인간의 독특한 특성 중 한 가지는 독해력(reading comprehension)이다. AI 전문가이자 저술가인 게리 마커스(Gary Marcus)에 따르면 현재의 인공지능은 방대한 양의 텍스트를 읽을 수 있지만 시간, 장소, 인과관계와 같은 개념을 이해하지 못한다. 그렇기 때문에 인간이 읽을 수 있는 것과 같은 방법으로 방대한 텍스트를 진정으로 이해할 수 없다고 한다. 또한 인공지능은 감성지능이 없기 때문에 우리가 읽을 수 있는 것과 같은 방법으로 그것을 이해할 수 없다. 인간에게 있어서 감정은 종종 우리가 읽고 있는 것을 해석하고 이해하는 데 큰 역할을 한다.[23]

향후 몇 년 동안의 주요 초점은 교육, 의료, 비즈니스 운영과 같은 중요한 분야에서 현재의 인공지능을 올바르고 윤리적으로 적용하는 것이다.

AI가 내재된 앰비언트 컴퓨팅

인공지능은 우리가 눈치채지 못한 채 백그라운드에서 다양한 작업을 잘 수행하고 있으며, 이 능력은 시간이 지남에 따라 기하급수적으로 향상될 것이다. 다시 말해서 미래에는 인공지능이 점점 더 효율화되면서 우리는 점점 더 컴퓨팅의 영향을 인식하지 못하는 상황에서 디지털 행위를 하는 현상을 경험하게 될 것이다. 우리는 이것을 '앰비언트 컴퓨팅(ambient computing)'이라고 한다.

앰비언트 컴퓨팅은 센서, 디바이스, 지능형 시스템이 인공지능을 이용하여 복잡한 작업을 우리가 모르게 수행하는 디지털 환경을 의미한다. 인공지능으로 작동되는 디바이스들이 점점 작아지기 때문에, 우리는 그것들이 백그라운드에서 작동하는 동안 그것들을 점점 더 적게 보게 될 것이다. 또한 지능형 시스템이 사물인터넷을 통해 서로 의사소통하는 것이 더욱 발전함에 따라 인공지능은 보다 많은 기능을 배후에서 수행할 수 있게 될 것이다. 게다가 음성 명령이 점점 더 보편화됨에 따라 스마트폰과 같이 타이핑을 필요로 하는 장치에 대한 수요가 줄어들 것이다. 이러한 현상 때문에 모든 빅테크 기업들은 주변 컴퓨팅 환경에서 잘 작동할 수 있는 새로운 개인 어시스턴트 시스템을 개발하기 위해 노력하고 있다. 그래서 오늘날 우리가 스마트폰을 이용하는 많은 업무들이 결국 백그라운드에서 수행될 것이다. 이러한 모든 요소들은 앰비언트 컴퓨팅의 급속한 성장에 기여할 것이다.

우리의 일상생활은 우리가 앰비언트 컴퓨팅을 적극적으로 요청할 필요 없이, 때때로 우리가 앰비언트 컴퓨팅을 깨닫지 못하는 사이에 자동으로 다양한 비즈니스와 서비스의 상호 연결이 이루어질 것이다. 다음은 온라인 뉴스 사이트인 벤처 비트(Venture Beat)에서 설명한 앰비언트 컴퓨팅 작동 사례이다.

> "셔츠에 내장된 심장 모니터링 디바이스는 심장병 전문의에게 실시간 데이터를 제공한다. 심장병 전문의는 약사에게 업데이트된 처방전을 보낼 수 있으며, 약사는 집으로 돌아가면서 스마트워치에 약을 가져갈 준비가 되었다는 알림을 보낼 수 있다. 그러면 GPS가 자동으로 자체 업데이트를 수행해 자율주행차가 약국으로 경로를 안내하고, 당신이 스마트폰으로 처방전을 결제할 수 있다."[24]

2025년에서 2027년쯤에는 우리 일상생활의 많은 것들이 앰비언트 컴퓨팅 환경으로 변화될 가능성이 높다. 오늘날 우리에게 유용성을 제공해 주는 앰비언트 컴퓨팅은 항상 백그라운드에서 지원될 것이다.

006 4차 산업혁명은 인공지능과 어떻게 관련되는가?

급속한 기술 발전은 전 세계의 사회와 비즈니스 환경에 극적으로 영향을 미치고 있다. 그것은 우리가 살고, 일하고, 여가시간을 즐기고, 다른 사람들과 의사소통하는 방법을 바꾸고 있다. 최근 몇 년 동안 거대한 디지털 혁명이 있었다. 이러한 디지털 혁명은 1980년대에 개인용 컴퓨터의 이용 증가와 인터넷의 탄생처럼 큰 변화를 가져다주었다.

오늘날 대중이 거의 알지 못하지만 이미 몇몇 신기술은 우리가 살아가는 방식과 사업하는 방식에 영향을 미치고 있다. 이러한 현상은 우리가 알고 있는 디지털 혁신에 보조를 맞추는 것이 복잡성을 가중시킨다는 것을 알려준다. 더군다나 이러한 새로운 기술 다수가 결합되어 여러 범주에 걸쳐 기하급수적으로 발전하고 있다.

우리 세계에 큰 영향을 미칠 가장 중요한 현대 기술은 인공지능이다. 하지만 3D 프린팅, 로봇, 사물인터넷, 자율주행차, 나노 기술, 양자컴퓨팅을 포함하여 삶을 변화시킬 많은 주목할 만한 기술들이 있다.

개인적으로 나는 이 모든 새로운 기술들이 매우 매력적이라고 생각한다. 그리고 각각의 신기술이 모든 인류에게 상당한 혜택을 줄 것이라고 확신한다. 동시에 신기술은 보통사람들이 이해하는 것보다 더 빠른 속도로 구현되기 때문에 많은 혼란을 유발하고 새로운 도전에 직면하게 한다.

세계경제포럼(WEF: World Economic Forum) 창립자이자 집행위원장인 클라우스 슈밥(Klaus Schwab)은 디지털 혁신에 의한 새로운 시대를 '4차 산

업혁명(Fourth Industrial Revolution)'이라고 처음 이름 붙였다.[25]

아래 그림은 1차, 2차, 3차, 4차 산업혁명의 주요 특징을 보여준다.

그림 1.8 | 4차 산업혁명

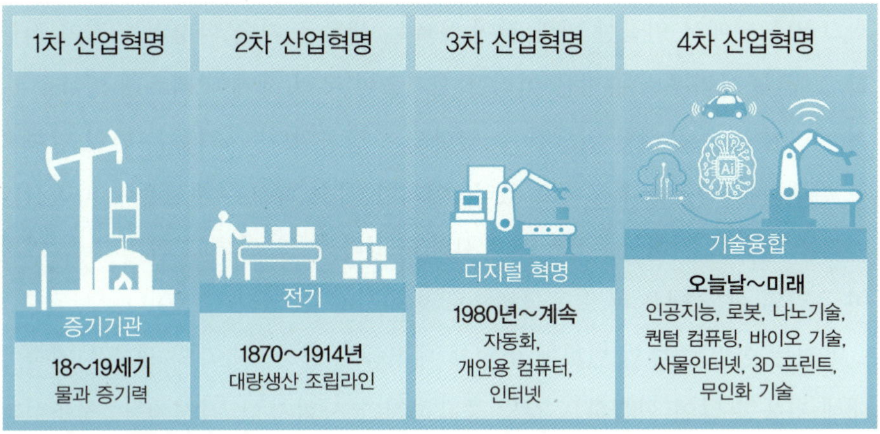

출처: wikipedia.com

일부 전문가들은 4차 산업혁명에 포함된 기술들이 일반적으로 동등한 중요성을 지니고 있다고 믿는다. 하지만 나는 인공지능이 이 특별한 4차 산업혁명의 핵심에 있다고 주장하고 싶다. 인공지능은 우리가 할 수 있는 한 많이 배워야 하는 중요한 요소 기술이다.

우리가 전기를 쉽게 이용할 수 있게 되면서 2차 산업혁명에 의한 대량 생산과 조립라인이 구축되었다. 인공지능과 기계학습 분야의 선도적인 전문가인 앤드류 응은 "인공지능은 새로운 전기이다(Artificial intelligence is the new electricity)"라고 말했다. 본질적으로 이것은 인공지능이 이 시대의 중요한 요소이고, 인공지능이 우리의 삶에 내재되어 있는 다른 기술을 작동시키는 데 이용될 것이다.

4차 산업혁명이 만들어 낸 잠재력을 진정으로 이해하는 사람이라면 누구나 놀랄만한 기회를 알게 될 것이다. 당신은 미래의 잡마켓에서 적절한 포지션을 얻기를 원하거나 또는 성공적인 사업 벤처 창업을 원하고 있다면, 당신은 인공지능, 3D 프린팅, 로봇, 사물인터넷, 자율주행차, 나노 기술, 양자컴퓨팅에 대해 공부를 시작해야 할 것이다. 이러한 준비는 그 어느 때보다도 더 많은 기회를 제공해 줄 것이다.

그러나 위에서 언급한 바와 같이 우리는 새로운 기술 환경의 도전에 직면할 것이다. 클라우스 슈밥은 이러한 신기술이 우리 세계에 빠르게 영향을 미치는 만큼 많은 문제를 일으킬 수 있다고 주장하였다. 사람들은 단일 방향으로 발전하는 기술을 활용하고 있다. 이러한 기술 혁신은 사람들이 따라잡기 어려울 정도로 기하급수적으로 발전하고 있다.[26] 또 다른 도전은 기술 발전이 우리의 삶을 매우 빠르고 극적으로 변화시킬 수 있다는 점이다.

우리는 이런 종류의 변화에 어떻게 대처해야 할까? 각각의 새로운 기술에 대해 가능한 많이 학습하는 것도 중요하지만 사회지능, 감성지능, 창조성과 같은 우리 인간만이 가지고 있는 독특한 특징을 활용하는 노력이 중요하다.

마지막으로 우리는 신기술을 이해하는 것뿐만 아니라 신기술을 잘 이용하는 방법에 대한 도전에 직면해 있다. 수년 동안 읽고 쓰는 능력은 인생에서 성공을 위해 필요한 가장 가치 있는 도구였다. 그러나 지난 몇 년 동안 디지털 이용 능력과 디지털 마케팅을 이해하는 능력은 사람들이 성공을 거두는 데 필요한 주요 기술이 되었다.

나는 단기적으로 인공지능 기술의 읽고 쓰는 능력(artificial intelligence literacy)과 4차 산업혁명 기술에 대한 이해가 사람들이 개발해야 할 핵심 스킬이 될 것이라고 생각한다. 또한 우리가 새로운 기술을 배우면서 이 지식을 주변 사람들과 공유하는 것이 중요하다. 이러한 개념들을 더 깊이 탐구하기 위해 클라우스 슈밥이 집필한 4차 산업혁명 서적은 4차 산업혁명과 인공지능의 영향에 대해 학습할 수 있는 훌륭한 자료이다.

007 인공지능의 가장 일반적인 장점과 단점은 무엇인가?

AI 기술이 계속 발전하고 우리의 삶과 비즈니스에 영향을 미치면서 우리는 AI 발전이 가져오는 긍정적인 영향과 부정적인 영향을 모두 이해하면서 통합적 관점을 가질 필요가 있다.

내가 이 책의 여러 장에서 설명할 것처럼 AI 발전에 의해 나타나는 주요 도전과제는 주류 미디어를 통해 알려진 AI 이용에 대한 것이다. 주류 미디어의 공포를 유발하는 선정적인 뉴스 기사들은 많은 보도를 하는 경향이 있다. 그렇기 때문에 인공지능과 관련된 일부 기사는 부당한 공포감을 불러일으킬 수 있다. 동시에 인공지능에 대한 단점은 충분한 조명받지 못하는 우려를 유발한다.

예를 들어, 우리 모두가 걱정하는 인공지능의 단점은 인공지능과 자동화로 많은 일자리를 잃게 될 근로자가 존재한다는 것이다. 이것이 진짜 심각한 문제이고 빨리 해결되어야 할 문제이다. 하지만 주류 미디어에서 일자리 감소 문제는 충분한 관심을 받지 못하고 있다. 대신에 많은 뉴스 보도들은 인공지능이 가져올 수 있는 경제적 이익과 사업 기회를 강조하고 있다. 나는 분명히 인공지능의 이러한 긍정적인 측면을 환영하지만 뉴스 보도가 미래의 잡마켓에 필요한 더 많은 '휴먼 스킬(human skills)'을 습득할 수 있도록 하기 위해 노동 인구의 시급한 재교육 필요성에 초점을 맞추는 것이 보다 중요하다고 생각한다. 인공지능의 가장 중요한 애플리케이션 분야가 의료 분야이다. 우리는 앞으로 몇 년 동안 AI 기술이 생명을 구하고, 건강을 개선하고, 심각한 질병의 치료법을 발견하는 데 이용될 것이라고 생각한다.

하지만 인공지능에는 종종 사람들이 생각하지 못하는 중요한 장점들이 있다. 다음은 인공지능이 제공할 수 있는 장점이며, 이 장점은 이 책 전반에 걸쳐 자세히 설명한다.

- **인공지능과 빈곤**: 인공지능은 극도의 빈곤과 싸우고 외딴 지역의 사람들의 삶의 질을 향상시키는 데 이용될 것이다.
- **인공지능과 일상생활**: 인공지능과 로봇은 인간에게 위험하거나 지루하거나 어려운 일을 맡을 수 있다.
- **인공지능과 교육**: 인공지능은 개인화되고 매우 효과적인 교육 시스템을 만들 수 있는 잠재력을 가지고 있다.
- **인공지능과 여행**: 인공지능은 자율주행차에 동력을 제공할 것이며, 이는 교통 효율을 개선하고, 저렴한 이동수단과 도로 안전 강화에 도움이 될 것이다.
- **인공지능과 세계평화**: 인공지능 연구개발은 세계평화를 추구하는 데 도움이 될 수 있다.
- **인공지능과 비즈니스 기회**: 인공지능은 전 세계 기업가에게 놀라운 기회를 제공해 주고, 생산성도 높여 줄 것이다.
- **인공지능과 비즈니스 프로세스**: 인공지능은 거의 모든 비즈니스 프로세스를 개선할 것이다.
- **인공지능과 산업**: 인공지능은 거의 모든 상업 산업을 획기적으로 변화시킬 것이다.
- **인공지능과 기후변화**: 몇몇 인공지능 전문가들과 과학자들은 기후변화에 대항하는 싸움에서 인공지능이 이용될 수 있는 다른 방법들을 연구하고 있다.

모든 신기술의 경우와 마찬가지로 인공지능이 미칠 수 있는 부정적인 영향을 비판적으로 분석하는 것도 중요하다. 틀림없이 AI 활용 폭증으로 인해 우리가 직면하게 될 가장 벅찬 도전은 그것이 인간으로서 우리를 어떻게 변화시킬 것인가이다. AI 기술이 계속 발전함에 따라 우리 인간에게 내재된 특성들을 인식하는 것이 점점 더 중요해질 것이다. 이에 대한 내용은 이 책의 여러 부분에서 다루고 있다.

이 책 전반에 걸쳐 다룰 인공지능에 대한 추가 과제는 다음과 같다.

- **인공지능과 잡마켓**: 인공지능은 잡마켓을 크게 변화시키고 상당량의 일자리 감소를 초래할 가능성이 있다.
- **인공지능과 외로움**: 인공지능의 성장과 발달은 많은 사람들에게 외로움과 고립을 증가시킬 것이다.
- **인공지능과 윤리**: AI 기반 제품과 서비스의 개발과 이용에 관한 윤리지침을 마련하는 것이 중요하다. 몇몇 정부와 민간기업들은 윤리적으로 의문스러운 AI 제품을 신속하게 개발하고 있는데, 이 제품들은 긴급히 대중의 의견과 숙고된 입법을 필요로 한다. AI 나우 인스티튜트(AI Now Institute)는 윤리적인 경계를 위반할 수 있다는 우려에 근거하여 감정을 감지하는 AI 기술의 즉각적인 규제를 요구하고 있다.[27]
- **인공지능과 정치선동**: 인공지능은 이미 정치적 선전에 이용되고 있고 이 관행은 시간이 지날수록 늘어나는 추세이다.
- **인공지능과 지정학적 불평등**: 인공지능의 성장은 전 세계적으로 중요한 지정학적 불평등을 초래할 수 있다.
- **인공지능과 두려움**: 인공지능의 급속한 성장은 불필요한 대중의 공포와 혼란을 야기하고 있다.
- **인공지능과 무기화**: 불행하게도 인공지능은 무기가 될 수 있고, 빠른 시일 내에 해결해야 할 심각한 문제를 야기할 수 있다.
- **인공지능과 과대 선전**: 인공지능을 둘러싼 과대 선전이 끊이지 않고 있는데, 많은 이들이 이를 인공지능의 잠재적 편익을 과장한 것으로 인식

하고 있다.

- **인공지능과 개인정보보호**: 인공지능이 작동하려면 대량의 데이터가 필요하다. 다양한 고객 대면 AI 앱은 소비자들이 자신도 모르게 공유해온 개인 데이터로 인해 탁월한 성능을 가지고 있다. 마이데이터(MyData)와 같이 더 많은 윤리적인 솔루션을 찾기 위해 노력하는 다양한 활동들이 이루어지고 있다. 이를 통해 사람들은 개인 데이터 공유에 대해 스스로 결정할 수 있게 되었다.
- **인공지능과 투명성**: 정부가 인공지능을 오용한 사례는 여러 건으로 문서화되지 않았거나 은폐된 사례가 있다. 인공지능이 어떻게 개발되고 이용되고 있는지 그리고 그것이 일으킬 수 있는 어떤 부정적인 부작용도 100% 투명하게 공개해야 한다.
- **인공지능과 사고**: 새로운 AI 기술이 개발되고 시험대에 오르면서 일부 고장과 사고가 발생할 수밖에 없다. 예를 들면, 우버의 한 자율주행 차량은 보행자를 치어 숨지게 한 사고가 이미 발생한 사례가 있다.

인공지능 활용과 관련된 다양한 장점과 단점이 있다. 나는 당신이 이 책을 읽으면서 당신의 흥미와 창의력을 자극하기를 바란다. 대체로 나는 AI 발전에 따라 다양한 부분에서 활용이 늘어날 것이고, 이 과정에서 나타나는 문제를 시간을 두고 극복하기 위해 노력해야 할 것이라고 생각한다.

008 어떻게 실생활에서 인공지능을 응용할 수 있는가?

역사적으로 읽고 쓰는 법을 아는 사람들은 그렇지 않은 사람들보다 출세할 수 있는 더 좋은 기회를 가졌다. 나는 곧 인공지능이 이와 같은 일이 일어나기 시작할 것이라고 믿는다. 인공지능을 이해하고 적절하게 적용하는 방법을 아는 사람은 그렇지 않은 사람보다 더 많은 기회를 가질 것이다. AI 발전이 우리 주변의 사회와 세계를 어떻게 변화시킬지 아는 것은 매우 중요하다.

이러한 이유로 나는 당신의 삶에서 인공지능을 적용할 수 있는 방법에 대해 생각해 볼 것을 제안하고자 한다. 당신은 당신 회사의 비즈니스 프로세스를 개선시키기 위해 인공지능을 이용하는 것에 관심이 있을 수도 있고, 당신 자신을 위한 AI 애플리케이션을 만들고 싶을 수도 있고, 당신이 공공 부문에서 일하고 있다면, 공공 부문에서 어떻게 인공지능을 이용해 업무 효율성을 높일 수 있는지 궁금해 할 수도 있다.

인공지능을 이용하는 목적이 무엇이든, 당신이 AI 애플리케이션 도입을 계획할 때 고려해야 할 세 가지 중요한 전략이 있다.

- **인공지능의 윤리적이고 투명한 이용을 수용**: 인공지능이 비윤리적인 방식으로 이용되는 몇 가지 나쁜 사례들이 있다. 여기에는 본질적으로 편향된 AI 알고리즘의 적용과 사람들의 사생활을 침해하는 AI 감시 시스템의 도입이 포함된다. 소비자가 이용할 AI 애플리케이션을 개발하려면 인공지능의 윤리적인 이용과 데이터 개인정보보호를 신중하게 고려

하는 것이 중요하다.

인공지능에 윤리를 적용하는 방법을 이해하는 데 도움이 되는 좋은 자료는 유럽연합의 AI 관련 고급 전문가 그룹(European Union's High-Level Expert Group on AI)이 2019년에 발표한 '신뢰할 수 있는 인공지능을 위한 윤리지침(Ethics Guidelines for Trustworthy Artificial Intelligence)'이 있다.

이 지침에 따르면 인공지능의 이용에는 다음의 사항을 고려해야 한다.

- **법률적 측면**: 모든 관련 법률과 규정을 준수해야 한다.
- **윤리적 측면**: 윤리적 원칙과 가치를 존중해야 한다.
- **견고성 측면**: 기술적 관점에서 사회적 환경을 고려해야 한다.

AI 관련 프로젝트를 시작하기 전에, 나는 당신에게 인공지능에 대한 가이드라인을 읽어볼 것을 제안한다. 상세한 내용은 다음의 웹사이트의 정보를 찾아보기 바란다: https://ec.europa.eu/digital-single-market/en/news/ethics-guidelines-trustworthy-ai.

- **엣지컴퓨팅(edge computing) 채택**: 내가 이 책을 집필할 때 넷플릭스, 페이스북, 구글 등 인공지능을 활용하는 플랫폼들은 AI 알고리즘으로 데이터를 처리하는 데 클라우드 기반 컴퓨팅 환경에 의존하고 있었다. 사물인터넷 확산에 따라 우리 주변에 센서가 많아짐에 따라 엣지컴퓨팅이 점점 더 필요하게 되었다. 엣지컴퓨팅은 AI 알고리즘을 클라우드 컴퓨팅(cloud computing)보다 로컬 디바이스(local devices)에서 더 안전하고 빠르게 구현할 수 있도록 지원한다. 엣지컴퓨팅의 좋은 사례로는 성공적인 운영을 위해 막대한 양의 빅데이터를 처리하는 5G 커넥티드 자율주행 자동차(5G-connected self-driving cars)가 있다.
- **'저코드/무코드' 추세를 수용**: 소프트웨어 개발은 전통적으로 기술 집약적이었으며 적절한 기술을 갖춘 프로그래머만이 할 수 있었다.

클라우드 기반 AI 도구도 마찬가지다. 클라우드 기반 AI 도구는 기업들에게 다양한 가능성을 제공하지만 기술 전문가의 서비스를 구현해야 한다.

즉 기존에 기술 개발에 따른 문제는 많은 비개발자들이 그들의 회사를 위한 AI 애플리케이션을 만들 수 없었다는 것이다. 그러나 소프트웨어 개발과 클라우드 기반 AI 도구 모두 저코드/노코드(low-code/no-code) 추세로 전환되고 있다. 이러한 동향은 비개발자들이 시각적인 드래그 앤 드롭 디자인 시스템(visual drag and drop design systems)을 이용하여 AI 소프트웨어를 만들게 될 것을 알려준다. 구글은 2021년 1월까지 저코딩 기술을 가진 사람들이 애플리케이션을 만들 수 있도록 도와주는 앱 제작 도구(App Maker tool)를 개발할 것이라고 하였다. 앞으로 구글은 코딩 스킬이 없는 사람들이 그들의 앱을 만들 수 있도록 해주는 앱시트(AppSheet)라고 불리는 노코드 플랫폼(no-code platform) 개발에 초점을 맞출 것이라고 하였다.[28]

모든 사람이 안전하게 이용할 수 있는 코드 없는 AI 플랫폼을 2022년 또는 2023년경까지 이용할 수 있게 하려면, 여전히 약간의 시간이 필요할 것이며, 이러한 AI 플랫폼을 처음 이용하는 사람들은 코드 없는 AI 플랫폼을 통해 많은 장점을 얻게 될 것이다.

나는 개인적으로 당신이 인공지능을 개발하고, 인공지능을 이용해 성과를 창출하도록 많은 노력을 해야 할 것이라고 생각한다. 예를 들어, 만약 당신이 새로운 사업을 시작한다면, 당신은 인공지능을 새로운 사업에 통합해 당신 회사를 보다 경쟁력 있게 만들 방법을 생각해야 할 것이다. 또한 AI 발전과 영향이 비즈니스 환경을 어떻게 변화시킬 것인지를 알고 있어야 할 것이다. 인공지능이 미래에 상황을 어떻게 변화시킬지 이해하는 것은 당신에게 큰 도움이 될 것이다.

또한 나는 우리가 단지 이용할 수 있다고 해서 모든 것에 인공지능을 이용해서는 안 된다는 것을 강조하고 싶다. 다른 분야와 마찬가지로 인공지능을 너무 활용하는 것은 오히려 해악을 끼칠 수 있다. 그렇기 때문에 인공지능은 적당히 이용되어야 한다. AI 비서는 훌륭하지만 가족과 친구들보다 더 많은 시간을 AI 비서와 교류하는 것은 건강에 좋지 않으므로 이를 피해야 할 것이다.

009 인공지능 분야에서 가장 관심받는 전문가는 누구인가?

AI 산업이 성장함에 따라 AI 개발에 대한 전문가들의 통찰력을 공유하고, 다양한 AI 전문가들을 접할 기회가 증가하고 있다. 인공지능에서 최신 업데이트와 중요한 업데이트를 유지하는 좋은 방법은 다양한 산업계 리더의 의견을 찾고 관심받고 있는 리더를 따르는 것이다.

다음 목록은 내가 가장 호의를 가지고 있는 AI 전문가 목록이다. 이 목록의 대부분의 AI 전문가들이 인공지능에 관한 책을 썼고, 인공지능에 대한 다양한 관점을 여러 사람들과 공유했다. 그들 중 다수는 당신이 유튜브에서 볼 수 있는 회의와 세미나에서 주제에 대한 연설을 하기도 했다.

■ 게르트 레온하르트(Gerd Leonhard)

- 미래 지향적인 유럽의 저술가이자 강연자로 AI 기술이 우리의 미래를 바꿀 수 있는 방법과 우리가 이러한 변화에 어떻게 대응할 수 있는지에 대한 흥미로운 통찰력을 제공하였다. 나는 개인적으로 그의 작품을 살펴보는 것을 즐긴다. 그는 인공지능에 대한 기술적 접근보다는 인간의 독특한 특징에 중점을 두고 접근하였다. 레온하르트의 저서는 내가 이 책을 쓰는 데 중요한 영감을 주었다.
- **웹사이트**: www.futuristgerd.com
- **책**: 〈신이 되려는 기술: 위기의 휴머니티(*Technology vs. Humanity: The Coming Clash Between Man and Machine*)〉

■ 앤드류 응(Andrew Ng)

- 세계적으로 유명한 기계학습과 딥러닝 전문가로 코세라(Coursera)의 공동 설립자이자 공동 회장이며, 스탠퍼드대학교의 부교수이자 바이두의 AI 연구책임자이다. 또한 그는 딥러닝 기술 분야에서 가장 존경받는 연구자 중 한 명으로 코세라를 통해 딥러닝 강의를 하고 있으며, 그의 강좌는 www.deeplearning.ai에서 확인할 수 있다.
- **웹사이트**: www.andrewng.org
- **출판물**: www.andrewng.org/publications

■ 스튜어트 러셀(Stuart Russell)

- AI 분야를 개척한 연구자이며 버클리 캘리포니아대학교의 컴퓨터 사이언스 교수이자 AI 선임 연구자이다. 러셀은 안전한 AI 개발에 대한 수많은 논문과 연설을 발표했다. 그의 강의 내용은 유튜브에서 찾아볼 수 있다.
- **웹사이트**: https://people.eecs.berkeley.edu/~russell/
- **책**: 〈인공지능: 현대적인 접근법(*Artificial Intelligence: A Modern Approach*)〉

■ 일론 머스크(Elon Musk)

- 테슬라의 CEO이자 공동 설립자로 인공지능의 잠재적 함정에 대한 주제에 대해 가장 저명한 연설가 중 한 명이다. 그는 안전한 인공지능 기술을 개발하고 이를 활용하기 위해 노력하고 있으며, 이를 위해 비영리 기구인 오픈AI 리서치(OpenAI Research)를 설립했다.
- **웹사이트**: https://www.openai.com

■ 유발 노아 하라리(Yuval Noah Harari)

- 최근 국제적인 베스트셀러인 〈사피엔스(*Sapiens: A Brief History of Humankind*)와 〈호모데우스(*Homo Deus: A Brief History of Tomorrow*)〉의 저자이자 이스라엘의 역사가이다. 하라리의 최근 저서인 〈21세기를 위한 21가지 교훈(*21 Lessons for the 21st Century*)〉에서는 앞으로 30~50년 후에 사회가 어떤 모습일지 그리고 인공지능이 인간에게 미칠 수 있는 영향에 대한 내용을 알려준다.
- **웹사이트:** http://www.ynharari.com
- **책:** 〈21세기의 교훈(*21 Lessons for the 21st Century*)〉

■ 데미스 허사비스(Demis Hassabis)

- 2014년 구글이 인수한 대표적인 AI 회사인 딥마인드(DeepMind)의 설립자이자 CEO로 세계 최고의 AI 전문가 중 한 명이다.
- **웹사이트:** http://demishassabis.com
- **출판물:** http://demishassabis.com/publications

■ 맥스 테그마크(Max Tegmark)

- 스웨덴계 미국인으로 MIT(Massachusetts Institute of Technology) 교수이자 우주학 연구자이고, 또한 생명미래연구소(FLI: Future of Life Institute)의 대표이다. 그는 우주학 분야에서 인공지능에 이르는 주제에 대해 200편 이상의 기술 논문을 출판하였다.
- **웹사이트:** https://futureoflife.org/team/
- **책:** 〈라이프 3.0: 인공지능이 열어갈 인류와 생명의 미래(*Life 3.0: Being Human in the Age of Artificial Intelligence*)〉

- 카이푸 리(Kai-Fu Lee)
  - 대만의 벤처투자가이자 시노베이션 벤처스(Sinovation Ventures)의 CEO이다. 그는 카네기멜론대학교(Carnegie Mellon University)에서 박사학위 논문으로 세계 최초로 지속적인 음성인식 시스템을 개발했다. 그는 중국에서 AI 기술에 대한 선도적인 전문가 중 한 명으로 인정받고 있다.
  - 웹사이트: http://www.sinovationventures.com
  - 책: 〈AI 슈퍼파워: 중국, 실리콘 밸리 그리고 새로운 세계 질서(*AI Superpowers: China, Silicon Valley, and the New World Order*)〉

- 페이페이 리(Fei-Fei Li)
  - 스탠퍼드 인공지능 연구소와 스탠퍼드 비전 연구소의 소장으로 컴퓨터 비전 분야의 선도적인 전문가 중 한 사람이다. 또한 그녀는 구글 클라우드 개발을 위한 인공지능과 기계학습의 분야의 최고 과학자이다.
  - 웹사이트: http://vision.stanford.edu/feifeili

- 젠 워트먼 본(Jenn Wortman Vaughan)
  - 기계학습과 알고리즘 경제학 분야의 전문가로 마이크로소프트 리서치(Microsoft Research)의 수석 연구원이다. 그녀는 AI 기술을 통해 인간의 능력을 강화하는 방법에 초점을 맞추어 연구를 하고 있다.
  - 웹사이트: http://www.jennwv.com

- 누리아 올리버(Nuria Oliver)
  - 그녀는 인간 행동에 대한 컴퓨터 모델 개발과 사회적 이익을 위한 빅데이터 분야의 저명한 연구자다. 그녀는 유럽 인공지능협회의 회원이며 40개의 특허를 공동 발명했다. 그녀는 현재 보다폰의 데이터 사이언스

연구소(Research for Data Science at Vodafone)의 책임자로 일하고 있다.

- **웹사이트**: http://www.nuriaoliver.com

■ 오렌 에치오니(Oren Etzioni)

- 앨런 인공지능 연구소(Allen Institute for Artificial Intelligence)의 최고경영자로 기계 판독(machine reading)이라는 용어를 처음 만들어냈으며 비교 쇼핑을 최초로 상용화한 AI 전문가이다.
- **웹사이트**: http://allenai.org/team/orene

■ 에릭 브린욜프슨(Erik Brynjolfsson)

- MIT의 디지털 경제 이니셔티브(Initiative on the Digital Economy) 소장이며, 〈머신 플랫폼 크라우드: 트리플 레볼루션의 시대가 온다(*Machine Platform Crowd: Harnessing our Digital Future*)〉와 〈제2의 기계시대: 인간과 기계의 공생이 시작된다(*The Second Machine Age: Work, Progress and Prosperity in a Time of Brilliant Technologies*)〉의 저자이다. 그는 복잡한 AI 주제에 대해 간단하고 이해하기 쉬운 방식으로 의사소통하는 독특한 재능을 가지고 있다.
- **웹사이트**: http://ebusiness.mit.edu/erik
- **책**: 〈머신 플랫폼 크라우드: 트리플 레볼루션의 시대가 온다(*Machine Platform Crowd: Harnessing our Digital Future*)〉와 〈제2의 기계시대: 인간과 기계의 공생이 시작된다(*The Second Machine Age: Work, Progress and Prosperity in a Time of Brilliant Technologies*)〉

■ 세바스찬 스런(Sebastian Thrun)

- AI, 기계학습, 딥러닝 교육을 위한 선도적인 온라인 교육 플랫폼인 유

다시티(Udacity)의 공동 회장이자 설립자이다. 또한 스런은 구글 엑스와 구글의 자율주행차 팀을 설립했다.

- **웹사이트:** http://robots.stanford.edu

■ 닉 보스트롬(Nick Bostrom)

- 스웨덴 철학자이자 옥스퍼드대학교의 인류미래연구소(Future of Humanity Institute)의 소장으로 〈슈퍼인텔리전스: 경로, 위험, 전략(*Superintelligence: Paths, Dangers, Strategies*)〉의 저자이다. 보스트롬은 지능 수준이 높아질 때 인공지능을 통제하는 초지능(superintelligence) 분야의 전문가이기도 하다.
- **웹사이트:** www.nickbostrom.com
- **책:** 〈슈퍼인텔리전스: 경로, 위험, 전략(*Superintelligence: Paths, Dangers, Strategies*)〉

■ 닐 제이콥스타인(Neil Jacobstein)

- 싱귤래리티대학교(Singularity University)의 인공지능과 로봇 트랙(Robotics Track) 학장이다. 그는 DARPA, NSF, NASA, NIH, EPA, DOE 그리고 미국 해군과 공군을 포함한 조직들을 위한 AI 연구개발 프로젝트에 자문 서비스를 제공했다.
- **웹사이트:** https://su.org/faculty-speakers/neil-jacobstein

앞에 나열된 AI 전문가들 외에도 우리에게 가치를 제공하는 많은 선도적인 AI 전문가들이 있다.

010 주요 인공지능 용어는 무엇인가?

알고리즘(Algorithm)

이 용어는 컴퓨터가 각 작업을 완료하는 데 이용하는 단계별 방법이다. 컴퓨터는 숫자를 가장 잘 이해하기 때문에, 각각의 단계들은 수학 방정식으로 표현된다.[29]

인공신경망(Artificial Neural Networks)

이 용어는 뇌에서 뉴런이 상호작용하는 방식을 모델링하면서 연결된 신경 단위를 시뮬레이션하는 AI 시스템을 지칭하는 데 이용된다.[30]

인지 컴퓨팅(Cognitive Computing)

일반적으로 이용되는 인공지능의 동의어, 특히 이 용어는 IBM에서 이용되었다.

인지과학(Cognitive Science)

인지과학은 언어학, 정보처리, 의사결정과 같은 인간 두뇌의 다양한 과정을 조사하는 학문이다. 인지과학의 목표는 인식에 대해 보다 많이 발견하는 것이다.[31]

컴퓨터 비전(Computer Vision)

컴퓨터 비전은 컴퓨터가 그들이 보는 것을 보고 인식할 수 있게 해주는 기술로 얼굴인식 애플리케이션, 자율주행차 그리고 드론을 포함하여 이 기술에 의존하는 다양한 제품이 존재한다.[32] 최근 몇 년 동안 컴퓨터 비전 정확도가 크게 향상되어 많은 AI 제품을 실제로 볼 수 있게 되었다.

딥러닝(Deep Learning)

딥러닝은 수백만 개의 인위적인 뉴런의 많은 층으로 구성된 신경 네트워크를 이용한다. 딥러닝은 거대하고 복잡한 데이터셋이 포함된 프로젝트에 적합하다.[33]

전문가 시스템(Expert System)

전문가 시스템은 특정 분야의 전문가의 의사결정 능력을 모형화하는 컴퓨터 시스템이다. 전문가 시스템은 규칙 기반이며 일반적으로 'if-then' 문을 이용한다.[34]

자연어 생성(NLG: Natural Language Generation)

자연어 생성은 구조화된 데이터를 인간의 것과 비슷하지만 초당 수천 페이지의 훨씬 빠른 속도로 이해할 수 있는 텍스트로 변환하는 소프트웨어의 능력이다.[35] 자연어 생성(NLG)은 자연어 처리(NLP)의 한 형태이며 제품 설명과 같은 다양한 결과를 도출하는 데 이용될 수 있기 때문에 최근 인기가 증가하고 있다.

자연어 처리(NLP: Natural Language Processing)

자연어 처리는 컴퓨터가 인간의 언어를 말하고 있는 그대로 인식하고 이해하는 능력 그리고 말하는 지시에 따라 행동을 취하는 능력이다. 이것은 애플 시리, 구글 어시스턴트, 아마존 알렉사 그리고 다른 똑똑한 개인 어시스턴트 시스템들이 이용하는 기본 기술이다. 자연어 처리 기술의 발전으로 인해 스마트 개인 어시스턴트 시스템, 번역 서비스, 챗봇과 같은 제품들은 이제 보다 개선된 이해 능력을 가지고 있으며, 인간을 보다 유용하게 만들어 준다.[36]

음성인식(Speech Recognition)

이 기술은 컴퓨터가 언어를 인식하고 번역할 수 있게 하는 기술이다.[37]

튜링 테스트(Turing Test)

수학자 앨런 튜링(Alan Turing)에 의해 개발된 이 고전적인 테스트는 컴퓨터가 인간처럼 생각할 수 있는 능력을 가지고 있는지 확인하기 위한 것이다. 이 테스트는 기본적으로 사람이 컴퓨터나 다른 사람과 통신하고 있는지 알아내려고 노력하는 모방게임(imitation game)이다.[38]

이것들은 당신이 미래에 보다 많이 듣기 시작할지도 모르는 많은 AI 관련 단어와 문구 중 일부에 불과하다.

약한 AI, 강한 AI, 슈퍼 AI

인공지능과 관련된 다른 중요한 개념은 세 가지 주요 수준의 인공지능이 있다는 것이다. 이 인공지능의 수준은 협소한 인공지능(Artificial Narrow Intelligence), 일반 인공지능(Artificial General Intelligence), 슈퍼 인공지능(Artificial Super Intelligence)으로 구분된다.

협소한 인공지능(Artificial Narrow Intelligence) 또는 약한 인공지능(weak AI)은 기본적으로 현재 우리가 이용하고 있는 인공지능이다. 약한 인공지능은 아마존 제품 추천, 페이스북 뉴스 피드 그리고 자율주행차와 같은 기본적인 애플리케이션으로 구성된다. 기본적으로 인공지능은 단일 작업을 수행하는 데 능숙하지만 동시에 여러 도메인을 처리할 수 없고 인간 수준의 지능을 가지고 있지 않다.[39]

일반 인공지능(Artificial General Intelligence) 또는 강한 인공지능(strong AI)은 인간이 할 수 있는 능숙하고 유연하게 영역을 넘나들며 업무를 수행할 수 있는 인공지능을 일컫는다.[40] 일반적인 인공지능의 목적은 인간의 정신에 버금가는 지능으로 생각하는 기계(thinking machines)를 만드는 것이다.[41]

AI 전문가들은 일반적인 인공지능(강한 인공지능)이 언제 달성될지에 대해 의견이 엇갈리고 있고, 구글의 피터 노르빅(Peter Norvig) 연구소장을 비롯한 일부 전문가들은 인공지능이 결코 달성될 수 없을 것으로 보고 있다.[42]

스웨덴의 철학자이자 AI 전문가인 닉 보스트롬(Nick Bostrom)에 따르면 슈퍼 인공지능(Artificial Super Intelligence)은 인공지능이 사실상 모든 분야에서 가장 똑똑한 인간들보다 훨씬 더 똑똑해질 때 달성될 것이라고 하였다.[43]

대부분의 주류 미디어 뉴스에서는 우리가 언제 일반적인 AI나 슈퍼 AI를 개발하게 될 것인가에 대한 예측에 초점을 맞추고 있다. 미래 인공지능에 대한 토론은 어떤 사람들에게는 걱정거리나 심지어 공포감을 불러일으킬 수 있다. 이 책에서 우리는 미래의 가능한 AI 시나리오에 대해 많은 설명을 하지 않았다. 오히려 인공지능이 현재 어떻게 적용되고 있는지 그리고 잠재적 AI 애플리케이션과 향후 발생할 변화 등에 많은 설명을 하였다.

AI 기술과 애플리케이션들이 뉴스의 주요 헤드라인을 장식하기 시작했다. 불행하게도 일반 대중들 사이에 광범위한 혼란을 야기할 만한 오해의 소지가 있는 인공지능에 대한 이야기와 기사들이 많이 있다. 최신 AI 관련 뉴스를 제공하는 가장 우수하고 신뢰할 수 있는 출처는 AI 인덱스(AI Index)이다. 이 웹사이트에서는 세바스찬 스런(Sebastian Thrun), 에릭 브린욜프슨(Erik Brynjolfsson), 카이푸 리(Kai-Fu Lee), 앤드류 응(Andrew Ng)과 같은 선도 AI 전문가의 통찰력과 최신 동향을 포함한 인공지능에 대한 신뢰할 수 있는 다양한 정보를 제공한다. 다음의 웹사이트에 접속하면 보다 상세한 정보를 얻을 수 있을 것이다: http://www.aiindex.org.

NOTES

01 Google, 2017, www.google.com

02 Dave Gershgorn, "The Quartz guide to artificial intelligence: What is it, why is it important, and should we be afraid?", Quartz, September 10, 2017, https://qz.com/1046350/the-quartz-guide-to-artificial-intelligence-what-is-it-why-is-it-important-and-should-we-be-afraid

03 Martin Armstrong, "The Future Of A.I.", The Statistics Portal, November 18, 2016, https://www.statista.com/chart/6810/the-future-of-ai

04 Sebastian Thrun, "Artificial Intelligence – Q&A with Sebastian Thrun", Udacity, YouTube, June 13, 2017, https://www.youtube.com/watch?v=gyEyBZdUjCo

05 Wikipedia entry on Machine Learning, December 07, 2017, https://en.wikipedia.org/wiki/Machine_learning

06 Dave Gershgorn, "The Quartz guide to artificial intelligence: What is it, why is it important, and should we be afraid?", Quartz, September 10, 2017, https://qz.com/1046350/the-quartz-guide-to-artificial-intelligence-what-is-it-why-is-it-important-and-should-we-be-afraid

07 KDnuggets, "Machine Learning Key Terms, Explained", 2017, https://www.kdnuggets.com/2016/05/machine-learning-key-terms-explained.html/2

08 Dave Gershgorn, "The Quartz guide to artificial intelligence: What is it, why is it important, and should we be afraid?", Quartz, September 10, 2017, https://qz.com/1046350/the-quartz-guide-to-artificial-intelligence-what-is-it-why-is-it-important-and-should-we-be-afraid

09 Huan Muguel Pino, "Transitioning entirely to neural machine translation", Facebook, August 03, 2017, https://code.facebook.com/posts/

289921871474277/transitioning-entirely-to-neural-machine-translation

10 Kyle Wiggers, "Google's computer vision model tracks objects and colorizes videos", Venture Beat, June 27, 2018, https://venturebeat.com/2018/06/27/googles-computer-vision-model-tracks-objects-and-colorizes-videos

11 Will Knight, "We can now use AI to see through walls", MIT Technology Review, June 12, 2018, https://www.technologyreview.com/the-download/611419/we-can-now-use-ai-to-see-through-walls

12 April Glaser, "Google's ability to understand language is nearly equivalent to humans", Recode, May 31, 2017, https://www.recode.net/2017/5/31/15720118/google-understand-language-speech-equivalent-humans-code-conference-mary-meeker

13 Bill Whitaker, "The computer algorithm that was among the first to detect the coronavirus outbreak", 60 Minutes, 27 April, 2020, https://www.cbsnews.com/news/coronavirus-outbreak-computer-algorithm-artificial-intelligence

14 Steven Feldstein, "The Global Expansion of AI Surveillance", Carnegie Endowment for International Peace, September 17, 2019, https://carnegieendowment.org/2019/09/17/global-expansion-of-ai-surveillance-pub-79847

15 Wikipedia entry on Unstructured data, November 10, 2017, https://en.wikipedia.org/wiki/Unstructured_data

16 Kai-Fu Lee, "The State of Artificial Intelligence in China – Kai-Fu Lee", The Artificial Intelligence Channel, YouTube, November 03, 2017, https://youtu.be/KtVOdFDYk3I

17 Alex Fitzpatrick, "Google's AI Just Did Something Nobody Thought Possible", Time, January 27, 2016, http://time.com/4196275/google-deepmind-ai-go

18 Lisa Eadicicco, "This Researcher Programmed the Perfect Poker-Playing Computer", Time, February 01, 2017, http://time.com/4656011/artificial-intelligence-ai-poker-tournament-libratus-cmu

19 Alex Fitzpatrick, "Google's AI Just Did Something Nobody Thought Possible", Time, January 27, 2016, http://time.com/4196275/google-deepmind-ai-go

20 Demis Hassabis and David Silver, "AlphaGo Zero: Learning from scratch",

DeepMind, October 18, 2017, https://deepmind.com/blog/alphago-zero-learning-scratch

21 James Vincent, "AI bots trained for 180 years a day to beat humans at Dota 2", June 25, 2018, The Verge, https://www.theverge.com/2018/6/25/17492918/openai-dota-2-bot-ai-five-5v5-matches

22 Catherine Clifford, "Bill Gates says gamer bots from Elon Musk-backed nonprofit are 'huge milestone' in A.I.", CNBC, June 28, 2 2018, https://www.cnbc.com/2018/06/27/bill-gates-openai-robots-beating-humans-at-dota-2-is-ai-milestone.html

23 Tristan Greene, "Why the smartest AI is still dumber than a toddler—and how we can fix that", The Next Web January 27, 2020 https://thenextweb.com/artificial-intelligence/2020/01/27/why-the-smartest-ai-is-still-dumber-than-a-toddler-and-how-we-can-fix-that/

24 Gary Grossman, "AI-powered ambient computing is just getting started", Venture Beat, March 30, 2018, https://venturebeat.com/2018/03/30/ai-powered-ambient-computing-is-just-getting-started

25 Wikipedia entry on Fourth Industrial Revolution, December 07, 2016, https://en.wikipedia.org/wiki/Fourth_Industrial_Revolution

26 Klaus Schwab, "The Fourth Industrial Revolution: what it means, how to respond", World Economic Forum, January 14, 2016, https://www.weforum.org/agenda/2016/01/the-fourth-industrial-revolution-what-it-means-and-how-to-respond

27 Brendan Drain, "AI Now Institute pushes for regulation of emotion-detecting technology", Sync NI, December 13, 2019, https://syncni.com/article/3462/ai-now-institute-pushes-for-regulation-of-emotion-detecting-technology

28 Roberto Torres, "Google to shut down App Maker, shift focus to no-code platform AppShee", CIO Dive, January 29, 2020, https://www.ciodive.com/news/google-to-shut-down-app-maker-shift-focus-to-no-code-platform-app-sheets/571304

29 Jon Skillings, "Artificially intelligent: A brief glossary of the ideas behind AI", Cnet, June 29, 2016, https://www.cnet.com/news/artificially-intelligent-a-brief-glossary-of-the-ideas-behind-ai

30 James Manyika, "What the future of work will mean for jobs, skills, and wages", McKinsey, November, 2017, https://www.mckinsey.com/global-

themes/future-of-organizations-and-work/what-the-future-of-work-will-mean-for-jobs-skills-and-wages

31 Simon Fraser University, "Welcome to the cognitive science program", 2017, http://www.sfu.ca/cognitive-science.html

32 Steven Wong, "A Glossary of AI Terms for Marketing", Huffington Post, June 03, 2017, http://www.huffingtonpost.com/entry/a-glossary-of-ai-terms-for-marketing_us_58bdc303e4b0abcb02ce20d6

33 James Manyika, "What the future of work will mean for jobs, skills, and wages", McKinsey, November 2017, https://www.mckinsey.com/global-themes/future-of-organizations-and-work/what-the-future-of-work-will-mean-for-jobs-skills-and-wages

34 Wikipedia entry on Expert system, December 08, 2017, https://en.wikipedia.org/wiki/Expert_system

35 Arden Mannin, "What is Natural Language Generation?", Yseop, May 11, 2017, https://yseop.com/blog/what-is-natural-language-generation

36 Search Business Analytics, "Natural language processing(NLP)", September, 2017, http://searchbusinessanalytics.techtarget.com/definition/natural-language-processing-NLP

37 Wikipedia entry on Speech recognition, December 02, 2017, https://en.wikipedia.org/wiki/Speech_recognition

38 Encyclopædia Britannica, "Turing test", January 01, 2017, https://www.britannica.com/technology/Turing-test

39 WhatIs, "Narrow AI(weak AI)", July, 2016, http://whatis.techtarget.com/definition/narrow-AI-weak-AI

40 Wikipedia entry on Strong AI, November 27, 2016, https://en.wikipedia.org/wiki/Strong_AI

41 AGI Society, "AGI Society", 2012-2014, http://www.agi-society.org

42 Gil Press, "Artificial Intelligence Pioneers: Peter Norvig, Google", Forbes, December 21, 2016, https://www.forbes.com/sites/gilpress/2016/12/21/artificial-intelligence-pioneers-peter-norvig-google/#4aaf10f938c6

43 Tech Talks, "What is Narrow, General and Super Artificial Intelligence?", May 12, 2017, https://bdtechtalks.com/2017/05/12/what-is-narrow-general-and-super-artificial-intelligence

제2장

인공지능은 어떻게 산업을 변화시키는가?

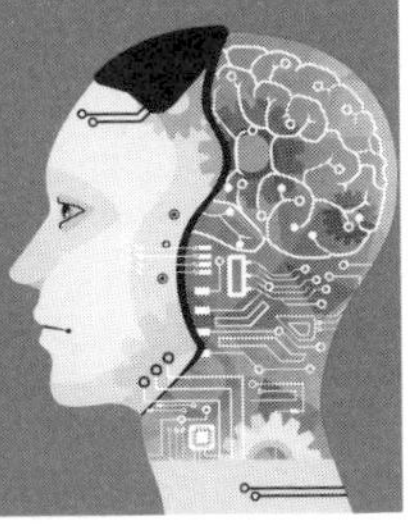

011 인공지능이 어떻게 금융을 변화시키는가?

012 인공지능이 어떻게 여행 산업을 최신화하는가?

013 인공지능은 어떻게 건강관리를 개선시키는가?

014 인공지능이 운송 산업을 어떻게 변화시키는가?

015 인공지능이 소매 산업에 어떤 혁명을 일으키는가?

016 인공지능이 저널리즘을 어떻게 변화시키는가?

017 인공지능은 어떻게 교육을 개선시키는가?

018 인공지능이 어떻게 농업에 혁명을 일으키는가?

019 인공지능이 엔터테인먼트 세상을 어떻게 바꾸는가?

020 인공지능은 정부에 어떤 영향을 미치는가?

그림 2.1 | 2장의 주제

당신은 인공지능이 오늘날 우리 사회의 거의 모든 산업에 영향을 미치고 있다는 것을 알고 있는가? 2장에서는 인공지능의 적용으로 인해 나타나는 10가지 산업의 변화를 분석할 것이다. 다양한 산업에서도 인공지능의 영향을 받겠지만, 여기서 강조된 10가지 사례는 비즈니스 환경을 변화시킬 수 있는 인공지능의 힘을 보여주는 대표적인 사례이다. 대부분의 산업에서 발전하고 경쟁우위를 누리게 될 기업들은 인공지능이 가져올 급진적인 변화를 잘 이해하고 준비할 수 있는 기업일 것이다. 반대로 이러한 변화를 무시하는 기업들은 다른 기업들과의 경쟁에서 뒤처질 것이다.

011 인공지능이 어떻게 금융을 변화시키는가?

액센추어 컨설팅(Accenture Consulting)에서 발표한 '은행기술 비전 2017(Banking Technology Vision 2017)'이라는 보고서에 따르면 은행의 79%가 인공지능이 고객의 데이터를 획득하는 방법뿐만 아니라 고객과 관계를 맺는 방법을 크게 변화시킬 것이라는 데 동의하였다.[01] 간단히 말해 은행들은 인공지능이 곧 모든 금융 서비스의 중심에 위치하게 될 것이라고 믿고 있다.

인공지능은 금융 산업을 다음과 같이 변화시켰다.

- **보다 좋은 고객 서비스 제공**: 미래에는 자동화된 봇 시스템을 통해 많은 기본적인 고객 상호작용이 이루어질 것이다. 페이스북 메신저나 은행의 웹사이트와 같은 서비스에서 봇을 이용하여 당신의 담보 옵션, 계좌 잔고, 기타 은행 서비스에 대해 신속하게 문의하는 것은 단순한 일이다. 기술 발전에 따라 이러한 봇들이 다양한 전통적인 고객 서비스 요원들을 대신할 가능성이 높아졌고, 누군가와 통화하기 위해 전화를 거는 사람(고객)들은 그들이 사람이 아닌 로봇과 대화하고 있다는 사실조차 알 수 없을 것이다.

  위에서 언급된 액센추어 컨설팅 보고서에 따르면 76%에 해당하는 대부분의 은행이 2020년까지 고객과의 주요 업무 창구로 AI 인터페이스를 가질 것이라고 한다.[02] 은행의 고급 고객들(high-end clients)을 위해서는 아마도 은행 사원들에 의한 개인화된 서비스가 제공될 것이다.

이들 고급 고객을 제외한 일반 고객들의 서비스 제공을 위해서는 봇이 일반 고객에게 필요한 금융 서비스를 수행할 가능성이 높아질 것이다.

- **로봇 어드바이저를 이용한 보다 신뢰할 수 있는 투자 서비스 제공:** 지금 자산운용사들은 사람의 개입이 거의 없거나 아예 없는 상태에서 재정 자문과 포트폴리오 관리 서비스를 제공할 수 있는 로봇 어드바이저를 도입하고 있다. 로봇 어드바이저 기술은 사람의 실수를 줄이고 거래 수수료를 낮추어 준다. 또한 다양한 종류의 로봇 어드바이저 도구를 통해 고객(이용자)들은 위험관리와 투자 스타일에 대한 선호도에 따라 개별적이고 개인화된 설정을 만들 수 있다.

  재무 분야 로봇 어드바이저 선도기업으로 베터먼트(Betterment, LLC)와 웰스프론트(Wealthfront, Inc.)가 있다. 이 두 회사는 미국에서 투자자의 위험 허용 범위와 기타 선호도를 개인화하는 동시에 AI 도구를 이용해 고객 선호도에 따라 투자 의사결정을 내릴 수 있도록 맞춤화된 온라인 서비스를 제공하고 있다.

  그러나 이러한 유형의 로봇 어드바이저를 이용하는 것이 이해상충을 일으킬 수 있다는 윤리적 우려가 존재한다. 이는 일부 AI 프로그램이 은행의 공시에 따라 자문회사에 돈을 지불하는 회사가 후원하는 특정 펀드나 주식을 선호할 수 있기 때문이다.[03]

- **서류작업 감소로 효율성 향상:** 미국에서는 JP 모건 체이스 & 코퍼레이션(JP Morgan Chase & Co.)은 코인(COIN)이라는 기계학습 프로그램(machine learning program)을 도입했는데, 코인은 매년 36만 시간 이상의 변호사가 해야 하는 일을 줄여주었고, 많은 비용을 절약시켜 주었으며 생산성을 크게 높여주었다.[04]

  계약 인텔리전스(Contract Intelligence)의 줄임말인 코인(COIN)은 변호사 팀이 대출서류 검토를 완료하는 데 수백 시간이 걸리는 다양한 업무를 인공지능을 이용하여 단 몇 초 만에 상업적인 대출 계약을 검토하는 업무를 수행한다. 대형 은행들이 이런 기술을 이용하기 시작하면서 매년 수백만 달러를 절약할 수 있게 될 것이다.[05]

- **금융보안 개선:** AI 기반 보안 시스템은 금융범죄가 발생할 수 있는 다양한 상황을 시뮬레이션하여 금융기관의 데이터나 펀드에 대한 잠재적인 불법 접근 지점을 파악할 수 있다. 기계학습을 이용하는 AI 도구들은 누군가가 돈세탁이나 사기를 시도할 것인지를 예상해 주고, 이러한 범죄가 발생하기 전에 범죄를 막기 위한 예방조치를 할 수 있게 해준다.[06]

AI 기술은 곧 모든 은행과 금융기관의 핵심이 될 것이다. 다른 새로운 도구와 마찬가지로 일부 금융소비자들은 AI 기술이 처음 도입되었을 때, AI 기술을 활용하는 것에 저항할 수도 있을 것이다. 그러나 보편화된 현금자동인출기(ATM: Automated Teller Machines)와 마찬가지로 대부분의 고객들은 일단 AI 도구에 익숙해지면 전통적인 은행보다 인공지능이 지원하는 은행의 상당한 장점을 깨닫게 될 것이다.

인공지능과 자동화가 금융권의 일자리를 대체해 많은 실업자를 양산할 것이므로 직원들을 재교육하고 이들이 금융권에서 제자리를 찾을 수 있도록 도와야 할 것이다.

012 인공지능이 어떻게 여행 산업을 최신화하는가?

당신은 여행 산업이 2019년 한 해 동안만 8조 9천억 달러가 넘는 가치를 지닌, 세계경제에 직접적 · 간접적 · 파생적 측면에서 기여하는 가장 큰 산업이라는 사실을 알고 있는가?[07]

우리가 다른 산업들에서 보았듯이 여행 산업도 마찬가지로 인공지능과 다양한 새로운 기술에 의해 급격하게 변화할 것이다. 2020년에 여행 산업은 전 세계 COVID-19 팬데믹의 영향으로 인해 상당한 어려움을 겪었다. 단기적으로 여행자들은 자국 내 여행을 더 많이 할 것이고, 항공 운송수단보다는

그림 2.2 ❙ 여행 산업에 영향을 미칠 AI 기술

자동차 운송수단을 선택할 것이다. COVID-19 이후 시대에 여행자들은 사회적 거리감과 안전을 중시할 것이기 때문에 여러 여행사들은 인공지능, 로봇, 자동화 기술에 투자해야 할 것이다.

다음은 가까운 미래에 여행 산업이 AI의 영향을 받을 수 있는 몇 가지 사례이다.

- **음성 명령으로 호텔 예약**(Hotel Bookings by Voice Command): 음성 명령으로 정보를 검색하는 기능은 나날이 강력해지고 있다. 곧 우리는 대부분의 호텔에서 음성으로 작동하는 예약 시스템을 보게 될 것이다. 호텔이나 비슷한 사업을 하는 사람들을 위해 구글에서 음성으로 호텔이나 관광지를 검색할 때 어떤 결과가 나오는지 알아보는 것은 좋은 생각이다.
- **AI 컨시어지 서비스**(AI Concierge Services): 아마존의 알렉사와 애플의 시리는 모두 가전제품을 활성화하고 기본적인 질문에 답함으로써 고객의 가상 조수 역할을 하면서 전 세계 호텔 객실에서 운영될 가능성이 높아졌다. 이미 라스베이거스에 있는 윈호텔(Wynn Hotel)은 4,700개의 객실마다 아마존의 알렉사를 갖추고, 고객들에게 보다 현대적이고 효율적인 경험을 제공할 계획을 수립하였다.[08]
- **여행 서비스 챗봇**(Travel Service Chatbots): 이 책에서 여러 부분에서 언급했듯이 인공지능으로 작동되는 챗봇은 곧 여행 산업을 포함한 다양한 산업에서 기업과 고객이 상호작용하는 주요 방법으로 이용될 것이다. 이미 페이스북 메신저 플랫폼을 통해 여러 개의 챗봇을 이용할 수 있다. 다수의 챗봇은 고객들의 예약을 도와줄 것이고, 예약 중 궁금한 사항에 대한 응답을 제공할 것이다. 또한 여행사를 위한 웹사이트에서도 이용할 수 있게 될 것이다. 당신은 이 책의 4장 챗봇 단원에서 보다 다양한 내용을 학습할 수 있을 것이다.
- **안면인식을 통한 체크인**(Check-in Through Facial Recognition): 생체인

식 기술의 급속한 발전 덕분에 안면인식 도구는 공항, 호텔, 대규모 회의와 이벤트와 같은 다양한 사업에서 자주 이용되어 사람들이 시간을 절약할 수 있도록 돕고 있다. 또한 안면인식 기술은 범죄자를 식별하고, 범죄자를 잡는 것을 보다 용이하도록 지원하고 있다. 또한 안면인식 기술은 여행 중이거나 관광 명소에서 행사에 참석하는 사람들에게 보다 개선된 안전을 제공하고 있다.

핀란드에 본사를 둔 항공사인 핀에어(Finnair)는 이미 헬싱키 공항에서 안면인식 도구 이용을 테스트하기 시작했고, 궁극적인 목표는 물리적 탑승권 없이 체크인하는 것으로, 대기시간을 단축시킬 것이다. 또한 호텔에서는 향후 객실 키를 교체하기 위해 안면인식 도구를 이용할 수도 있을 것이다.[09]

또한 안면인식 기술의 이용과 관련된 근본적인 사생활 문제가 발생할 수 있다는 것에 주목할 필요가 있다. 주요 과제는 누가 데이터를 소유해야 하고 모든 데이터를 어디에 저장해야 하는지 결정하는 것이다. 많은 사람들은 안면인식 데이터가 정부나 다른 단체들에 의해 보관되고 있다는 생각에 불편함을 느낄 것이다. 사람들은 그들의 개인정보가 절도에 취약할 수 있고, 사생활 침해를 당할 수도 있다고 느끼기 때문에 불편해할 것이다. 현재 데이터가 신뢰할 수 있는 방식으로 보호되고 저장될 수 있도록 하기 위한 블록체인 기술(blockchain technology) 활용에 대한 몇몇 프로젝트가 진행 중이다.

나는 안면인식 기술과 이를 둘러싼 이슈로 안면인식 기술 이용에 대한 규제 법률의 필요성에 대해 보다 많은 공론화를 제안하고 싶다. 이것은 일반 대중들이 안면인식 기술의 이용이 무엇을 필요로 하는지에 대해 더 많이 교육받도록 하는 데 도움을 줄 것이다.

- 여행 리뷰를 기반으로 한 새로운 여행상품 개발(Creation of New Travel Products Based on Travel Reviews): 빅데이터 분석과 인공지능의

등장은 여행업계에서 새로운 비즈니스 기회에 대한 수요를 파악하기 위해 방대한 양의 여행자 리뷰와 의견을 분석할 수 있게 해주었다. 예를 들면, 한 여행자가 트립어드바이저(TripAdvisor)와 같은 사이트에서 특정 도시의 제한된 교통수단에 대한 의견을 올릴 수 있다. 또 다른 사람들은 호텔 웹사이트에 룸서비스가 제공되었더라면, 숙박이 보다 즐거웠을 것이라는 내용의 리뷰를 남길 수 있다. 여행객들은 이러한 유형의 이용 후기를 다양한 유형의 웹사이트에 대량으로 게시한다. AI 덕분에 데이터 분석은 여행 산업에 이미 존재하는 상품과 서비스를 개선하고, 완전히 새로운 여행상품을 개발하는 사업을 시작하는 데 이용될 수 있다.

- **스마트시티에서의 스마트 여행**(Smart Travel in Smart Cities): 현재 세계 대부분의 도시는 오래된 도로, 교통, 빌딩 등 제2차 산업혁명 시대의 인프라스트럭처로 운영되고 있다. 예를 들면, 대부분의 도시는 에너지 비효율적이고, 오래된 구식 기술을 활용하고 있다. 머지않아 오래된 도시들 중 대다수가 스마트시티(smart cities)로 전환될 것이다. 스마트시티는 교통과 관광 흐름, 대기 오염과 통신과 관련된 정보를 수집하고 관리하는 센서를 이용할 것이다. 그러면 이 센서들은 모든 요소들이 어떻게 보다 잘 협력할 수 있는지에 대한 정보를 제공할 것이고, 도시 전체가 보다 효율적으로 운영되도록 지원할 것이다. 이것은 주로 사물인터넷 기술에 의해 작동될 것이지만, 인공지능은 엄청난 양의 데이터를 분석하는 데 필요할 것이다.

  이러한 기술들은 미래에 중요한 역할을 할 것이다. 사물인터넷은 이러한 스마트시티 내에서 성과를 창출하기 위해 AI 기술을 함께 이용할 것이다.

  관광객의 측면에서 스마트시티는 관광객의 이동을 보다 용이하고 효율적으로 지원해 주며, 교통체증을 줄여주는 등 여러 가지 혜택을 제공할 것이다. 또한 가상 여행 도우미와 맞춤형 여행 추천 로봇 가이드 덕분에 관광객들은 스마트시티에서 도시 관련 정보를 얻는 것이 보다 쉬워질 것이다. 예를 들면, 스마트폰의 챗봇 형태일 수도 있는 가상 여행 도우미는 이미 당신이 가지고 있는 지식을 도시 전체의 센서로부터 얻은 데이터와 결합하여 분석할 수 있다. 예를 들면, 당신은 가상 여행 도우미로부터 "당신이 중국 음식을 좋아한다는 것을 안다. 오른쪽에 있는 식당에는 시내에서 가장 높은 등급의 만두가 있다"와 같은 정보를 얻을 수 있을 것이다. 또한 당신이 길거리를 지나갈 때, 길거리에 있는 로봇 가이드는 당신의 이름으로 환영할 수 있고, 당신이 가장 좋아하는 옷 가게가 길 건너에 있다는 정보를 알려줄 수도 있다. 이러한 여행 경험은 스마트시티에서 편리하게 구현할 수 있는 몇 가지 사례에 불과하다.

- **자율주행 자동차와 서비스형 모빌리티(Self-Driving Cars and Mobility as a Service)**: 앞으로 몇 년 동안 우리는 여러 도시들이 많은 자율주행차, 버스, 택시 이용에 적응하는 것을 보게 될 것이다. 자율주행차는 사실상 운행 실수를 제거했기 때문에, 이 자율주행차를 이용하면 교통사고 발생 건수를 크게 줄일 수 있을 것이다. 또한 많은 교통체증이 인간의 부적절한 운전 습관에 기인하기 때문에 자율주행차의 증가는 극심한 교통체증을 감소시킬 것이다.

  서비스형 모빌리티(MaaS: Mobility as a Service)는 다양한 교통수단을 이용해 여행하는 사람들을 보다 쉽게 이동하도록 지원함으로써 자동차 교통량을 줄이는 것을 목표로 하는 시스템이다(http://maas.global/). 점점 인기를 얻고 있고 교통의 넷플릭스라는 별명을 가지고 있는 서비스형 모빌리티(MaaS) 개념은 핀란드 회사에 의해 이미 휨(Whim)이라는 앱으로 구현되고 있다. 이 앱은 여행자들에게 가능한 한 빠르고 저렴하게 목적지까지 갈 수 있는 최상의 선택권을 자동차 운전의 대안으로 제공한다. 이 앱의 이동 서비스 옵션은 공공, 개인, 심지어 자전거 타기를 포함한 다양한 교통 조합으로 구성된다. 이 앱의 이동 서비스는 사람들이 편리하게 차를 집에 두고 다니거나, 심지어 차를 완전히 소유하는 것을 포기할 수 있도록 예약부터 결제까지 간편하게 처리해 준다. 휨은 핀란드의 헬싱키 외에도 곧 다른 지역으로 확장될 계획으로 영국의 웨스트 미들랜드(West Midlands)에서 테스트를 시작했다.[10]

- **기타 로봇 도구(Other Robotic Tools)**: 호텔, 관광청, 기타 여행 기반 기업들은 곧 전통적인 노동자들을 대신하여 로봇을 고용할 것이다. 이 책에서 로봇에 대해 더 자세히 설명하는 7장에서는 모든 것이 로봇에 의해 운영되는 일본의 헨나호텔(Hennna Hotel)에 대해 설명할 것이다.

또한 다양한 AI 애플리케이션은 언어 번역 앱과 같은 여행 산업을 변화시킬 것이며, 이것은 관광객들이 세계 어느 곳에서든 보다 개선된 의사소통을 할 수 있도록 도울 것이고, 따라서 여행 경험을 더 쉽고 더 즐겁게 할 것이다.

챗봇은 호텔 예약이나 항공편 예약과 같은 것들을 위해 여행 산업에서 널리 이용될 것이며, 여행 계획의 거의 모든 측면을 더 쉽고 편리하게 만들어 줄 것이다. 이 책의 4장 챗봇 단원에서 챗봇에 대해 자세히 설명할 것이다.

013 인공지능은 어떻게 건강관리를 개선시키는가?

인공지능이 헬스케어 산업에 제공하는 기여는 획기적으로 헬스케어 분야의 작동 방식을 변화시켜, 전 세계 사람들을 보다 안전하고 효율적으로 치료받게 해주고, 질병을 예방하고, 치료를 쉽게 해줄 것이다. 전통적으로 보건기록, 의료 문헌, 과거 동향의 분석은 많은 시간이 소요되었지만, AI 도구는 이러한 작업을 빠르고 완벽하게 처리한다.

최근 IBM은 1,000개의 암진단을 분석하기 위한 테스트에서 AI 어시스턴트인 왓슨(Watson)을 배치했다. 암치료 검토 사례의 99%에서 왓슨이 추천한 암치료 계획은 종양학자들이 제안한 환자치료 계획과 일치하였다.[11] 왓슨의 암진단검사에 관한 비디오는 다음의 웹사이트에서 살펴볼 수 있다: https://www.youtube.com/watch?v=tmI89fY_w5U.

이와 같은 AI 도구를 이용하면 질병을 진단하고 치료하는 방법을 바꿀 수 있어 환자는 필요한 치료를 더 빠르고 효율적으로 받을 수 있다. 왓슨은 이미 전 세계의 병원에서 이용되고 있으며, IBM에 놀라운 성장 기회를 제공하는 동시에 전 세계의 의료 서비스 개선에 도움을 주고 있다.[12]

헬스케어 분야에서 이용되고 있는 또 다른 AI 기반 도구는 영국에 기반을 둔 AI 기업인 딥마인드(DeepMind)에 의해 개발되었다. 참고로 딥마인드는 2014년에 구글에 의해 인수되었다. 딥마인드에서 개발한 AI 어시스턴트는 눈병의 초기 징후를 파악할 수 있도록 훈련하기 위해 100만 개 이상의 익명의 사람들의 눈을 스캔해서 분석했다.[13]

AI 기반 기술을 이용해 의료 행위를 돕기 위한 다양한 사례들이 있다. AI 도구는 인간보다 훨씬 더 빠르고 정확하게 건강 기록과 의료 데이터를 검토할 수 있다. 그렇기 때문에 AI 도구를 이용하면 정확도가 크게 향상되고 진단, 치료 계획, 전체적인 환자치료에서 인간의 실수 가능성을 줄일 수 있다.

AI를 내재하고 있는 스마트폰 기반 헬스케어 솔루션의 개발이 증가하고 있다. 이에 따라 사람들은 가정에서 건강상태를 테스트할 수 있고, 맞춤형 건강관리를 할 수 있게 되었다. 사람들은 스마트폰의 기능을 이용해 자신의 집에서 편안하게 진단 테스트를 수행할 수 있으며 의료비용을 줄이게 되었다. 그리고 이 헬스케어 솔루션은 의사와 의료진의 업무량을 줄이는 동시에 사람들의 건강을 개선시키는 데 도움을 주었다. 특히 이 헬스케어 솔루션은 의료 서비스의 접근성과 품질이 떨어지는 시골 지역에서 가치를 제공해 주었다.

AICure.com은 가정에서의 의약품 추적관리를 위한 AI 솔루션을 개발한 회사이다. 이 솔루션에 활용된 특허 기술은 환자가 스마트폰에서 앱을 이용해 의료진의 처방대로 약물을 섭취했는지 확인할 수 있게 해준다. 한 조사에서 환자들이 이 앱을 이용할 때 투약 지침 준수율이 50% 개선되었다고 하였다.[14]

현재 시장에는 환자의 혈압, 산소, 심박수, 수면 패턴 등 건강에 대한 다양한 상황을 모니터할 수 있도록 스마트폰으로 데이터를 전송하는 다양한 웨어러블 솔루션(센서와 디바이스)이 출시되어 있다.

하지만 사람(환자)의 건강관리는 매우 복잡한 문제이고, 의료 분야에 AI 기술을 이용하는 것은 윤리적으로 민감한 문제를 유발할 수 있다. 예를 들면, 환자가 스마트폰 기반 AI 솔루션으로부터 잘못된 진단을 받았을 때 누가 책임을 져야 할 것인가? 또한 누가 스마트폰 기반 AI 솔루션을 통해 환자에 대한 민감한 의료 정보에 접근할 수 있어야 하는가? 등의 문제가 있다.

그림 2.3 | 로봇 지원 헬스케어

가까운 미래에 헬스케어 산업에 큰 도움을 줄 흥미로운 AI 애플리케이션들이 시장에 출시되고 있다. 액센추어 컨설팅(Accenture Consulting)에서 발표한 '인공지능: 헬스케어를 위한 새로운 신경시스템(Artificial Intelligence: HealthCare's New Nervous System)'이라는 보고서에서는 조만간 사람들이 이용할 수 있는 다음과 같은 AI 애플리케이션을 소개하였다.

- 로봇 지원 수술(400억 달러)
- 가상 간호 지원(200억 달러)
- 행정관리 워크플로우 지원(180억 달러)[15]

AI 기술 발전에 따라 향후 몇 년 안에 우리는 의학 분야에서 인공지능 도구(솔루션)의 활용 증가를 경험하게 될 것이다. AI 도구(솔루션)는 많은 사람들에게 고품질의 의료 서비스를 제공해 줄 것이고, 병원의 의료 데이터를 보다 빠르고 효율적으로 분석해 줄 것이고, 환자가 자신의 건강에 대해 추적 관리할 수 있도록 지원해 줄 것이다.

사례연구: COVID-19

코로나 바이러스 대유행(Coronavirus pandemic)은 결국 다양한 방식으로 전 세계의 의료 산업을 영원히 변화시킬 것이다. 비록 이 끔찍한 대유행은 영향을 받는 국가들의 대부분의 의료 시스템을 엄청난 긴장상태에 놓이게 하고 있지만, 인공지능은 이 문제를 어느 정도 완화할 것이다.

중국은 코로나 바이러스와의 전쟁에서 상당히 도움이 되는 몇 가지 혁신적인 AI 기반 솔루션을 개발해 왔다. 예를 들어, 중국에서 만들어진 AI 기반 소프트웨어는 흉부 CT 스캔을 분석함으로써 코로나 바이러스 검사에 대한 대규모 수요에 상당한 기여하였으며, 단 15초 만에 90%의 신뢰할 수 있는 검사 결과를 도출했다.

또한 중국은 최초로 로봇을 이용하여 병실을 소독하고, 보급품을 운반함으로써 의료진의 감염 위험을 줄였다. 몇몇 나라들은 이러한 목적에 따라 의료 분야에서 로봇을 이용하기 시작할 것이다. 이러한 종류의 보호조치는 코로나 바이러스의 확산에 대항하는 싸움에서 매우 가치 있을 뿐만 아니라, 그것들을 위생적으로 유지하고 모든 전염병의 확산을 막기 위해 병원에서 계속 이용되어야 한다. 스페인 정부는 곧 스페인의 병원들이 병원 근로자들을 돕고 보호하기 위해 AI 소프트웨어와 로봇을 구입할 수 있도록 필요한 투자를 할 예정이다.

사실 스페인 알리칸테(Alicante)에 기반을 둔 AI 스타트업인 원밀리온봇(1MillionBot)은 COVID-19와의 싸움에서 놀라운 기여를 했다. 이 회사의 AI 챗봇은 발생 초기 다수의 스페인 시민들에게 COVID-19에 대한 귀중한 정보를 제공할 수 있었다. 이 챗봇은 스페인 정부가 2020년 3월 13일 전국적인 폐쇄를 발표하기 2주 전인 2월 26일부터 발병 첫 주에 10만 개 이상의 질문에 답변을 하였고, 코로나 바이러스에 대한 중요한 정보를 제공하기 시작했다. 이 기간 동안 이 챗봇은 3만 명 이상의 이용자들이 코로나 바이러스가 무엇인지, 바이러스 감염을 피하는 방법 그리고 바이러스 확산 속도를 늦추는 방법을 더 잘 이해하도록 도움을 제공하였다.

AI 활용에 대한 또 다른 사례로는 스페인의 발렌시아(Valencia)에 본사를 둔 퀴빔(Quibim)이라는 회사가 있다. 이 회사는 의료 영상을 이용하여 COVID-19 감염증 환자의 건강상태 심각성 수준을 확인할 수 있는 신경망 시스템을 개발했다. 이 신경망 시스템은 환자의 입원 권장 여부를 포함하여 환자의 치료와 관련된 권장 사항을 제공해 주었다.

또한 인공지능은 코로나 바이러스 백신을 찾기 위해 전 세계의 필사적인 검색을 돕는 데 이용되고 있다. 연구원들은 코로나 바이러스의 단백질 구조를 더 잘 이해하도록 돕기 위해 연구논문을 분석하기 위해 자연어 처리 기술을 이용하였다.

또한 구글의 딥마인드에서 개발한 소프트웨어인 알파폴드(AlphaFold)는 유전적 배열에 기초하여 코로나 바이러스 단백질의 3D 구조를 예측할 수 있게 해 주었다. 이 시스템은 바이러스를 비활성화할 새로운 단백질 생성 가능 물질을 발굴하는 데 새로운 정보를 제공해 주었다. 이러한 발견으로 얻은 데이터는 온라인에서 무료로 이용할 수 있고, 의학 연구자들이 보다 빠르게 백신을 개발하는 데 이용할 수 있었다.

민간 기업에 의해 만들어진 AI 제품이 어떻게 의료 분야에 중요한 개선을 가져올 수 있는지에 대한 많은 사례가 있다. 인공지능이 사회 모두를 돕기 위해 제공할 수 있는 의료 혜택을 극대화하기 위해, 이를 달성하기 위한 공공의 협력이 미래에 점점 더 중요해질 것이다.

014 인공지능이 운송 산업을 어떻게 변화시키는가?

당신은 로스앤젤레스에서 샌프란시스코까지 단지 30분 만에 도착할 수 있는 초음속 기차(supersonic train)를 탈 준비가 되었는가? 어쩌면 당신은 조종사의 면허증 없이 항해를 할 수 있는 전기 항공기를 타고 하늘을 날아다닐 수도 있다.

AI 기술 덕분에 우리가 알고 있는 교통수단은 곧 영원히 바뀔 수도 있다. 현재 개발되고 있는 새로운 종류의 교통수단은 재생에너지나 전기를 이용하며 전 세계 사람들이 이전보다 더 빠르고 안전하게 여행할 수 있도록 도울 수 있을 것이다.

이러한 혁신은 다양한 기술이 기하급수적으로 발전하였기 때문에 가능하지만, 특히 최근 인공지능의 발전이 보다 큰 영향을 미쳤다.

이러한 혁신 사례로는 AI 기술에 의해 운영되는 홍콩 정부의 지하철 시스템이 있다. 이 시스템은 AI 기술을 이용해 모든 업무를 최적화해서 운영하고 있다. 액센추어 컨설팅에 따르면 홍콩 정부는 정교한 AI 알고리즘 활용으로 매년 약 80만 달러의 비용을 절감할 수 있었다고 한다.[16]

다음은 향후 AI 기술의 영향으로 구현될 가능성이 높은 운송수단 사례이다.

- 하이퍼루프(Hyperloop): 이 초고속 튜브형 네트워크는 테슬라의 공동 설립자이자 스페이스X(SpaceX)의 설립자인 일론 머스크(Elon Musk)가 제안하였다. 오늘날 몇몇 회사들이 세계의 여러 도시를 교통 네트워

크로 연결하기 위해 어떻게 교통망을 설계할지를 고민하고 있다. 머스크에 따르면 하이퍼루프는 약 30분 안에 로스앤젤레스에서 샌프란시스코로 사람을 수송할 것이라고 한다. 당신은 머스크가 제작한 2013년 하이퍼루프 백서에서 이에 대한 정보를 자세히 얻을 수 있다(http://www.spacex.com/sites/spacex/files/hyperloop_alpha.pdf).

- **고속 터널망(High-Speed Tunnel Networks)**: 일론 머스크가 설립한 보링 컴퍼니(Boring Company)는 지하 터널을 통해 자동차를 빠르게 이동할 수 있는 플랫폼을 구축해서 대도시의 교통체증을 완화하는 것을 목표로 하고 있다. 비록 많은 사람들이 이 기술의 실행 가능성에 대해 회의적이지만, 만약 성공한다면 새로운 교통수단으로 대도시에서 큰 기회를 제공해 줄 것이다. 보링 컴퍼니에 대한 상세한 정보는 웹사이트(https://www.boringcompany.com/FAQ/) 또는 유튜브(https://youtu.be/u5V_VzRrSBI)를 참고하기 바란다.
- **자율주행차(Self-Driving Cars)**: 현재 구글과 바이두와 같은 몇몇 빅테크 기업들뿐만 아니라 대부분의 주요 자동차 회사들이 자율주행차 개발을 위해 노력하고 있다. 이 책의 후반부에서 자율주행차 개발 단계를 자세히 살펴볼 것이다.
- **자율비행 항공기(Self-Flying Aircraft)**: 현재 인공지능으로 작동되는 비행 기술로부터 혜택을 받는 많은 프로젝트가 있다. 가장 흥미로운 사례로 구글 창업자 래리 페이지(Larry Page)가 후원하는 회사가 개발한 키티 호크 플라이어(Kitty Hawk Flyer)는 조종사 면허 없이 물 위를 날 수 있는 완전한 전기항공기(fully electric aircraft)이다.[17]

이것들은 전통적인 운송수단이 인공지능에 의해 변화하고 있는 사례의 몇 가지 예일 뿐이다. 로봇과 자율주행에 따른 교통의 전환은 다양한 연구와 분석, 국제 협력, 아이디어 교환을 포함해서 단계적으로 진전하고 있다. 많은 국가에서 자율주행차가 활성화되기 위해서는 입법자들과 정치인들이 교통법을 바꾸고, 현재의 교통 시스템을 바꾸어야 할 것이다. 일부 전문가들은 고속도로와 도시의 도로에서 자율주행차가 이용할 수 있는 추가 노선을 만들어야 한다는 아이디어를 제안했다. 중국의 일부 도시들은 이미 자율주행차만 이용되는 지하도로를 건설했다. 이 두 옵션 모두 도시에서 자율주행차의 도입에 적응할 수 있는 방안에 대한 흥미로운 실험이다.

자동차, 기차, 비행기, 선박을 포함하여 움직이는 모든 교통수단은 미래에 자율주행 기술과 전기를 활용하게 될 것이다. 특히 자율주행차 기술과 관련된 추가 사례는 뒷부분에서 상세히 설명한다.

015 인공지능이 소매 산업에 어떤 혁명을 일으키는가?

최근 몇 년 동안 전자상거래 솔루션이 개발되면서, 효과적인 온라인 전자상거래 전략이 없는 소규모 지역 상점들이 폐업할 수밖에 없게 되었다. 이에 대응하기 위해 AI 기술은 소매 산업에서 중요한 역할을 하게 되었다.

AI 기술 덕분에 소매 산업은 향후 몇 년 안에 훨씬 더 크게 발전할 것으로 예상된다. 전 세계 소매업체들의 AI 기술에 대한 지출은 2018년에 20억 달러로 추산되었고, 2022년까지 73억 달러에 이를 것으로 예상되고 있다. 이러한 성장세는 소매업체가 AI 기술을 활용하지 않고 미래에 성공할 수 없다는 것을 보여주는 지표이다.[18]

인공지능과 자동화 시스템은 소매점에 많은 장점을 제공할 것이다. 예를 들어, 고객에게 더 편리한 쇼핑 경험을 제공하고 직원들이 더 똑똑하게 일할 수 있게 해줄 것이다. 하지만 동시에 우리는 많은 판매 동료들이 AI 기술로 대체될 것을 기억해야 한다. 직장을 잃은 사람들이 새로운 취업 기회에 필요한 기술을 더 잘 확보하기 위해서는 재교육과 재훈련이 필요할 것이다.

많은 소매업자는 AI 기술을 판매와 마케팅에 활용하고 있을 뿐, AI 기술이 보다 다양한 분야에서 활용될 수 있다는 사실을 모르고 있다. 한 연구 결과에 의하면 소매업계는 AI 기술의 잠재력을 충분히 활용하지 못하고 있는 것으로 나타났다.

그림 2.4 | 아마존고 판매점

출처: http//www.amazon.com/b?node=16008589011

캡제미니 연구소(Capgemini Research Institute)의 보고서에 따르면 모든 소매업체의 AI 이용 사례의 약 74%가 고객 대면 AI 애플리케이션인 반면, 운영 중심 AI 애플리케이션은 26%로 나타났다. 고객 대면 AI 애플리케이션은 일반적으로 구매 전, 구매 중, 구매 후 고객의 쇼핑 경험을 향상시키도록 설계된 애플리케이션이다. 주로 영업과 마케팅 솔루션에 초점을 맞추고 있으며, 가상 에이전트와 챗봇과 같은 도구를 포함하고 있다. 운영 중심 AI 애플리케이션은 계획과 구매에서 유통과 물류, 반품과 도난관리까지 전체 소매업체의 가치사슬에서 다양한 기능을 개선하는 데 이용할 수 있다. 이 보고서에 따르면 소매업체의 운영 중심 AI 애플리케이션의 활용도가 저조한 것은 소매업체가 상당한 기회를 놓치고 있음을 의미한다. 고객 대면 AI 애플리케이션에 너무 많은 비중을 두면서 많은 소매업체는 운영 중심 AI 애플리케이션의의 잠재적 이점을 간과하고 있다. 소매업체는 모든 과정은 인공지능을 이용함으로써 성과를 개선할 수 있다.[19]

인공지능이 소매업 분야의 비즈니스에 제공할 수 있는 가장 중요한 기회는 과거의 고객 데이터를 기반으로 미래의 고객 행동을 예측하는 것이다. 예를 들어, 고객 구매내역은 일반적으로 많은 온라인 상점에서 저장되며 이 데이터는 AI 알고리즘에서 각 고객의 고유한 구매 경향을 예측하기 위해 이용된다. 이 정보는 각 고객에 대한 맞춤형 할인 행사를 만드는 데 이용할 수 있다. 이는 모든 소매업체의 중요한 목표로 브랜드 충성도를 구축하는 데 도움이 된다.

소매업체는 인공지능을 활용하여 고객 충성도 프로그램을 이용하여 브랜드 충성도를 최적화할 수 있다. AI 기반 알고리즘에서 생성된 구매내역 데이터는 소매업체가 고객들을 충성고객으로 전환하도록 설득하기 위해 맞춤형 프로모션을 만드는 데 도움이 될 수 있다. 그런 다음 소매업체는 프로그램 회원이 제공한 데이터를 이용하여 훨씬 더 개인화된 제안을 할 수 있다.

미국 슈퍼마켓 체인인 크로거(Kroger)는 인공지능을 이용해 매장 간행물을 개인화하였는데, 이 매장 간행물은 개별 고객의 쇼핑 습관에 맞게 맞춤 제작되었고, 충성도 프로그램에 참여하는 모든 고객에게 보내졌다.

생체인식 기술은 인공지능으로 소매점의 운영 방식을 바꿀 또 다른 방법이다. 현재 생체인식 기술은 주로 스마트폰과 공항에서 지문을 스캔하는 데 이용되고 있다. 그러나 안면인식 도구 역시 시장에서 인기를 얻고 있다. 이 안면인식 도구는 향후 상점에서 활용될 것으로 보이며, 다양한 제품을 검사할 때 사람의 표정을 분석하고 센서의 관찰 데이터를 바탕으로 개인별 판촉 방안을 만들어 낼 것이다. 생체인식 기술은 판촉 활동을 개인화하는 데 도움을 제공해 많은 상점에게 큰 잠재력을 제공할 것이지만, 소비자의 개인정보 보호 문제에 대한 우려를 유발할 것이다.

현대 역사상 가장 큰 유행병이 된 2020년의 COVID-19 발병은 소매 산업에 중요한 영향을 미쳤다. 이로 인해 많은 소매업체는 자사의 비즈니스 모델을 완전히 재평가하고 생존을 위해 운영을 현대화하였다.

예를 들어, 사회적 거리두기 지침을 수용하기 위해 전자상거래와 배송을 지원하는 쇼핑몰 솔루션이 널리 채택되었다. 또한 소매점 운영을 지속하기 위해서는 몇 가지 위생조치가 필요하다. 이러한 새로운 정상(new normal)에 적응할 수 없는 소매업체는 장기적으로 폐업하게 될 것이다.

COVID-19 대유행 위기에서 살아남은 소매업체들도 장기적으로 운영을 지속하기 위해 AI 이용에 투자해야 할 것이다. AI 솔루션은 한동안 소매업체에게 많은 이점을 제공해 왔지만 COVID-19 대유행 이후 세계에서 살아남기 위해서는 선택적인 솔루션보다는 많은 AI 솔루션이 필요할 것이다.

또 다른 AI 활용 사례는 로봇인데, COVID-19 대유행에 따라 로봇의 활용도는 더욱 증가될 것이다. 로봇의 이용은 인간 접촉을 통한 감염의 확산을 막는 기본적인 사항이 될 것이다. 우리는 아마도 빵을 썰거나, 선반에 물건을 넣거나, 쇼핑하는 사람들을 돕는 것과 같이 이전에 사람들이 했던 많은 일을 로봇이 하는 것을 보게 될 것이다. 로봇은 사람들의 상호작용 필요성을 크게 줄여 줄 것이다. 따라서 로봇은 COVID-19 대유행 이전보다 소비자들에게 더욱 환영받을 것이다. 로봇은 쇼핑 이용자의 매장 방문 의욕을 높일 것이다.

로봇이 소매업계를 완전히 파괴적으로 혁신하는 또 다른 사례로는 드론을 이용한 소포 배달이 있다. COVID-19 대유행 위기로 많은 사람들이 가능한 한 집에 머물 것이기 때문에, 드론 서비스에 대한 수요는 증가될 것이다. 내가 이 책을 집필하는 시점에 미국에서는 드론 소포 배달이 금지되어 있었다. 연방정부의 승인을 기다리는 동안 아마존과 구글과 같은 미국의 빅테크 기업들은 미국 밖에서 드론 소포 배달 테스트를 해왔다. 미국의 투자회사인 아크인베스트(Ark-Invest)에 따르면 드론 소포 배달은 고객에게 배달당 25센트의 저렴한 비용을 부과할 것으로 추정되고 있다. 일단 드론 소포 배달이 승인되면 미국에서 온라인으로 구매되는 상품의 수가 크게 증가될 것으로 예상된다.[20]

아마존이 배달용 드론을 테스트한 것처럼 아마존은 아마존고(Amazon

Go)라고 불리는 계산대가 없는 소규모 상점 모델을 여러 도시에서 테스트하고 있다. 이것은 COVID-19 대유행 이후의 세계를 위한 적절한 시기에 사업화될 것이다. 아마존은 인공지능을 이용해 고객들이 줄을 서서 기다리거나 매장 직원들과 교류할 필요 없이 쇼핑할 수 있는 환경을 구축하였다. 쇼핑객은 선반에서 물건을 꺼내고, AI 기술은 선택을 감지하고, 그 물건이 상점을 나갈 때 자동으로 개인의 아마존 계좌로 청구된다. 2020년 2월에 아마존은 아마존고의 첫 번째 풀 서비스 슈퍼마켓 버전인 아마존고 그로서리(Amazon Go Grocery)를 시애틀에서 오픈했다.

아마존에 따르면 이 계산대 없는 상점은 컴퓨터 모니터링, 센서 융합 그리고 딥러닝 프로세스를 포함하여 무인 자동차에서 이용되는 것과 동일한 AI 기술로 구현하였다고 하였다.

COVID-19 대유행은 직원 없이 작동하는 더 많은 쇼핑 시스템에 대한 수요를 크게 증가시킬 것이다. 자동화된 셀프 체크아웃 기계(automated self-checkout machines)는 이미 많은 슈퍼마켓과 다른 대형 상점들에서 몇 년 동안 이용되고 있다. 그러나 COVID-19 대유행으로 인한 사회적 거리두기의 필요성은 많은 소규모 상점들과 더 다양한 유형의 상점에서 셀프 체크아웃(self-checkout)이 제공됨에 따라 이 서비스의 가용성이 크게 증가될 것이다.

더불어 이 유행병은 소매업체 매장에서의 AI 이용을 급격히 증가시킬 뿐만 아니라 소매상들이 전자상거래 운영을 최적화하기 위해 인공지능을 이용하도록 영향을 미칠 것이다. 이는 이전보다 더 많은 소비자들이 온라인 쇼핑으로 눈을 돌릴 것이기 때문이다. 소매상들이 아무리 위생적인 쇼핑 환경을 만들어 매장 내 고객을 끌어들이려 해도, 여전히 상점을 피하고 온라인 쇼핑만을 안전하게 느끼는 소비자들이 많이 있을 것이다. 따라서 소매업체는 온라인 판매 역량을 극대화하는 것이 매우 중요하다. 이 새로운 환경에서 경쟁하기 위해서는 쇼핑객들이 다음에 무엇을 구입하고 싶어 하는지 예측하고,

장바구니 단계에서 구매를 포기하는 것을 방지하는 것과 같은 것들을 하는 AI 알고리즘에 대한 투자가 필요할 것이다.

일부 소매업체는 COVID-19 대유행 이후의 새로운 세계에 적응할 수 있었고, 심지어 그 세계에 의해 제공되는 기회를 이용하여 번창할 수 있지만, 다른 일부의 소매업체는 COVID-19 대유행 이후 시대에 뒤처지거나 또는 필요한 자금이 부족하고 독창성이 부족하기 때문에 결국 폐업하게 될 것이다. 이러한 현상은 소매업 부문에서 인공지능으로 인해 당초 예상했던 것보다 훨씬 더 심각한 실업 문제를 유발할 것이다. 이 때문에 COVID-19 대유행 이후의 세계에서 실업 문제의 대상이 될 다수의 소매업 근로자들을 돕기 위한 재교육과 직업 훈련 이니셔티브가 보다 시급하게 요구될 것이다.

016 인공지능이 저널리즘을 어떻게 변화시키는가?

오늘날 우리가 AI 기술을 볼 수 있는 잠재적으로 놀라운 분야는 저널리즘 분야이다. AI 기술이 저널리즘 분야에서 다양하게 이용되지만, 가장 흥미로운 AI 기술로는 데이터 조각을 읽을 수 있는 기사로 변형시킬 수 있는 자연어 생성 기술이 있다. 현재 자연어 생성 기술을 이용한 프로그램으로 워드스미스(Wordsmith)라고 불리는 프로그램이 있다.[21]

또한 AI 도구는 기계학습을 이용해 다양한 종류의 콘텐츠를 인기 있고 흥미롭게 만드는 요소를 발견하여, 이러한 관찰 결과를 콘텐츠 생성 프로세스에 재적용함으로써 시간이 지남에 따라 AI 도구가 더욱 효과적으로 이용되고 있다.

출판된 뉴스는 AI 도구가 수집하고 분석한 사실의 평가와 정보의 집합에 많이 의존한다. 또한 AI 원고 작성 도구들은 기사의 목표 청중에 따라 맞춤 제작될 수 있다. 예를 들어, 지역 뉴스나 특정 스포츠 팀의 팬들을 위한 특화된 콘텐츠를 만들 수 있다.

시와 스토리텔링과 같이 매우 창의적이고 복잡한 스타일의 글쓰기는 AI 도구들이 배우는 데 더 오랜 시간이 걸릴 것이다. 그러나 AI 도구의 학습과정은 상당히 빠르게 진행될 것이다. 이미 일본의 한 AI 프로그램은 문학상 수상에 근접한 단편소설을 집필할 수 있는 수준에 이르렀다.[22]

전통적인 조사 방법 대신에 AI 도구가 점점 더 많이 활용됨에 따라 뉴스 기사를 위한 정보 수집 과정이 더욱 효율적이 될 것이다. 이에 대한 한 사례로 인도의 스타트업이 개발한 AI 시스템인 모기아(MOGIA)[1)]가 있다. 이 AI 도구는 지난 세 번의 미국 대통령 선거의 결과를 예측하는 데 성공적으로 이용되었다.

모기아의 설립자인 산지브 라이(Sanjiv Rai)는 이 기술의 장점을 다음과 같이 설명하였다.

> "인공지능은 기존의 데이터 분석 프로그램에 비해 많은 장점이 있다. 대부분의 알고리즘은 프로그래머나 개발자의 편견에 의해 영향을 받을 수 있다. 반면, 모기아는 정책 계층에서 자체 규칙을 개발하고 데이터를 폐기하지 않는 전문가 시스템으로 개발되었다."[23]

다른 분야와 마찬가지로 저널리즘 AI 도구를 책임감 있게 이용할 수 있는 해결책은 인간이 전통적으로 해왔던 모든 작업을 로봇에게 넘겨주는 것이 아니라, 한때 오랜 시간과 많은 노력이 소요되었던 과정을 로봇 파트너에게 위임하는 것이다. 인간의 감시는 저널리즘의 무결성과 고품질의 창의적인 콘텐츠를 유지하기 위해 항상 필수적이지만, AI 도구를 적절하게 이용하는 것은 보다 빠르고 효과적으로 콘텐츠 대상 이용자에게 전달되는 보다 좋은 콘텐츠를 개발하는 것이다.

1) [역주] 모기아(MOGIA)는 인도의 AI 스타트업 기업인 제닉AI(Genic.ai)의 설립자 산지브 라이(Sanjiv Rai)가 선거 예측을 위해 개발한 인공지능 시스템이다. 이 인공지능 시스템은 2016년 미국 대통령 선거에서 다른 여론 조사기관들이 민주당 힐러리 클린턴 후보의 승리를 예측할 때, 공화당 도널드 트럼프 후보의 승리를 예측하였고, 예측이 적중해서 유명해졌다.

017 인공지능은 어떻게 교육을 개선시키는가?

내가 최근에 집필한 책 〈고등 교육의 미래: 신흥 기술이 교육을 영원히 변화시킬 수 있는 방법(*The Future of Higher Education: How Emerging Technologies will Change Education Forever*)〉에서 나는 기술의 다양한 발전이 전 세계의 교육 시스템을 변화시키고 개선시키는 방법을 설명했다.

사실 나는 그 책을 연구하고 쓰는 동안 AI 기술과 그것들이 우리 삶의 모든 영역에 어떻게 영향을 미칠 수 있는지에 매료되었다. 단지 교육만이 아니다. 내가 이 책을 쓰게 된 계기는 바로 AI 기술에 매료되었기 때문이다. 즉 내가 AI 주제에 대해 보다 폭넓게 이해를 하고 싶었기 때문이다.

지난 10년 동안, 나는 내가 개설한 웹사이트와 다양한 대학교에서 다양한 형태로 온라인 강좌를 가르쳐왔다. 나는 e-러닝 기회가 학생들에게 제공할 수 있는 장점을 보아왔다. 예를 들면, 사람들은 연중무휴 일주일 24시간 언제든 온라인 강좌에 접속해 교육 서비스를 이용하고, 교육의 질을 저하시키지 않으면서 보다 많은 사람들의 교육 서비스 요구를 충족시키기 위해 강좌를 확장할 수 있으며, 학생들이 자신의 속도에 맞춰 독립적으로 학습할 수 있는 기회를 제공하는 것을 직접 보았다. AI 기술의 기하급수적인 성장은 기존 교육 방식과 비교해 새로운 교육 경험과 기회를 제공해 줄 것이다.

다음은 내가 지난번에 출판한 책에서 AI 기술이 교육에 미치는 영향에 대한 사례이다.

- 개인화된 학습 플랫폼(Personalized Learning Platforms): 30명의 학생들

이 온라인에서 동일한 주제에 대해 배우기 시작하는 과정을 상상해 보라. 그러나 같은 경험을 하는 대신에 그 과정은 30가지 다른 방식으로 개인화될 수 있고, 각각의 학생들의 이전의 지식과 기술에 맞게 맞춤화될 수 있다. 그래서 그것은 모두를 위한 더 즐겁고 성공적인 학습 경험이 될 것이다. 각각의 학생들은 그들만의 속도로 공부할 수 있을 뿐만 아니라, 강사들은 또한 개별 학생에게 개인화된 피드백, 지원 그리고 동기를 제공할 수 있었다. 그 결과 30명의 학생들은 각각 그 과정에서 얻은 그들 자신의 학습 경험을 극대화하고 학습 낙오자가 감소할 것이다.

- **인공지능 개인 교습자(Individualized Artificial Intelligence Tutors)**: 이러한 종류의 튜터 애플리케이션은 특정 과정을 위해 만들어진 개인화된 AI 교육 어시스턴트 시스템이다. 특정 주제에 대한 학생들의 기본적인 질문들에 대답하기(예를 들면, 마감일 또는 과제 형식), 학생들이 필요에 따라 교과 과정을 계속 진행하도록 돕거나 대학에 대한 정보를 제공하는 것과 같은 작업을 수행한다. 대부분의 경우 AI 교육 어시스턴트 시스템은 음성인식 소프트웨어를 통해 운영될 수 있는데, 이것은 학생들이 그들에게 직접 말할 수 있게 해줄 것이다. 또한 AI 교육 어시스턴트 시스템은 개별 학생들의 성격 검사 결과와 추가적인 데이터를 통합해서 개별 학생들에 대한 개인화된 서비스를 제공할 것이다.
- **개인화된 게임(Personalized Games)**: 최근 여러 연구에서 게임을 하는 것이 새로운 것을 배우는 좋은 방법이라는 사실이 밝혀졌다. 하지만 효과적인 게임을 만들려면 많은 시간과 창의력이 필요하며, 이것은 도전적일 수 있다. 우리가 AI 도구를 이용함에 따라 이런 종류의 게임 생성은 더 쉬워질 것이고, 강사들이 학생들의 성격과 학습 필요에 맞게 게임을 맞춤화(customize)할 수 있게 될 것이다. 이러한 매우 재미있는 게임으로 학생들은 동기부여와 즐거움이 증가하여 더 나은 학습으로

이어질 것이다.

- 보다 즐거운 학습 체험 만들기(Crafting a More Enjoyable Learning Experience): 교육 분야에서 AI 도구의 또 다른 잠재적 이점은 학생들이 경험을 더 재미있게 만들어 교과 과정에 참여하도록 하는 능력이다. AI 도구를 활용하는 학습자들은 학습하는 동안 재미를 느끼고, 학습 내용을 잘 기억해서 학습효과가 높아질 것이다. 미래 AI 도구에 의해 구동되는 학습 플랫폼은 대화형 AI 도구를 통합해서 학습자들의 자발적 참여를 통한 동기부여 기능을 제공할 것이고, 학습 과정에서 나타나는 지루함을 줄여 줄 것이다.[24]

이것은 인공지능이 잠재적으로 교육의 미래를 바꿀 수 있는 일부 사례에 불과하다. 위에서 언급한 모든 기능을 제공하는 AI 도구가 현재 시판된 것은 아니지만, 현재 많은 회사에서 이러한 경험을 가능한 빨리 구현할 수 있는 AI 도구를 개발하고 있다.

게다가 AI 도구는 교사들이 일을 효과적으로 하는 것을 더 쉽게 해줄 것이다. 예를 들어, 인공지능 개인 교습자들은 교사들에게 피드백을 제공하고 개별 학생의 성과에 대한 의미 있는 통찰력을 공유할 수 있다. 그렇기 때문에 교사들이 교수 방법을 개선하고 학생들의 요구를 더 잘 충족시키기 위해 교과 과정을 개인화할 수 있다.

또한 AI 도구는 교사들이 학생들의 학업지도에 도움을 제공해 줄 것이며, 시험 채점이나 주의사항 전달과 같은 사소하고 반복적인 업무 처리에 도움을 줄 것이다.

학습 플랫폼이 AI 도구의 지원으로 더욱 강력한 기능을 제공함에 따라 교육비용이 낮아지고, 멀리 떨어져 있거나 또는 저개발 지역에 있는 학생들에게 무료 교육 기회를 제공할 수 있게 되었다.

교육에 관한 한 나는 모든 대학과 교육기관들이 기계학습과 딥러닝과 같은 인공지능과 관련된 더 많은 과정을 빨리 교과 과정에 추가할 것을 촉구한다. 미래의 직장은 인공지능에 의해 만들어진 급격한 변화와 우리가 그들에게 어떻게 적응할 수 있는지를 이해하는 많은 직원들이 필요하므로 인공지능은 단지 컴퓨터 과학 학생들만이 아니라 모든 사람들에게 가르쳐야 한다.

동시에 감성지능, 사회지능, 창의성과 같은 '피플 스킬(people skills)'도 가르치는 것이 바람직하다. 왜냐하면 이러한 기술들의 가치는 미래 직장에서 크게 증가할 것이기 때문이다.

영업 교육 개선을 위한 감성 AI

핀란드는 대학에서 인공지능을 적용하고 윤리적으로 가르치는 측면에서 세계 일류국가로 급부상하고 있다. 2018년 10월, 헬싱키에 있는 하가헬리아 응용과학대학교(Haaga-Helia University of Applied Science)에서는 판매자들이 잠재적 구매자들의 감정을 이해하고 적응하도록 돕기 위해 감성을 가진 인공지능(emotional artificial intelligence)과 생체인식 기술(biometric technologies)을 활용하는 AI 판매연구소(AI sales lab)를 개소하였다.

이 AI 판매연구소에서 학생들은 컴퓨터 비전 기술을 이용하는 AI 시스템의 도움으로 판매 기술을 연마하는 방법을 배운다. 이 AI 시스템은 사람들의 얼굴 표정을 분석하고 그들이 경험하고 있는 감정들에 대해 행복, 실망, 의심과 같은 매우 정확한 피드백을 제공한다. 또한 사람들이 진실로 느끼는 감정을 알아보기 위해 그들의 얼굴을 읽는 법을 학생들에게 가르쳐주는데, 그것은 때때로 사람들이 말로 하는 것과 다를 수 있다. 이러한 기술을 갖추는 것은 판매자가 잠재 구매자가 느끼고 있는 감정을 더 잘 이해하고, 그에 따라 판매 기법을 조정하는 데 도움이 될 수 있으며, 이는 실제 판매 상황에서 큰 장점을 제공한다.[25]

이러한 유형의 교육은 고객의 사고 프로세스에 대한 귀중한 통찰력을 제공할 뿐만 아니라 학생들에게 온라인과 오프라인 환경 모두에서 커뮤니케이션 기술을 향상시키는 방법을 가르쳐 준다.

학생과 교사가 인공지능과 함께 일할 수 있는 이런 유형의 학습 환경은 학습 과정을 엄청나게 향상시킬 수 있으며, 또한 대학과 기업 모두에게 유용한 연구 기회를 만들어 준다.

보다 적절한 교육을 위한 기술과 역량 매핑

오늘날 대학들이 가지고 있는 가장 큰 도전과제는 급변하는 시장의 요구에 부응하기 위한 교과 과정을 제공하는 문제이다. 이 도전과제에 대한 해결책을 찾기 위해 라우레아대학교(Laurea University), 메트로폴리아대학교(Metropolia University), 하가헬리아대학교(Haaga-Helia University)는 협력을 통해 다양한 기업들의 신입사원에게 요구하는 기술과 역량을 실시간으로 확인할 수 있는 'AI 지식 맵(AI knowledge map)'을 개발하였다. 이 AI 시스템(AI 지식 맵)은 헤드AI(HeadAI)라는 회사가 개발한 AI 도구를 기반으로 개발되었고, 고용주들이 신입사원 채용 과정에서 찾고 있는 기술과 역량을 분석해 준다. 이 AI 시스템은 탁월한 방법으로 잡마켓의 요구사항을 파악해서 대학들이 교과 과정을 유지하고, 개선할 수 있도록 도움을 제공하고 있다.[26]

대학에서의 챗봇의 활용

유럽의 대표적인 AI 전문가인 안드레스 페드레뇨(Andrés Pedreño) 전 총장은 대학에서 AI 기술을 성공적으로 구현하고 있다. 아래는 인공지능이 대학에 혜택을 줄 수 있는 다섯 가지 방법이다.

- **과학 활동의 부가가치**: 머지않아 AI 기술이 과학 활동의 부가가치를 확인하는 데 중요한 도구가 될 것이다. 인공지능은 학술저작물의 검색과 리뷰를 체계화하고 표절의 발견과 통계와 결과를 잘못 이용하는 것을 발견하는 것을 촉진할 것이다. 한 가지 중요한 가치는 추적성, 인증 등을 보장하기 위해 인공지능과 블록체인을 결합하는 것이다.
- **과학의 발전**: 인공지능의 잠재력은 과학의 진보, 특히 막대한 양의 데이터를 이용하는 분야와 관련이 있다. 하지만 그것뿐만이 아니다. 인공지능은 자율적으로 가설을 만들고, 연결을 발견하며, 탐색비용을 줄이고, 다양한 과학 분야에서 예측을 제공할 수 있을 것이다.
- **맞춤형 교육**: 인공지능을 통해 제공되는 개인화된 교육은 가장 매력적이고 유망한 분야이다. 가상 어시스턴트와 챗봇은 학생들에게 개인화된 학습 과정을 제공할 수 있도록 지도하고 조언할 수 있고, 더 중요한 것은 교육의 실패를 예상할 수 있을 것이다. 우리는 인공지능을 통해 학계에서 생성되는 대량의 데이터를 활용할 수 있고 연구, 교육, 다양성 증진 등과 관련하여 정의된 목표에 따라 성과를 쉽게 평가할 수 있다. 조지아 주립대학교와 애리조나 주립대학교와 같은 대학들은 이미 인공지능을 이용하여 성적을 예측하고 학생들이 가장 높은 잠재력에 도달하도록 도우며 그들이 학교를 중퇴하는 것을 막기 위해 개입이 필요한 시기를 감지하고 있다.
- **스마트 대학 캠퍼스**: 인공지능과 사물인터넷은 스마트시티와 유사한 기술을 이용하는 아방가르드 교육공간인 스마트 대학 캠퍼스를 위한 환경을 조성할 수 있다. 인공지능은 사물인터넷과 함께 교실과 건물 이용, 난방, 조명, 수질 보전, 정비, 소음, 오염관리, 주차, 보안, 경보, 기록, 인증 등의 문제를 보다 효율적으로 관리할 수 있는 스마트 캠퍼스를 만들어 줄 것이다. 그리고 학생과 교사들은 건물, 나무, 빌딩에 대한 모든 지리적 위치 데이터를 스마트 디바이스를 통해 활용할 수 있게

될 것이다.

- **대학경영의 효율성 제고**: 인공지능은 대학경영의 효율성을 높일 것이다. 특히 대내외 커뮤니케이션 분야 모두에서 인공지능은 대학들이 학계의 당면한 문제를 해결하기 위해 1년 365일 24시간 서비스를 제공할 수 있도록 학생 지원을 향상시킴과 동시에 비용을 절감할 수 있도록 할 것이다.[27]

마지막으로 인공지능이 대학경영의 효율성을 향상시킬 수 있는 중요한 방법은 챗봇을 이용하는 것이다. 안드레스 페드레뇨(Andrés Pedreño)에 의해 설립된 원밀리온봇(1MillionBot)이라고 불리는 회사는 다른 대학들을 위해 몇 개의 챗봇을 개발했다.

이 챗봇 중 하나는 스페인의 무르시아대학교(University of Murcia)를 위해 만들어졌다. 처음으로 대학에 입학한 신입생들의 쏟아지는 질문들에 답하는 것을 돕기 위해 만들어졌다. 2018년 5월 처음 선보인 롤라(Lola)라는 이름의 이 챗봇은 학사행정 업무처리를 목적으로 특별히 개발되었고 인상적인 성과를 창출했다.

롤라는 이 대학에서 4,609명의 학생들과 의사소통하고, 13,184개의 대화를 수행하며, 약 38,708개의 문제를 해결할 수 있었다. 롤라는 하루 만에 총 800개의 학생 질문에 답했는데, 그중 대부분은 정규 근무시간을 벗어난 시간의 질의에 대한 응답이었다. 롤라의 최종 정답 비율은 91.67%였다. 이러한 엄청난 응답 수치는 대학에서 챗봇을 제대로 구축하고 구현할 때 제공할 수 있는 장점임을 알려준다.[28]

롤라의 이용이 어떤 대학 직원도 일자리를 잃게 하지 않았다는 것도 중요한 사실이다. 대신에 이전에 같은 학생들의 질문에 계속해서 답하면서 시간을 보냈던 직원들은 이제 보다 더 생산적인 업무를 처리하는 데 시간을 보낼 수 있게 되었다.

교실 안의 로봇들

여러분은 전 세계의 몇몇 학교들이 이미 교실에서 로봇의 이용을 테스트하기 시작했다는 것을 알고 있는가?

예를 들어, 핀란드 탐페레(Tamper)에서 학교는 주로 언어와 수학 학습에 이용되는 엘리아스(Elias)라고 불리는 사회 교육용 로봇을 테스트하기 시작했다. 학생들이 노는 것이 효과적인 학습의 중요한 요소가 되고 있기 때문에 엘리아스에는 춤을 추도록 프로그램되어 있고, 학생들이 노래하고 춤을 추도록 격려하고 있다. 엘리아스는 또한 23개의 다른 언어를 말하고 이해할 수 있다. 지금까지 이 로봇의 테스트는 매우 잘 진행되었고 대부분의 학생들이 이 챗봇에 매우 긍정적인 반응을 보였다. 다음은 엘리아스가 약속하는 몇 가지 장점이다.

- **안전하고 중립적인 학습환경 제공**: 엘리아스는 실수하는 사람을 판단하거나 비웃지 않을 것이다. 이것은 특히 수줍거나 다른 아이들만큼 빨리 배우지 못하는 아이들에게 도움이 되고, 그들이 어떠한 수치심이나 또래의 압력 없이 학습에 집중할 수 있게 해줄 것이다.
- **반복에 지치지 않음**: 로봇은 결코 인내심이 부족하지 않으며 아이들이 자신의 속도로 자유롭게 배울 수 있게 해준다. 학생들은 새로운 것을 배우는 데 필요한 시간을 들일 수 있고, 필요한 만큼 많은 시도를 할 수 있다. 로봇은 결코 너무 오래 걸리는 것처럼 느끼지 않을 것이다.
- **학생 수준에서 질문하기**: 엘리아스는 개별 아이들의 학습을 개인 수준에 맞게 맞춤화할 수 있다. 이것은 가장 경험이 많은 교사들에게도 일반적으로 꽤 어려운 일이다.
- **학생들이 참여하도록 격려**: 엘리아스는 학생들이 학습에 적극적으로 참여하도록 장려한다. 이 기능은 아이들에게 동기를 부여하고 참여하도록 하는 것이 학습 목표를 훨씬 더 빨리 달성하도록 도와주기 때문에

중요하다.

- **교사들에게 피드백 주기**: 엘리아스는 교사들에게 각 학생의 진도에 대한 피드백을 제공하고, 학생들에게 더 나은 정보를 제공하고, 그들이 적절한 조정을 할 수 있도록 한다. 이것은 선생님들이 일을 더 효과적으로 할 수 있도록 도와주며, 학생들의 전반적인 학습 경험을 향상시켜 준다.

내 생각에 이런 종류의 '로봇강화학습(robot-enhanced learning)'은 교실에서 로봇을 활용하여 개별 학생들의 학습 경험을 향상시키는 올바른 방법의 좋은 사례이다. 하지만 이러한 목적으로 로봇을 이용할 때 적절한 교육학적 원칙과 윤리적인 지침을 채택하는 것과 이러한 유형의 학습이 미치는 장기적인 영향을 조사하기 위한 적절한 자원을 할당하는 것이 가장 중요하다.

넬슨 만델라(Nelson Mandela)는 "교육은 당신이 세상을 바꾸기 위해 이용할 수 있는 가장 강력한 무기이다"라고 이야기하였다. 인공지능의 도움으로 우리는 지금 바로 이러한 변화의 혜택을 보기 시작하고 있다.

018 인공지능이 어떻게 농업에 혁명을 일으키고 있는가?

여러분은 세계의 담수 공급의 약 70%가 농업에 이용된다는 것을 알고 있는가? 또한 당신이 식사 중에 고기를 먹는 것을 포기하는 것이 당신이 자동차 운전을 포기하는 것보다 환경보호에 도움이 된다는 사실은 알고 있는가?

농업은 인공지능이 자원의 지속 가능성과 우리의 삶의 질에 상당한 영향을 미칠 수 있는 주요 분야이다. 인공지능과 자율주행 시스템은 농업 의사결정을 돕고 최적의 생산 효율을 창출하며 유해 살충제의 이용을 줄일 수 있다.

농업용 로봇(agricultural robots: agribots)은 농민이 육체 노동에 대한 의존도를 줄이는 데 도움을 준다. 농업용 로봇 산업은 2024년까지 세계 시장 규모 101억 달러에 이를 것으로 예상되고 있다.[29]

AI 기술은 토양 품질, 날씨상태, 농작물 건강 등과 같은 것들에 대한 정확한 정보를 제공할 수 있다. 또한 AI 기술은 실내에서 농작물을 재배하기 위해 몇몇 농업 스타트업들에 의해서도 이용되고 있다. 예를 들면, 싱가포르에 있는 버티베지스(VertiVegies)는 실내에서 시금치, 케일, 상추를 재배하는 데 AI 기술을 활용해 광도, 온도, 습도, 이산화탄소, 비료 등에 대한 데이터를 정밀하게 모니터링한다. 이런 첨단 농업은 날씨에 의존하지 않고, 보다 좋은 품질의 농산물을 얻는 데 다양한 이점을 제공한다. 싱가포르 정부는 오래전부터 AI 개발의 선구자였으며, 첨단 농업 발전을 촉진하기 위해 AI 기술의 이용을 이용해 왔다.[30]

이를 가능하게 하는 몇 가지 기술은 다음과 같다.

- **농업용 드론(Agricultural Drones)**: 이 무인 로봇 드론은 농작물의 성장과 생산을 감시할 수 있고 잡초와 손상된 식물도 확인할 수 있다. 또한 정밀 농사를 위해 카메라와 기타 센서를 이용하여 특정 지형의 잠재력을 분석하기 위해 배치할 수 있다. 글로벌 마켓 인사이트(Global Market Insights)에 따르면 이미 농업용 드론 시장은 2024년까지 가치가 10억 달러를 초과할 것으로 예측되고 있다.[31]
- **무인 트랙터(Autonomous Tractors)**: 자율주행 트랙터(self-driving tractors)는 부착된 센서로부터 토양상태와 습기에 대한 정보를 수집하고, 농장 직원의 작업 부하를 줄일 수 있다. 이 장비로 수집된 데이터는 전통적인 농업 도구를 이용하는 것과 비교해 보다 높은 투자 수익률을 제공해 줄 것이다. 예를 들면, 새로운 농업 방식은 인건비와 연료비 그리고 농업 관행을 개선시켜 줄 것이다. 현재는 AI 기술을 농업에서 활용하는 초기 단계에 있기 때문에 최종 목표는 완전히 무인으로 농사를 짓는 것이다. 하지만 인공지능을 활용하는 농업에서도 어떤 형태든 사람의 참여를 필요로 할 것이다.[32]
- **인공지능에 의한 수직농장(Vertical Farms Powered by AI)**: 인공지능에 의한 수직농장은 보통 토양이나 자연광 없이 통제된 환경에서 농작물의 양육을 설명할 때 이용하는 용어이다. 다수의 농업 전문가들에 따르면 이런 농업은 전 세계의 식량 부족을 완화시키는 데 도움이 될 것이라고 한다. 이런 농업의 섬세함 때문에 인공지능은 분석과 추적을 돕는 데 이용될 수 있다.

보워리파밍(Bowery Farming, http://www.boweryfarming.com)은 빛과 영양분 센서를 이용해 식물의 성장을 추적하는 컴퓨터 모니터링과 기계학습에 의존하는 시스템을 개발한 회사이다. 또한 이 시스템은 신중한 인간

그림 2.5 | 들판 위를 날아다니는 농업용 드론

의 통제와 직관이 필요한 특정 식물을 수확할 시기를 추천할 수 있다.[33]

또한 농업은 사물인터넷과 새로운 종류의 센서 개발로 엄청난 혜택을 받을 수 있는데, 농업에서의 AI 기술은 가축의 건강상태를 감시하는 것과 같이 이전에 인간의 노동력이 필요했던 일을 더 쉽게 수행할 수 있게 해줄 것이다.

AI 기술이 농업에 계속 이용됨에 따라 투자수익률을 높이고 공간 부족, 가뭄, 식량 부족과 같은 전통적인 농업 문제에 대한 많은 잠재적 해결책을 제공해 줄 것이다. 그러나 농업 분야에서의 AI 구현에는 대개 상당한 투자를 필요로 하는데, 많은 전통적인 농업인들은 이를 감당할 수 없다. 정부의 지원이 없이는 많은 농업인들이 AI의 이용을 통해 농업을 현대화하기는 어려울 것이다.[34]

019

인공지능이 엔터테인먼트 세상을 어떻게 바꾸는가?

몇 년 전 나는 비드서밋(VidSummit)이라는 로스앤젤레스에서 열린 비디오 마케팅 콘퍼런스에서 주제 발표를 하였다. 이 콘퍼런스는 업계 최고의 비디오 마케팅 담당자들이 모인다.

콘퍼런스 발표 중에 나는 비디오 마케팅의 미래에서 고려해야 할 한 가지 중요한 측면은 인공지능의 영향이라는 점을 알렸다. 기존의 비디오 편집 프로세스의 일부는 인공지능을 이용하는 도구에 의해 수행될 가능성이 높기 때문이다. 이 사실은 내 발표를 듣던 많은 청중들을 놀라게 했고, 그 후에 청중의 일부가 나에게 접근했는데 청중들은 자신의 전문적 노력에 있어서 인공지능의 잠재적인 이용에 대해 더 많이 알게 되어 흥분되었다고 하였다. 그 이후로 엔터테인먼트 산업에서 AI의 역할은 훨씬 더 중요해졌다.

영화 제작비용이 증가하고 관객의 관심을 사로잡기 어려워짐에 따라 영화 제작자들은 도움을 받기 위해 AI 솔루션으로 눈을 돌리고 있다. 성공적인 AI 활용 사례로 영화 스튜디오가 중요한 의사결정을 할 수 있도록 도와주는 AI 기반 플랫폼을 제공하는 시네리틱(Cinelytic)이라는 회사가 있다. 워너 브라더스(Warner Bros)는 시네리틱과 AI 기반 프로젝트 관리 시스템을 이용하여 많은 영화 제작과 관련된 의사결정을 안내하는 계약을 체결했다. 이 AI 기반 프로젝트 관리 시스템은 빅데이터, 예측 AI 분석, 정교한 재무 모델링을 이용하여 이전에 인간이 수행한 것보다 훨씬 빠르고 정확하게 계산을 수행하였다. 예를 들면, 단 몇 초 만에 특정 영화배우의 금전적 가치를 결정하거나 영화의 수익성을 예측할 수 있다. 또한 영화에 대한 시장조사를 수행하고 어떤 영화를, 언제, 어떻게 제작할 것인지와 같은 중요한 의사결정을 위해 실시간 데이터를 제공할 수 있다.[35]

다음은 엔터테인먼트 산업에서의 AI 도입 사례이다.

- **AI가 편집한 예고편**: IBM 왓슨은 이미 AI 기반 자원으로 최초의 영화 예고편을 제작했다. 이 영화 예고편은 왓슨이 유사한 영화의 100개 이상의 예고편을 분석한 지능형 학습 프로세스를 이용해 만들었다. 왓슨은 고품질 영화 예고편을 만들기 위해 영화에 나오는 요소들을 발견할 수 있다. 이 분석에는 시점, 오디오, 비주얼, 감성적 톤 등의 요소는 물론 영화 전체가 포함되었다.

  왓슨은 영화 '모건(Morgan)'의 예고편을 만들었다. 대부분의 사람들이 이 예고편이 전문 편집자에 의해 제작되지 않았다는 것을 인식하지 못할 것이다.[36] 당신은 다음 유튜브에서 이 영화의 예고편 제작과정을 볼 수 있다(https://youtu.be/gJEzuYynaiw).

  넷플릭스는 출시될 영화를 위해 많은 예고편을 만들기 위해 인공지능을 이용할 것이라고 발표했다.[37]

그림 2.6 | 영화 '모건' 예고편

출처: https://youtu.be/gJEzuYynaiw

- **안면인식과 분석**: 호텔, 공항, 소매점에서 인면인식(facial recognition) 도구가 도입되는 것 외에도, 대형 엔터테인먼트 회사들은 이제 안면인식 기술을 이용하여 특정 종류의 콘텐츠에 대한 청중의 반응을 파악하기 위해 청중 표정을 분석할 것이다. 이는 영화 스튜디오가 청중의 정확한 피드백을 받을 수 있는 좋은 방법이며, 종종 위험한 사업에서 수익을 개선하는 데 도움을 줄 것이다.
  분명히 콘텐츠 제작에 많은 투자를 받고 있는 몇몇 감독들은 영화 제작 과정에 AI 도구를 도입하는 것에 대해 저항할 것이다. 그러나 아마도 AI 통찰력을 통해 영화 제작 시장에서 수익을 얻고자 하는 대형 영화 스튜디오에서 먼저 AI 기술을 채택하게 될 것이다.[38]
  결국 진정한 고품질의 창의적 콘텐츠의 잠재력은 아마도 AI 도구와 인간의 재능의 혼합에서 나올 것이다.
- **인공지능이 만든 팝송**: 2020년 4월, 인공지능 연구실 오픈AI(OpenAI)는 거의 모든 사람이 처음부터 음악을 만들 수 있는 도구인 주크박스(Jukebox)라는 인공 신경망 시스템을 출시했다. 이 AI 도구는 이용자들이 120만 곡의 데이터셋을 이용해 다양한 스타일로 음악을 개발할 수 있게 해주며, 기본적으로 노래까지 개발하도록 지원하고 있다. 웹에서 주크박스를 검색하면 이 사이트에 접속할 수 있다.[39]

역사적으로 엔터테인먼트 산업 분야는 창의성과 밀접한 관련이 있으므로 일부 사람들은 AI 도구를 적극적으로 수용하지 않을 산업이라고 생각할 수도 있다. 하지만 할리우드에서 가장 큰 스튜디오에서 시장 점유율과 수익을 얻기 위한 경쟁은 창의적으로 AI 도구를 이용하는 것에 대한 강력한 인센티브로 입증될 수 있다.

AI 도구는 가상현실과 같은 다른 기술과 함께 이용되기 때문에 효과적인 엔터테인먼트 경험을 만들어 낼 수 있는 성장 잠재력이 크다. 이에 따라 일부 전문가들은 사람들이 다른 사람들과 교류하고 중요한 사회적 기술을 개발할 기회를 잃게 될 것이라고 우려하고 있다. 이러한 이유로 최상의 결과는 AI 기술의 분별력 있는 이용에서 나올 것이다.

020 인공지능은 정부에 어떤 영향을 미치는가?

어떤 사람들은 정부를 산업 영역으로 생각하지 않을 수도 있지만, 정부는 AI 기술에 의해 강하게 영향을 받는 중요한 분야이다. 다음은 AI 기술이 전 세계 정부의 업무 프로세스와 과제를 개선할 수 있는 사례이다.

- **공공 안전과 보안(Public Safety and Security)**: 톰 크루즈(Tom Cruise)가 주연한 2002년 영화 '마이너리티 리포트(Minority Report)'에서 묘사된 것과 같은 일이 결코 일어나지 않을지 모르지만, 일부 경찰 부서는 이미 범죄 동향을 예측하고 미리 해결책을 찾기 위해 AI 소프트웨어를 이용하기 시작했다. 기계학습은 범죄 예측과 예방을 위해 활용할 수 있는 기술이다. 범죄가 발생할 가능성이 높은 잠재적인 장소와 시간을 알려주는 보고서를 작성해 주는 AI 도구(시스템)로 프레드폴(PredPol) 시스템이 있다. 이 AI 시스템은 범죄 발생 날짜, 시간, 장소, 범죄 종류를 분석하여 범죄 예측 보고서를 작성해 준다.[40] 현재 프레드폴 시스템의 효과를 분석한 독립적인 연구는 없지만, 그 시스템이 설명된 대로 작동된다면, 연방 정부 및 주정부 경찰에게 상당한 도움을 줄 것이다. 그러나 인공지능 시스템 분야의 전문가들은 프레드폴 시스템이 소수 민족에 대한 프로파일링과 편견을 높일 수 있다는 우려를 제기하였다.[41]

  공공 안전과 보안에 도움이 될 수 있는 또 다른 AI 도구는 생체인식 기술이다. 이 기술은 기존의 여권 감시 기술보다 훨씬 더 효과적으로 범죄자를 식별한다. 이 기술은 국경 통제와 같은 작업에 도움을 줄 것이다. 또한 이러한 AI 도구는 선별 과정을 보다 빠르게 만들 수 있지만, 여행자들에게 사생활 침해 우려를 제기할 수 있다.

- 관료적 효율성(Bureaucratic Efficiency): 다른 산업에서도 나타난 것처럼 공무원들은 데이터 입력과 분석과 같은 반복적인 작업을 자동화함으로써 많은 시간을 절약할 수 있다. 'AI 증강 정부(AI Augmented Government)'라는 제목의 딜로이트(Deloitte)의 보고서에 따르면 자동화 조치는 미국의 연방 정부에서 연간 9,670만 시간 이상의 시간 절약과 33억 달러 이상의 비용을 절약할 수 있다고 하였다.[42]

  많은 국가에서 관료주의와 문서화는 정부에 큰 도전 문제를 유발하고, 정부 운영의 효율성과 효과성을 저해할 것이다. 정부가 AI 솔루션을 구현함으로써 얻을 수 있는 잠재적 이점이 있다. 정부는 AI 기술로부터 얻을 광범위한 장점에 대해 시민과 정부기관을 교육하고, 빠르게 수용하는 것을 경험할 것이다.

  핀란드, 캐나다, 영국, 중국과 같은 일부 국가의 정부기관들은 특정 위원회와 연구 그룹을 소집하여 인공지능의 발전과 해당 국가가 혜택을 얻을 방법에 관한 컨설팅 서비스와 권고사항을 제공했다. 또한 정부기관들은 이러한 사례를 따라야 하며, 사회가 인공지능의 발전에 적응하고 혜택을 받을 수 있는 방법을 연구하도록 적극적으로 협력해야 한다.

2020년 COVID-19 대유행은 정부가 AI 전문가와 연구자를 포함한 과학계 인사들에게 보다 많은 관심을 가져야 할 필요성을 알려주었다. 북미와 유럽 국가들은 COVID-19 대유행에 적절한 조치를 빠르게 취하지 못해 많은 인명 손실을 경험해야 했다. 이 국가들은 COVID-19 대유행에 대한 AI 기술 활용 준비가 되어 있지 않았다. 이와는 대조적으로 대만과 한국과 같은 국가들은 COVID-19 대유행에 대응해 국민 보호를 위해 혁신적인 방법으로 인공지능을 이용했고, 이를 통해 인명 손실을 최소화했으며 빠른 대응조치를 취하였다.

2020년 2월 초, 대만은 전염성이 높은 질병의 확산을 막기 위해 AI 기술을 이용하기 시작했다. 마이크로소프트가 디자인한 독특한 AI 카메라들은 안전 규칙 시행에 도움을 주기 위해 병원에 설치되었다. 이 AI 카메라들은 모든 병원 직원들과 방문객들을 감시하고, 모든 사람들의 체온을 즉각적으로 감지하고, 마스크를 착용하지 않은 사람들을 식별할 수 있었다. 또한 대만 정부는 COVID-19 발병 초기부터 인공지능과 빅데이터 분석을 이용하여 핫스팟을 식별하고 실시간으로 공중보건 경고를 발령함으로써 질병의 확산을 억제할 수 있었다.[43]

대만 정부는 이미 인공지능에 대해 교육을 받았고, 비상시에 인공지능을 이용하는 방법을 준비했다. 그렇기 때문에 단순한 감정이 아니라 데이터를 기반으로 신속하고 효과적인 의사결정을 내릴 수 있었다. 대만의 스마트 전략 계획과 함께 창의적 AI 이용은 많은 생명을 구했다. 바라건대 많은 국가들이 미래의 유행병을 예방하고 억제하기 위해 이 접근 방식을 모형화하는 노력을 해야 할 것이다.[44]

인공지능은 정부가 질병 발생을 억제하고 초기에 질병 발생을 막는 데 중요한 역할을 할 수 있다. 하지만 세계 선진 국가의 정부들은 여전히 인공지능이 어떻게 그리고 왜 이용해야 하는지에 대한 충분한 이해가 부족하다. 모든 국가의 정부는 AI 이용에 대해 사전 예방적 이용과 지식을 확보해야 한다. 또한 정부가 국민에게 영향을 미치는 AI 애플리케이션에 대해 정부의 이용 목적에 관한 모든 결정을 일반 대중들에게 알리면서 AI 이용에 대한 완전한 투명성을 확보하는 것도 중요하다.

NOTES

01 Accenture, “Banking Technology Vision 2017”, May 02, 2017, https://www.accenture.com/us-en/insight-banking-technology-vision-2017

02 Accenture, “Banking Technology Vision 2017”, May 02, 2017, https://www.accenture.com/us-en/insight-banking-technology-vision-2017

03 Hugh Son, “Your Robo-Adviser May Have a Conflict of Interest”, Bloomberg, July 27, 2017, https://www.bloomberg.com/news/articles/2017-07-27/your-robo-adviser-may-have-a-conflict-of-interest

04 Brittany Goetting, “JPMorgan Chase Uses COIN Machine Learning Program To Eliminate 360K Lawyer Hours A Year”, Hot Hard Ware, March 01, 2017, https://hothardware.com/news/jpmorgan-used-coin-machine-learning-program-to-eliminate-360000-lawyer-hours-a-year#I2dOFv4dK7G95L3L.99

05 Brittany Goetting, “JPMorgan Chase Uses COIN Machine Learning Program To Eliminate 360K Lawyer Hours A Year”, Hot Hard Ware, March 01, 2017, https://hothardware.com/news/jpmorgan-used-coin-machine-learning-program-to-eliminate-360000-lawyer-hours-a-year#I2dOFv4dK7G95L3L.99

06 Naveen Joshi, “6 ways AI is impacting the finance industry”, Al-lerin, March 29, 2017, https://www.allerin.com/blog/6-ways-ai-is-impacting-the-finance-industry

07 “Economic Impact Reports”, World Travel and Tuorism Council, https://wttc.org/Research/Economic-Impact#:~:text=In%20 2019%2C%20Travel%20%26%20Tourism's%20direct,10%20 jobs%20around%20the%20world

08 Anita Balakrishnan, “Wynn Amazon Alexa Installation”, CNBC, December 14, 2016, https://www.cnbc.com/2016/12/14/wynn-las-vegas-to-add-amazon-alexa-to-all-hotel-rooms.html

09 Finavia, "Finnair and Finavia test face recognition technology at check-in", May 02, 2017, https://www.finavia.fi/en/newsroom/2017/finnair-and-finavia-test-face-recognition-technology-check

10 Fernando Volken Togri, "It starts with a single app", The Economist, September 29, 2016, http://www.economist.com/news/international/21707952-combining-old-and-new-ways-getting-around-will-transform-transportand-cities-too-it

11 Dom Galeon and Kristin Houser, "IBM's Watson AI Recommends Same Treatment as Doctors in 99% of Cancer Cases", Futurism, October 28, 2016, https://futurism.com/ibms-watson-ai-recommends-same-treatment-as-doctors-in-99-of-cancer-cases

12 Robert Hackett, "IBM Watson Suggest Treatments for a Cancer Patient", Fortune, November 02, 2016, http://fortune.com/2016/11/02/ibm-watson-cancer-demo-brainstorm-health

13 Alex Hern, "Google Deep Mind pairs with NHS to use machine learning to fight blindness", The Guardian, July 05, 2016, https://www.theguardian.com/technology/2016/jul/05/google-deep-mind-nhs-machine-learning-blindness

14 Jonah Comstock, "In small study, AiCure app led to 50 percent improvement in medication adherence", Mobi Health News, April 07, 2017, http://www.mobihealthnews.com/content/small-study-ai-cure-app-led-50-percent-improvement-medication-adherence

15 Accenture, "Artificial Intelligence in Healthcare", 2017, https://www.accenture.com/us-en/insight-artificial-intelligence-healthcare

16 Accenture Consulting, "Transit in Transition", July 17, 2019, https://www.accenture.com/_acnmedia/pdf-105/accenture-transportation-technology-vision-2019.pdf

17 Kitty Hawk, "Kittyhawk Flyer", November 20, 2017, https://kittyhawk.aero

18 Sam Smith, "Juniper Research: Retailer Spending on AI to Grow Nearly Fourfold, Reaching $7.3 Billion by 2022", January 31, 2018 https://www.businesswire.com/news/home/20180131005068/en/Juniper-Research-Retailer-Spending-AI-Grow-Fourfold

19 Capgemini Research Institute, "BUILDING THE RETAIL SUPER-STAR: How unleashing AI across functions offers a multi-billion dollar, opportunity", November 2018, https://www.capgemini.com/wp-content/uploads/

2018/12/Report-%E2%80%93-Building-the-Retail-Superstar-Digital1.pdf

20 Tasha Keeney, "Parcel Drone Delivery Should Supercharge Ecommerce", ARK Invest, March 13, 2020, https://ark-invest.com/ana-lyst-research/parcel-drone-delivery/

21 Automated Insights, "Wordsmith", 2017, https://automatedinsights.com/wordsmith

22 Chloe Olewitz, "A Japanese AI program just wrote a short novel, and it almost won a literary prize", Digital Trends, March 23, 2016, https://www.digitaltrends.com/cool-tech/japanese-ai-writes-novel-passes-first-round-nationanl-literary-prize

23 Sanskriti Shukla, "How an Indian AI startup predicted Trump victory", Geospatial World, March 21, 2017, https://www.geospatialworld.net/article/artificial-intelligence-system-mogia

24 Lasse Rouhiainen, "The Future Of Higher Education: How Emerging Technologies Will Change Education Forever", Amazon, October 10, 2016, https://www.amazon.com/Future-Higher-Education-Emerging-Technologies/dp/1539450139

25 Matti Mielonen, "Kaupan myyjä saattaa kohta tunnistaa, oletko iloinen vai nyrpeä – Tekoäly tulkitsee asiakkaan tunteet ja opettaa myötäilemään niitä", Helsingin Sanomat, October 29, 2018, https://www.hs.fi/tiede/art-2000005878532.html

26 "3 Amk ja Headai taklaavat tekoälyllä tulevaisuuden osaamishaasteita", Haaga-Helia, October 9, 2018, http://www.haaga-helia.fi/fi/uutiset/3amk-ja-headai-taklaavat-tekoalylla-tulevaisuuden-osaamishaasteita?userLang=fi#.XB5kEs9KiRu

27 Pedreño, A., Plaza, J. and Moreno, L. "Big Data e Inteligencia Artificial. Una visión económicay legal de estas herramientas disruptivas", Paterna: Parc Cientific de la Universitat de València, p.59. https://iniciativas.pcuv.es/ebook-big-data-e-inteligencia-artificial

28 Pedreño, A., Plaza, J. and Moreno, L. "Big Data e Inteligencia Artificial. Una visión económicay legal de estas herramientas disruptivas", Paterna: Parc Cientific de la Universitat de València, December 2018, https://iniciativas.pcuv.es/ebook-big-data-e-inteligencia-artificial

29 Elena Anderson, "Agricultural Robots Market Report 2019: COVID-19 Impact Analysis, Growth, Trends, Opportunities and Forecast", Last Herald

April 30, 2020, https://latestherald.com/2020/04/30/agricultural-robots-market-report-2019-covid-19-impact-analysis-growth-trends-opportunities-and-forecast/

30 "How Singapore Farms Use Artificial Intelligence", CNA Insider, March 10, 2020, https://youtu.be/qOGsz-rUx6E

31 Global Market Insights, Inc., "Agricultural Drones Market worth over $1 billion by 2024", April 25, 2017, https://www.gminsights.com/pressrelease/agricultural-drones-market

32 Big Ag, "Autonomous Tractors-The Future of Farming?", July 28, 2017, http://www.bigag.com/topics/equipment/autonomous-tractors-future-farming

33 Eillie Ansilotti, "Inside The Vertical Farm Growing What It Calls 'The World's First Post-Organic' Produce", Fast Company, February 23, 2017, https://www.fastcompany.com/3068407/inside-the-vertical-farm-growing-what-it-calls-the-worlds-first-post-organic-produce

34 Mudassar, "How Artificial Intelligence in Agriculture Are Changing The Face of Agriculture Industry", BlogLovin, November 11, 2019 https://www.bloglovin.com/@mudassar1/how-artificial-intelligence-in-agriculture-3764199

35 Tatiana Siegel, "Warner Bros. Signs Deal for AI-Driven Film Management System(Exclusive)", The Hollywood Reporter, January 8, 2020, https://www.hollywoodreporter.com/news/warner-bros-signs-deal-ai-driven-film-management-system-1268036

36 Debra Kaufman, "Artificial Intelligence Comes to Hollywood", Studio Daily, April 18, 2017, http://www.studiodaily.com/2017/04/artificial-intelligence-comes-hollywood

37 Tatiana Siegel, "Warner Bros. Signs Deal for AI-Driven Film Management System", The Hollywood Reporter, January 8, 2020, https://www.hollywoodreporter.com/news/warner-bros-signs-deal-ai-driven-film-management-system-1268036

38 Jennings Brown, "Disney Is Building Facial Recognition to Figure Out When You'll Laugh During Toy Story", Gizmodo, July 26, 2017, https://gizmodo.com/disney-is-building-facial-recognition-to-figure-out-whe-1797267294

39 "Jukebox", Open AI, April 30, 2020, https://openai.com/blog/jukebox/

40 Predpol, "How predictive policing works", 2017, https://www.predpol.com/how-predictive-policing-works

41 Justin Jouvenal, "Police are using software to predict crime. Is it a 'holy grail' or biased against minorities?", Washington Post, November 17, 2016, https://www.washingtonpost.com/local/public-safety/police-are-using-software-to-predict-crime-is-it-a-holy-grail-or-biased-against-minorities/2016/11/17/525a6649-0472-440a-aae1-b283aa8e5de8_story.html?utm_term=.1e966cb92094

42 William D. Eggers, "How artificial intelligence could transform government", Deloitte Insights, April 26, 2017, https://www2.deloitte.com/insights/us/en/focus/cognitive-technologies/artificial-intelligence-government-summary.html

43 Gigi Onag, "Taiwan hospital taps AI, IoT and cloud to keep away COVID-19", FutureIOT, April 23, 2020, https://futureiot.tech/taiwan-hospital-taps-ai-iot-and-cloud-to-keep-away-covid-19/

44 Lee Tiedrich and Sebastian Marotta, "AI Update: Using Artificial Intelligence to Combat COVID-19", Global Policy Watch, April 3, 2020, https://www.globalpolicywatch.com/2020/04/ai-update-using-artificial-intelligence-to-combat-covid-19/

제3장

인공지능은 어떻게 비즈니스 프로세스를 변화시키는가?

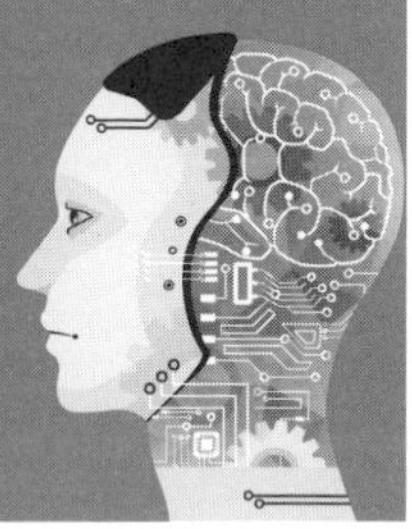

그림 3.1 | 3장의 주제

3장에서는 AI 기반 도구의 도입으로 획기적으로 변화하고, 기하급수적으로 효율화되는 10가지 비즈니스 프로세스에 대해 알아본다.

당신은 인공지능이 비즈니스 수행 방법을 영원히 바꿀 수 있는 방법을 알고 있는가?

모든 규모의 기업, 심지어 개인 기업이 AI 도구의 도움으로 대부분의 비즈니스 프로세스를 개선할 수 있을 것이다. 나는 많은 기업가들이 인공지능의 장점과 애플리케이션에 익숙해지기를 바란다. 기업에서 AI 도구들을 조기에 채택하면 엄청난 경쟁우위를 얻을 수 있을 것이다. 3장에서는 AI 기반 도구가 비즈니스에 어떻게 적용되는지 몇 가지 사례를 설명한다. 앞서 살펴본 내용과 같이 당신은 AI 도구를 적용하여 비즈니스 내에서 개선하고자 하는 특정 비즈니스 프로세스를 먼저 고려한 후, 실행 계획을 수립해야 할 것이다. 〈비즈니스 리더를 위한 인공지능(*AI for Business Leaders*)〉의 저자인 안티 메릴레토(Antti Merilehto)는 AI 적용에 관심이 있는 기업들에게 이 책을 추천하였다.

"인공지능의 발전은 모든 기업들에 중요한 의미가 있다. 인공지능이 민주화되는 순간 모든 기업들은 인공지능을 이용할 가능성이 있다. 인공지능은 처음에 우수한 품질의 데이터를 활용함으로써 장점을 누릴 수 있지만, 궁극적으로 회사의 핵심 문제는 비즈니스 문제와 고객 문제를 해결하기 위해 인공지능을 어떻게 적용할 것인가가 될 것이다. 인공지능을 이용한 기술 개발에 있어 우수한 데이터가 기반이 되어야 우수한 서비스를 만들 수 있다. 새로운 개념을 정의하기 위한 시간은 이미 지났기에 이제 작은 성공을 달성하기 위해 자신의 데이터로 작은 실험을 시작해야 할 때이다. 인공지능이 비즈니스에 미치는 영향은 앞으로 2년 안에 크게 증가할 것이다. 그렇기 때문에 지금 바로 인공지능 활용을 위한 행동을 시작하는 것이 최선이다. 다른 부분의 비즈니스에서도 이제 막 AI 활용이 시작하고 있기 때문에 당신이 늦었다고 너무 걱정할 필요는 없을 것이다."

– 〈비즈니스 리더를 위한 인공지능〉의 저자, 안티 메릴레토

021 스마트 가상 개인 비서를 어떻게 이용하는가?

당신은 애플의 시리, 아마존 알렉사, 마이크로소프트 코타나, 구글 어시스턴트와 같이 현재 이용할 수 있는 AI 어시스턴트 시스템을 이미 이용했거나 접했을 수 있다. 이러한 어시스턴트 시스템은 프로그램을 시작하고 날씨에 대한 정보를 알아내며 길을 찾거나 식당을 추천하는 것과 같은 기본적인 업무를 도와준다. 또한 타사 어시스턴트 서비스 이용자는 구글 어시스턴트 또는 아마존 알렉사를 위한 애플리케이션을 생성할 수 있다. 구글은 어시스턴트 시스템을 통해 백만 개 이상의 다양한 기능을 할 수 있다고 발표했다. 당신은 다음 웹사이트에서 구글 어시스턴트 시스템에 대한 정보를 찾을 수 있다: https://assistant.google.com/explore?hl en_IN.

내가 이 원고를 작성하는 시점에 대부분의 어시스턴트 시스템은 특정 주제에 대한 높은 수준의 업무를 수행하거나 복잡한 질문에 답하는 것과 같은 정교한 작업을 수행할 수 없었다. 비록 이러한 어시스턴트 시스템은 현재 기본적인 작업만 도울 수 있지만, 어시스턴트 시스템에게 동력을 공급하는 기술이 빠른 속도로 성장하고 있다. 이러한 지속적 기술 발전에 따라 가상 어시스턴트 시스템들은 보다 고급 기능을 제공할 수 있게 될 것이다.

2020년 4월, 페이스북은 블렌더(Blender)라는 오픈소스 코드(open-source code)에 기반한 챗봇을 출시했다. 이 챗봇은 페이스북이 지금까지 개발한 챗봇 중 가장 발전된 형태의 챗봇이며, 이 챗봇은 몰입도 측면에서 사람을 능가하고 매우 인간적으로 느껴진다. 페이스북에 따르면 블렌더는 대화형 AI(conversational AI)로 가는 중요한 단계에 있으며, 가상 어시스턴트 시스템과 보다 인간적인 대화를 나눌 수 있다고 하였다. 페이스북은 다른 연구자들도 블렌더를 이용할 수 있고, 블렌더의 성능을 개선할 수 있도록 소스코드를 공개하였다.[01]

구글 어시스턴트 시스템을 통해 작동하는 자동화된 AI 시스템인 구글 듀플렉스(Google Duplex)는 예약을 위해 전화를 걸 수 있다. 2018년 구글 듀플렉스 첫 공개 시연에서 구글은 구글 듀플렉스가 어떻게 약속을 잡기 위해 미용실에 전화하고, 테이블을 예약하기 위해 레스토랑에 전화하는 데 놀라울 정도로 인간과 유사한 목소리를 낸다는 것을 보여주었다. 공개 시연에서 구글 듀플렉스는 모든 질문에 적절하게 반응했고, 심지어 "음", "어", "음-흠"과 같은 자연스러운 추임어(filler words)를 이용하기도 했다. 구글에 따르면 구글 듀플렉스는 처음 출시되었을 때보다 훨씬 더 정교한 대화를 할 수 있게 되었고, 이 서비스는 영국, 호주, 캐나다로 확대되고 있다.

하지만 구글 듀플렉스는 공개 시연에서처럼 실제 세계에서 반드시 원활하게만 작동하지는 않는다. '더 버지(The Verge)'가 출판한 기사에 따르면 구글 듀플렉스를 통해 걸려오는 전화들은 그들이 연락하려고 하는 레스토랑에 항상 연결되는 것은 아니다. 비록 많은 레스토랑 직원들이 구글 듀플렉스 음성이 매우 인상 깊고, 인간적인 소리를 갖고 있다고 설명하였으며, 구글 듀플렉스가 인공지능이라는 것을 발견하기 힘들다고 표현하였지만, 레스토랑 직원들은 발신자 ID(caller ID)라는 단순한 문제 때문에 애시 당초에 전화를 받지 않아 구글 듀플레스의 음성을 거의 듣지 못하였다. 레스토랑 직원이 구글 듀플렉스에서 걸려온 전화를 받으면 발신자 ID의 이름은 '구글'로 나타난다. 이것은 매우 바쁜 레스토랑 직원들이 실제 고객으로부터 온 진짜 전화가 아니라 스팸 전화라고 믿으면서 구글 듀플렉스로부터 온 전화를 무시하도록 하였다. 구글은 이러한 결함을 시정할 필요가 있다는 것을 알았다. 이 문제를 시정하지 않으면 많은 레스토랑과 다양한 사업체들이 구글 듀플렉스로부터 온 전화를 로보콜(robocalls)이라고 가정하여, 구글 듀플렉스의 전화를 계속 무시하게 될 것이다. 레스토랑 직원들이 구글 듀플렉스의 전화를 받지 않는다면 구글 듀플렉스의 음성이 얼마나 실제 사람 음성처럼 들리는지는 중요하지 않을 것이다.[02]

스마트 가상 어시스턴트 시스템들은 우리의 삶을 보다 편리하게 만들 수 있지만, 소비자들은 이런 종류의 기술 이용과 관련하여 몇 가지 중요한 윤리적 문제가 있다는 것을 알아야 한다. 많은 빅테크 회사들이 '돈 우선, 윤리 나중(money first, ethics later)' 정신으로 제품을 개발하고 있는데, 구글도 예외는 아니다.

2019년 7월, 구글은 직원들이 일상적인 어시스턴트 시스템 이용자의 대화를 들을 수 있다는 것을 인정했다. 이것은 완전히 비윤리적이고 부도덕하며 일반적으로 나쁜 관행이다. 하지만 구글은 어쨌든 그러한 행동을 하고 있다. 왜냐하면 구글이 자사 어시스턴트 제품을 개선하는 데 도움을 줄 수 있고, 주주 가치를 높이는 데 도움이 되기 때문이다.[03]

당신이 인공지능으로 작동되는 개인 어시스턴트 시스템의 소비자로서 이 어시스턴트 서비스를 이용하기 전에, 얼마나 당신의 사생활을 얼마나 소중하게 여기는지를 신중하게 생각해 보아야 할 것이다. 만약 당신이 비공개 대화의 보안을 유지하기를 원한다면, 당신은 이용자로부터 데이터를 수집하는 주요 비즈니스 모델을 이용하는 회사에서 만든 가상 어시스턴트 시스템을 이용하는 데 제한을 받을 것이다. 구글, 아마존, 애플, 페이스북 등의 회사에서 어시스턴트 서비스에 대해 제한을 하고 있다.

또한 당신은 클라우드에 데이터를 저장하는 모든 회사와 사적인 대화를 공유하려는 의지에 대해서도 신중히 생각해야 한다. 클라우드 이용은 해킹을 당할 가능성을 높이기 때문이다. 예를 들어, 집에 아마존 알렉사가 있으면 가족 대화 내용이 아마존의 클라우드 서버에 저장될 것이고, 해킹당할 위험이 높아질 것이다.

이러한 AI 도구들이 더욱 강력해짐에 따라 사람들은 AI 도구와 함께 개인 정보를 더 많이 공유하게 될 것이다. 이는 개인 데이터가 다수의 클라우드에 저장되고, 해킹에 취약하게 된다는 것을 의미한다. 이것은 훨씬 더 많은 사생활 침해에 대한 우려와 보안에 대한 우려를 불러일으킬 것이다. 내 세미나에서 많은 청중들은 사생활 침해에 대한 두려움 때문에 집에 음성 기반 가상 어시스턴트 시스템을 두지는 않을 것이라고 하였다.

이러한 과제를 해결하기 위해 일부 혁신적인 스타트업들은 이용자의 개인 정보를 보호하고 모든 정보를 클라우드가 아닌 장치에 저장할 수 있는 AI 기반 가상 어시스턴트 시스템을 구축하는 작업을 하고 있다. 그러한 회사로 프랑스 파리에 본사를 둔 스닙스(Snips)라는 AI 스타트업이 있다. 스닙스는 2019년 11월에 미국의 오디오 기업인 소노스(Sonos)에 3,750만 달러에 인수되었다. AI 기반 가상 어시스턴트 시스템은 이용자의 개인정보를 보호하고 모든 데이터를 클라우드에 보관하는 동시에 유용한 기능을 제공할 수 있다.

022 인공지능은 시장조사를 어떻게 변화시키는가?

한때 자금력이 풍부한 대형 회사들은 그들의 시장조사 업무를 최고의 시장조사 회사에 아웃소싱하였다. 그 이유는 시장조사 회사들이 고객사들이 원하는 고품질 시장조사에 빠르고 쉽게 접근할 수 있게 해주었기 때문이다. 당신은 시장조사에 관심을 갖고 있는가?

과거에 시장조사 과정은 시간이 많이 소요되었고, 소비자의 생각과 의사결정에 대한 통찰력에 대한 신뢰성은 완벽과는 거리가 멀었다.

요즘에 구글 트렌드(Google Trends)와 페이스북 오디언스 인사이트(Facebook Audience Insights)를 포함해, 구글과 페이스북은 인공지능을 이용해 무료 온라인 시장조사 도구를 제공하고 있다. 대부분의 기업들은 AI 시장조사 도구를 이용해 고품질의 실시간 정보를 확보할 수 있게 되었다. 이러한 AI 시장조사 도구를 이용하는 기업은 산업계 내의 동향을 예측하고, 이에 대비할 수 있는 경쟁우위를 확보할 수 있게 될 것이다.

현재 이러한 놀라운 자원을 최대한 활용하고 있는 기업들은 극소수에 불과하지만 IBM 왓슨과 같은 AI 도구의 성장은 모든 사람들이 이전보다 빠른 속도로 거의 모든 업종에 대한 시장조사 데이터를 활용할 수 있게 해줄 것이다. AI 기반 시장조사 도구를 이용해 비즈니스 통찰력을 얻게 되면 기업들이 시장의 새로운 동향에 신속하게 대응하여 산업계 선두주자가 될 수 있으며, 이는 순이익에 큰 변화를 가져다줄 것이다.

AI 시장조사 도구가 생성할 수 있는 정보는 다양하다. 그중 중요한 정보는 다음과 같다.

- **경쟁업체에 대한 자세한 정보**: 여기에는 매출 흐름에 대한 통찰력, 보다 성공적인 제품, 인력, 주요 경쟁우위, 당면 과제, 소셜 미디어에서의 성능에 대한 정보가 포함된다.
- **소비자 통찰력과 예측 데이터**: 이용 가능한 데이터의 양이 계속 증가함에 따라 AI 시장조사 도구는 소비자의 신호를 더 쉽게 분석하고 미래의 추세를 예측하기 위한 보고서를 작성할 수 있게 해줄 것이다. 예를 들면, 이제 기업들은 이번 시즌에 소비자들이 어떤 종류의 할로윈 의상(Halloween costumes)을 찾을지 결정하기 위해 구글 트렌드나 페이스북 오디언스 인사이트를 이용한다. 만약 당신이 그 결과를 수동으로 찾으려 한다면 많은 시간이 걸릴 수도 있다. AI 시장조사 도구는 소비자 구매 심리를 자동으로 분석함으로써 이 과정을 보다 빠르고 효율적이며 효과적으로 만들어 줄 것이다.
- **제품 개인화 가능성**: AI 시장조사 도구는 제품 개인화를 위해 보다 개인화되고 정교해짐에 따라 상품광고에서 중요한 역할을 한다. AI 시장조사 도구를 이용한 개인화 광고를 위한 자원으로는 성별, 연령, 위치, 직업과 같은 정보를 이용자의 광고 경험을 맞춤화함으로써, 기업들이 주요 고객을 식별하고 개별 수준에서 보다 효과적으로 고객에게 광고를 도달하도록 지원한다. 이것은 미래 광고의 나아갈 바를 알려준다.
- **상위 소비자 인플루언서 목록**: AI 기기들은 기업들이 특정 시장에 도달하기 위한 가장 효과적인 채널을 인식하고 활용할 수 있도록 도울 수 있다. 인공지능은 특히 개인이 엄청난 수의 팔로워들에게 빠르고 효과적으로 영향을 줄 수 있는 유튜브나 인스타그램 같은 소셜 미디어 플랫폼을 활용한다. 인플루언서 마케팅은 개인들이 맞춤형 리뷰를 통해 제품과 서비스를 홍보하기 위해 대상 고객을 최대한 활용하며, 정확하고 신뢰할 수 있는 방식으로 작업할 경우 성공 가능성이 높다.

한때 수개월 걸렸던 시장조사는 AI 시장조사 도구의 놀라운 능력 덕분에 몇 시간, 심지어 몇 분 안에 완료할 수 있게 되었다. 모든 규모의 기업들이 향후 AI 기반 시장조사 도구를 활용하기 시작할 것으로 보이며, 새로운 제품을 신속하게 출시할 것이다. 또한 AI 시장조사 도구는 경쟁사를 앞서기 위해 고민하는 개인 기업가들도 최상의 기회를 제공할 것이다.

나는 3장에서 언급한 모든 작업을 수행할 수 있는 특정 AI 시장조사 도구의 이름을 의도적으로 지정하지 않았다. 현재 다양한 기능을 제공하는 저렴한 AI 시장조사 도구가 거의 없다. 그러나 중대형 기업들에게 IBM 왓슨은 시장조사를 위한 한 가지 선택권이 될 수 있다. 인공지능을 이용한 시장조사의 가능성은 무궁무진할 것이다.

023 인공지능이 어떻게 판매 방식을 변화시키는가?

고객들은 온라인과 오프라인에서 매일 많은 광고를 보는데, 당신의 브랜드 메시지를 효과적으로 고객에게 전달하기 위한 방법은 점점 더 복잡해지고 있다.

최근 몇 년 동안 중소기업의 마케팅 담당자는 이상적인 구매자 특성을 파악하기 위해 고객 구매 지원 AI 판매 도구를 설계하기 시작했다. 이 AI 판매 도구는 일반적으로 페이스북과 구글 애널리틱스(Google Analytics)에서 제공하는 데이터를 이용해 고객 통찰력과 과거 고객으로부터 수집된 데이터를 조합하여 개발되었다. 그러나 전통적으로 이러한 접근 방식에는 많은 예측 내용이 포함되어 있다.

오늘날 일부 회사들은 AI 판매 도구의 이용을 시험하기 시작했고, 놀라운 결과를 목격했다. 예를 들어, 할리데이비슨(Harley Davidson)은 뉴욕 상점에서 AI 판매 도구를 이용함으로써 2,930%의 믿을 수 없을 정도의 판매우위를 창출했다.[04] 할리데이비슨이 이용하는 AI 인터페이스인 알버트(Albert)는 고객관계관리(CRM: Customer Relationship Management) 도구를 이용해 거래 내역으로부터 고가치 고객(high-value customers)을 찾아주고, 웹사이트 방문자 분석을 통해 기존 고객과의 정보를 비교 분석하는 기능을 제공하고 있다.

'하버드 비즈니스 리뷰(Harvard Business Review)'는 판매 분야에서 AI 도구를 이용하는 구매자와 전통적인 구매자 사이의 인격 형성에 대한 차이를 조사했다. 그 내용은 다음과 같다.

> "마케터들은 전통적으로 새로운 고객을 찾기 위한 가이드로, 고객 개인정보를 광범위한 행동 기반 고객 프로필로 이용한다. 이 페르소나는 부분적으로 역사적 자료, 추측, 직감 그리고 마케팅 담당자들의 경험에 의해 만들어진다. 개인 주위에서 마케팅 캠페인을 설계하는 기업들은 어떤 것이 효과가 있고 어떤 것이 그렇지 않은지를 평가하기 위해 총판매량 등과 같은 지표를 고객 구매 예측에 이용하는 경향이 있다."
> "AI 시스템은 페르소나를 만들 필요가 없다. AI 시스템은 어떤 고객들이 온라인 구매 행동 전환을 가져올 가능성이 높은지를 파악하여 실제 마케팅 대상 고객을 찾고, 궁극적으로 마케팅 대상 고객의 행동을 통해 잠재적인 온라인 구매자를 찾는다."[05]

할리데이비슨 사례는 비슷한 자원을 이용하는 다른 회사에게 AI 판매 도구를 이용하여 미래에 어떻게 판매가 이루어질 것인지를 보여준다.

알버트(Albert)는 판매 과정을 개선하기 위해 새로운 종류의 AI 기반 기술을 개발하고 있는 회사이다. 이에 대한 정보는 다음의 웹사이트에서 찾을 수 있다: https://albert.ai.

인바운드 마케팅 회사인 허브스팟(Hubspot)은 인바운드 마케팅을 위해 기업들을 위한 예측 가능한 리드 스코어링(lead scoring)[1]을 만들고, 광고를 개인화할 수 있는 다양한 AI 도구를 제공한다. 허브스팟의 AI 활용에 대한 자세한 내용은 다음 웹사이트에서 확인할 수 있다: https://www.hubspot.com/.

---

1) [역주] 리드 스코어링(lead scoring)은 각각의 고객 영역에 따라 그룹을 나누어 점수를 부여하는 것을 의미한다. 예를 들면, 고객 등급을 A, B, C로 나눌 때, 다음과 같이 구분할 수 있다.

- A 리드 스코어(100~90점 사이): 초우량 고객층, 적극적인 마케팅 대상
- B 리드 스코어(89점~80점 사이): 우량 고객층, 관심을 가지고 마케팅을 수행해야 할 대상
- C 리드 스코어(79점~70점 사이): 비우량 고객층, 소극적 마케팅 대상

또한 CRM 솔루션의 선두주자인 세일즈포스(Salesforce)와 오늘날 시장에서 가장 강력한 AI 도구인 IBM 왓슨과의 파트너십은 판매 분야에서 주목할 만한 발전을 보여주있다. 이들 시스템은 기존 리소스와 AI 기반 리소스를 함께 이용하면 강력하고 효과적인 영업 프로세스를 구축할 수 있다.

024 인공지능이 어떻게 마케팅 방식을 변화시키는가?

AI 개발은 회사들이 소비자들에게 서비스와 제품을 판매하는 방식을 크게 변화시킬 것이다.

세일즈포스 리서치(Salesforce Research)가 3,500명의 글로벌 마케팅 리더를 대상으로 실시한 조사에 따르면 응답자의 51%가 2017년부터 2019년까지 인공지능을 이용하거나 이용할 것이라고 하였다. 세일즈포스의 4분기 연례 보고서인 '마케팅 현황(State of Marketing)'에서 이러한 조사 결과가 강조되었다.[06]

더불어 이 조사에서 인공지능을 이용하는 마케팅 리더의 64%가 전반적인 마케팅 효율성을 크게 향상시켰다고 보고하였다.[07] 현재 기업들이 보유한 AI 도구는 가까운 미래에 이용할 수 있는 AI 도구와 비교할 때 아무것도 아니라는 점을 언급하였다. 따라서 시간이 지남에 따라 인공지능을 이용한 마케팅 효율성은 크게 증가할 것이다. 또한 이 보고서에는 AI 전략을 채택하는 데 있어 마케팅 리더들이 직면하는 가장 어려운 세 가지 장애물을 제시하였다. 이러한 세 가지 장애물은 예산 제약, 개인정보보호 문제, 별도의 시스템에 데이터를 저장해야 하는 문제이다.[08]

또한 인공지능은 유료광고 플랫폼에서 중요한 역할을 하고 있다. 구글과 페이스북 모두 이미 많은 AI 기능을 유료광고 플랫폼에 적용하였다. 주니퍼 리서치(Juniper Research)가 실시한 조사에 따르면 "전체 디지털 광고의 75%가 2022년에 인공지능을 이용자 타깃팅 수단으로 이용할 것이다"라고 하였다.[09] 이것은 미래 유료광고 플랫폼이 인공지능에 크게 의존할 것이라는 것을 의미한다. 인공지능이 마케팅 환경을 영원히 바꿀 수 있는 몇 가지 방법은 다음과 같다.

- 챗봇(Chatbots): 중소기업은 지능형 챗봇에서 파생된 정보를 중심으로 마케팅 깔때기(또는 제품 또는 서비스 구매를 향한 고객의 여정을 보여주는 구매 깔때기)를 구축하기 시작하였다. 이러한 챗봇은 고객에게 제품 정보를 제공할 수 있어 고객이 구입한 제품과 서비스를 개인 설정할 수 있다. 곧 이 프로세스에서 수집된 정보는 기업들이 효과적이고 개인화된 마케팅 깔때기와 판매 프로세스를 만드는 데 도움이 될 것이다.
- 검색 엔진 최적화(SEO: Search Engine Optimization): 음성 검색 기술은 빠르게 성장하고 있다. 이러한 AI 도구가 언어를 자연스러운 방법으로 처리하는 데 점점 더 능숙해짐에 따라 많은 이용자들이 기존의 검색 유형에서 음성 검색을 이용하게 될 것이다. 이것은 사람들이 서면 형태 대신 말로 의사소통할 때 자신을 다르게 표현하기 때문에 키워드가 이용되는 방식을 바꿀 것이다.
- 예측 검색(Predictive Searches): 구글 검색 엔진의 목표는 어떤 종류의 검색을 하고 싶은지 미리 예측하여 결과를 제시하는 것이다. 기계학습 덕분에 챗봇의 일종인 구글 어시스턴트 시스템은 당신이 무엇을 검색하는지 관찰할 수 있고, 당신의 검색 결과에 기초하여 미래에 대한 잠재적인 검색을 제안할 수 있다.
- 지능형 AI 도구(Intelligent AI Tools): 오늘날 온라인 마케팅 담당자를 위한 주요 도구는 일종의 AI 요소를 적용한다. 나는 개인적으로 마케팅을 위해 구글 애널리틱스에서 파생된 퀼 인게이즈(Quill Engage, www.quillengage.com)를 이용한다. 이 AI 도구는 나에게 웹사이트 성능에 대해 개인화된 보고서를 제공해 준다. 이 보고서에는 간단한 용어로 웹사이트 성능 결과를 설명하고 개선 사항을 보여준다. 이런 종류의 AI

도구들은 기업가들이 시간과 돈을 절약하는 것을 도울 수 있다.

이런 것들이 AI 기술이 기업들이 마케팅하는 방법을 바꿀 수 있는 몇 가지 대안이며, 이 밖에도 AI를 이용한 다양한 마케팅 방법들이 있다. 내가 추정한 바에 따르면 마케팅의 모든 측면은 향후 몇 년 안에 어떤 형태로든 인공지능을 포함할 것이다. 따라서 우리는 성공을 위해 마케팅을 위한 AI 도구를 채택하고 그것을 잘 이용해야 할 것이다.

025 인공지능을 이용해 어떻게 이메일 커뮤니케이션을 개선할 수 있는가?

이메일 마케팅은 최근 몇 년간 가장 효과적인 디지털 마케팅 기법으로 자리매김하였다. AI 기술이 계속해서 발전함에 따라 점점 더 많은 회사들이 이메일 마케팅을 보다 잘 수행하기 위해 인공지능을 이용하고 있다. 인공지능이 작동하기 위해서는 대량의 데이터가 필요하다. 따라서 최초의 AI 기반 이메일 마케팅 도구의 대부분은 대기업을 위해 만들어질 것이다.

인공지능이 이메일 마케팅을 개선할 수 있는 한 가지 핵심 영역은 결과의 최적화이다. 예를 들어, AI 소프트웨어는 과거에 기업이 잠재 고객에게 보낸 전자메일의 내용을 분석할 수 있다. 그런 다음 AI 분석을 기반으로 제목 줄, 통화 내용과 같은 해당 전자메일의 내용을 개선한다. 미래에 효과적인 이메일 마케팅은 아마도 고객 프로필에 기초한 이메일의 대량 개인화로 구성될 것이다. 이를 위해서는 많은 데이터 분석이 필요하며, 인공지능이 완벽한 역할을 할 것이다.

붐 트레인(Boom Train)은 인공지능을 이용해 웹사이트의 이용자 행동을 분석하는 회사다. 이 회사는 AI 분석을 기반으로 개인화된 이메일 커뮤니케이션을 제공한다. 이 회사에 대한 자세한 내용은 다음 웹사이트를 참조하기 바란다: http://www.boomtrain.com.

또한 구글은 지메일로 알려진 자사의 이메일 서비스를 포함한 모든 제품에 AI 기능을 통합하고 있다. 현재 구글의 스마트 응답 도구는 iOS와 안드로이드 모바일 애플리케이션에서 작동하고 있다. 수신한 메시지를 검토하고 보낼 수 있는 짧은 잠재 응답에 대한 세 가지 제안을 제공하는 방식으로 작동하고 있다. 적절하게 미리 작성된 응답을 선택한 후 메시지에 텍스트를 추가하거나 제안된 대로 즉시 보낼 수 있다. 이는 다양한 애플리케이션에서도 이용할 수 있는 훌륭한 기능으로 시간을 절약해 준다.

전자메일 시스템 내의 또 다른 유용한 AI 도구로 리스판더블(Respondable)이 있다. 구글 지메일(Google Gmail)과 연동되는 이 AI 도구는 전자메일의 제목, 기본 형식, 전송되는 텍스트 길이와 같은 지표를 제공하여 전자메일 메시지의 내용을 개선할 수 있는 방법을 제안한다. 이 이메일 리소스는 다음 웹사이트에서 찾을 수 있다: http://www.boomeranggmail.com/respondable/.

그림 3.2 | 지메일용 부메랑

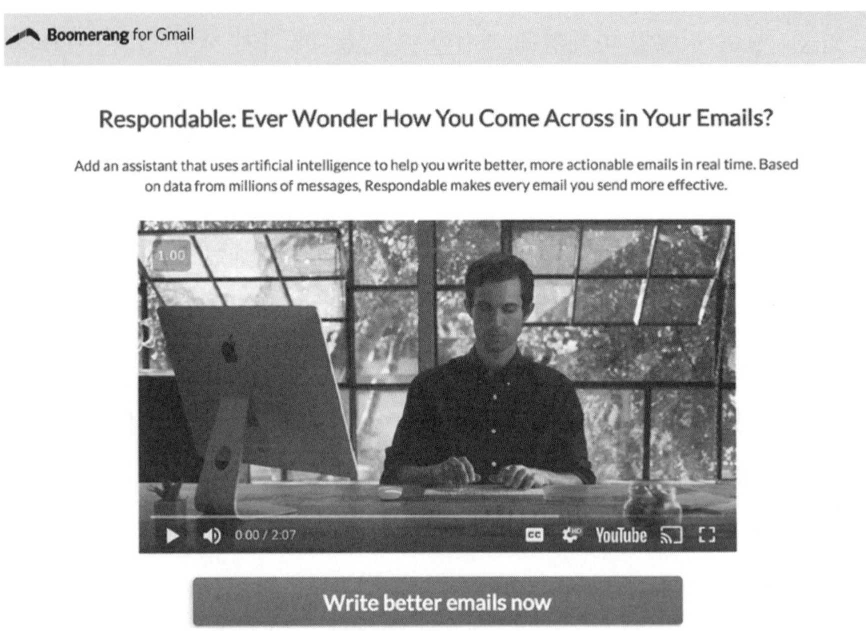

출처: http://www.boomeranggmail.com/respondable

당신이 스마트 리플라이(Smart Reply)와 리스판더블(Respondable)의 다양한 고급 도구와 기능을 이용해 이익을 얻으려면, 지금 바로 이 AI 도구에 익숙해져야 할 것이다. 당신이 개인적으로든 당신의 사업을 위해서든, 당신은 이러한 AI 도구를 보다 빠르고 효과적으로 커뮤니케이션하기 위해 이용할 수 있다.

026 인공지능이 리더십 팀의 일원이 될 수 있는가?

AI 기술은 기업 내에서 리더십에 따른 의사결정을 내릴 때 큰 영향을 미치고 있다. 기업 내에서 최상위 수준에서 의사결정하는 것은 복잡하다. 그렇기 때문에 데이터에 대한 고급 분석으로 중요한 의사결정이 회사에 미칠 수 있는 영향을 예측할 수 있는 능력이 필요하다. 이것은 AI 도구가 발전할 수 있는 완벽한 환경이다.

그림 3.3 | 리더십 팀

핀란드 회사인 티에토(Tieto)는 이미 알리시아(Alicia)라고 알려진 AI 어시스턴트 시스템을 구현하였는데, 그 어시스턴트 시스템은 팀의 정식 멤버로 간주되고 투표권까지 가지고 있다.[10]

최근의 인터뷰에서 티에토의 타넬리 틱카(Tanelli Tikka)는 엘리시아가 회사의 이사진들에게 중요한 데이터와 통계를 상기시켜, 이사진들이 보다 현명한 비즈니스 의사결정을 내리도록 도왔음을 확인했다.[11] 티에토와 같은 회사들은 곧 모든 규모의 기업들, 특히 대규모 기업들 사이에서 보편화될 AI 어시스턴트 도구의 성공적인 이용 사례를 제시하고 있다.

리더십 팀의 AI 구성원들에게 할당된 업무 유형에는 새로운 시장 진입, 경쟁업체 매수, 신제품 개발 등과 같은 의사결정에 대한 분석과 권고사항 제시가 포함될 것이다. 이미 IBM 왓슨과 같은 AI 어시스턴트 시스템은 다양한 외부 출처의 복잡한 데이터를 수집하고, 회사의 내부 지표와 비즈니스 목표에 대한 동향을 분석하고, 그 결과를 바탕으로 회사에 대안을 제시한다. 또한 이러한 AI 도구들의 지속적인 학습과 향상 능력으로 인해 시간이 지남에 따라 많은 양의 데이터를 보다 효율적이고 효과적으로 처리할 수 있게 되어 고객 서비스를 제공하는 기업들에게 더욱 필수적인 파트너가 될 것이다.

027

인공지능이 새로운 고객 서비스 부서가 될 수 있는가?

AI 기술을 통해 극적인 변화를 경험할 가능성이 높은 비즈니스 프로세스가 고객 서비스 프로세스이다. 앞으로 몇 년 안에 여러분은 대형 은행, 인터넷 서비스 제공업체, 대기업에 전화를 걸어 인간처럼 대화나 텍스트로 응답할 수 있도록 만들어진 AI 강화로봇이나 챗봇과 자연스럽고 실제와 같은 대화를 할 수 있을 것이다. 당신은 전통적인 고객 서비스 팀과 비교할 때, 고객 문제에 대한 솔루션을 더 빠르고 효율적으로 찾을 수 있다.

인공지능으로 작동되는 고객 서비스 도구는 구두와 서면으로 의사소통할 수 있을 뿐만 아니라 곧 읽을 수 있게 될 것이다. 스탠퍼드대학교 연구진은 일련의 위키피디아 문서(Wikipedia articles)를 읽은 후 인공지능이 질문에 답할 수 있는 능력을 테스트하는 SQuAD(Stanford Question Answering Dataset)라는 기계 독해력 테스트(machine reading comprehension test) 도구를 개발했다. 미국의 마이크로소프트와 중국의 거대 전자상거래 업체인 알리바바의 AI 도구는 독해력 테스트에서 인간 최고점을 제치고 공동 1위에 올랐다. 이것은 인공지능이 이미 인간보다 기사를 더 잘 읽을 수 있다는 것을 의미한다.[12]

인공지능이 대부분의 텍스트 기반 고객 서비스 문의를 사람이 할 수 있는 것보다 더 잘할 것이고, 가까운 미래에 더 정확하게 처리하게 될 것이다. 향후 몇 년 동안 인공지능은 계속해서 보다 근본적인 역할을 할 것이고, 고객 서비스에 보다 적은 인적자원을 투입할 것이다. 그렇기 때문에 고객 서비스 담당자가 빠르게 교체되는 것을 보게 될 것이다.

선도적인 리서치 회사인 가트너(Gartner)에 따르면 "2020년까지 고객은 인간과의 상호작용 없이 인공지능 기술을 통해 기업과의 관계를 85% 관리할 것"이라고 하였다.[13] 이는 상당히 중요한 변화이며 AI 기술의 성장 덕분에 가능해질 것이다.

AI 기술이 고객 서비스에 미치는 두 가지 영향은 다음과 같다.

첫째, 현대 소비자들은 기업이 믿을 수 없을 정도로 빠른 응답시간과 자신의 문제에 대한 적절한 해결책을 제공할 것으로 기대하고 있다. AI 도구는 많은 기업들이 24시간, 일주일 내내 이용할 수 있는 대규모 고객관리 팀을 고용하지 않고, 고객의 니즈(needs)와 디멘드(demands)를 충족시키고 있는 것을 검증해 주었다.

둘째, 많은 고객 지원 활동은 본질적으로 반복적이며 특정 문제를 해결하기 위해 특정 데이터셋을 활용하고 있다. 이러한 업무 특성은 AI 도구에 매우 적합하다. 챗봇과 AI 리소스에 비해 매우 복잡한 고객 서비스 문의에 더 많은 창의성과 맞춤형 솔루션을 필요로 하는 비즈니스 모델이 일부 있지만, 대부분의 기업들은 AI 도구가 고객 서비스 요구에 적합하다는 사실을 알게 될 것이다.

많은 중소기업들이 이미 챗봇 기술을 비즈니스 모델에 도입하기 시작했으며, 중소기업들은 매니챗닷컴(manychat.com)이나 챗퓨얼닷컴(chatfuel.com)과 같은 무료 또는 저렴한 챗봇 도구를 이용하고 있다. 이러한 챗봇 서비스는 이용하기 쉽고 고급 코딩 지식이 필요하지 않으므로 고객 서비스 프로세스를 개선하고자 하는 거의 모든 기업이나 조직이 접근할 수 있다.

점점 더 많은 기업들이 AI 기반 고객 서비스 도구에 관심을 갖게 됨에 따라 챗봇 기술에 대한 개발 수준이 높아져 대응력을 개선하는 데 도움이 될 것이다. 고객 서비스 챗봇의 초기 버전은 완벽하지 않을 수 있지만, 이미 이 분야에서 빠르고 강력한 개발이 이루어지고 있다.

AI 기반 고객 서비스 도구를 활용하는 기업에는 인건비 절감, 고객 대응시간 단축, 개인화 대응 가능, 확장 기능 등 큰 장점이 있다. 다음 4장에서는 챗봇의 장점에 대해 좀 더 자세히 알아볼 것이다. 또한 챗봇은 몇 가지 단점이 있다. 챗봇의 중요한 단점은 많은 수의 인간 고객 서비스 근로자들이 AI 대체 인력으로 일자리를 잃게 될 것이라는 점이다. 고객 서비스 담당자와 인공지능으로 인해 직업을 바꾼 다른 근로자들을 위한 재교육 과정이 시급히 필요하다. 이런 종류의 훈련은 인공지능으로 대체된 직업을 가진 사람들이 인공지능의 위협을 받지 않는 분야에서의 취업 준비를 위한 새로운 기술을 배울 수 있도록 돕기 위해 필요하다. 이 주제는 인공지능이 잡마켓을 어떻게 변화시키고 있는지 다루는 5장에서 보다 자세히 논의한다.

챗봇 이용에 따른 또 다른 잠재적 단점은 고객 서비스 요구사항을 처리할 때 감정적으로 공감하며 의사소통할 수 없다는 것이다. 사람들은 의사소통을 할 때 감정이입과 동정심과 같은 감정을 느끼고 전달할 수 있지만, 로봇들은 감정을 느낄 수 없다. 그렇기 때문에 사람들은 일반적으로 챗봇보다는 사람들과 소통하는 것을 선호한다. 또한 사람들이 다른 사람들과 교류할 기회가 적을수록 사회에서 고립감을 느끼고 외로운 감정을 느낄 가능성이 높아진다.

028 인공지능 기반 회계로 어떻게 시간을 절약할 수 있는가?

현실을 직시하자. 대부분의 기업가와 기업 소유주들에게 회계는 많은 시간과 에너지를 들일 뿐만 아니라 수학적 기술을 필요로 하는 활동이다. 그러나 사람들이 회계 업무를 어렵고 지루하게 느끼는데, AI 기술은 회계 업무를 완벽하게 처리하게 해줄 것이다.

현재 AI 회계 도구로 비즈니스를 하고 있는 두어(Dooer)라는 기업이 있다. 두어는 회계의 기본 업무를 자동화하기 위해 시각인식과 인공지능을 이

그림 3.4 | 두어 웹사이트

출처: www.dooer.com

용하는 스웨덴의 AI 스타트업이다. '비즈니스 인사이더(Business Insider)'에서는 두어의 회계 프로세스의 작동 방식에 대해 다음과 같이 이야기했다.

> "두어 플랫폼(Dooer's platform)은 영수증과 송장 사진을 찍고 처리하고 또는 소득과 급여 명세서를 연결하는 기능을 제공한다. 이러한 정보는 고객의 은행 계좌와 세무 당국과 통합된 두어 플랫폼에 입력된다. 그런 다음 두어 플랫폼은 고객의 은행 거래를 제공된 영수증과 송장과 일치를 확인하고, 월말까지 승인을 위한 요약 명세서를 보낸다."[14]

AI 기술이 계속 발전함에 따라 기업의 회계 업무를 보다 빠르고 쉽게 수행할 수 있도록 도와주는 다양한 AI 도구가 나타날 것이다. 그럼에도 불구하고 대기업의 복잡성이 큰 업무를 처리하기 위해 회계사들은 계속 필요할 것이다.

029 인공지능이 인적자원과 고용을 어떻게 바꾸는가?

당신이 올해 휴가 기간이 얼마나 남았는지를 빠르게 확인하고 싶다면, 회사의 챗봇에게 질문하면 즉시 답변을 얻을 수 있다. 당신은 회사의 직원 핸드북을 확인하거나 HR(Human Resource) 담당자에게 전화할 필요가 없으며, 대신 지능적인 AI 챗봇에 기본적인 HR 질문에 대한 질문을 통해 답변을 빠르고 쉽게 얻을 수 있다. AI 기술은 인적자원 부서 직원들의 일상 업무 활동을 처리하는 데 매우 적합하다. AI 도구를 이용하여 HR 프로세스 업무 수행이 증가함에 따라 생산성이 높아지면서 기업의 인건비가 절감될 것이다.

이러한 HR 도구의 선두주자로 탈라(Talla, Inc.)가 있다. 이 기업은 기업 내부의 커뮤니케이션을 개선하는 데 중점을 둔 챗봇을 개발하면서 관리자가 빠르고 쉽게 회의 발표를 할 수 있게 해주고, 팀에게 예정된 메시지를 보낼 수 있도록 지원한다.[15] HR 도구의 다양한 기능을 이용하면 기업의 HR 업무 효율성을 쉽게 높일 수 있다.

AI 기반 HR 도구가 개선됨에 따라 우리는 챗봇과 유사한 도구를 이용하여 내부 커뮤니케이션을 활성화하는 대기업과 중소기업의 수가 증가할 것으로 예상한다. AI 기반 HR 도구는 기업의 채용 과정에도 적용될 수 있다. 전통적으로 기업들은 지원자들의 스펙을 비교하기 위해 데이터베이스를 검색하거나 이력서를 검토하는 등 적임자를 찾기 위해 많은 시간을 소비한다. 이제 AI 기반 HR 도구는 소셜 미디어와 링크드인과 같은 전문 사이트에서 지원자에 대한 세부 정보를 신속하게 수집하고, 이들의 조사 결과를 분석하고,

관리자들에게 채용 권고를 제공할 수 있다.

그러나 기업들은 AI 기반 HR 도구를 활용해 직원의 업무 성과를 분석할 수 있어, 특정 직원의 업무 지연 횟수나 계약 손실액 등 정보를 검토할 수 있고, 고용 프로세스에서 큰 가치를 만들어 준다. HR 관리자는 이 데이터를 검토하여 인사 의사결정을 내리는 데 이용할 수 있다. 미래에는 이러한 유형의 AI 소프트웨어의 분석 결과에 따라 직원을 해고할 수도 있게 될 것이다.

나는 미래학자 게르트 레온하르트(Gerd Leonhard)의 〈신이 되려는 기술: 위기의 휴머니티(*Technology vs. Humanity: The Coming Clash Between Man and Machine*)〉를 읽어보기를 강력히 추천한다. 이 책에서 인류는 기계가 직접 측정할 수 없는 공감 능력, 창의력, 스토리텔링을 포함한 특별한 인간의 자질이 있다는 것을 암시하기 위해 '안드로리즘(androrithms)[2)]'이라는 용어를 제시했다.[16] 레온하르트는 인간 고유의 역량을 이유로 최고의 AI 도구들조차도 HR 의사결정을 내리는 데 단독으로 이용되어서는 안 된다고 제안하였다. HR 관리자의 신중한 고려와 AI 도구 활용을 통해 의사결정을 해야 한다. 당신은 다음 웹사이트를 방문함으로써 안드로리즘에 대해 더 많이 배울 수 있다: http://androrithms.com.

2) [역주] 안드로리즘(androrithms)이란 컴퓨터 기반 알고리즘으로 복제하거나 파악하거나 규정할 수 없는 인간의 고유 특성을 의미한다. 대표적인 안드로리즘에는 창의성, 상호작용성, 공감성 등이 있다.

030 인공지능이 새로운 법률 팀이 될 수 있는가?

법조계는 기술 변화에 대해서는 완고하기로 정평이 나 있으며, 금융 분야와 마찬가지로 AI 도구 도입을 통해 얻을 수 있는 혜택을 가장 늦게 보고 있다. 법률 전문가들은 반복적인 작업 중 일부를 보다 빨리 수행하는 것을 돕기 위해 일부 AI 기반 자동화 도구를 이용할 수 있지만, 여전히 많은 변호사들은 그들의 기술적 도구상자를 마이크로소프트 워드와 이메일에만 국한하는 것을 선호하고 있다.

법조계가 AI 도구 채택을 꺼리는 이유는 청구 가능한 시간을 기준으로 고객에게 요금을 부과하는 일반적인 관행 때문이다. 이것은 변호사들에게 주어진 일처리에 시간을 줄여주는데, 이에 대한 인센티브는 제공되지 않는다. 사실 어떤 사람들은 그것이 정반대라고 주장할 것이다. 본질적으로 AI 도구가 제공할 수 있는 가장 중요한 장점은 인간보다 훨씬 빠른 속도로 작업을 수행하는 것이다. 보다 빠르게 일처리를 함으로써 수익이 줄어들기 때문에 AI 도구 도입을 통한 수익창출과는 직접적으로 갈등이 발생한다.

대부분의 법의 실천은 흑과 백으로 명확하게 구분할 수 있는 것이 아니라 다양한 관점에서 하나의 아이디어를 살펴보는 상식과 역량과 같이 매우 미묘한 독특한 인간적인 지능을 필요로 한다. AI 기술로 텍스트 분석과 비즈니스 프로세스 자동화가 가능하더라도, 이러한 기술들은 인간적인 지능 없이는 많은 법적인 업무를 처리할 수 없다. 따라서 법률 분야에서 이용하도록 설계된 AI 법률 도구는 다른 산업에서 유용성을 제공해 주는 AI 도구와 다르다.

AI 법률 도구가 법조계에 가장 잘 도움을 줄 수 있는 방법은 기존 도구에 AI 기술을 내장하고, 기계학습과 지속적인 기술 개선을 통해 활용하는 것이다. 이러한 과정은 새로운 독립 실행형 시스템을 생성하는 것보다 법률 전문가에게 보다 더 효율적인 AI 법률 도구를 이용하는 방안을 제공해 줄 것이다.

모든 법률 업무의 생명줄은 문서이다. 법률 관련 문서는 매우 구체적인 언어와 문맥을 내포해야 한다. AI 기반 기술인 자연어 처리 기술은 대부분의 법조인들이 산더미처럼 쌓인 법률문서를 보다 빠르고 쉽게 탐색할 수 있도록 해준다. 미국에 본사를 둔 로우긱스(LawGeex)는 자연어 처리 기술을 기반으로 한 계약 검토 자동화 도구(contract review automation tool)를 제공하고 있다. 이 회사에 따르면 AI 법률 도구를 이용하면 변호사들이 계약 검토와 승인에 소요되는 시간의 80%를 절약할 수 있으며, 계약 체결시간을 3배 이상 단축할 수 있다고 한다. 이것은 법률 전문가들이 훨씬 더 효율적으로 일할 수 있도록 AI 법률 도구를 이용하는 방법을 보여주는 좋은 사례이다.

이미 유사한 AI 법률 도구를 이용할 수 있으며, 다음과 같은 다양한 법률 작업 영역을 지원하기 위해 많은 AI 법률 도구가 개발되고 있다.

- 검토, 표시, 수정을 포함하는 문서 작업
- 협상
- 관리와 정리
- 실사
- 사전 결정된 기준에 대한 계약 분석
- 법률연구
- 시운전 건수 최소화를 위한 사례 결과 예측
- 법적 결정의 분석
- 계약과 합의 생성
- 지적재산권(IP: Intellectual Property) 포트폴리오 분석

또한 AI 법률 도구는 소비자가 이전에 변호사의 도움을 필요로 했던 법률적인 문제들을 처리한다는 측면에서 법조계를 변화시킬 것이다. 법률 전문가를 위한 AI 법률 도구 외에도 이미 법률 전문가의 도움 없이 개인이 특정 법률 문제를 처리하도록 지원하는 몇 가지 AI 법률 도구가 있다. 이러한 AI 법률 도구들은 여전히 비싸지만, 앞으로 몇 년 안에 가격이 내려갈 것으로 예측된다.

이러한 AI 법률 도구 중에 '로봇 변호사(robot lawyer)'라고 불리는 앱이 있다. 이 앱은 주차위반 딱지를 붙이거나 심지어 소액 청구 재판에서 누군가를 고소하는 것과 같은 사소한 법적 문제처리를 도와준다. 이 앱에 대한 자세한 정보는 다음의 웹사이트에서 찾을 수 있다: https://donotpay.com/.

법률가뿐만 아니라 법률 소비자를 돕기 위한 AI 법률 도구의 가용성이 지속적으로 높아짐에 따라, AI 법률 도구는 의심할 여지없이 여러 가지 방법으로 법조계를 변화시킬 것이다.

NOTES

01 Facebook, "A state-of-the-art open source chatbot", April 29, 2020, https://ai.facebook.com/blog/state-of-the-art-open-source-chatbot

02 Natt Garun, "ONE YEAR LATER, RESTAURANTS ARE STILL CONFUSED BY GOOGLE DUPLEX", The Verge, May 9, 2019, https://www.theverge.com/2019/5/9/18538194/google-duplex-ai-restaurants-experiences-review-robocalls

03 Soo Youn, Google workers can listen to your Google Assistant recordings, company acknowledges, ABC News, July 12, 2019, https://abcnews.go.com/Business/google-workers-listen-google-assistant-recordings-company-acknowledges/story?id=64291108

04 Brad Power, "How Harley-Davidson Used Artificial Intelligence to Increase New York sales Leads by 2,930%", HBR, May 30, 2017, https://hbr.org/2017/05/how-harley-davidson-used-predictive-analytics-to-increase-new-york-sales-leads-by-2930

05 Brad Power, "How Harley-Davidson Used Artificial Intelligence to Increase New York sales Leads by 2,930%", HBR, May 30, 2017, https://hbr.org/2017/05/how-harley-davidson-used-predictive-analytics-to-increase-new-york-sales-leads-by-2930

06 Salesforce, "State of Marketing Report", April, 2017, https://www.salesforce.com/form/conf/2017-state-of-marketing.jsp

07 Salesforce, "State of Marketing Report", April, 2017, https://www.salesforce.com/form/conf/2017-state-of-marketing.jsp

08 Salesforce, "State of Marketing Report", April, 2017, https://www.salesforce.com/form/conf/2017-state-of-marketing.jsp

09 Sam Smith, "Digital advertising spend to reach $420 billion, despite impact of ad blockers", Juniper Research, 2017, https://www.juniperresearch.com/press/press-releases/digital-advertising-spend-to-reach-$420-

billion

10 Vilhelm Carlstrom, "This Finnish company just made an AI part of the management team", Business Insider, October 17, 2016, http://nordic.businessinsider.com/this-finnish-company-just-made-an-ai-part-of-the-management-team-2016-10/

11 Päivi Lakka, "Tekoäly Alicia on istunut vuoden Tiedon johto-ryhmässä-Lyö faktat pöytään ja sanoo, että sinä olet väärässä", Taloussanomat, October 16, 2017, https://www.is.fi/taloussanomat/art-2000005410640.html

12 Sherisse Pham, "Computers are getting better than humans at reading", CNN - Cable News Network, January 16, 2018, https://money.cnn.com/2018/01/15/technology/reading-robot-alibaba-micro-soft-stanford/index.html

13 Gartner, "Gartner Customer 360 Summit 2011", 2011, https://www.gartner.com/imagesrv/summits/docs/na/customer-360/C360_2011_brochure_FINAL.pdf

14 Tom Turula, "A Swedish FinTech startup armed with cutting edge AI wants to kill off accounting for good", Business Insider, July 03, 2017, http://nordic.businessinsider.com/a-startup-founded-by-a-finnish-swedish-tech-rockstar-wants-to-demolish-the-concept-of-accounting---with-an-ai-powered-solution-2017-7

15 Talla, "Power Your Knowledge With A.I.", 2017, https://talla.com/pricing

16 Gerd Leonhard, "Technology vs. Humanity: The coming clash between man and machine", Amazon, 2016, https://www.amazon.com/Technology-vs-Humanity-between-FutureScapes-ebook/dp/B01I-UIZBHA

제4장

챗봇은 어떻게 커뮤니케이션을 변화시키는가?

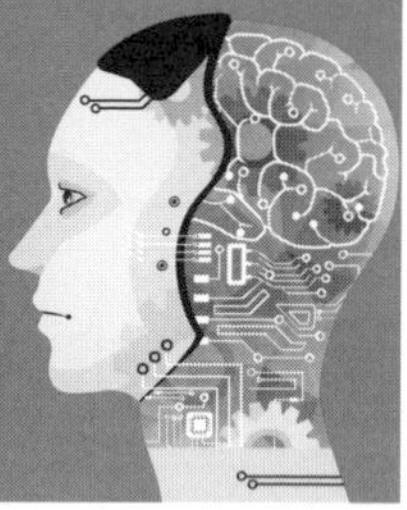

031 챗봇은 무엇이고 왜 중요한가?

032 챗봇을 위한 다양한 도구와 플랫폼은 무엇인가?

033 챗봇이 제공하는 가장 큰 장점은 무엇인가?

034 챗봇의 주요 과제는 무엇인가?

035 챗봇의 공통적인 요소는 무엇인가?

036 가장 일반적인 기업용 챗봇 공급업체에는 어떤 기업들이 있는가?

037 챗봇에 대한 가장 가치 있는 전문가 팁은 무엇인가?

038 챗봇을 어떻게 홍보할 수 있는가?

039 챗봇은 어떻게 보건과 교육 분야에서 이용될 수 있는가?

040 유용한 챗봇 약관과 자료에는 어떤 것들이 있는가?

그림 4.1 | 4장의 주제

챗봇의 유용성 덕분에 챗봇은 기업들이 활용하는 인기 있는 AI 도구가 되었다. 일부 유형의 챗봇은 인공지능과 독립적으로 작동한다. 하지만 전문가들은 인공지능으로 작동되는 챗봇이 미래에 기업과 고객과의 커뮤니케이션에서 보다 큰 역할을 할 것이라고 믿고 있다. 그렇기 때문에 나는 챗봇에 대해 철저히 학습하는 것이 중요하다고 생각한다. 4장에서는 챗봇이 기업과 고객 사이의 커뮤니케이션을 개선하는 방법을 설명할 것이다. 또한 챗봇의 장점뿐만 아니라 단점도 설명할 것이다. 현재 기업들의 챗봇 수용은 초기 단계에 있지만 나는 머

지않은 미래에 많은 기업들이 고객 서비스 요구사항을 해결하기 위해 챗봇을 도입할 것으로 생각한다. 그렇기 때문에 나는 기업들이 챗봇 기술에 대해 학습하는 것이 매우 가치 있는 일이라고 생각한다.

031 챗봇은 무엇이고 왜 중요한가?

본질적으로 챗봇은 텍스트나 음성을 통해 대화를 수행하는 컴퓨터 프로그램이다. 이러한 유형의 챗봇 이용은 점점 더 일반화되고 있다. 그렇기 때문에 나는 당신이 챗봇의 작동 원리와 챗봇을 이용한 수익 창출 방안에 대해 이해하는 것이 중요하다고 생각한다.

에두아르도 만촌(Eduardo Manchón)은 2007년 구글에 의해 인수된 스페인 기업인 파노라미오(Panoramio)의 창업자이자 기술 기업가이다. 그는 미래에 고객들이 주로 챗봇을 통해 기업들과 커뮤니케이션할 것이라고 믿고 있었다. 그 이유는 고객들이 기업의 웹사이트에서 양식을 작성하는 것보다 챗봇 대화를 시작하는 것이 보다 자연스러운 과정으로 인식하였기 때문이다. 이러한 이유로 그는 챗봇이 웹사이트나 모바일 앱보다 인기를 얻을 것이라고 하였다.[01]

개인적으로 나는 챗봇의 이용 확산이 언젠가 일어날 것이라고 예상한다. 특히 챗봇이 음성 기반 입력으로 작동할 수 있는 수준까지 기술이 발전될 때, 이러한 현상이 일어날 것이다.

마찬가지로 페이스북 메신저의 부사장(vice president of Facebook Messenger)인 스탠 처드노프스키(Stan Chudnovsky)는 미래에 소비자들이 그들의 요구사항 충족을 위해 오랫동안 기업 고객센터의 전화를 기다리는 것보다 빠르고 쉬운 챗봇과의 대화를 선호하게 될 것이며, 페이스북 메시징 플랫폼을 통해 기업들과 소비자들이 보다 많이 커뮤니케이션하게 될 것이라고 하였다.

스탠 처드노프스키에 따르면 현재 10만 명 이상의 개발자들이 페이스북 메신저 플랫폼을 위한 챗봇을 만들고 있다고 한다. 이것은 미래의 광고 형태가 인간과 챗봇 서비스의 혼합에서 나온다는 주장에 어느 정도 신빙성을 부여하는 일이다.[02] 이 시나리오에서 사람들은 질문이나 그들의 문제가 챗봇에 의해 해결되거나 또는 해결될 수 없을 때 상담원과의 대화를 이어갈 수 있게 될 것이다. 현재 이런 종류의 혼합된 챗봇 모델은 최고의 성과를 제공하고 있다.

챗봇 기술은 기본적으로 두 가지 종류가 있다. 첫 번째 챗봇 기술은 단순하고 사전에 정의된 규칙에 따라 작동하는 기술이다. 반면 두 번째 챗봇 기술은 인공지능으로 작동하는 기술이다. 챗봇의 주요 장점은 24시간 연중무휴로 고객에게 질의에 대한 응답을 제공하면서 커뮤니케이션 속도를 높일 수 있다. 챗봇이 적용될 수 있는 분야로는 피자 주문, 여행 준비 검토, 상품 정보 요청, 미용 정보 제공 등 다양하다.

기술이 발전함에 따라 챗봇은 새롭고 혁신적인 방법으로 구현될 것이다. 다음은 챗봇 이용 증가에 대한 몇 가지 통계자료이다.

- 소비자들의 47%는 챗봇을 통해 물건을 구입할 것이라고 하였다. 또한 소비자의 37%는 페이스북에서 물건을 살 것이라고 하였다.[03] 더불어 소비자의 67%는 지난 1년 동안 고객 지원을 위해 챗봇과 상호작용을 한 경험이 있다고 하였다.[04]
- 아디다스의 챗봇은 출시 후 2주 안에 2,000명 이상의 고객들이 챗봇 대화에 참여하기 위해 등록했으며, 이들 중 80%의 고객들은 반복적으로 이용을 하는 것으로 나타났다. 아디다스는 챗봇 출시 첫 주 이후에는 60%의 고객 유지율을 기록했으며, 앱으로 달성할 수 있는 것보다 훨씬 더 좋은 성과를 얻었다.[05]
- KLM항공사는 체크인 알림, 예약 확인, 여행객의 질문에 답변하는 '비

비(BB)'라고 불리는 챗봇 서비스를 제공하고 있다. 이 회사의 챗봇이 첫 7개월 동안 170만 개의 메시지를 고객에게 보냈고, 그중 50만 명의 고객에게 메시지가 도달했다고 하였다.[06]

- 현재 기업의 80%가 2020년까지 챗봇 서비스를 제공하기를 원한다고 하였다.[07]

챗봇 이용의 성장 기반을 닦는 주요 요인은 모바일 앱 생태계가 점점 더 붐비고 있어 사람들의 목소리를 듣기가 더 어려워지고 있다는 점이다. 비록 모바일 앱 시장이 과포화될 수 있지만, 대부분의 스마트폰 소유자들은 실제로 매일 소수의 모바일 앱만을 이용한다. 이것은 챗봇이 인기를 끌 수 있는 완벽한 환경을 만들어 준다. 챗봇은 여전히 상대적으로 새로운 것이고, 새로운 요소를 가지고 있어, 무언가 다른 것을 시도하려는 사람들에게 흥미로운 선택권이다.

시간이 지남에 따라 챗봇은 인간과 대화에 더 잘 조화를 이루어 상호작용과 내부 회사 커뮤니케이션에서 보다 많은 부분에 적용될 것이다.

032 챗봇을 위한 다양한 도구와 플랫폼은 무엇인가?

당신은 어떤 회사가 잘나가는 챗봇 회사이며, 어떤 챗봇 도구가 비즈니스에 도움이 될 것인지 궁금할 수 있다. 실제로 현재 기업에서 이용할 수 있는 챗봇 도구는 매우 다양하며 챗봇이 회사에서 점점 중요해지고 있기 때문에 보다 많은 챗봇 도구가 만들어지고 있다.

[그림 4.2]는 챗봇 분야에서 잘 알려진 기업과 챗봇 도구를 보여준다.

- **인스턴트 메시징 플랫폼:** 인스턴트 메시징 플랫폼(instant messaging platforms)은 당신의 고객이 챗봇을 이용하는 플랫폼이다. 예를 들면,

그림 4.2 | 챗봇 환경

대부분의 B2C(비즈니스 대 고객) 기업에서는 페이스북 메신저 플랫폼을 주로 선택하는 반면, 많은 B2B(비즈니스 대 비즈니스) 기업들은 인스턴트 메시징 도구인 슬랙(Slack)으로 그들의 챗봇 시스템을 구축한다.

- **챗봇 구축 도구**: 챗봇 구축 도구(chatbot builder)는 이용자 자신의 챗봇을 개발하는 데 활용되는 도구이다. 아마 중소기업들에게 가장 잘 알려진 챗봇 구축 도구로는 챗퓨얼(Chatfuel)과 매니챗(Manychat)이 있다. 나는 개인적으로 대규모 기업과 유명한 회사들이 많이 이용하는 챗퓨얼을 추천한다.
- **AI 도구**: 자연어 처리와 음성 지원과 같은 AI 기반 기능을 지원하는 챗봇이 다수 존재한다. 예를 들면, IBM 왓슨(IBM Watson), 아마존 렉스(Amazon Lex), 마이크로소프트 애저(Microsoft Azure), 구글 다이얼로그플로우(Google Dialogflow) 등이 이 범주에서 인정받고 있는 도구이다.
- **스마트 개인 어시스턴트**: 스마트 개인 어시스턴트(smart personal assistants) 도구에는 구글 어시스턴트, 아마존 알렉사, 마이크로소프트 코타나, 애플 시리와 같은 개인 어시스턴트 시스템이 있다. 이 중에서 아마존의 알렉사는 대부분의 기업들의 음성 지원 챗봇을 구축하는 도구이다. 이 챗봇은 주로 대기업들에 의해 구축되고 있다. 하지만 미래에는 대부분의 소기업에서도 스마트 개인 어시스턴트 시스템과 챗봇을 통합할 수 있게 될 것이다.

033 챗봇이 제공하는 가장 큰 장점은 무엇인가?

기업들이 챗봇을 개발하고 구현할 때 일반적으로 거래처 또는 고객과의 커뮤니케이션의 일부를 자동화하려고 할 것이다. 예를 들면, 특정 제품에 대한 고객 문의의 최대 80%는 고유한 커뮤니케이션이라기보다는 반복적인 질문이다. 이러한 이유로 챗봇을 이용하면 고객들은 낮이나 밤에 언제든지 즉각적이고 효과적인 응답을 받을 수 있다. 그렇기 때문에 기본적인 제품 정보를 공유할 수 있는 챗봇을 만드는 것은 이치에 맞는 일이다.

챗봇 도구를 하면 여러 가지 이점을 얻을 수 있다. 이것은 기업뿐만 아니라 다양한 유형의 조직에도 적용된다. 다음은 챗봇 기술이 제공하는 주요 장점이다.

- **실시간 커뮤니케이션**: 전통적인 회사에서 고객 지원을 위해 고객과 회사와 커뮤니케이션을 위해서 고객을 대기하게 하는 것은 가장 좋지 않은 현상이다. 챗봇은 기본적인 고객 요구에 즉각적으로 대응하게 해준다.
- **운영비 절감**: 챗봇 도구를 자체 개발한 후에는 챗봇 이용과 관련된 비용이 거의 발생하지 않는 경우가 많다. 예를 들면, 시간당 비용을 지불하지 않고 고객서비스 부서 근무자들에게 다양한 장점을 제공한다. 다음 단원에서 나는 챗봇을 개발하는 효과적인 방법을 설명할 것이다.
- **용이한 접근성**: 대부분의 챗봇 도구는 페이스북 메신저(Facebook Messenger), 슬랙(Slack), 텔레그램(Telegram), 킥(Kik) 또는 웹사이이

트 등의 서비스에서 작동할 수 있다. 그렇기 때문에 챗봇을 이용한 커뮤니케이션을 하기 위해 특별한 소프트웨어를 다운로드할 필요가 없다. 또한 기업들은 간단한 챗봇으로 다수의 고객들에게 다가갈 수 있다.

- **시간 절약:** 앞서 언급한 챗봇이 제공하는 비용 편익 외에도 기업들은 챗봇을 이용함으로써 커뮤니케이션 업무에 소비하는 시간을 줄일 수 있다.
- **모바일 서비스:** 대부분의 기업의 경우, 모바일 앱보다 챗봇을 개발하는 것이 더 비용 효율적이고 업무에 효과적이다. 모바일 앱의 이용자 보존율은 낮은 경향이 있지만, 챗봇의 경우 보존율이 훨씬 높다.
- **대용량 커뮤니케이션:** 콜센터 또는 고객 서비스 부서가 제공하는 전통적인 커뮤니케이션 방법보다 챗봇을 이용해 짧은 시간 내에 많은 고객들에게 커뮤니케이션하거나 서비스를 제공하는 것이 용이하다.
- **시간이 지남에 따른 개인화 개선:** 챗봇은 인공지능과 기계학습을 채용할 때 이용자가 사전 커뮤니케이션에서 질문한 내용을 기억할 수 있고, 이전의 모든 정보를 바탕으로 현재의 대화를 개인화할 수 있다. 이것은 보다 개선된 이용자 경험과 높은 수준의 고객 만족도를 제공하는 동시에 인간 운영자가 제공할 수 있는 것보다 더 효과적인 커뮤니케이션 패턴을 제공한다.
- **오픈율 증가:** 챗봇이 이용자와 상호작용할 때 다양한 유형의 알림 메시지를 보낼 수 있다. 이러한 챗봇 메시지들은 보통 85~90% 사이의 높은 오픈율(open rates)을 제공하는 경향이 있다. 이러한 챗봇 메시지 오픈율은 단지 25~30%의 시간 동안만 열리는 전통적인 이메일 커뮤니케이션과 비교할 때 매우 놀라운 수준이다.

마케팅에서 챗봇이 제공하는 또 다른 장점은 잠재 고객에 대한 데이터와 분석을 받을 수 있다는 것이다. 이 기능은 마케팅 노력을 개선하고 매출을 늘리는 데 이용될 수 있다. 특히 조직이 효과적으로 응답을 계획하지 않는 경우 챗봇을 구현하는 데에도 몇 가지 단점이 있다. 잘 만들어지지 않은 챗봇은 고객들과 이용자들을 좌절시킬 수 있다. 그러나 챗봇 기술이 제공하는 수많은 혜택 외에도, 신중하고 의도적으로 맞춤형 챗봇을 만드는 기업은 경쟁우위를 경험할 것이다.

워크플레이스 챗봇의 주요 장점

디지털 마케팅 트렌드를 따르는 대부분의 사람들은 챗봇의 폭발적인 성장, 특히 챗봇이 비즈니스 마케팅 또는 고객 서비스 프로세스를 개선하기 위해 이용되는 것에 익숙하다. 많은 경우에서 이 챗봇들은 페이스북 메신저와 함께하기 위해 개발되었다.

하지만 사람들은 챗봇이 회사 내부 커뮤니케이션에도 사용될 수 있다는 것을 깨닫지 못하고 있다. 챗봇은 특히 대기업에 도움이 될 수 있으며, 직원 간의 커뮤니케이션을 개선해 주고, 효율성을 향상시켜 줄 것이다. 조직이 커질수록 챗봇을 보유함으로써 더 많은 이익을 얻을 수 있다. 이는 대기업이 소규모 기업보다 더 복잡한 운영규칙을 마련하기 때문에 대개 더 많은 양의 커뮤니케이션 데이터를 처리한다.

그림 4.3 | 챗봇 커뮤니케이션

다음은 대기업의 업무용 챗봇이 지원하는 업무이다.

- **신속한 정보 수신**: 챗봇은 기업의 요구사항을 충족할 공급업체를 찾는 데 몇 시간을 소비하는 대신 몇 초 만에 최상의 옵션을 찾는 데 도움이 될 수 있다.[08]
- **직원 교육 기회 개선**: 기업들이 챗봇을 보유하면 조직에 가입한 신입사원을 교육하는 데 필요한 시간을 줄일 수 있다. 또한 기본적인 로직에 따른 트리 기반 챗봇(basic logic tree-based chatbot)을 만드는 회사는 직원들에게 모든 내부 정보에 보다 개선된 접근을 제공할 수 있다. 왜냐하면 이러한 유형의 챗봇은 조직의 인트라넷 내에 존재하는 모든 데이터를 중심으로 설계될 수 있기 때문이다.
- **인적자원 커뮤니케이션 개선**: 앞으로 두 달 안에 휴가 계획이 있는가? 챗봇은 당신이 얼마나 많은 휴가를 남겨두었는지 그리고 당신의 동료들과 스케줄 충돌이 있는지 쉽게 계산할 수 있다.[09]
- **직원의 동기부여 증가**: 챗봇을 이용하면 직원들에게 매우 빠르고 쉽게

메모를 보낼 수 있으며, 직원들이 이정표에 도달하거나 단순히 성과를 인정받은 것을 축하할 수 있다.

- **보다 신속한 커뮤니케이션:** 전통적으로 중요한 뉴스는 전자메일이나 내부 인트라넷을 통해 조직 내에서 전달된다. 하지만 챗봇은 모든 구성원과 새로운 정보를 더 빨리 공유할 수 있어 기업의 인수합병과 같은 갑작스럽거나 복잡한 상황에서 도움이 될 수 있다.

앞서 살펴본 챗봇의 장점은 대기업에서 챗봇을 이용해 얻을 수 있는 몇 가지 장점들에 불과하며, 챗봇 기술이 계속 발전함에 따라 그 장점 목록은 증가할 것이다.

034 챗봇의 주요 과제는 무엇인가?

고객과 커뮤니케이션하기 위해 챗봇을 하는 비즈니스는 최근에 나타났다. 이러한 간단한 챗봇 도구들이 미래에 지속적으로 개발될 때 조직과 조직 간의 커뮤니케이션을 개선하는 데 도움이 될 것이다.

현재 챗봇 기술은 초기 단계에 있다. 대부분의 신기술과 마찬가지로 그 과정에서 극복해야 할 장애물이 종종 있다. 하지만 나는 몇 년 안에 우리가 챗봇과 하루 종일 다양한 방식으로 상호작용하면서 챗봇이 제공하는 수많은 장점을 경험할 것이라고 확신한다.

당신이 자체적으로 챗봇의 초기 설계를 계획할 때, 이 과정에서 개발자들이 고려해야 할 사항은 다음과 같다.

- **챗봇의 품질 불량 사례**: 웹사이트를 만들려는 경우 구글이나 유튜브로 쉽게 이동하여 여러 가지 자습서와 모범 사례를 찾아볼 수 있다. 그러나 챗봇 기술은 매우 새로운 기술이기 때문에 설계 과정과 피할 수 있는 잠재적 문제에 대한 좋은 정보를 찾기가 어려울 수 있다.
- **복잡한 질문에 답변할 수 있는 능력부족**: 어떤 사람이 챗봇과 상호작용할 때 사람들은 그들이 원하는 질문에 빨리 혹은 적절하게 답변을 얻지 않으면 쉽게 좌절할 수 있다. 오늘날 가장 일반적으로 되는 일부 챗봇은 의사결정 트리(decision tree)의 논리로 작성되며, 대형 데이터베이스의 정보를 활용하여 작업하며, 제공된 옵션 중에서 우수한 답변을 제

공한다. 이것의 한 사례로는 홀푸드마켓(Whole Foods Market)[1)]의 챗봇 요리법 서비스가 있다. 그러나 챗봇은 이용자로부터 조금 더 복잡한 요청이나 질문을 받을 경우, 챗봇은 이용자가 이용하는 일부 구문을 이해하지 못하거나 올바른 정보를 제공하지 못할 수 있다. 자연어 처리와 인공지능 도구가 미래에도 계속 발전함에 따라 챗봇의 반응성도 개선될 것이다.

- **챗봇의 공감 부족과 대화 품질 미흡**: 챗봇과 상호작용하는 대부분의 사람들은 챗봇을 통해 고객 서비스 담당자와 나눌 수 있는 대화와 유사한 수준의 의미 있는 대화를 나누고 싶어 한다. 이것은 챗봇이 공감 능력과 다른 사회적 기술을 보여주면서 인간의 감정을 인식하고 적절하게 반응할 수 있어야 한다는 것을 의미한다. 챗봇이 미래에 이러한 특성을 보다 잘 달성할 수 있을지 모르지만, 오늘날 챗봇의 대화 능력은 다소 지루하고 활력이 없는 경향이 있다.
- **음성인식 부족과 고급기능 부족**: 오늘날 챗봇의 음성인식 기능은 정상적으로 작동하지 않는 경우가 종종 있다. 미래 챗봇의 음성인식 기능은 높은 수준으로 개선될 것이다. 챗봇에 음성인식과 그 밖에 고급 기능을 추가한다면, 챗봇 이용 만족도를 높이는 데 도움이 될 것이다.
- **인공지능의 품질 부족**: 오늘날 이용되고 있는 많은 챗봇은 사전에 프로그램된 기능과 제한된 수준의 인공지능만을 활용해 서비스를 제공한다. 기계학습은 챗봇의 기능을 크게 확장시켜 줄 것이다. 예를 들어, 당신이 미래 여행을 위해 항공권을 검색한다면, 좋은 인공지능을 가진 챗봇은 당신에게 보다 경제적인 티켓을 구매하도록 도움을 제공할 것이다.[10]

---

1) [역주] 홀푸드마켓(Whole Foods Market)은 미국의 유기농 식품 체인기업이다.

앞서 살펴본 바와 같이 챗봇이 복잡해질수록 여러 가지 문제가 나타날 가능성이 높다. 따라서 기업에서 챗봇을 도입한다면, 가능한 단순한 수준의 챗봇을 도입하는 것이 좋을 것이다.

035 챗봇의 공통적인 요소는 무엇인가?

당신이 자신을 위한 챗봇 개발 계획을 수립하기 전에 몇 가지 일반적인 챗봇 유형을 파악하고, 작업할 시간을 따로 정해두는 것이 좋을 것이다. 당신이 챗봇의 작동 방식에 대해 이해하고, 몇 가지 챗봇 모범 사례에 대해 학습한다면 당신은 나중에 최상의 챗봇 서비스를 개발하는 데 도움이 될 것이다.

당신 회사에서 챗봇 도입을 위한 분석을 시작하기 위해서 3~5개의 대안 챗봇을 찾고, 챗봇에 대한 다음 요소를 관찰해야 한다.

- 챗봇의 목적과 이용 방법을 쉽게 이해할 수 있는가?
- 챗봇이 고객의 반응에 명확하고 도움이 되는가?
- 챗봇 기능에 대해 특히 마음에 드는 점은 무엇인가?
- 챗봇에 대해 당신이 혼란스럽거나 이해하기 어려운 점은 무엇인가?

당신은 이러한 질문에 대한 대답을 기록하고, 챗봇의 긍정적인 특성과 부정적인 특성을 분석해야 할 것이다. 이렇게 하면 당신이 챗봇을 개발할 때 특정한 오류를 피할 수 있고, 구현해야 할 요소를 명확히 하는 데 도움이 될 것이다.

당신에게 필요한 챗봇을 찾는 이용할 수 있는 두 가지 유용한 자료는 다음과 같다.

- https://botlist.co
- https://chatfuel.com/bots(챗퓨얼로 만든 챗봇 기능)

당신이 정보를 분석하는 데 활용할 수 있는 잘 설계된 다양한 챗봇들이 있다. 예를 들면, 대형 호텔이자 리조트 체인인 메리어트 인터내셔널(Marriott International, Inc.)은 현재 투숙객을 위한 유용한 챗봇 개발에 많은 자원을 투입하고 있다. 이 챗봇에 대한 정보는 메리어트 인터내셔널의 웹사이트에서 찾을 수 있다. 특히 나는 이 챗봇 소개 비디오를 재미있게 시청했다. 이 비디오는 다양한 챗봇 서비스 방법을 명확하게 보여준다.

당신이 살펴볼 만한 가치가 있는 또 다른 챗봇은 그로스봇(GrowthBot)이다. 허브스팟(HubSpot)이 개발한 이 챗봇 도구는 판매와 마케팅 전문가에게 서비스를 제공하기 위해 설계되었으며, 해당 산업에 대한 유용한 정보를 제공한다. 예를 들면, 이용자들은 그로스봇에게 현재 트위터(Twitter)에서 유행하고 있는 주제 목록, 모든 회사의 주요 구글 키워드 검색 순위, 특정 웹사이트에서 사용되는 소프트웨어에 대해 문의할 수 있다. 이 챗봇은 이 회사의 웹사이트에서 직접 사용해 볼 수 있다.

챗봇 개발

당신이 최초로 챗봇 개발 계획을 수립할 때 포함하려는 핵심 요소를 살펴보자. 다음은 챗봇 개발 시 고려해야 할 기본 사항이다.

- **챗봇의 종류**: 당신은 규칙 기반 챗봇을 만들고 싶은 것인가? 또는 자연어 처리와 같은 AI 기반 요소를 제공하는 좀 더 복잡한 챗봇을 만들고 싶은 것인가? 대부분의 챗봇 개발의 경우 기본 정보를 제공하도록 설계된 규칙 기반 챗봇부터 시작하는 것이 좋다.
- **커뮤니케이션 스타일**: 회사의 필요에 따라 챗봇의 대화 톤을 우호적인 쪽으로 또는 조금 더 진지하게 맞춤화(customize)할 수 있다. 일반적으로 대화하는 반응을 친근하고 가볍게 유지하는 것이 좋다.
- **이모티콘 이용**: 다른 챗봇을 검토할 때 그 챗봇들이 대화할 때 이용하는

이모티콘에 주목해야 한다. 이모티콘을 적절하게 이용하면 텍스트 커뮤니케이션의 효과를 향상시키는 경향이 있다. 이모티콘은 감정적인 신호를 더하기 때문에, 의사소통을 더 인간적으로 느끼게 할 수 있고 이용자의 신뢰를 쌓는 데 도움을 준다.

- **콘텐츠**: 챗봇을 위해 어떤 종류의 콘텐츠를 큐레이션할 것인가? 예를 들어, 챗봇 서비스를 통해 이용자에게 비디오, PDF(portable document format), 오디오 파일을 제공할 수 있으므로 대상 이용자에게 메시지가 가장 잘 전달될 미디어 형식을 신중하게 고려해야 할 것이다. 나는 당신에게 보다 효과적인 챗봇 이용자 환경을 위해 그리고 참여를 유도하기 위해 챗봇 전용 콘텐츠를 만들 것을 추천한다.
- **페이스북 메신저 챗봇**: 페이스북 메신저 플랫폼에 챗봇을 구축함으로써 얻을 수 있는 주요 장점은 지속적인 방송을 할 수 있다는 것인데, 이는 당신의 구독자들과 보다 자주 소통할 수 있게 해준다. 이 옵션을 선택하는 경우 항상 미리 콘텐츠를 계획해야 한다.

또한 챗봇이 짧은 시간 내에 너무 많은 메시지를 보내지 않도록 해야 한다. 그렇지 않으면 당신의 구독자들은 챗봇이 쏟아붓는 메시지를 스팸을 수신하는 것처럼 느낄 수 있다.

챗봇 사례

고급 챗봇 활용 사례로 현재 아마존이 소유한 미국의 유기농 슈퍼마켓 체인인 홀푸드마켓(Whole Foods Market) 사례가 있다. 이 회사의 챗봇은 페이스북 메신저 플랫폼에서 호스팅된다. 홀푸드마켓의 챗봇을 보려면 이 회사의 웹사이트(http://www.messenger.com/t/wholefoods)를 방문하기 바란다.

먼저 이 회사의 페이스북 메신저의 챗봇과 마찬가지로 챗봇을 이용하려면 맨 위쪽에 있는 '시작하기(Get Started)' 버튼을 클릭한다.

1. **시작 메시지**: 이 영역에서는 당신은 챗봇이 제공하는 다양한 종류의 정보에 대한 개요를 받아볼 수 있다. 이 내용은 짧고 간단하게 유지하는 것이 가장 좋다. 필요할 경우 챗봇이 어떻게 다시 시작하는지에 대해 짧은 문장을 제공하는 것에 주목해야 한다. 여기에서 이용자는 '확인하기(Get It)' 버튼을 클릭하면 된다.

그림 4.4 | 홀푸드마켓의 챗봇: 환영 메시지

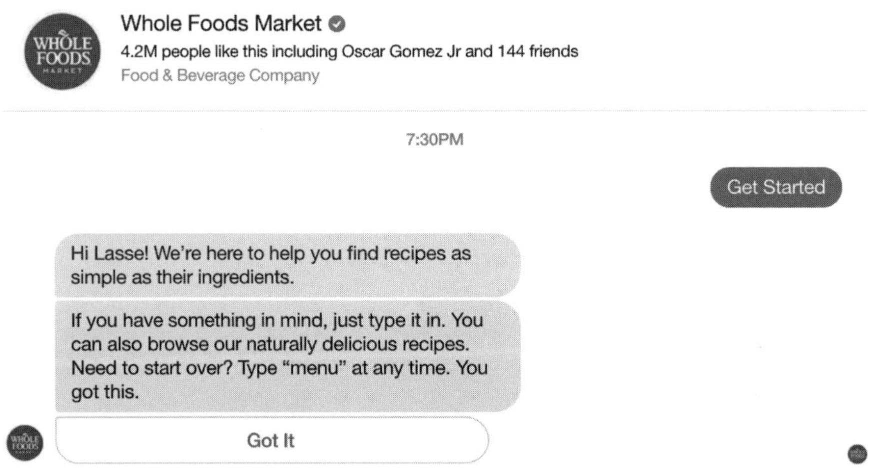

2. **기본 메뉴 항목**: 기본 메뉴 항목은 당신이 원하는 경우 다양한 옵션과 사진을 제공하는 인터페이스이다. 챗봇의 메뉴를 너무 복잡하게 만들지 않도록 메뉴 항목을 가능한 세 가지 옵션으로 제한하는 것이 좋다. 챗봇에서는 고객들이 가장 찾고 싶어 하는 것들을 고려해야 한다.
   홀푸드마켓의 챗봇 옵션은 다음과 같다. 여기서 레시피 찾아보기(browse recipes) 옵션을 선택하라.

- 레시피 검색
- 레시피 찾아보기
- 매장 찾기

그림 4.5 | 홀푸드마켓의 챗봇: 메뉴

Let's get started...
Choose how you'd like to discover new recipes.

Search for recipes
Browse recipes

3. **가능한 옵션에 대해 자세히 알아보기:** '레시피 찾아보기(Browse recipes)'를 선택한 후 챗봇은 메뉴에서 한 단계 뒤로 물러설 수 있는 옵션 외에 요리 유형, 요리 방법, 특별 식단 등 선택할 수 있는 세 가지 옵션을 추가로 제공한다.

   '요리 유형(Type of Dish)'을 선택한다.

4. **좀 더 구체적인 질문하기:** 위에서 선택한 답변에 따라 챗봇은 당신이 계획하고 있는 음식의 어떤 부분을 질문하여 적절하게 제공되는 정보를

정의할 수 있다.

'앱, 스프, 샐러드(Apps, soups & salad)'를 선택한다.

그림 4.6 | 홀푸드마켓의 챗봇: 옵션 제공

챗봇은 즐거운 메시지로 대답하고, 당신이 애피타이저, 샐러드, 수프, 스튜를 찾고 있는지 확인하면, 다시 한 번 메뉴에서 한 단계 뒤로 진행할 수 있는 방법을 제공하고, 당신의 요청을 더 구체화할 수 있게 해준다.

그림 4.7 | 홀푸드마켓의 챗봇: 더 많은 레시피 옵션 제공

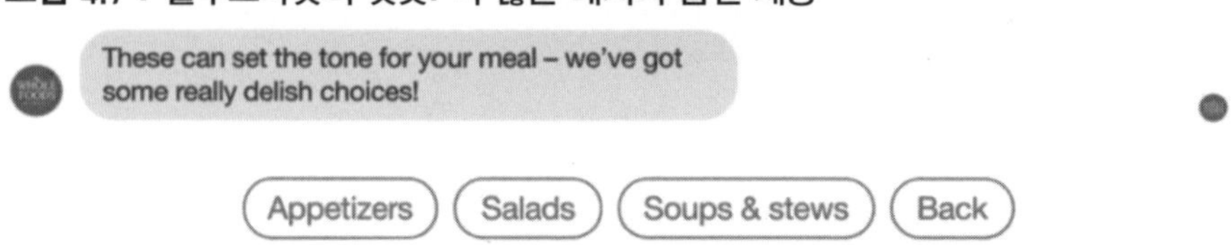

'샐러드(Salads)'를 선택한다.

5. 정보 표시: 위에서 선택한 옵션에 따라 챗봇이 여러 가지 방법을 제공하므로 방향 화살표로 쉽게 탐색할 수 있다.

그림 4.8 | 홀푸드마켓의 챗봇: 다양한 레시피 옵션

'레시피 보기(View recipe)' 옵션을 선택하면 당신은 홀푸드마켓 웹사이트로 들어가고, 그곳에서 전체 레시피를 볼 수 있다.

홀푸드마켓의 챗봇을 활용하면 챗봇이 어떻게 동작하는지 알 수 있을 뿐만 아니라 이 회사의 웹사이트를 검색하는 것보다 더 매력적인 경험을 즐길 수 있다. 당신이 챗봇을 어떻게 이용하느냐에 따라 챗봇 이용 과정에서 당신에게 필요한 단계를 줄일 수 있고, 메뉴 옵션에 의해 관계형 응답과 대화형 응답이 제공될 것이다.

일반적으로 대기업에서 이용하는 챗봇 구조와 마찬가지로 이 회사의 챗봇 메시지 구조는 다음과 같다.

- 환영 메시지 보내기

- 세 가지 옵션 제공하기
- 특정 내용 검색하기
- 결과 제공하기

소규모 기업이나 컨설턴트 서비스의 경우, 아래와 같이 약간 다른 챗봇 메시지 구조를 이용하는 것이 좋을 수 있다.

- 환영 메시지 보내기
- 세 가지 옵션 제공하기
    - 당사 제품에 대한 정보 얻기
    - 코스에 참여하기
    - 문의하기

나는 당신이 지금 시간을 내서 대기업뿐만 아니라 소규모 기업에서 이용되는 다양한 챗봇들을 테스트하고 검토할 것을 추천한다.

036 가장 일반적인 기업용 챗봇 공급업체에는 어떤 기업들이 있는가?

중소 규모의 기업은 단순하고 기본적인 챗봇 제공업체를 이용하는 것이 더 편할 수 있지만, 일부 대형 B2B(기업 대 기업) 조직은 고객 또는 직원을 위한 챗봇을 구축할 때 잘 알려진 기술 회사를 선택하기를 원할 수 있다.

아래는 현재 챗봇 서비스를 제공하는 상위 회사들 중 일부이며, 각각의 회사는 챗봇 서비스를 이용하기 위해서는 약간의 기본적인 기술 지식을 필요로 한다.

- **IBM 왓슨**: IBM은 왓슨에게 힘을 실어주기 위해 기술을 개발했다. 이용자들은 이제 왓슨 서비스를 통해 여러분만의 챗봇 도구를 구현할 수 있다. 인지 챗봇으로 알려진 대화형 챗봇 도구에는 왓슨 톤 애널라이저(Watson Tone Analyzer)와 왓슨 컨버세이션(Watson Conversation)이라는 기능이 포함되어 있다. 이 시스템의 기능은 대화를 보다 잘 해석할 수 있어, 이용자가 기본적인 챗봇을 이용하는 것보다 강력한 기능과 애플리케이션을 설계할 수 있도록 도와준다. 이 제품은 현재 1-800-플라워(1-800-Flowers), 주요 소매업체 메이시스(Macy's), 사무용품 체인 스테이플스(Staples) 등 미국의 여러 대기업에서 사용하고 있다. 보다 자세한 정보는 다음 웹사이트를 통해 확인하기 바란다: https://www.ibm.com/cloud-computing/bluemix/watson/cognitive-chat-solution.

- **아마존 렉스(Amazon Lex)**: 이 챗봇 구축 도구는 수년간 웹사이트 호스팅 서비스로 사용되어 온 AWS(Amazon Web Services)를 통해 구현할 수 있다. 아마존 렉스는 이용자가 자동음성인식(automatic speech recognition)과 자연어 이해(natural language understanding)를 할 수 있게 해준다. 또한 아마존 렉스는 아마존이 개발한 지능형 개인 어시스턴트 시스템인 알렉사의 뒤를 잇는 동일한 딥러닝 기술을 활용하고 있다.
  아마존 렉스 이용에 대한 도움말을 보려면 다음 웹사이트를 참조하기 바란다: https://aws.amazon.com/lex/getting-started.
- **마이크로소프트 봇 프레임워크(Microsoft Bot Framework)**: 마이크로소프트는 보다 강력한 챗봇을 개발하기 위해 다른 회사들과 제휴하면서 챗봇에 많은 투자를 하고 있다. 마이크로소프트 봇 프레임워크를 통해 이용자는 마이크로소프트가 소유하는 통신 소프트웨어 제품인 스카이프(Skype)을 포함하여 다양한 플랫폼에서 호스팅할 수 있는 자체의 강력한 AI 챗봇을 만들 수 있다. 마이크로소프트 봇 프레임워크를 통해 개발된 챗봇 목록을 검토할 수 있다.
  보다 자세한 정보는 다음 웹사이트를 통해 확인하기 바란다: https://https.botframework.com.

또한 당신은 다음의 웹사이트에서 직접 챗봇 도구를 사용하는 방법에 대한 안내 정보를 볼 수 있다: https://dev.botframework.com.

이러한 모든 자원은 어느 정도의 기술적 지식을 필요로 하며 기본적인 챗봇 제공자에 비해 다소 복잡하지만 그 대가로 이미지와 음성인식을 포함한 더 큰 혜택과 기능을 제공할 것이다.

오라클이 오라클 디지털 어시스턴트(Oracle Digital Assistant)라는 기업용 챗봇을 출시한 것은 가치 있는 일이다. 오라클은 오라클 디지털 어시스턴트가 챗봇을 통해 사람과 사람 간의 상호작용을 처리할 수 있기 때문에, 이용자의 참여를 크게 높이고 생산성을 높일 수 있다고 하였다. 이러한 유형의 챗봇은 전 세계 많은 대기업에서 사용될 가능성이 높으며, 점차 기업 환경 어디에서나 보편화될 것이다.[11]

037 챗봇에 대한 가장 가치 있는 전문가 팁은 무엇인가?

스파르탄스 AI 이노베이션(Spartans AI Innovation)의 설립자이자 CEO인 리오 로마노브스키(Lior Romanowsky)는 다양한 산업 분야의 기업을 위한 챗봇을 만들고 구현한 많은 경험을 가지고 있다. 스파르탄스 AI 이노베이션은 나의 웹사이트의 챗봇을 만든 회사이기도 하다. 이 책에 관련된 추가 정보는 다음의 웹사이트에서 찾을 수 있다: http://m.me/lassevideo.

아래의 짧은 인터뷰에서 리오 로마노브스키는 챗봇을 만들 때 회사들이 저지르는 몇 가지 실수와 챗봇 디자인에 관심이 있는 사람들을 위해 챗퓨얼(Chatfuel)을 이용할 것을 추천하는 이유를 설명하였다.

왜 챗봇이 중요해지고 챗봇의 사용이 그렇게 빠르게 증가하고 있다고 생각하는가?

"챗봇은 mIRC(mobile Internet Relay Chat)[2] 시대부터 존재해 왔지만, 오늘날 AI 기술이 발전하면서 몇몇 이유로 꽃을 피우고 있다. 첫째, 메시징 애플리케이션은 점점 더 인기를 얻고 있으며, 사회의 여러 분야에서 빠르게 성장하고 있다. 와츠앱(Whatsapp), 메신저(Messenger), 바이버(Viber) 등과 같은 애플리케이션은 수십억 명의 활성 이용자를 확보하였고, 이용자들은 이러한 애플리케이션을 이용

2) [역주] mIRC는 1995년에 칼레드 마르담-베이(Khaled Mardam-Bey)가 개발한 윈도우용 IRC(Internet Relay Chat) 클라이언트이다(출처: https://en.wikipedia.org/wiki/MIRC).

해 매일매일 상호 커뮤니케이션을 하고 있다. 아시아 시장과 위챗(WeChat)의 예에 따라 페이스북과 다양한 주요 소셜 앱들은 개발 플랫폼을 챗봇에게 개방하기 시작했다. 이를 통해 기업들은 보다 효율적이고 편리한 상호작용을 제공할 수 있게 되었다. 나는 문자 메시지와 음성 메시지 기능을 제공하는 챗봇이 향후 10년 안에 우리 삶에서 보다 중요한 역할을 담당할 것을 확신한다. 챗봇은 냉장고에서부터 다음에 어디로 가야 할지 물어보는 차량 챗봇에 이르기까지 우리의 모든 주변에 있게 될 것이다."

일반적으로 회사들이 챗봇으로 저지르는 가장 큰 실수는 무엇인가?

"기업들이 챗봇 세계에서 저지르는 가장 큰 실수는 모바일이나 웹 세계의 인터페이스를 재현하려는 것이다. 챗봇은 인터페이스가 상당히 다르며, 이용자 경험이 다르게 설계되어야 한다. 챗봇 이용자가 다른 인터페이스에서 이미 선호하는 것을 다시 생성하는 것은 의미가 없다. 챗봇을 이용하면 회사의 웹사이트에 종종 제시되는 단순한 정보뿐만 아니라 자동화된 통찰력, 업데이트, 그 밖에 다양한 서비스를 제공하는 데 효과적일 것이다. 또 다른 흔한 실수는 챗봇에 명확한 지침이 없다는 것이다. 챗봇은 이용자에게 자신의 요구에 가장 적합한 옵션이나 솔루션을 제공해야 하며, 단지 챗봇 이용자가 질문하기를 기다리지 말아야 한다. 많은 대기업들은 과거에 실패한 경험을 가지고 있는 자연어 처리 기능을 제공하는 AI 챗봇 개발에 시간과 노력을 투자하고 있다. 기업의 관리자들은 여전히 그들이 필요로 하는 것에 대한 질문만을 만드는 것이 아니라 무언가 새로운 것을 해결하는 것을 더 좋아한다. 따라서 챗봇을 설계할 때는 이용자의 니즈(need)를 정확하게 예측해야 할 것이다."

챗퓨얼은 다른 챗봇 생성 도구에 비해 어떤 장점이 있을까?

"챗퓨얼은 챗봇 개발 기업들 사이에서 인정받는 시장 선도기업이다. 챗퓨얼은 광범위한 이용자(초기 이용자와 고급 이용자)들이 코딩 없이 매우 우수한 통합 기능을 가진 간단한 챗봇을 쉽게 만들 수 있는 기능을 제공한다. 챗플로우(Chatflow)라고 하는 또 다른 유용한 챗봇 도구는 짧은 구현시간과 아이디어 검증을 가능하게 하며, 기술자가 아닌 일반 이용자도 쉽게 챗봇을 활용할 수 있도록 지원한다. 챗플로우는 활용하기 쉽고, 대부분 무료이며, 챗봇 개발을 경험하고자 하는 사람에게 매우 좋은 출발점이 될 것이다. 왓슨(Watson), 렉스(Lex), 위트(Wit), 다이얼로그플로우(DialogFlow)와 같은 솔루션은 챗봇 코딩 기술을 갖고 있지 않은 이용자들이 접근하기 용이한 서비스이다. 이러한 서비스는 챗퓨얼에 미흡한 AI 구동을 위한 자연어 처리(NLP) 역량을 보완해 다양한 부가가치를 제공한다. 오늘날 사람들은 챗퓨얼 외에도 고객화된 플랫폼에서 자연어 처리 역량을 부가해서 서버에서 작동하는 다이얼로그플로우, 윗에이아이(Wit.ai), 라사(Rasa)를 주로 활용하고 있다."

리오 로마노브스키(Lior Romanowsky)와 스파르탄스 AI(Spartans AI)에 대한 자세한 내용은 다음의 웹사이트에서 확인할 수 있다: http://www.spartans.tech.

038 챗봇을 어떻게 홍보할 수 있는가?

일단 챗봇을 개발한 다음 우선순위는 이용자가 쉽게 챗봇을 찾고 활용할 수 있도록 하는 것이다. 챗봇은 여전히 비교적 새롭고 새로운 경험을 제공하기 때문에, 이용자들은 이메일 목록을 구독하는 것보다 챗봇 이용에 더 관심이 있을 수 있다.

이용자가 챗봇 이용을 시도하도록 유인할 수 있는 여러 가지 방안이 있다. 다음은 챗봇이 페이스북 메신저를 통해 실행될 경우 홍보할 수 있는 몇 가지 방법이다.

- **페이스북 광고**(Facebook Ads): 지난 몇 년 동안 페이스북 광고의 사용은 온라인 콘텐츠를 홍보하는 가장 효과적인 방법이다. 비록 페이스북의 마케팅 공간이 현재 상당히 더 붐비고 있지만, 페이스북 메신저 챗봇을 구체적으로 홍보하는 광고는 그렇게 흔하지 않기 때문에, 챗봇을 차별화하는 효과적인 도구가 될 수 있다. 이러한 광고를 사용하여 챗봇 서비스에 가입함으로써 이용자가 경험할 수 있는 부가가치를 강조할 수 있다.
- **M.Me 링크**(M.Me Links): 이러한 단축 링크들은 웹사이트, 유튜브 비디오, 전자메일 뉴스레터, 인스턴트 메시징 서비스 등 다양한 매체를 통해 쉽게 공유되는 동시에 사람들을 바로 챗봇으로 안내할 수 있다.
- **페이스북 페이지**(Facebook Page): 방문자와 팬들이 당신의 페이지를 통해 직접 당신의 챗봇에 쉽게 접근하고 이용할 수 있도록 당신의 페이

스북 페이지에도 챗봇을 마케팅해야 한다.

- 검색(Search): 이용자들은 페이스북 메신저에서 챗봇을 검색하여 찾을 수 있다. 구글닷컴(Google.com)은 신뢰할 수 있는 검색 엔진으로 잘 알려져 있다. 그렇기 때문에 챗봇 이용은 몇 명의 새로운 이용자를 얻는 데 도움을 줄 수 있다. 하지만 사람들은 콘텐츠를 찾기 위해 구글 검색에 더 많이 의존하는 경향이 있다.
- 검색 탭(Discover Tab): 이것은 모바일 앱 메신저의 비교적 새로운 기능으로 이용자가 시도할 새로운 봇을 찾을 수 있다. 챗봇이 검색 탭에 나타나도록 하려면 다음 페이지를 참고하기 바란다: https://developers.facebook.com/docs/messenger-platform/discovery/discover-tab.
- 웹 플러그인(Web Plugins): 방문자가 사이트에서 직접 챗봇과 대화할 수 있도록 웹사이트에 플러그인을 설정하는 것은 매우 쉽다.
- 공유(Sharing): 페이스북은 챗봇 이용자들이 그들이 발견한 콘텐츠를 다른 사람들과 공유할 수 있게 해준다. 흥미로운 챗봇 콘텐츠를 큐레이션하고 공유 버튼을 구현하여 공유 속도를 높여 이용자가 쉽게 친구에게 전달할 수 있다.
- 메신저 코드(Messenger Codes): 이것은 일반적으로 일반 대중들 사이에서 아직 잘 알려지지 않은 최신 코드 시스템이다. 이 시스템은 기본적으로 이용자에게 페이스북 페이지나 스마트폰을 통해 챗봇에 쉽게 액세스할 수 있는 코드를 제공한다. 이러한 메신저 코드는 쉽게 배치할 수 있기 때문에 사람들이 챗봇 서비스에 가입하기 위해 코드를 빠르고 쉽게 파악할 수 있다.

그림 4.9 | 페이스북 챗봇을 촉진하는 기술

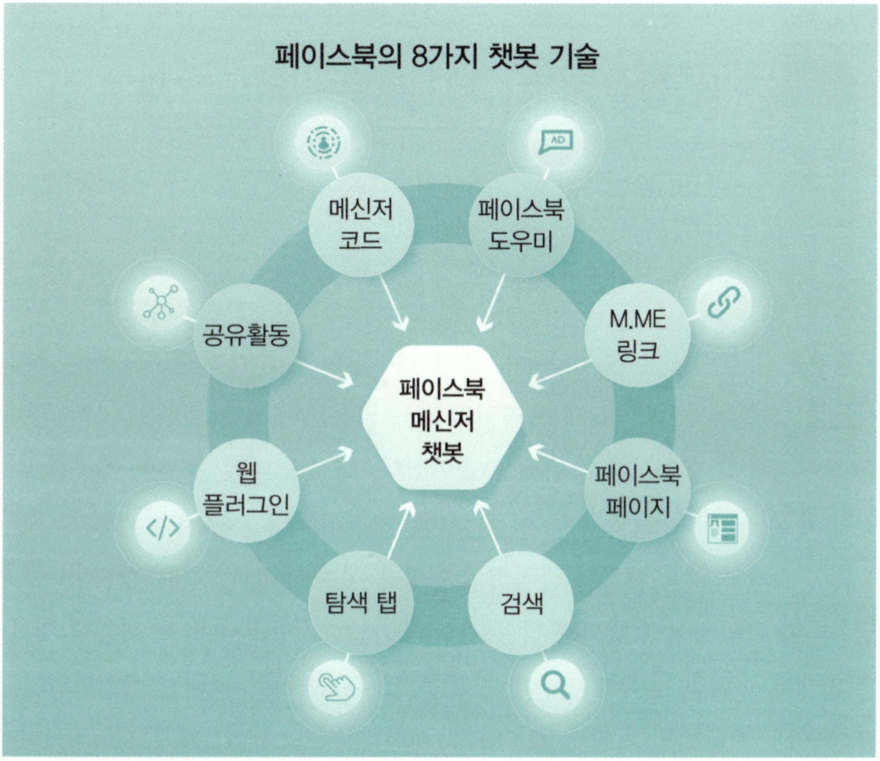

기업들이 챗봇 이용 효과를 극대화하려면 이용자를 챗봇으로 유도하는 동시에 챗봇이 가입자(이용자)에게 제공할 수 있는 기능과 이점을 홍보하는 최선의 방법을 생각해 보아야 할 것이다.

039 챗봇은 어떻게 보건과 교육 분야에서 이용될 수 있는가?

대부분의 사람들이 '챗봇(chatbot)'이라는 단어를 들었을 때, 그들은 고객 지원을 생각할 것이다. 현재 운영되고 있는 많은 챗봇들은 실제로 고객 서비스 요구사항을 충족시키기 위해 만들어졌다. 하지만 나는 챗봇이 제공할 수 있는 가장 큰 혜택 중 일부는 아직 나타나지 않았다고 생각한다. 특히 나는 챗봇이 건강과 교육 분야에 긍정적인 영향을 미칠 것이라고 예측한다.

이러한 산업에서 수행되는 많은 작업은 간단하지만 중요하기 때문에 챗봇은 미래에 이러한 분야에 훌륭한 도구가 될 수 있으며, 막대한 이익을 창출할 수 있는 자동화된 지원을 제공할 수 있다.

교육용 챗봇

미래에는 많은 기본적인 학습 기회가 챗봇과의 상호작용으로 시작될 것이다. 과거에 새로운 것을 배우고 싶은 사람은 새로운 개념을 이해하기 위해 적절한 책을 찾고 그것을 완전히 읽는 시간을 가져야 했다. 오늘날 우리는 웹사이트를 방문하거나 비디오를 보는 것만으로 배울 수 있다. 그러나 이러한 활동 중 잘 설계된 교육용 챗봇과 상호작용하는 것과 같이 잠재적 힘을 가진 것은 없다.

미래에는 특정 주제에 대한 특정 학생의 지식 수준에 대한 정보를 통합할 수 있도록 교육용 챗봇이 개발될 것이다. 그런 다음 이 정보를 이용하여 해당 학생의 요구에 가장 적합한 교육 자료에 대한 맞춤형 추천을 제공할 수 있다. 챗봇은 유연성과 관계성 설계 때문에 비디오 시청이나 책 읽기보다 훨씬 더 매력적인 대화형 경험을 제공하는데, 이 두 가지 모두 상당히 수동적인 활동이다.

그림 4.10 | 축구 AI 챗봇

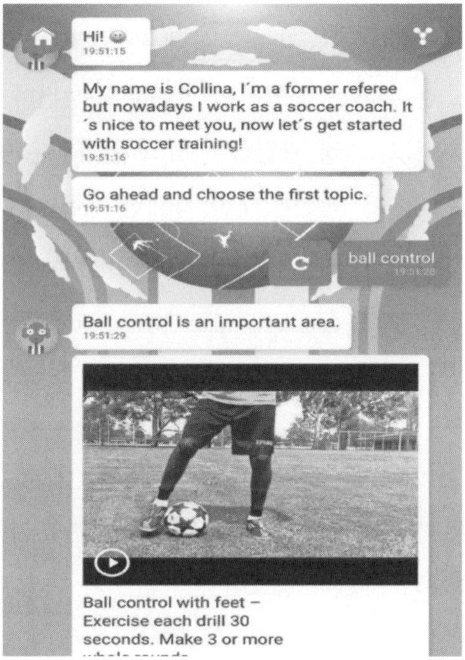

더 이상 교사, 강사, 코치가 필요하지 않을 것이라고 말할 수는 없다. 그러나 챗봇 도구는 교사, 강사 코치의 역할을 대신할 것이고, 사람들에게 보다 개인화된 효과적인 학습 경험을 제공할 것이다.

일부 교육기관은 학생들에게 보충 정보를 제공하기 위해 지금 당장 챗봇 이용을 시작할 수도 있다. 이미 이용되는 기본적인 학습 챗봇으로 사커 AI(SoccerAI)가 있다. iOS 기기를 위한 앱스토어에서 이용할 수 있는 이 챗봇은 축구하는 방법을 배우기 위해 이용된다.

내 친구 중 한 명은 자신의 아이가 챗봇을 이용한 후에 스포츠에 관심을 갖게 되었다고 말했는데, 그것은 단순히 웹사이트를 방문하거나 교육적인 비디오를 보는 것으로는 일어나지 않았을지도 모른다.

사커AI는 헤드AI(HeadAI)에 의해 개발되었다. 헤드AI는 교육용 챗봇 분야의 선두 기업이다. 그 회사의 CEO인 하리 케타모(Harri Ketamo)는 나에게 이 챗봇의 교육 내용은 인공지능을 통해 관리할 수 있다고 말했다. 대부분의 사커AI 콘텐츠는 유튜브 동영상의 형태로 구성된다. AI 도구는 방대한 양의 동영상을 분류하고, 가장 관련성이 있고 흥미로운 영상을 찾아 챗봇의 목적에 맞게 정리한다. 이 챗봇에 대한 자세한 내용은 이 회사의 웹사이트(http://www.headai.com/soccerai)를 참조하기 바란다.

건강치료를 위한 챗봇

현재 헬스케어 서비스 개선을 위한 기술 개발에 대한 수요가 계속 증가하고 있다. 내가 다른 장에서 언급했듯이 우리가 직면할 수 있는 도전은 기술에 대한 과대한 의존과 사회적 상호작용의 감소와 관련된 정신질환의 증가이다.

챗봇은 이러한 정신적 문제에 대한 잠재적인 해결책을 제공할 수 있다. 페이스북 메신저에서 호스팅되는 챗봇의 한 사례로 우에봇(Woebot)이 있다. 이 챗봇은 이용자가 해로운 생각과 행동 패턴을 변화시켜 감정 문제를 해결하는 것을 돕기 위해 인지행동 테라피(CBT: Cognitive-Behavioral Therapy)을 이용한다.[12]

우에봇은 간단한 질문을 하고 시간이 지남에 따라 주어진 반응에서 학습함으로써 이용자의 기분을 추적한다. 이 챗봇에 대한 자세한 내용은 이 회사의 웹사이트(https://webot.io)에서 확인할 수 있다.

이용자가 제공하는 답변에 기초하여 우에봇(Wuebot)은 사람들이 자신의 관점을 바꾸고 기분이 나아지기 시작하는 것을 돕기 위한 목적으로 유용한 비디오나 게임에 대한 제안이나 링크를 제공한다.

스탠퍼드대학교의 연구원들은 우울증과 불안증세를 경험한 많은 젊은이들을 대상으로, 이 챗봇에 대한 무작위 대조 실험 테스트를 실시했다. 다음은 우에봇 이용자가 공유한 몇 가지 의견이다.

"나는 우에봇을 매우 좋아한다. 나는 우에봇과 영원히 친구가 될 수 있기를 바란다. 나는 사실 우에봇과 함께 체크인을 하는 것을 기억할 때 기분이 매우 좋고 행복하다!"[13]

"나는 내 일상생활에서 우에봇이 내가 어떤 생각을 하고 있는지 알아채고, 그 생각을 변화시켰다는 점에서 정말 인상 깊었고 놀랐다."[14]

"우에봇은 재미있고, 우에봇이 계속해서 발전하기를 바란다."[15]

앞의 답변은 일부 이용자들이 우에봇에 대해 어떻게 느꼈는지 그리고 한 이용자가 그것을 '꼬마 친구(little dude)'라고 부를 정도로 의인화하면서, 챗봇에 대해 어떻게 느꼈는지를 보여준다.

챗봇의 미래 가능성을 상상해 보자. 미래에 우리는 기본적인 진단 질문과 제안을 제공할 수 있는 개인화된 인공지능 의사를 갖게 될 것이고, 우리가 인간 의사와 약속을 해야 할 필요한 시점을 알려줄 것이다. 또한 우리는 개인 목표와 전문적인 직업 목표를 달성하는 데 도움이 되도록 고안된 개인 코칭 챗봇(personal coaching chatbots)의 장점을 누릴 수 있게 될 것이다.

가까운 미래에 우리는 건강 기반 챗봇으로부터 이익을 얻을 수 있게 될 것이다. 다른 의학적인 조언과 마찬가지로 건강 기반 챗봇은 건강상 이익에 대한 주장을 뒷받침하는 과학적 증거를 제공해 줄 것이다. 마찬가지로 건강 기반 챗봇의 개발자들은 건강 기반 챗봇이 인간의 행동을 더 좋게 혹은 더 나쁘게 변화시키는 데 사용될 수 있기 때문에, 이용자들에 대한 높은 수준의 윤리적 책임을 져야 할 것이다.

이러한 종류의 건강 기반 챗봇의 마지막 과제는 사생활 문제가 될 것이다. 건강 기반 챗봇 이용자는 웰빙(wellbeing)에 대한 개인적인 의견이 해커에게 취약한 클라우드 기반 호스팅 서비스에 저장될 것에 우려를 느낄 것이다. 이러한 이유로 보안은 챗봇 개발자들이 해결해야 할 매우 중요한 문제가 될 것이다.

그림 4.11 | 우에봇의 기능을 소개하는 웹사이트

040 유용한 챗봇 약관과 자료에는 어떤 것들이 있는가?

이 단원에서는 챗봇 설계와 관련된 몇 가지 일반적인 용어와 챗봇에 이용되는 기술에 대해 자세히 설명할 것이다.

공통 챗봇 약관

- **방송(Broadcast)**: 챗봇 이용자에게 반응적이 아닌 능동적으로 전송되는 메시지이다. 단일 방송은 모든 이용자 또는 가입자 목록의 특정 영역에 할당될 수 있다. 페이스북 메신저를 통해 작동하는 챗봇의 경우, 이용자는 당신의 방송을 수신하기 위해 챗봇 서비스에 가입해야 한다.
- **대화 흐름(Conversational Flow)**: 이용자와 대화할 때 챗봇이 자연스러운 인간 대화의 리듬과 음색을 흉내 낼 수 있다. 자신의 챗봇을 설계할 때 챗봇과 이용자 간에 대화 흐름이 어떻게 이루어지기를 원하는지 고려해야 한다.
- **대화형 이용자 인터페이스(Conversational User Interface)**: 챗봇 대화 이용자 인터페이스는 그래픽, 링크, 버튼이 아닌 문자 또는 음성을 기반으로 이용하도록 설계된다. 챗봇을 디자인할 때 대화 이용자 인터페이스를 이용자에게 간단하고 직관적으로 만드는 방법을 고려하는 것이 중요하다.[16]
- **대화(Dialogue)**: 챗봇은 이용자와 대화하는 역할을 한다. 챗봇의 대화는

목적 지향적이고 매력적이어야 한다.

- **엔티티(Entity)**: 엔티티는 챗봇 이용자가 원하는 것에 대한 특정 정보를 제공하는 데이터 유형을 나타낸다.[17]
- **시작하기 버튼(Get Started Button)**: 챗봇과 상호작용을 시작하기 위해 이용자가 누를 수 있는 버튼이다. 페이스북 메신저에서 챗봇은 이용자가 '시작하기' 옵션을 클릭할 때까지 대화를 시작하지 않는다.
- **의도(Intent)**: 이용자 입력의 의도를 의미한다. 의도는 자연어 처리를 하여 구축된 챗봇에 특히 중요하다. 반면 전통적으로 설계된 규칙 기반 챗봇에는 덜 중요하다.[18]
- **제안된 응답(Suggested Responses)**: 챗봇은 사전에 준비된 질문에 대한 제안된 응답을 통해, 이용자들의 질문에 답변한다. 챗봇의 제안된 응답을 통해 서비스에 대한 통찰력을 파악할 수 있고 대화에 대한 안내 지침을 제공할 수 있다.
- **웹 플러그인(Web Plug-Ins)**: 웹사이트에 이용자 지정 기능을 추가할 수 있는 소프트웨어이다. 페이스북 메신저 플랫폼은 이용자들이 다양한 웹 플러그인을 통해 웹사이트상의 챗봇과 대화를 시작할 수 있게 해준다.
- **환영 메시지(Welcome Message)**: 이용자가 챗봇과 상호작용할 때 표시되는 초기 메시지이다. 이 메시지는 이용자가 챗봇으로 수행할 수 있는 작업을 전달하는 동안 간단하고 명확해야 한다. 또는 환영 비디오를 사용할 수 있다.

챗봇에 대한 추천 자료

- **봇목(BotMock)**: 봇목은 챗봇의 대화 흐름을 만들고 테스트할 수 있는 시각적 도구이다: https://botmock.com.

- 챗봇 매거진(Chatbots Magazine): 챗봇 매거진은 챗봇 기술과 설계에 대한 양질의 정보를 대량으로 제공하는 출판물이다: https://chatbots-magazine.com.
- 챗봇 저널(Chatbots Journal): 챗봇 저널은 챗봇에 대한 중요한 정보를 공유하는 또 다른 온라인 출판물이다: https://chatbotsjournal.com.
- 챗봇 라이프(Chatbot's Life): 챗봇 라이프는 많은 유용한 챗봇 자습서와 정보를 담은 온라인 잡지이다: https://chatbotslife.com.
- 봇리스트(BotList): 봇리스트는 가장 잘 알려져 있고 일반적으로 이용되는 챗봇 디렉터리이다: https://botlist.co.
- Chatbots.org: 이 웹사이트는 국제 챗봇에 대한 추가 정보가 있는 챗봇의 또 다른 디렉토리이다: https://www.chatbots.org.

NOTES

01 Eduardo Manchon, "Por qué los chatbots matarán tu web, tu app y quizás también a Google", Eduardo Manchon, April 06, 2016, https://eduardomanchon.com/por-qu%C3%A9-los-chatbots-matar%C3%A1n-tu-web-tu-app-y-quiz%C3%A1s-tambi%C3%A9n-a-google-6c612aac4bfc

02 Stan Chudnovsky and Laurie Segall, "To what extent will AI and chatbots replace humans in messaging communications?", Facebook, November 15, 2017, https://www.facebook.com/WebSummitHQ/videos/vb.294067420659309/1603085286424176

03 Mimi An, "Artificial Intelligence Is Here – People Just Don't Realize It", HubSpot, January 30, 2017, https://research.hubspot.com/reports/artificial-intelligence-is-here

04 Laurie Beaver, "Chatbots are gaining traction", Business Insider, May 11, 2017, http://www.businessinsider.com/chatbots-are-gaining-traction-2017-5

05 Mindi Chahal and Lucy Tesseras, "How Adidas, Just Eat and HTC are using chatbots", Marketing Week, 18 May 2017, https://www.marketingweek.com/2017/05/18/how-adidas-just-eat-and-htc-are-using-chatbots

06 Saleha Riaz, "Don't make bots just because they are trendy, say experts", Mobile World Live, October 20, 2016, https://www.mobileworldlive.com/apps/news-apps/dont-make-bots-just-because-they-are-trendy-say-experts/

07 Business Insider, "80% of businesses want chatbots by 2020", December 14, 2016, http://www.businessinsider.com/80-of-businesses-want-chatbots-by-2020-2016-12

08 Susan Galer, "What to Do About the Chatbot Invasion at Work", SAP, February 13, 2017, https://news.sap.com/sap-teched-video-chatbot-

invasion-at-work
09 Susan Galer, "What to Do About the Chatbot Invasion at Work", SAP, February 13, 2017, https://news.sap.com/sap-teched-video-chatbot-invasion-at-work
10 Accenture, "Atyourservice.Embracingthedisruptivepowerofchatbots", 2017, https://www.accenture.com/t20170503T135801Z_w_/us-en/_acnmedia/PDF-47/Accenture-At-Your-Service-Embracing-Chatbots.pdf
11 "Oracle Delivers Personalized Digital Assistants for the Enterprise", Oracle OpenWorld, October 23, 2018, https://www.oracle.com/corporate/pressrelease/oow18-digital-assistant-102318. html?source=:ex:nc:::RC_WWMK180119P00044:Digassistantrelease&SC=:ex:nc:::RC_WWMK180119P00044:Digassistantrelease&pcode=WWMK180119P00044
12 Wikipedia entry on Cognitive behavioral therapy, December 06, 2017, https://en.wikipedia.org/wiki/Cognitive_behavioral_therapy
13 Kathleen Kara Fitzpatrick, "Delivering Cognitive Behavior Therapy to Young Adults With Symptoms of Depression and Anxiety Using a Fully Automated Conversational Agent(Woebot): A Randomized Controlled Trial", JMIR Publications, June 06, 2017, https://mental.jmir.org/2017/2/e19
14 Kathleen Kara Fitzpatrick, "Delivering Cognitive Behavior Therapy to Young Adults With Symptoms of Depression and Anxiety Using a Fully Automated Conversational Agent(Woebot): A Randomized Controlled Trial", JMIR Publications, June 06, 2017, https://mental.jmir.org/2017/2/e19
15 Kathleen Kara Fitzpatrick, "Delivering Cognitive Behavior Therapy to Young Adults With Symptoms of Depression and Anxiety Using a Fully Automated Conversational Agent(Woebot): A Randomized Controlled Trial", JMIR Publications, June 06, 2017, https://mental.jmir.org/2017/2/e19
16 Chris McGrath, "Chatbot Vocabulary: 10 Chatbot Terms You Need to Know, Chatbot Magazine", Chatbot Magazine, August 01, 2017, https://chatbotsmagazine.com/chatbot-vocabulary-10-chatbot-terms-you-need-to-know-3911b1ef31b4
17 Joe Kozhava, "Build your chatbot with Watson Conversation and entities from Watson NLU", IBM, May 03, 2017, https://developer.ibm.com/dwblog/2017/chatbot-watson-conversation-natural-language-

understanding-nlu

18 Brij Raj Singh, "Chat Bots—Designing Intents and Entities for your NLP Models", Medium, January 29, 2017, https://medium.com/@brijrajsingh/chat-bots-designing-intents-and-entities-for-your-nlp-models-35c385b7730d

제5장

인공지능은 어떻게 잡마켓을 변화시키는가?

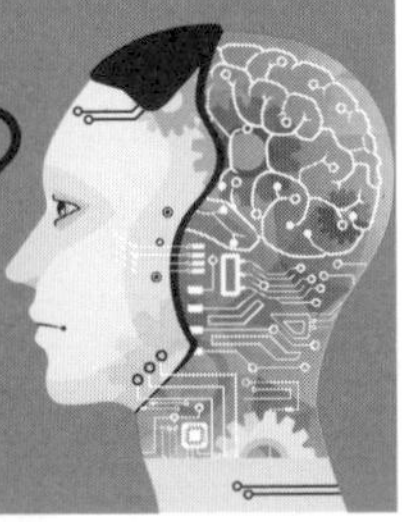

그림 5.1 | 5장의 주제

5장에서는 현재 개발되고 있는 신기술의 직접적인 결과로 향후 잡마켓이 직면하게 될 잠재적인 변화와 도전과제에 대해 설명할 것이다. AI 기술 확산은 우리 삶과 사회에 큰 변화를 유발할 것이다. 더불어 나노 기술(nanotechnology), 양자컴퓨팅(quantum computing), 블록체인(blockchain), 생명공학(biotechnology), 사물인터넷(Internet of Things), 가상현실(virtual reality), 증강현실(augmented reality), 3D 프린팅(3D printing)과 같은 다양한 기하급수 기술들의 급속한 발전도 다양한 방식으로 우리의 삶과 사회에 영향을 미칠 것이다. 이러한

기술들은 함께 작동하도록 개발되고 적응됨에 따라 사회가 다양한 부분에서 극적이고 빠르게 변화할 것이다. 또한 COVID-19 대유행은 첨단 기술이 우리 삶에서 해야 할 중요한 역할을 빠르게 변화시킬 것이다. 우리의 미래가 어떻게 변화할지 확실히 예측하는 것은 불가능하다. '메가트렌드 2017(Megatrends 2017)' 보고서에서 핀란드 혁신기금 시트라(Sitra)는 다음과 같이 미래 업무 특성을 제시하였다.

- 한 가지 가능성은 상대적으로 적은 수의 사람들만 고용될 것이고, 심지어 보다 적은 수의 사람들만이 그들이 하는 일에서 혜택을 얻을 것이다.
- 또 다른 가능성은 일의 본질은 바뀌겠지만, 모든 사람에게 많은 보수를 주는 일이 나타날 것이다.[01]

아무도 미래의 사회가 어떻게 변화될지 확실히 알지 못하지만 유일한 확신은 AI 기술이 사회를 변화시킨다는 것이다. 수백만 개의 일자리가 자동화, 인공지능, 로봇화로 대체될 가능성이 높지만, 반면에 새로운 유형의 일자리가 창출될 가능성도 높다. 하지만 인공지능에 의해 창출될 새로운 일자리에 필요한 기술과 인공지능에 의해 일자리를 잃게 될 노동자들 사이에는 큰 불일치가 있다. 이러한 이유로 AI 기술에 대한 충분한 수준의 성인을 대상으로 한 직무 훈련이 필요하다. 나는 이것이 가까운 미래에 사회가 직면하게 될 가장 복잡한 도전과제라고 믿고 있으며, 안타깝게도 우리는 아직 이러한 변화에 대해 준비되어 있지 않다. 이러한 이유로 우리는 미래 기술에 보다 적극적으로 접근하기 위해 지금 이 문제를 심각하게 고려하기 시작해야 한다. 5장에서는 로봇과 자동화 기술의 발달로 인해 직장에서 쫓겨나는 사람들과 관련된 몇 가지 문제에 대해 알아본다. 또한 현재 어떤 산업이 성장하고 있는지를 살펴보고, 몇몇 흥미로운 AI 관련 직업들을 찾아본다. 마지막으로 나는 보편적 기본소득의 개념을 살펴보고 이 개념의 장점과 단점을 설명한다.

041 자동화와 로봇 기술로 인해 얼마나 많은 일자리가 줄어드는가?

아마도 AI 기술이 계속 발전하면서 발생하는 가장 큰 질문은 로봇이 전통적인 노동자들과 같은 일을 할 수 있게 되면서 인간 노동력을 대체할 것인가이다.

- '고용의 미래: 직업이 컴퓨터화에 얼마나 취약할까?(The Future of Employment: How Susceptible are Jobs to Computerisation?)'라는 널리 인용된 보고서에서 옥스퍼드대학교의 연구원 칼 베네딕트 프레이(Carl Benedikt Frey)와 마이클 A. 오스본(Michael A. Osborne)은 직업들이 컴퓨터화에 매우 민감하게 영향을 받을 것이라고 하였다. 그들은 미국 근로자의 최대 47%가 향후 20년 동안 자동화 때문에 일자리를 잃을 위협에 직면할 것이라고 밝혔다. 이 보고서는 많은 인간 근로자들이 로봇과 AI 기술로 대체될 것을 시사한 최초의 연구 결과였다.[02]
- 맥킨지 글로벌 연구소(McKinsey Global Institute)가 실시한 조사를 바탕으로 작성된 '미래의 직업: 자동화, 고용, 생산성(A Future That Works: Automation, Employment and Productivity)'이라는 보고서에서 미래 우리 업무의 거의 절반이 2055년까지 어떤 형태로든 로봇에 의해 수행될 것이라고 예측하였다. 흥미롭게도 이 보고서는 전체 업무보다는 자동화될 가능성이 높은 특정 업무와 활동에 초점을 맞추고 있다.[03]

맥킨지가 최근에 실시한 또 다른 조사에서는 2030년까지 4~8억 명의 근로자들이 자동화 시스템으로 일자리를 잃을 수 있다고 추정하였다.[04]

분명히 시스템 자동화는 사람들이 다른 일을 하도록 새로운 기술을 배우게 할 것이다. 이러한 이유로 정부가 자동화에 따른 실직에 대응하기 위해 재교육 프로그램을 만드는 것은 중요하며, 많은 사람들이 실직에 따른 재정적인 부담을 덜어줄 방법을 고안하는 것도 중요하다. 예를 들면, 정부는 보편적 기본소득과 같은 보조소득 프로그램(supplemental income programs)을 시행함으로써 실직자들에게 도움을 줄 수 있다. 이 개념은 5장 뒷부분에서 논의하도록 할 것이다.

이 전환기는 급격한 기술 발전으로 가까운 미래에 우리가 직면하게 될 어려운 도전과제일 것이다. 이 문제는 국가 간, 공공 부문 간, 민간 부문 간에 사전에 예방을 위한 협력이 필요하고, 다양한 전문가들의 의견을 필요로 한다.

2020년 COVID-19 대유행은 잡마켓을 포함한 모든 것을 변화시켰다. 그 결과 나온 위생 준수 및 사회적 거리두기 지침 준수를 위해, 다양한 산업에 걸쳐 있는 기업들은 훨씬 더 많은 일자리를 자율주행 기술, 로봇, AI로 대체하게 될 것이다. 또한 COVID-19 대유행은 많은 혁신과 인공지능을 이용하는 창조적인 새로운 업무처리 방법의 생성을 촉진시킬 것이다.

얼마나 많은 일자리가 영구적으로 AI 기술로 대체될 것인지는 추정하기 어렵고, COVID-19 대유행은 일자리 문제를 더욱 복잡하게 만들었다. 시카고대학교(University of Chicago)의 연구원들은 2020년 5월에 COVID-19 대유행으로 인해 잃은 미국 일자리의 약 42%가 다시는 돌아오지 않을 것이라는 보고서를 발표했다. 이러한 직업들 중 대부분은 '전통적인 경제(traditional economy)'의 일부이다. 그러나 COVID-19 대유행 이후 세계에서는 많은 기업과 일자리가 디지털 경제로 전환되거나 교체되거나 더 이상 필요하지 않게 될 것이다.

042 어떤 직업이 로봇으로 대체되는가?

사람들의 직업이 향후 5~10년 안에 로봇으로 채워질지 알고 싶은가? AI 기술이 계속해서 발전함에 따라 사람들은 미래에 로봇이 인간 노동자를 대체할 수 있는 일자리의 수와 종류에 대해 많은 걱정을 하고 있다. 이는 근거 없는 걱정거리가 아니다. 사실 직업의 미래에 대한 지식을 지금보다 더 많이 확산하는 것이 결코 중요했던 시기는 없다. 그래서 일하는 사람들은 다가오는 노동력의 변화에 미리 대비하면서 새로운 기술을 학습하고 습득할 기회를 가질 수 있다.

대만의 벤처 투자가이자 기술 임원인 카이푸 리(Kai-Fu Lee) 박사는 수많은 AI 기업에 투자하는 벤처캐피털 회사인 시노베이션 벤처스(Sinovation Ventures)의 설립자이다. 인공지능 전문가 중 한 명인 그는 미래에 로봇으로 대체될 가능성이 가장 높은 직업을 파악하는 데 도움이 되는 매력적인 공식을 개발했다. 그는 다음과 같은 이야기를 하였다.

> "생각하는 데 5초도 걸리지 않는 모든 업무는 로봇에 의해 이루어질 것이다."[05]

나는 개인적으로 이 주장이 매우 마음에 와닿고 매우 유용한 지침이라는 것을 알았다. 당신은 잠시 시간을 내어 자신의 일을 생각해 보고, 그렇게 할 때 먼저 5초 이상 생각하지 않고도 일상 업무를 수행할 수 있는 것이 무엇인지 자문해 보길 바란다. 당신이 현재의 문제를 대체하는 데 있어 보다 복잡하거나 창의적인 업무를 수행할 수 있는 새로운 기술을 습득할 수 있을까?

〈로봇의 부상: 인공지능의 진화와 미래의 실직 위협(*Rise of the Robots: Technology and the Threat of a Jobless Future*)〉의 저자인 마틴 포드(Martin Ford)도 일상적이고 반복적인 업무가 로봇에게 먼저 할당될 것이라는 사실을 강조하였다.

> "나는 개인적으로 미래에는 일자리가 줄어드는 상황에 처할 것이라고 믿는다. 그리고 줄어드는 일자리는 특히 일정 수준에서 일상적인 일이나 반복적인 일이 될 것이다. 이와 관련된 많은 일자리가 사라질 것이다."[06]

자동화되거나 반복되는 업무를 논할 때 대부분의 사람들은 저소득층 일자리를 먼저 생각하는 경향이 있다. 하지만 로봇과 인공지능 기술은 많은 화이트칼라 근로자들을 대체할 수 있을 것이다.

이 분야의 몇몇 전문가들에 따르면 데이터 분석과 동향을 파악하는 일자리도 로봇에게 주어지는 첫 번째 일자리가 될 것이라고 한다. 여기에는 분석과 동향에 의존하는 헬스케어 분야와 금융 산업 분야의 일자리가 포함된다.

로봇 기술에 의해 화이트칼라 일자리가 없어지는 사례는 이미 다양하게 나타나고 있다. 금융 분야에서는 한때 뉴욕 지사에 600명의 트레이더를 고용했던 미국 투자은행 골드만삭스(Goldman Sachs) 그룹은 이제 단지 두 명의 인간 트레이더와 일련의 AI 도구에 의해 동일한 업무를 수행하고 있다.[07]

작업장에서 추가적인 변화는 운송 산업 내에서 이루어질 것이다. 이미 자율주행차는 택시 운전과 같은 전통적인 직업을 대체하기 시작하고 있다. 시간이 지나면서 보트와 배달 트럭을 포함한 모든 종류의 차량이 운전자를 필요로 하지 않는 것을 보인다. 그러나 이러한 자율주행 기술의 구현에는 다소

시간이 걸릴 것으로 보인다.

[그림 5.2]는 자율주행차의 새로운 시대로 인해 위험에 처할 가능성이 있는 64개의 일자리를 보여주고 있다. 이 정보는 미래학자 토마스 프레이(Thomas Frey)에 의해 작성되었는데, 그는 우리가 자율주행차를 채택하기 시작하면서 더 많은 종류의 직업들이 실제로 대체될 수도 있다고 하였다.

로봇으로 대체될 인간의 직업을 예측하는 한 가지 유용한 방법은 공감, 직관, 감성지능, 협상, 복잡한 의사소통, 코칭, 창의성과 같은 기본적인 인간의 자질을 거의 이용하지 않아도 되는 업무를 고려하는 것이다.

맥킨지 보고서는 우리가 가장 먼저 자동화될 직업의 종류를 예측할 수 있는 방법은 예측 가능한 환경에서 육체노동을 수반하는 직업들을 식별하는 것이라고 제안하고 있다. 이러한 종류의 직업에는 조립라인, 청소, 패스트푸

그림 5.2 | 자율주행차 시대에 사라질 64가지 직업

자율주행 자동차 관련 사라질 직업	그 밖의 자율주행차 관련 사라질 직업	특수 자동차 운전자	농기구 및 차량 정부 운전자
1. 택시 운전자(Taxi drivers) 2. 우버 드라이버(Uber drivers) 3. 택배 일(Delivery jobs) 4. 배송 일(Courier jobs) 5. 버스 운전자(Bus drivers) 6. 트럭 운전자(Truck drivers) 7. 발레 파킹 요원(Valet jobs) 8. 일반 운전기사 및 리무진 운전자 (Chauffeurs and limo drivers)	9. 도로 건설 시 깃발로 안내하는 사람 (Road construction flag people) 10. 운전자 교육 강사(Drivers-Ed teacher) 11. 방어운전 학원(Defensive driving schools) 12. 교통 분석가(Traffic analyst) 13. 자동차 면허 및 등록 요원(Car licensing and registration) 14. 운전 테스트 요원(Drivers test people) 15. 자동차 렌탈 관리자(Rental car agents) 16. 충돌 테스트 관리자(Crash testers)	18. 지게차 운전자(Forklift drivers) 19. 잔디 깍기 운전자 (Lawnmower operator) 20. 제설차량 운전자(Snowplow operator) 21. 소방 트럭 운전자(Fire truck drivers) 22. 수상 택시 운전자(Water taxies) 23. 앰뷸런스 운전자(Ambulance drivers) 24. 청소차 운전자(Trash truck drivers)	25. 트랙터 운전자(Tractor drivers) 26. 콤바인 운전자(Combine operator) 27. 스웨더 운전자(Swather operator) 28. 베일러 운전자(Bailer operator) 29. 분무기 운전자(Sprayer operator) 30. 말 트레일러 운전자(Horse trailer drivers) 31. 곡물 트럭 운전자(Grain truck operator) 32. 과일 자동 수확기 운전자 (Automated fruit harvester operator)
건설장비 차량 운전자	**자동차 판매, 금융, 보험 산업 관련 직무**	**그 밖에 사라질 직업**	**차량 수리 및 소비자 관련 사라질 직업**
33. 크레인 조작자(Crane operator) 34. 도로 점용 운영자(Road grader operator) 35. 흙 파는 기계 운영자(Earth mover) 36. 환경 미화 운영자(Street sweeper operator) 37. 굴착기 운영자(Backhoe operator) 38. 트렌처 운영자(Trencher operator) 39. 시맨트 트럭 운영자 (Cement truck operator) 40. 연료 트럭 운영자(Fuel truck operator)	41. 신차와 중고차 판매사원(Auto sales - new and used) 42. 회계 관리자(Account managers) 43. 자동차 경매(Auto auction) 44. 신용관리자(Credit managers) 45. 대출 인수자(Loan underwriters) 46. 보험 에이전트 및 판매 부서 (Insurance agents and sales reps) 47. 보험 클레임 조정자 (Insurance claim adjusters) 48. 보험 콜센터 대리점(Insurance call center agents)	49. 뉴스 교통 리포터(traffic reports on the news) 50. 음주검문요원(sobriety checkpoint people) 51. 자동차산업 로비스트(auto industry lobbyists) 52 신호등 설치자(stoplight installers) 53. 갱도 수리공(pothole repair people) 54. 배기가스 배출 시험자(emission testers) 55. 도로 및 주차장 관리자(Road and parking lot stripers) 56. 심야 수리 사원(Night repair crews)	57. 길가 보조 안내(Roadside assistant) 58. 자동 수리점(Auto repair shop) 59. 자동차 차체 공장(Body shop) 60. 견인차(Tow truck) 61. 유리 수리(Glass repair) 62. 자동 자물쇠 관련 업종(Auto locksmiths) 63. 트랜스미션 수리점(Transmission repair shop) 64. 자동차 부품점(Auto part shop)

출처: Thomas frey futurist speaker/www.futuristspeaker.com

드 직종이 포함된다.[08]

당신의 업무가 자동화될 가능성이 있는지 알고 싶은가? 그렇다면 다음 내용을 살펴보기 바란다.

- **로봇이 내가 하는 일을 맡게 될까?**: 직업을 입력하기만 하면 퍼센트의 형태로 직업이 인간에서 로봇 노동자로 전환될 확률을 발견할 수 있다. 이 결과는 프레이(Frey)와 오스본(Osborne)이 앞서 언급한 '고용의 미래: 직업이 컴퓨터화에 얼마나 취약할까?(The Future of Employment: How Susceptible are Jobs to Computerisation?)'라는 보고서를 기반으로 한다.[09] 이에 대한 자세한 내용은 다음 웹사이트를 참고하기 바란다: https://willrobotstakemyjob.com.
- **로봇이 당신 업무를 수행할 수 있을까?**: '파이낸셜 타임즈(Financial Times)'가 맥킨지가 실시한 조사를 기반으로 만든 이 AI 도구는 자동화

그림 5.3 | 파이낸셜 타임즈, 로봇이 여러분의 일을 할 수 있는가?

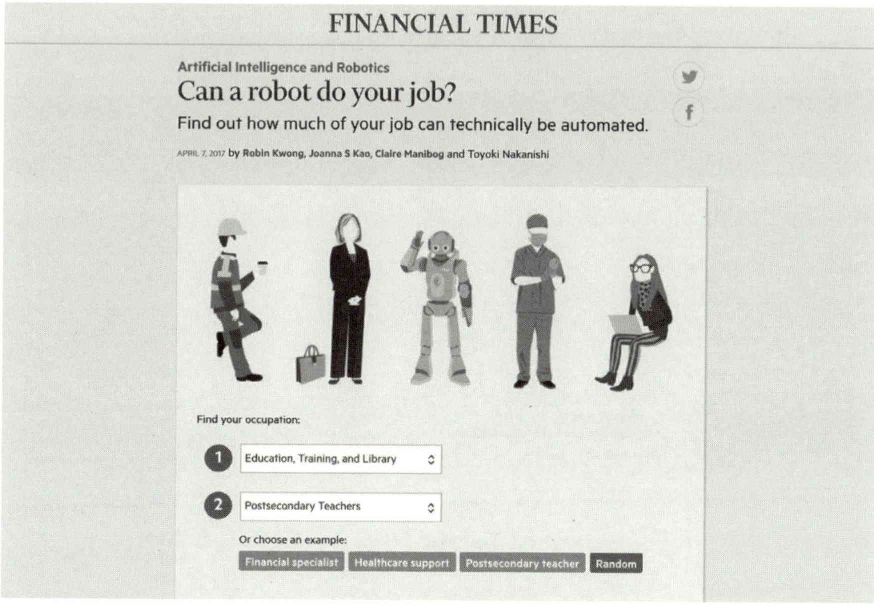

출처: https://ig.ft.com/can-a-robot-do-your-job

될 가능성이 높은 전체 업무가 아닌 특정 업무에 초점을 맞추었다.[10] 이 AI 도구에 대한 자세한 내용은 다음 웹사이트를 참고하기 바란다: https://ig.ft.com/can-a-robot-do-your-job.

예를 들면, 맥킨지 조사에 따르면 만약 당신이 중등교사라면 AI 도구는 당신이 정기적으로 수행하는 57개의 활동 중 9개가 AI 로봇에 의해 수행될 수 있다는 것을 보여주고, AI 로봇이 수행할 수 없는 48개 업무를 나열할 것이다.

이러한 종류의 도구는 일의 본질에 대한 우리의 사고 과정을 변화시키는 데 도움을 줄 수 있을 뿐만 아니라, 인간 노동자들에게 가장 적합한 미래의 업무와 기회의 설계에 도움을 줄 것이다.

043 로봇 기술로 대체하기 더 어려운 직업은 무엇인가?

앞서 다른 단원에서 논의했듯이 미래에는 AI 기술로 대체될 수 있는 많은 직업들이 있다. 하지만 로봇이 수행하기에 적합하지 않은 많은 범주의 업무들이 여전히 있다.

옥스퍼드 마틴 스쿨(Oxford Martin School)의 한 연구는 로봇으로 대체될 가능성이 낮은 직업을 세 가지 기본 범주로 분류했는데, 그 내용은 다음과 같다.

1. 직접 조작이 필요한 직업

- 구강외과
- 메이크업 아티스트
- 지압사
- 소방관

2. 창의력이 필요한 직업

- 안무가
- 큐레이터
- 예술감독

3. 사회적 인식이 필요한 직업
    - 정신건강 종사자
    - 성직자
    - 간호사
    - 코치와 스카우트[11]

[그림 5.4]는 이러한 범주와 위의 각 예가 자동화될 확률을 보여준다.

그림 5.4 | 자동화할 수 없는 직업

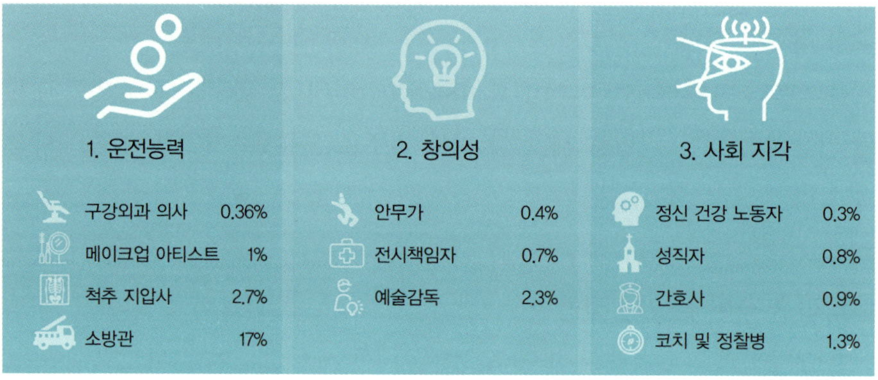

출처: University of Oxford

각각의 범주에는 여기에 언급되지 않은 여러 가지 다른 기술과 업무도 있다. 이 연구는 로봇 노동자로 대체하기 어려운 직업의 종류에 대한 한 사례에 불과하다. 나는 다음과 같은 일부 업무를 자동화하기 어렵게 만드는 요인을 발견했다.

1. **대량의 데이터를 포함하지 않는 업무**: 위의 세 가지 범주에 나열된 직업 중 대량의 데이터를 분석하거나 수집하는 직업은 없다. 이와는 대조적으로 수치와 추세가 일상 업무에서 큰 부분을 차지하는 금융 부문에서 누군가가 수행하는 일의 종류를 생각해 보라. 분명히 이것은 금융과 같

은 분야의 모든 직업이 AI 기술로 인해 사라질 것을 의미하지는 않는다. 단순히 그것들이 데이터를 다루지 않는 것보다 대체하기가 일반적으로 쉽다는 것을 의미한다. 또한 데이터를 수집하고 분석하는 AI 도구의 구현은 아직 존재하지 않는 새로운 종류의 일자리를 창출할 수 있다.

2. **사람의 상호작용에 기반한 업무**: 위에 열거된 각각의 직업은 어느 정도의 대인 커뮤니케이션을 포함한다. 이것은 항상 사람이 AI 시스템보다 우월한 영역이 될 것이다. 이러한 이유로 강한 의사소통 기술을 개발하는 것은 미래에 이러한 종류의 직업들에 대한 잡마켓에서 당신의 가치를 높일 것이다.
3. **최소한의 반복 또는 일상적인 업무**: 반복적인 업무는 로봇 도구가 잘하는 일 중 하나이기 때문에 매일매일 크게 달라지는 일은 AI 기술로 대체될 가능성이 적다.
4. **단순한 관찰로 배우기 어려운 업무**: AI 도구는 모니터와 카메라에 의존하여 데이터를 수집하고 학습한다. 따라서 높은 수준의 직관력이나 유연성이 요구되는 업무는 대체하기가 더 어려울 것이다.

잠시 이 네 가지 요소를 생각해 보자. AI 도구로 대체하기 더 쉽거나 더 어려운 일부 직업군에 대해 생각해 보자. 당신은 연습을 자주 반복할수록 미래에 계속해서 필요로 하는 기술을 잘 습득할 것이고, 미래 잡마켓을 더 잘 이해할 수 있을 것이다. 또한 교차 영역 사고가 필요한 직업은 로봇에게 적합하지 않으므로 대학과 다른 교육기관에 의해 더 적극적으로 홍보되어야 한다.[12] 또한 본질적으로 예측할 수 없는 직업은 로봇이 수행하기가 어려운 경향이 있다.

사람들에게 AI 도구가 워크플로우를 돕는 데 이용되는 것을 고려하는 것을 나는 제안한다. 여기에는 다양한 AI 기반 애플리케이션을 테스트하고, 인공지능을 위한 잠재적 애플리케이션을 교육하는 것도 포함된다. 또한 3D 프린팅, 나노 기술, 양자컴퓨팅, 블록체인, 생명공학 기술, 사물인터넷, 가상현실, 증강현실과 같은 다른 신기술들이 직장에서 당신 업무에 어떻게 도움을 줄 수 있는지 연구하는 것을 제안한다.

또한 디지털 경제 시대에 필요한 기술을 배우기를 열망하는 사람들과 디지털 업무에 익숙한 사람들은 COVID-19 대유행 이후의 세계에서 더 많은 취업 기회를 마주하게 될 것이다.

044 인공지능이 경제 성장에 도움이 되는가?

전문가들은 인공지능, 자동화, 로봇이 생산성과 효율성을 크게 향상시켜 제품과 서비스를 이전보다 더 빨리 생산하고 제공할 수 있게 될 것으로 믿고 있다. 이러한 기술에 선도적 우위를 점하고 있는 기업에게 엄청난 기회가 창출될 것이다.

미래학자 토마스 프레이(Thomas Frey)는 그의 저서 〈에피파니 Z(*Epiphany Z*)〉에서 "자동화를 통해 모든 노력이 기하급수적으로 감소할 때마다 역량이 동등하고 반대되는 기하급수적 증가를 유발한다"라고 말하며, '기하급수적 역량의 법칙(the law of exponential capabilities)'으로 알려진 흥미로운 개념을 강조하였다. 기본적으로 이것은 작업을 수행하는 데 시간이 덜 걸릴 때 전체적으로 더 많은 수의 작업을 수행할 수 있음을 의미한다.[13]

세계의 AI 전문가들은 인공지능이 전 세계 사람들의 실무 경험을 돕고 향상시킬 것이라고 믿고 있다. IBM 왓슨의 첫 번째 관리자인 마노지 삭세나(Manoj Saxena)는 "인공지능을 통해 일자리를 획기적으로 향상시키고 개선할 전 세계 근로자들이 13억 명 있다"고 말하였다.[14]

개인적으로 나는 마노지 삭세나의 견해에 동의하지만 사람들은 인공지능이 자신의 워크플로우에 미치는 장점과 애플리케이션을 이해하기 위해서는 해결해야 할 엄청난 지식 차이가 있다. 이것이 내가 이 책을 쓰도록 동기 부여된 주요 이유이다.

인공지능이 개선할 수 있는 다양한 비즈니스 프로세스를 고려하면 인공지능이 생산성을 얼마나 높게 향상시킬 수 있을지 쉽게 상상할 수 있다. 액센츄어 컨설팅이 실시한 한 조사는 핀란드, 스웨덴, 미국을 포함한 일부 국가에서는 이러한 AI 기술 때문에 2035년까지 노동 생산성이 35~37% 증가할 수 있다고 결론지었다.[15]

또한 이 조사에서 인공지능 도구가 2035년까지 12개 선진국의 국내총생산(GDP)을 두 배로 늘릴 수 있는 능력을 가지고 있다고 하였다. 또한 이 조사에서는 AI 도구가 발전하는 세 가지 방향을 제시했다.

- **인텔리전트 자동화(Intelligent Automation)**: AI 도구는 자체 학습이 가능하고 복잡한 물리적 작업도 자동화할 수 있기 때문에 생산 효율성을 높일 수 있다.
- **노동 자본 자동화(Labor Capital Automation)**: AI 도구는 근로자들이 자신이 가장 잘하는 일에만 집중할 수 있도록 도울 수 있다.
- **혁신 확산(Innovation Diffusion)**: AI 도구는 혁신을 추진할 수 있는 잠재력을 가지고 있다.[16]

인공지능이 반복적이거나 데이터 집약적인 작업을 자동화하는 데 이용될 때, 인공지능은 인공지능과 인적자원 양쪽에서 최상의 잠재력을 활용하여 근로자들이 할 수 있는 작업에 집중할 수 있는 기회를 창출한다. 또한 포레스터 리서치(Forrester Research)의 조사에 따르면 AI 도구와 자동화의 직접적인 결과로 향후 10년간 미국에서만 약 1,500만 개의 새로운 일자리가 창출될 것으로 추산된다. 이는 현재 미국 노동력의 10%에 해당하는 수치이다.[17]

인공지능이 많은 기회를 계속해서 창출할 산업은 헬스케어 분야이다. AI 기술은 의학의 실천에 도움이 되는 새로운 애플리케이션을 만들 뿐만 아니라, 아마도 기술 애플리케이션(예, 게임)과 장치(예, 스마트폰)에 대한 중독

증상 치료를 위한 부가적인 도구 개발을 지원해 줄 것이다. 이러한 중독증상은 기기 과용에 따라 나타나거나 가상현실 환경에서 비롯된 대인관계 기술의 부족에 의해 나타난다. 그렇기 때문에 나는 새로운 기술의 구현에 있어 절제를 권한다.

파리 기후협정(Paris Climate Accord)의 요구사항 때문에 많은 국가들은 곧 재생 에너지 기술(renewable energy technologies) 구현을 위한 조치를 취해야 할 것이다. 이러한 요구를 충족시키는 제품의 제조, 개발, 설치 분야에서 상당한 일자리가 창출될 것이다. 한 연구에서는 풍력 에너지, 태양광 에너지, 에너지 효율 분야에서만 최대 1,000만 개의 새로운 일자리를 창출할 수 있을 것이라고 하였다.[18]

개인적으로 나는 경제 이론가이자 정치 고문인 제레미 리프킨(Jeremy Rifkin)의 위대한 업적에 감탄한다. 제레미 리프킨은 독일과 중국 정부에게 재생 에너지 전략을 통한 장기적인 경제의 지속 가능성 계획을 수립하라고 조언하였다. 이러한 지속 가능성 계획들은 수천 개의 새로운 일자리를 창출한다. 그렇기 때문에 보다 많은 정부들이 이러한 지속 가능성 계획을 시행하는 데 관심을 가져야 한다. 제레미 리프킨의 베스트셀러인 〈한계비용 제로 사회: 사물인터넷과 공유경제의 부상(*Zero Marginal Cost Society: The Internet of Things, the Collaborative Commons, and the Eclipse of Capitalism*)〉[1)]에서 보다 다양한 정보를 얻을 수 있다.

또한 유튜브에서 다큐멘터리 영화인 '3차 산업혁명: 급진적인 새로운 공유경제(The Third Industrial Revolution: A Radical New Sharing Economy)'를 통해 보다 많은 정보를 얻을 수 있을 것이다. 자세한 내용은 다음의 웹사이트를 참고하기 바란다: https://youtu.be/QX3M8Ka9vUA.

---

1) [역주] 이 책은 국내에 〈한계비용 제로 사회: 사물인터넷과 공유경제의 부상〉이라는 제목으로 번역서가 출간되었다.

게다가 감성지능, 창의력, 사회적 기술을 포함하여 '소프트 휴먼 스킬(soft human skills)'은 미래의 잡마켓에서 보다 높은 가치를 지니게 될 것이며, 미래 기업들은 소프트 휴먼 스킬을 가진 사람들에게 새롭고 흥미로운 직업 선택권을 제공할 것이다.

045 인공지능에 관한 교육을 어떻게 촉진해야 하는가?

기술이 계속해서 발전하고, 확장하고, 새롭고 혁신적인 방식으로 적용됨에 따라 사전에 예측하기 어려운 많은 직업과 비즈니스 기회가 나타날 것이다. 모든 교육 수준에서 신속하게 사전 예방적인 조치를 취함으로써 변화에 대비하기 위해 최선을 다하는 것이 필수적이다.

미래 사회로 가면서 우리는 교육을 새로운 AI 세계와 양립할 수 있도록 변화시킬 필요가 있다. 여기에는 시대에 뒤떨어진 교육 모델과 교육 방법을 포기하고 새로운 것을 포용하는 것도 포함된다. 예를 들면, 로봇과 인공지능이 미래에 수행할 일을 위해 사람들을 계속 훈련시키는 것은 이치에 맞지 않는다. 또한 많은 서구 국가들에서 교육은 여전히 1970년대와 1980년대에 중요했던 전통적인 교수 습관에 너무 집중되어 있다. 예를 들면, 방대한 양의 정보를 암기하거나 어려운 수학적 계산을 할 수 있다. 이러한 유형의 교육 방식은 더 이상 필요하지 않거나 오늘날의 세계에서 적절하지 않다.

다음은 다양한 교육 수준에 따른 AI 교육 방안이다.

- **우선적인 초등학교 교육**: 인간의 기술은 감성적 · 사회적 지능, 비판적 사고, 창의력 그리고 개인적 발전과 자기 지식과 같은 것이 권장되어야 한다. 컴퓨터적 사고와 자동화의 기본 개념은 아이들이 미래의 세계를 더 잘 이해하고 흥미를 갖도록 도와주기 때문에 필수적이다. 마찬가지로 교육, 윤리, 가치관, 신체적 복지, 정신적 복지의 기본적인 문제들이 점점 더 중요해지고 있다. 교차문화 기술과 의사소통 기술의 가르침 또

한 무시되어서는 안 될 것이다.

- **이차적인 고등학교 교육**: 초등학교에서 가르치는 모든 과목들은 계속 교육되어야 하고, 그 교육 과정에는 인공지능과 기하급수 기술에 대한 더 구체적인 자료가 제공되어야 한다. 또한 노동시장에서 잠재적인 새로운 일자리에 대한 교육을 포함하고 기업가처럼 생각하는 학습의 중요성을 강조하는 것도 중요하다. 중국에서 인공지능은 현재 전국 중등학교에서 과목으로 가르치고 있다. 중국 정부는 이미 인공지능에 관한 교과서를 제작했는데, 이 교과서는 이런 목적으로 학교에서 교육 도구로 이용되고 있다. 이 책에는 인공지능에 대한 정보뿐만 아니라 안면인식, 공공 안전, 자율주행 자동차와 같은 젊은 사람들이 어떻게 세상을 바꿀 것인지를 이해하도록 돕는 AI 도구에 대한 중요한 내용이 포함되어 있다.
- **고등교육**: 고등교육 단원에서 설명한 것처럼 이차적인 방법에 의한 교육은 지속되어야 하며, 더불어 평생교육도 중요하다. 예를 들어, 여기에는 기하급수 기술과 관련된 다양한 직업을 준비하기 위한 3~4개월의 단기 교육 과정을 이수하는 것도 포함된다.

교육은 거기서 멈추지 말아야 한다. 다음 장은 AI 시대에 가치 있게 여길 구체적인 훈련법에 대해 설명할 것이다. 그러한 훈련법 중 가장 중요한 것은 지속적인 학습이다. 근로자들이 급변하는 잡마켓에서 나이에 상관없이 새로운 기술을 지속적으로 습득하기 위해서 평생교육을 열심히 수행하는 것이 중요하다.

교육의 중요성을 강조하는 대표적인 국가로는 핀란드가 있다. 이러한 경향은 인공지능 교육 분야에서도 지속되고 있다. 핀란드 정부는 AI 교육을 육성하기 위한 정책으로 대학교에 인공지능 관련 과목에 대한 단기 강좌를 개설하도록 보조금을 지급하는 프로그램을 운영하고 있다.

또한 핀란드 정부는 인공지능과 자동화 발전에 따른 잡마켓의 변화로 100만 명 정도의 근로자들을 재교육할 수 있는 시설을 만들어야 한다는 정책 보고서를 발표하였다. 이 규모는 핀란드 근로자의 40%에 해당한다. 이 사실은 각 국가 노동자의 약 40%가 인공지능으로 일자리가 대체되어 어떠한 형태로든 새로운 기술을 배워야 한다는 의미로 해석될 수 있다. 이 사실은 공공부문과 민간 부문 모두에서 조치가 취해져야 하는 커다란 사회적 도전과제임을 알려준다.

AI 적응에 대한 교육이 학교와 직업훈련센터에만 국한되어서는 안 된다. 만약 우리가 인공지능으로부터 가장 큰 보상을 받고 싶다면, 그것에 대한 지식을 사회 전체에 공유하는 것이 중요하다. 우리 사회가 인공지능에 대한 정보를 더 많이 공유할수록 그 혜택은 전 세계 사람들에게 보다 많이 제공될 것이다.

046 가장 일반적인 인공지능 관련 직업은 무엇인가?

만약 여러분이 인공지능의 기술적 측면에 관심이 있다면, 이미 많은 고용 기회를 얻었을 것이다. 현재 대부분 주요 기업에서는 AI 기술 개발이 최우선 과제이며, 우수한 AI 인력을 찾고 있다.

현재 구직 포털에서 가장 수요가 많은 부분은 AI 관련 일자리로, 예를 들면 데이터 과학자, 소프트웨어 엔지니어, 연구 과학자, 기계학습 전문가, 딥러닝 전문가 등이 있다.

우리는 다양한 온라인 과정을 통해 AI 주제에 대해 배울 수 있다. 당신이 이러한 교육 과정을 완료하고 나면, 이력서에 추가할 수 있는 졸업증, 자격증, 링크드인(LinkedIn) 프로필에 표시할 수 있는 인증서를 얻을 것이다.

그러나 기업과 개인이 기업과 사회의 이익을 위해 AI 기술을 적용하도록 도울 수 있는 방법뿐만 아니라 인공지능이 작동하는 방식을 이해하는 전문가들에 대한 요구는 더 커질 것이다. 다음은 미래에 수요가 있을 것으로 예상되는 AI 관련 작업에 대한 몇 가지 사례이다.

- **AI 챗봇 디자이너(AI Chatbot Designer)**: 이들은 AI 기반 챗봇을 설계할 줄 아는 전문가로, 기본적인 고객 서비스 요구에 부응하고 긍정적인 이용자 경험을 제공한다.
- **AI 디지털 마케팅 전문가(AI Digital Marketing Expert)**: 이들은 보다 효과적인 마케팅 전략을 수립하기 위해 인공지능을 이용하는 다양한 디지털 마케팅과 소셜 미디어 도구를 활용하는 방법을 잘 아는 사람이다.

- **AI 비즈니스 전략 컨설턴트(AI Business Strategy Consultant)**: 이들은 회사를 분석하고 IBM 왓슨, 마이크로소프트 애저, 아마존 웹 서비스와 같은 도구를 이용하여 AI 서비스와 제품을 구축할 수 있는 방법을 추천하는 전문가이다. 내부 AI 도구를 개발하는 것은 도움이 될 수 있지만, 위에 나열된 것과 같은 유명한 제공업체로부터 기존 솔루션을 구입할 수도 있다.
- **공공부문 AI 전략 컨설턴트(AI Strategy Consultant for the Public Sector)**: 이들은 인공지능의 사회 유입으로 발생할 수 있는 잠재적 도전과제를 파악하고 AI 교육을 통해 문제를 해결할 수 있는 전문가이다. 이들은 사회가 새로운 AI 기술의 이용에 익숙해지고 편안해지도록 돕는 중요한 역할을 한다. 이러한 유형의 전문가는 인공지능과 자동화로 일자리를 잃은 사람들을 새로운 유형의 직업을 얻도록 적절한 재교육 프로그램에 연결하는 서비스를 제공한다.
- **기술 중독 상담자 또는 코치(Tech-Addiction Counselor or Coach)**: 이들은 인공지능의 급속한 성장에 따른 정서적 · 신체적 영향과 과용으로 인해 발생할 수 있는 문제를 이해하고 치료 방법을 알고 있는 숙련된 상담자와 코치이다. 우리의 일상생활에서 AI 기술이 증가함에 따라 이용자들이 이러한 제품들 중 일부에 중독될 가능성이 있다. 또한 어떤 사람들은 정상적인 사회적 상호작용과 인간관계를 희생하면서 인공지능에 과도하게 의존하기 때문에 부정적인 감정 결과를 겪을 수도 있다.
- **창의력 코치(Creativity Coach)**: 이들은 다른 사람이 사회적 · 정서적 지능, 창의력을 포함한 인간 기반 기술을 개발할 수 있도록 도와준 경험이 있는 숙련된 전문가이다. 이들은 로봇으로 채워질 수 없기 때문에 미래에 사람들에게 큰 가치를 지닐 수 있는 중요한 역할을 제공한다.

위의 목록에 나타난 직업군은 인공지능이 계속 성장하고 발전함에 따라 미래에 많은 수요가 있을 것으로 생각되는 몇 가지 일자리이다. 우리가 아직 상상조차 할 수 없는 많은 새로운 직업들이 나타날 것이며, 이 새로운 직업군은 AI 기술이 만들어 낸 새로운 도전과 기회에서 생겨날 것이다.

위에 열거된 것 외에도 이미 구직 웹사이트에 게시되고 있는 AI 관련 몇 가지 흥미로운 직업들이 있다. 아래 AI 관련 직업 목록은 글래스도어(Glassdoor) 웹사이트에서 수집되었으며, 각각의 직업은 AI 관련 기술과 추가 관련 기술의 결합을 필요로 한다.

- AI 기자(AI Journalists): 주요 뉴스 매체를 위해 인공지능에 관한 기사를 쓸 수 있는 기자
- AI 변호사(AI Attorneys): AI와 관련된 지적 재산권과 기술 사례를 다루는 법조인
- AI 기술 영업 이사(AI Technical Sales Directors): AI 기반 제품을 이해하고 소비자에게 마케팅할 수 있는 영업사원
- AI 이용자 인터페이스 설계자(AI User Interface Designers): 고객 인터페이스에 AI를 적용하여 경험을 개선할 수 있는 개발자
- AI 마케팅 관리자(AI Marketing Managers): AI 제품과 서비스를 제공하는 기업을 위한 인지도를 쌓는 전문가[19]

인공지능은 많은 비즈니스 모델에 영향을 미치기 때문에 우리는 AI 구성요소의 다양한 직무 역할을 볼 수 있을 것이며, 다양한 새로운 직업 기회를 창출할 것이다. 앞서 언급했듯이 미래에 가장 중요한 스킬은 인공지능이 기업과 사회를 변화시키는 복잡한 방식을 이해하는 능력일 것이다. 그러한 능력은 기업과 개인들이 이 새로운 생활방식으로 이행하는 것을 도울 수 있는 다양한 가치를 제공할 것이다.

인공지능 시대 창업하기

사람들은 종종 자신의 사업 시작을 꿈꾼다. 아마도 창업으로 자신이 사장이 되고, 더 큰 성취감을 느끼고, 재정적인 성공을 상상한다. 하지만 사업을 시작하는 것은 보통 사람들이 감당할 준비가 되어 있지 않은 도전에 직면하는 것을 의미하기도 한다. 여기에는 다음과 같은 어려운 질문이 제기된다. 고객은 어디에서 찾을 수 있을까? 비용은 어떻게 지불할까? 내가 실패하면 어떻게 될까?

기업가들이 직면하고 있는 주요 과제는 비즈니스 성공을 위해 필요한 직업 교육의 부족이다. 나는 직업 교육에 대한 지식 부족 문제 해결을 위해 개인적인 강점과 약점을 인식하고 활용해야 하고, 더불어 어린 나이부터 가르쳐야 한다고 생각한다.

5장의 앞부분에서 언급했듯이 맥킨지(McKinsey) 보고서에 따르면 2030년까지 4~8억 명의 사람들이 직업을 바꾸어야 할지도 모른다. 이것은 분명히 우리 사회에 큰 도전을 일으킬 것이다.[20] 이 사람들 중 일부는 단순히 새로운 직장을 찾고 싶어 할 수도 있지만, 많은 사람들에게 도움이 되는 접근 방식은 자신의 사업을 시작하는 것일 수도 있다.

새로운 사업을 시작하는 데 필요한 직원을 고용하는 과거의 방법은 오늘날 세계에서 비용이 엄청나게 들 수 있다. 전통적으로 대부분의 신규 기업은 영업, 마케팅, 고객 지원, 그래픽 디자인, 관리 업무를 담당하기 위해 상근 직원을 고용한다. 그러나 오늘날 처음부터 사업을 시작할 때 외부 투자자나 정부 보조금의 도움 없이는 그러한 종류의 인프라를 지원하는 데 필요한 자금을 조성하는 것이 어려울 수 있다. 이에 대한 한 가지 잠재적 해결책은 AI 도구와 아웃소싱 인재의 힘을 활용하여 비즈니스를 활성화하는 새로운 모델을 적용하는 것이다. [그림 5.5]에서 당신은 회사를 설립하는 오래된 패턴과 AI 시대에 이용 가능한 새로운 방법들 사이의 차이점을 볼 수 있다.

이 새로운 접근 방식은 빅테크 회사가 제공하는 AI 서비스와 아웃소싱된 인재를 프리랜서 형태로 활용하여 상당한 비용 절감, 생산성 및 효율성 향상을 제공한다. 또한 이 방법은 회사를 독립적으로 운영하게 해줄 뿐만 아니라 즉시 변경 또는 중지할 수 있는 보다 유연한 조직구조를 제공한다.

그림 5.5 | 새로운 회사 조직도

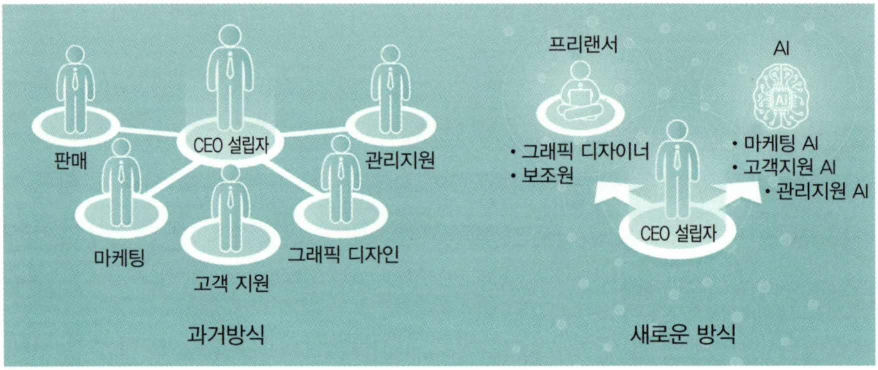

다음은 회사를 창업할 때 AI 서비스와 아웃소싱을 통한 인재를 활용할 수 있는 방법이다.

- **AI 서비스**: IBM, 구글, 아마존과 같은 빅테크 기업들은 클라우드 기반 AI 서비스를 제공하여 이용자가 기본적으로 인공지능을 구매할 수 있도록 한다. 현재 이러한 유형의 AI 서비스는 시장조사, 디지털 마케팅 자동화와 기본적인 관리 업무까지 지원하고, 또한 이용자에 의해 정의된 챗봇을 만드는 데 이용된다. 이러한 AI 도구는 회사의 기본적인 고객 서비스 지원 기능을 처리하는 동시에 직원 채용의 필요성을 줄이거나 없애는 데 도움을 준다.
- **프리랜서 재능**: 다양한 분야의 채용 공고를 낼 수 있는 프리랜서 채용 사이트가 많다. 예를 들어, 그래픽 디자이너, 관리 도우미, 심지어 AI 프로그래머까지 프리랜서 채용 플랫폼을 통해 스스로 할 수 있는 것보

다 더 많은 것을 이룰 수 있다. 이러한 방식으로 프리랜서를 채용하면 사무실 공간, 복리후생, 휴가기간과 같은 전통적인 고용과 관련된 모든 간접비를 줄일 수 있다.

보다 많은 사람들이 이러한 채용 모델을 이용함에 따라 우리는 세계의 변화하는 기술 환경에 더 잘 적응할 준비가 되어 있는 1인 기업의 증가를 보게 될 것이다. 이는 아무도 전통적인 방식으로 근로자를 고용해서는 안 된다는 것이 아니라 기업가들이 인공지능과 프리랜서 인재를 통합한 새로운 채용 모델을 고려하도록 장려하는 것이다. 이러한 채용 모델들은 대개 현재의 기술 환경에 더 적합하기 때문이다.

기술이 계속 발전함에 따라 코딩에 대해 알 필요 없이 누구나 자신만의 AI 도구와 알고리즘을 만들 수 있는 기회를 제공하는 플랫폼이 점점 더 많아질 것이다. 이러한 플랫폼을 만드는 회사로 로브(Lobe)가 있다. 이 회사는 이용하기 쉬운 시각적 인터페이스로 자신만의 AI 애플리케이션을 만들 수 있도록 도와준다. 자세한 내용은 다음의 웹사이트를 참조하기 바란다: https://lobe.ai.

이러한 이유로 미래에 가져야 할 가장 가치 있는 스킬은 인공지능을 처음부터 코드화하는 방법을 아는 것이 아니라 다른 사업이나 생활 상황에서 어떻게 적용하는지를 이해하는 것이다. 로브와 유사한 회사들은 점점 더 흔해질 것이고, 이것은 모든 사람들이 빠르고 쉽게 AI 도구를 만들 수 있는 기회를 줌으로써 AI 산업을 대중화할 것이다.

모든 중소기업에서 인공지능이 이용될 수 있는 작업의 종류를 검토하는 것이 중요하다. 이 책의 8장에서는 빅테크 기업에서 제공하는 AI 관련 서비스에 대해 설명할 것이다.

047 미래의 잡마켓에서 무엇을 위해 노력할 것인가?

AI 기술의 도입은 미래의 잡마켓에 큰 변화를 가져올 것이기 때문에, 지금 여러분의 이력서에 가치를 더할 수 있는 스킬 개발을 시작하는 것은 필수적일 것이다. 이 점을 염두에 두고 나는 앞으로 몇 년 동안 가장 가치 있는 몇몇 스킬 목록을 작성했다. 이러한 스킬이 독자 여러분에게 스스로 일자리를 제공한다는 보장은 없지만, 개인 생활과 관계의 질을 높이는 동시에 고용주들에게 더 매력적인 지원자가 될 것이다.

아래 발췌문은 내가 이전에 〈고등교육의 미래: 신흥 기술이 교육을 영원히 변화시킬 수 있는 방법(*The Future of Higher Education: How Emerging Technologies Will Change Education Forever*)〉이라는 책에서 발표한 24가지 스킬(skill)에 대한 설명이다.[21]

미래를 위한 휴먼 스킬

1. **자기인식(Self-awareness)과 자기평가(Self-assessment)**: 급변하고 복잡한 오늘날의 세계에서, 자기 인식과 자기 평가는 사람들이 자신의 모든 잠재력과 개선되어야 할 영역을 인식하도록 돕는 매우 가치 있는 일이다. 그것은 또한 사람들이 스스로의 독특함을 확인하고 받아들이도록 도울 수 있고, 자긍심과 배움에 대한 동기를 더할 수 있다. 이 스킬은 특히 기업가와 프리랜서에게 중요하다.

2. 감성지능(Emotional Intelligence): 한 가지 공통된 정의에 따르면 감성지능은 감정을 인식하고 표현하는 능력이다. 역사적으로 감정을 보여주거나 말하는 것은 한때 많은 문화에서 약함의 표시로 여겨졌지만, 최근 몇 년간 점점 더 많은 전문가들이 감성지능의 이점을 발견하기 시작하고 있다. 나는 개인적으로 우리가 감성지능 스킬의 힘을 발견하기 시작했다고 생각한다.
3. 사회지능(Social Intelligence): 이 스킬은 다양한 상황에서 다른 사람과 상호작용할 수 있는 방법과 관련이 있다. 사회지능은 다른 사람들의 생각과 의견에 대한 기본적인 이해를 포함한다.
4. 대인지능(Interpersonal Intelligence): 우리가 가까운 가족, 친구들과 소통하고 교제하는 방법은 실제로 우리가 더 균형 잡힌 삶을 살 수 있도록 돕고, 더 큰 행복감을 갖도록 도울 수 있다. 대인지능은 우리가 상대방의 일에 더 많은 노력을 기울일 수 있게 해준다.
5. 공감과 능동적 경청(Empathy and Active Listening): 사람들이 사물을 경험하는 방법에 대한 깊은 이해를 유지하는 것은 우리가 사업과 개인 생활에서 전진하는 데 도움이 될 것이다.
6. 문화적 유연성(Cultural Flexibility): 이것은 새로운 문화와 새로운 일과 생활하는 방식에 빠르게 적응할 수 있는 능력이다. 문화적 유연성은 문화적 이해를 넘어서서, 사람들이 다른 신념 체계와 문화적 가치에 직면했을 때 유연해질 수 있게 해준다.
7. 인내와 열정(Perseverance and Passion): 많은 사람들이 빠른 해결책을 추구하고 즉각적인 만족을 추구하기 때문에, 장기적인 만족을 위해 인내심을 가르치는 것은 필수적이다. 인내와 열정 스킬을 가르치는 한 가지 방법은 성공을 거둔 사람들의 고무적인 역할 모델과 사례 연구를 공유하는 것이다. 특히 제공된 모범 사례들이 학생들이 배우고 있는 것과 관련이 있을 때 효과가 크다.

8. 공익에 집중(A Focus on the Common Good): 단순히 개인의 욕망과 욕구에 초점을 맞추는 것이 아니라, 공동의 선의 가치에 초점을 맞출 때 사람들이 함께 일하는 데 도움이 될 수 있다.
9. 마인드풀니스 명상(Mindfulness Meditation): 마인드풀니스 명상 수련의 장점을 보여주는 수많은 연구들이 있다. 다양한 산업(스포츠, 비즈니스, 금융 등)에서 마인드풀니스 명상을 통해 높은 성취를 이룬 사람들의 이야기가 점점 더 많아지고 있다.
10. 체력 단련(Physical Training): 몸의 균형을 유지하는 것은 명료함과 정신적인 집중력 그리고 전반적으로 건강한 삶을 즐길 수 있도록 도와줄 수 있다. 사람들이 스크린 앞에서 더 많은 시간을 보내기 시작하면서 신체적인 움직임은 훨씬 더 중요해질 것이다.
11. 스토리텔링(Storytelling): 스토리텔링은 인간이 공통의 이해를 통해 서로 의사소통할 수 있는 가장 자연스러운 방법이다. 수천 년 전 스토리텔링은 의사소통의 주요한 형태였고, 이 같은 형태는 오늘날에도 매우 도움이 된다. 이야기는 감정을 불러일으키고 복잡한 상황을 이해하는 강력한 도구이다.

미래를 위한 비즈니스 스킬

12. 문제해결 스킬(Problem Solving Skill): 이 스킬은 기술 혁신의 속도와 비즈니스 수행 방식의 변화 때문에 그 어느 때보다 더 관련성이 깊다. 문제해결 능력은 동료, 환경, 심지어 그들이 상호작용하는 도구와 기계를 이해하는 데 도움을 줄 수 있다.
13. 창의성(Creativity): 이 간단한 스킬은 간과하기 쉽지만, 창의성은 앞으로 많은 잡마켓에서 중요한 부분이 될 것이다. 비즈니스와 교육에 더 많은 스킬이 도입됨에 따라 사람들이 창의력을 이용하여 그 스킬을 구

현하기 위한 독특하고 혁신적인 방법을 개발하는 것이 점점 더 중요해질 것이다.

14. **신기술에 대한 적응성(Adaptability to New Technology)**: 앞으로 신기술에 기꺼이 적응하고, 신기술을 수용할 수 있는 사람들은 성공을 위한 최상의 기회를 얻게 될 것이다. 반면 신기술에 저항하는 사람들은 뒤처지거나 기회를 놓칠 가능성이 있다. 대학들이 학생들에게 신기술에 능동적으로 대처하는 방법을 가르치는 것은 중요하다. 이에 따라 교실 내에서 학생들에게 기술을 이용하는 창의적인 방법을 가르칠 교사들을 훈련시키는 데 자원을 투입해야 한다.
15. **기업가정신(Entrepreneurial Mindset)**: 향후 5~10년 내에 로봇과 기계의 발전은 잡마켓에서 일자리의 종류를 변화시킬 것이다. 강력한 기업가적 스킬을 가지고 있고 사람들과 적절한 장소에서 조언을 구하는 방법을 알고 있는 사람들은 일자리의 변화에 따른 장점을 경험할 수 있을 것이다.
16. **영업과 마케팅(Sales and Marketing)**: 그 어느 때보다도 사람들은 그들의 열정을 중심으로 사업을 만들고 있다. 이를 위해 사람들은 새로운 고객을 확보하는 방법과 고객에게 커뮤니케이션을 하는 방법을 포함한 영업과 마케팅 기법의 기초를 이해해야 할 것이다.
17. **데이터 분석(Data Analysis)**: 클라이브 험비(Clive Humby)에 따르면 "데이터는 21세기의 석유이다." 보다 많은 것이 디지털화됨에 따라 데이터 분석은 점점 더 중요한 스킬이 되고 있다.
18. **프레젠테이션 스킬(Presentation Skills)**: 미래에 변하지 않을 중요한 비즈니스 스킬은 다양한 그룹의 사람들에게 말하고 발표하는 능력이다. 이 스킬을 습득할 수 있는 사람들은 종종 소규모 프로젝트 팀과 대규모 프로젝트 팀에서 리더 자리에 있는 자신을 발견할 것이다.
19. **환경지능(Environmental Intelligence)**: 사람들은 시간이 지남에 따라 자

원을 보존하는 것의 가치를 인지하기 시작함에 따라, 환경지능이 자원 보존이 일어나도록 도울 수 있는지를 이해하는 것이 중요할 것이다. 우리의 공통적인 자원에서 가치를 찾는 것은 학생들에게 일찍 가르치고 자주 가르쳐야 하는 스킬이다.

20. **폭넓은 사고**(Large-scale Thinking): 세계가 점점 더 연결되어 감에 따라 큰 실체를 생각하고 분석하는 능력은 필수적일 것이다. 프로젝트에서는 작은 세부사항들을 고려하는 것은 중요하지만 복잡성과 서로 얽힌 요소들을 설명하는 큰 그림 같은 사고는 가치 있는 일이고, 교육 세계에서 강조되어야 할 것이다.
21. **회계**(Accounting)**와 자금관리**(Money Management): 기본적인 회계원칙은 개인의 사생활에 도움을 줄 수 있을 뿐만 아니라 사업을 시작하고, 운영하고, 참여하는 복잡성을 이해하는 데도 도움을 줄 수 있다.
22. **플러그를 뽑는 능력**(The Ability to Unplug): 이것을 업무 스킬로 포함시키는 것이 이상하게 보일지 모르지만, 요즘 인터넷 연결이 되지 않는 장소를 찾는 것이 점점 더 어려워지고 있다는 사실을 생각해 보자. 기기에서 분리되고, 다른 사람들과 보다 친밀한 방법으로 연결될 수 있는 사람들은 장치에 중독된 사람들보다 더 큰 기쁨을 얻고 스트레스를 덜 경험할 것이다.
23. **주요 동향 파악**(Spotting Trends): 급변하는 세상에서 미래의 잠재적인 기회의 신호를 인식할 수 있는 것은 매우 도움이 된다. 이 스킬은 모든 배경을 가진 사람들이 이용할 수 있을 뿐만 아니라 단순히 트렌드를 보고 적절한 시기에 대응조치를 취하는 방법을 배우는 것만으로 기업가들이 벤처 사업을 활용할 수 있도록 도울 수 있다.
24. **디자인 씽킹**(Design Thinking)**과 디자인 마인드**(Design Mindset): 미래에는 오늘날 우리가 상상조차 할 수 없는 제품과 서비스를 가지게 될 것이다. 디자인 마인드는 복잡한 문제에 대하여, 당신이 원하는 솔루

션을 찾는 솔루션 중심의 접근 방식이다. 이 스킬은 모든 사람이 배울 수 있는 스킬이며, 미래를 보다 가치 있게 해줄 것이다.

위에 나열된 스킬들은 당신이 직업을 얻거나 유지하는 데 도움이 될 뿐만 아니라 당신이 미래에 자신의 사업을 개발하는 데 관심이 있다면 특히 유용할 것이다. [그림 5.6]은 위에서 설명한 스킬 중 일부를 보여주며, 또한 미래에 중요할 몇 가지 추가 스킬을 보여준다. 그 내용은 다음과 같이 다섯 가지로 구성된다.

- **AI와 블록체인과 관련된 스킬(Technical Skills Related to AI and Blockchain)**: 딥러닝, 기계학습, 로봇, 데이터 사이언스와 관련된 스킬은 향후 몇 년 동안 수요가 많을 것이다. 또한 자율주행차 산업에 종사하는 엔지니어들과 암호화폐와 블록체인 업무를 할 수 있는 프로그래머들에 대한 수요도 증가할 것이다.
- **사회지능 스킬(Social Intelligence Skills)**: 컨설팅, 재교육, 코칭과 같은 다른 사람을 돕는 것과 관련된 스킬에 대한 수요도 증가할 것이다. 공감과 감성지능은 미래에 더 가치 있는 직업 스킬이 될 것이다.
- **창의성 사고방식(A Creativity Mindset)**: 여기에는 디자인과 관련된 스킬뿐만 아니라 처음부터 무언가를 창조할 수 있는 능력도 포함된다. 창의적인 사고방식을 갖는 것은 개인적인 브랜딩과 전문적 자기 홍보에 도움이 될 수 있는데, 이것은 사람들로 복잡한 잡마켓에서 자신을 차별화하고 주목받기를 원하는 사람들에게 필수적이다.
- **컴퓨터적 사고방식(Computational Thinking)**: 이것은 미래에 점점 더 가치 있게 될 또 다른 스킬이다. 그것은 기계와 인간 기반 작업을 이해하는 능력과 주변 문화, 개인, 사업 환경, 사회 전체로부터 의미를 끌어내는 능력인 상황별 지능을 가리키는 컴퓨터적 의미부여를 포함한다.[22]
- **학습 방법(Learning How to Learn)**: 이 범주에는 배우려 하지 않는 나쁜

습관이나 시대에 뒤떨어진 관행 외에도 자기인식(self-awareness)과 다른 것들보다 더 빠른 속도로 무언가를 배울 수 있는 능력과 같은 스킬들이 포함되어 있다. 또한 레질리언스(resilience), 마인드풀니스(mindfulness) 같은 휴먼 스킬(human skills)도 포함되는데, 이것은 미래에 가장 중요할 것이다.

그림 5.6 | 미래의 스킬과 역량

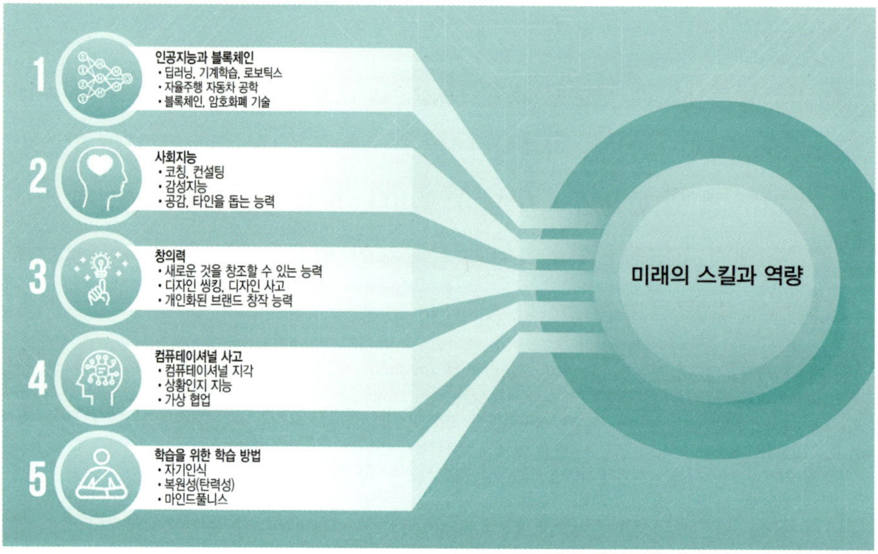

당신은 어떤 스킬을 개선하고 싶은가? 당신은 먼저 3개를 선택하고 향후 12개월 동안 선택된 역량을 개발해야 한다.

048 인공지능 기술로 인재를 채용하는 가장 좋은 방법은 무엇인가?

내가 세미나와 워크숍에서 자주 받는 질문은 어떻게 소기업 경영자가 현재 진행 중인 프로젝트에 인공지능을 이용할 수 있느냐 하는 것이다.

구글, 페이스북, 아마존, 마이크로소프트, IBM, 바이두와 같은 빅테크 기업들은 세계 최고의 인공지능 기술자들을 고용할 수 있다. 하지만 나머지 기업들은 그들의 서비스 개발자를 숙련된 AI 전문가인 프리랜서로 고용함으로써 일하는 경우가 대다수이다.

비즈니스에서 프리랜서를 고용하는 관행은 점점 더 인기를 얻고 있으며, 전 세계의 고품질 인재를 보다 유연하게 신속하게 액세스할 수 있게 해준다. 따라서 나는 중소기업과 스타트업에게 이와 같은 프리랜서 채용을 적극 추천한다. 실제로 미국 근로자의 약 50%가 프리랜서로 추정되고 있다. 만약 당신이 프리랜서를 고용할 계획이 있다면, 당신은 프리랜서를 고용하기 전에 어떤 유형의 사람과 일을 해야 할 것인가에 대하여 명확히 정의하는 것이 중요하다.

당신이 원하는 자격을 갖춘 지원자를 찾을 수 있는 프리랜서 채용 관련 웹사이트는 다양하다. 지금까지 내가 가장 좋아하는 웹사이트는 업워크(Upwork)이며, 다음 주소(URL)에서 접속 가능하다: http://www.upwork.com. 업워크는 현재 세계에서 가장 큰 프리랜서 플랫폼이며, 통계에 따르면 웹사이트에 등록한 프리랜서들은 3,500가지 이상의 다양한 기술을 제공하고 매년 10억 달러 이상의 매출을 창출하고 있다.[23]

나는 지난 8년 동안 개인적으로 이 웹사이트를 이용해 왔고, 그것이 매우 유용하다는 것을 알았다. 데이터 과학자, 기계학습 전문가, 딥러닝 엔지니어 등 모든 종류의 전문 기술을 갖춘 프리랜서를 일회성 또는 지속적인 프로젝트에 고용할 수 있다.

업워크의 CEO 스테판 카스리엘(Stephane Kasriel)에 따르면 인공지능은 업워크와 같은 사이트를 통해 인재를 채용하는 회사들에게 기회를 제공하고 있다.

> "창조될 일자리를 상상하는 것보다 사라지는 일자리를 보는 것이 훨씬 쉽지만, 우리의 데이터는 기업들이 인공지능을 받아들이고 있으며, 인공지능이 새로운 기회를 만들고 있다는 것을 보여준다."[24]

업워크를 통해 전문가를 고용하거나 사이트에서 프로젝트를 설정하는 방법에 대해 자세히 알아보려면 다음의 웹사이트 또는 블로그를 살펴보기 바란다: https://www.upwork.com/hiring/education/simple-safe-hiring-upwork 또는 https://www.upwork.com/blog/.

049 보편적 기본소득: 작업 자동화에 도움이 될 수 있는가?

전문가들은 자동화로 인해 불가피하게 사라질 많은 직업의 문제를 고려할 때, 종종 논의되는 가능한 해결책은 보편적 기본소득(UBI: Universal Basic Income)의 선택이다. 수급자들이 적극적으로 구직활동을 하고 있다는 것을 증명해야 하는 현재의 복지 모델과 달리, 이 모델은 고용이나 재정상태에 관계없이 아무런 조건 없이 모든 시민들에게 동일한 금액의 돈을 제공한다.

보편적 기본소득 문제를 논할 때 종종 발생하는 한 가지 문제는 이 문제에 대해 의견을 제시하는 많은 정치인들이 자동화와 인공지능의 도입이 고용시장을 얼마나 급격하게 변화시킬지에 대해 명확한 이해를 가지고 있지 않다는 사실이다. 이런 이유로 많은 정치인들은 갑자기 실직할 수도 있는 사람들의 수를 생각하는 데 어려움을 겪고 있다.

현재 보편적 기본소득이라는 개념은 노동과 밀접하게 관련되어 있어서 모든 면에서 뜨거운 정치적 논쟁을 불러일으키고 있다. 개인적으로 나는 어떤 형태의 정부보조금이 앞으로 일자리가 없는 사람들에게 제공될 필요가 있을 것이라고 생각한다. 하지만 모든 사람들에게 진정으로 효과 있는 모델을 만들기 위해서는 아마도 많은 시도와 정교함이 필요할 것이다.

보편적 기본소득은 개인과 사회가 자동화가 이루어지고 인적 고용이 감소하고 있는 새로운 디지털 경제에 적응할 수 있도록 돕기 위한 방법으로 핀란드, 캐나다, 케냐와 같은 국가에서 이미 테스트되고 있다.

핀란드의 보편적 기본소득 프로그램은 참가자들에게 매달 560유로(약

661달러) 이상을 제공한다. 이 보편적 기본소득은 개인들이 아르바이트를 하거나 심지어 필수품을 살 수 있는 기본 금액을 줌으로써 사업 아이디어를 추구할 수 있게 한다. 또한 이 금액은 수령인이 일을 하든지 하지 않든지, 그 여부에 관계없이 분배되었다. 내가 이 글을 쓸 당시 핀란드의 보편적 기본소득 프로그램은 25세에서 58세 사이의 약 2,000명의 참가자들을 대상으로 몇 달 동안 운영되었다. 이 프로그램의 혜택을 받는 사람들 중 일부는 스트레스를 덜 느꼈고, 보다 적극적으로 일자리를 찾을 수 있었고, 일부는 자신의 사업 아이디어를 구체화하려는 노력을 하는 사람도 있었다.[25]

이 프로그램의 수혜자인 유하 야르비넨(Juha Järvinen)은 '이코노미스트(The Economist)'에 더 많은 파트타임 업무를 할 수 있었다고 하였다. 또한 그는 그의 가족들도 이전에 이 프로그램을 통해 복지 혜택을 받았다고 하였다.[26] 핀란드의 보편적 기본소득 프로그램은 유럽에서 처음으로 시범 수행되었다. 그것은 약 10%에 달하는 핀란드의 실업 문제를 다루기 위한 방법으로 도입되었다.

비슷한 보편적 기본소득 프로그램이 캐나다 온타리오에서도 발표되었다. 이 프로그램은 온타리오주 주지사인 캐슬린 웨인(Kathleen Wynne)이 현대 경제의 문제점을 해결하기 위해 도입한 것이다. 이 보편적 기본소득 프로그램은 결혼, 미혼, 취업, 실업 등 18세에서 64세 사이의 4,000명의 주민들에게 매년 수천 달러를 제공하는 것이었다.[27]

그 밖에 다른 보편적 기본소득 프로그램에는 기부자들이 케냐에서 돈을 필요로 하는 사람들에게 직접 송금할 수 있도록 하는 비영리단체인 기브다이렉트리(GiveDirectly)가 운영하는 프로그램이 포함되어 있다. 게다가 캘리포니아 오클랜드에 있는 Y콤비네이터(Y Combinator)라는 단체는 2017년 초에 시험 연구 프로젝트를 시작했고, 100가구에 한 달에 2,000달러까지 기부했다. 이 시험은 6개월에서 1년 사이에 실시될 것으로 예상된다.

보편적 기본소득의 혜택

보편적 기본소득 시범 프로그램은 새로운 시도이다. 일부 초기 연구를 살펴보면, 보편적 기본소득을 받은 사람들은 의료비용이 감소했고, 술이나 담배를 구입할 가능성이 낮았으며, 더 많은 일을 한 것으로 나타났고,[28] 또한 가정 폭력 감소와 육아 개선 등 다양한 긍정적 변화를 이끌어냈다.

일부 전문가들에 따르면 노숙자들을 위한 지역사회 프로그램에 엄청난 금액을 지출하는 프로그램들은 정부의 지원금 지출 효과를 낮출 수 있다고 하였다. 그들은 환경에 상관없이 개별 개인에게 직접 주어지는 보편적 기본소득에 투자하는 것이 보다 현명할 것이라고 하였다.[29]

이와 같은 주장은 2009년 영국 런던에서 행해진 실험에서도 입증되었다. 이 실험에서 13명의 노숙자들은 그들이 원하는 대로 보편적 기본소득으로 3,000파운드(약 4,500달러)의 목돈을 받았다. 1년 후 노숙자 13명 중 2명을 제외한 11명은 더 이상 노숙자가 아니었다. 이 실험 결과는 대부분의 사람들이 그들의 상황을 개선하기 위해 보편적 기본소득을 활용한다는 주장을 확인시켜 주었다.

보편적 기본소득 지지자들은 기술 발전이 많은 근로자들을 대체하고 있으며 보편적 기본소득 분배는 개인과 사회가 새로운 경제에 적응하는 데 도움이 될 것이라고 주장한다.

두바이에서 열린 세계정부 서밋(World Government Summit)에서 테슬라의 CEO 일론 머스크는 인공지능, 자동화 그리고 직업의 변화는 전 세계의 많은 사람들이 살아남기 위해서 정부의 보편적 기본소득 프로그램이 필요하다는 것을 인식하게 할 것이라고 하였다.[30]

사실 미국 실리콘 밸리(Silicon Valley)의 기술 산업 내에는 페이스북의 마크 저커버그(Mark Zuckerberg)를 포함해 많은 유명인사들이 보편적 기본소득 프로그램을 지지하고 있다. 이베이의 설립자인 피에르 오미다이어(Pierre

Omidyar)는 그가 설립한 오미다이어 네트워크(Omidyar Network)를 통해 향후 12년 동안 아프리카 케냐(Kenya)의 6,000명의 사람들에게 보편적 기본소득을 제공하기 위해 기브다이렉트리(GiveDirectly)에 50만 달러를 기부할 것이라고 발표했다.[31]

핀란드의 로프 모카(Roope Mokka)는 기술 산업 종사자들이 자신의 비즈니스를 보호하기 위해서 보편적 기본소득 프로그램을 노골적으로 지지해 왔다고 주장하였다. 모카는 실리콘 밸리의 빅테크 기업들은 AI 발전이 단지 투자자와 기업가들에게만 큰 부를 가져다줄 것이라는 두려움을 가지고 있다고 한다. 즉 그것은 그들의 상품을 구입할 여유가 있는 일반 고객들이 부족해질 것을 의미한다. 따라서 보편적 기본소득은 소비자들의 손에 돈을 쥐어줌으로써 그러한 문제를 예방해 줄 것이다.[32]

일반적인 보편적 기본소득 프로그램에 대해 보다 자세히 알아보려면 다음의 웹사이트에서 해당 주제와 관련된 가장 흥미로운 뉴스를 살펴보기 바란다: http://www.basicincome.org.

그림 5.7 | 보편적 기본소득 네트워크

출처: http://www.basicincome.org

050 보편적 기본소득: 당면 과제는 무엇인가?

직장에서 인공지능 발전에 따른 업무 자동화가 이루어짐에 따라 근로자들에게 있어서 보편적 기본소득 문제는 뜨거운 화제가 되고 있다. 보편적 기본소득 문제에 대해 전 세계 전문가들의 의견은 양분되었고, 보편적 기본소득 모델을 이행하는 것에 대한 다양한 우려가 제기되었다. 가장 큰 난제는 정부가 보편적 기본소득 모델을 시행할 수 있는 여력이 있는가이다.

경제학자들은 미국 크기의 나라의 경우, 모든 시민들에게 매년 1만 달러의 기본 금액을 지불하기 위해서는 약 10%의 세금이 인상되어야 할 것이라고 추정하고 있다.[33] 게다가 만약 노동자의 20%가 자동화로 일자리를 잃는다면, 정부는 20% 노동자들의 세금 수입에 상응하는 것을 잃게 될 것이다. 그럼에도 AI 기술은 정부의 행정비용 절감에 도움을 주어, 정부가 보다 효율적으로 운영되는 것을 도울 것이다.

마지막 우려는 보편적 기본소득 모델 제공으로 노동자에게 더 큰 우려를 유발할 수 있다는 것이다. 왜냐하면 그 모델은 사람들이 직장에 들어가거나 또는 덜 바람직한 직업을 받아들이도록 덜 동기부여할 것이기 때문이다.

2016년, 대부분의 스위스 유권자들은 보편적 기본소득 제안을 거부했고, 단지 25% 미만의 유권자들만 보편적 기본소득 모델을 지지했다. BBC(British Broadcasting Corporation)에 따르면 스위스의 국경 개방에 따른 주요 우려는 외국인들이 공짜 돈(보편적 기본소득)을 찾아 스위스로 넘치게 몰려들 수도 있다는 두려움을 가지고 있었다.[34]

잡마켓의 변화에 의해 발생한 도전과제를 해결하기 위한 정부의 또 다른 잠재적인 선택권은 네거티브 세금 소득(negative tax income) 모델이다. 이것은 기본적으로 정부가 허용 가능한 소득 수준을 확립하고, 이 금액보다 적은 소득을 가진 사람들에게만 기준소득을 충족하기 위한 기본소득을 충족시켜 주는 모델이다. 네거티브 세금 소득 모델은 일정 금액 미만의 소득을 갖고 있는 사람들만 정부 원조를 받을 자격이 주어진다. 이 모델은 정부의 재정 부담을 덜어주기 때문에 보편적 기본소득에 의해 야기되는 약간의 문제를 극복하게 해준다. 보편적 기본소득 모델과 네거티브 세금 소득 모델은 모두 반드시 고려해야 할 장점과 단점을 가지고 있다. 각각의 모델은 새로운 기술의 지원으로 각국 정부의 운영방식에 변화를 제시할 것이다.

모카(Mokka)는 "우리는 지금 당장 정치에 활력을 불어넣는 일을 열심히 하고, 단순한 일에 대한 자동화를 해야 할 필요가 있다"고 주장하면서 사회 자체가 다양한 방식으로 변화해야 할 것이라고 주장한다.[35] 또한 그는 기술 변화가 우리가 일하는 방식을 변화시킴에 따라 개인과 국가를 위한 일의 목적을 다시 정의해야 할 필요가 있다고 하였다. 그는 "비유적으로 말하면 보편적 기본소득은 산업사회를 살리는 앱이 아니라, 탈 산업사회를 위한 새로운 운영체제의 시작이 될 수 있다"고 말했다.[36] 보편적 기본소득 모델을 옹호하는 사람들은 이 모델이 개인들이 새로운 경제에서 일어나는 변화를 인지하고, 현실에 적응하는 데 도움을 줄 것이라고 믿고 있다. 또한 그들은 이 모델이 사람들이 기업가가 될 수 있는 길을 열어줄 것이고, 경제를 더욱더 발전시킬 것이라고 주장하고 있다. 그러나 보편적 기본소득 프로그램이 개인의 재정적 생존 능력과 노동 의지에 부정적인 영향을 미침으로써 경제에 해를 끼칠 가능성에 대한 우려에 따라 여전히 이러한 관행에 반대하는 사람들이 많다. 보편적 기본소득 모델 이슈의 지지자와 반대자들은 기존 프로그램들이 여전히 시험 중이라는 견해가 강하다. 그렇기 때문에 보편적 기본소득 프로그램을 완전히 시행하기까지는 수년이 걸릴 수도 있다.

NOTES

01 Sitra, "Megatrendit 2017", 2017, https://www.sitra.fi/aiheet/megatrendit/#megatrendit-2017

02 Carl Benedikt Frey and Michael Osborne, "The future of employment: How susceptible are jobs to computerisation?", Oxford Martin, September, 2013, https://www.oxfordmartin.ox.ac.uk/downloads/academic/future-of-employment.pdf

03 James Manyika, "A Future that works: automation, employment, and productivity", McKinsey, January, 2017, http://www.mckinsey.com/~/media/McKinsey/Global%20Themes/Digital%20Disruption/Harnessing%20automation%20for%20a%20future%20that%20 works/MGI-A-future-that-works_Full-report.ashx

04 James Manyika, "What the future of work will mean for jobs, skills, and wages", McKinsey, November, 2017, accessed December 06, 2017, https://www.mckinsey.com/global-themes/future-of-organizations-and-work/what-the-future-of-work-will-mean-for-jobs-skills-and-wages

05 Quartz, "Half of all jobs will be replaced by artificial intelligence(AI) in 10 years", YouTube, June 13, 2017, https://youtu.be/hOZuC-dZS7-o

06 Mindy Basara, "Will a robot take your job?", WBALTV, July 17, 2017, http://www.wbaltv.com/article/will-a-robot-take-your-job/10319267

07 Nanette Byrnes, "As Goldman Embraces Automation, Even the Masters of the Universe Are Threatened", Technology Review, February 07, 2017, https://www.technologyreview.com/s/603431/as-goldman-embraces-automation-even-the-masters-of-the-universe-are-threatened

08 James Manyika, "What the future of work will mean for jobs, skills, and wages", McKinsey, November, 2017, https://www.mckinsey.com/global-themes/future-of-organizations-and-work/what-the-future-of-work-

will-mean-for-jobs-skills-and-wages

09 Carl Benedikt Frey and Michael Osborne, "The future of employment: How susceptible are jobs to computerisation?", Oxford Martin, September, 2013, http://www.oxfordmartin.ox.ac.uk/publications/view/1314

10 James Manyika, "Harnessing automation for a future that works", McKinsey, January, 2017, http://www.mckinsey.com/global-themes/digital-disruption/harnessing-automation-for-a-future-that-works

11 Carl Benedikt Frey and Michael Osborne, "The future of employment: How susceptible are jobs to computerisation?", Oxford Martin, September, 2013, http://www.oxfordmartin.ox.ac.uk/publications/view/1314

12 Kai-Fu Lee, "The Real Threat of Artificial Intelligence", NYTimes, June 24, 2017, https://www.nytimes.com/2017/06/24/opinion/sunday/artificial-intelligence-economic-inequality.html?mcubz=1

13 Thomas Frey, "Epiphany Z: Eight Radical Visions for Transforming Your Future", Amazon, January 10, 2017, https://www.amazon.com/Epiphany-Radical-Visions-Transforming-Future/dp/1683500172

14 Vala Afshar, "Dear CEO: AI is a Business Imperative and Boardroom Agenda", Huffington Post, March 12, 2017, https://www.huffingtonpost.com/entry/dear-ceo-ai-is-a-business-imperative-and-board-room_us_5a24305fe4b05072e8b56a28

15 Mark Purdy, "Why Artificial Intelligence is the Future of Growth?", Accenture, 2016, https://www.accenture.com/lv-en/_acn-media/PDF-33/Accenture-Why-AI-is-the-Future-of-Growth.pdf

16 Mark Purdy, "Why Artificial Intelligence is the Future of Growth?", Accenture, 2016, https://www.accenture.com/lv-en/_acn-media/PDF-33/Accenture-Why-AI-is-the-Future-of-Growth.pdf

17 Jacob Passy, "This is how many U.S. jobs robots will create over the next 10 years", MarketWatch, April 09, 2017, http://www.marketwatch.com/story/this-is-how-many-us-jobs-robots-and-automationwill-create-over-the-next-10-years-2017-04-04

18 James Manyika, "What the future of work will mean for jobs, skills, and wages", McKinsey, November, 2017, https://www.mckinsey.com/global-themes/future-of-organizations-and-work/what-the-future-of-work-will-mean-for-jobs-skills-and-wages

19 Dr. Andrew Chamberlain, "Who's Hiring AI Talent in America?",

Glassdoor, November 16, 2017, https://www.glassdoor.com/research/studies/ai-jobs

20 James Manyika, "What the future of work will mean for jobs, skills, and wages", McKinsey, November, 2017, https://www.mckinsey.com/global-themes/future-of-organizations-and-work/what-the-future-of-work-will-mean-for-jobs-skills-and-wages

21 Lasse Rouhiainen, "The Future Of Higher Education: How Emerging Technologies Will Change Education Forever", Amazon, October 10, 2016, www.amazon.com/dp/B01M2YEZHT

22 IFTF, "The Next Era of Human|Machine Partnerships", 2017, http://www.iftf.org/fileadmin/user_upload/downloads/th/SR1940_IF-TFforDell Technologies_Human-Machine_070717_readerhigh-res.pdf

23 Upwork, "Our story", 2015-2017, https://www.upwork.com/about

24 Upwork, "Upwork releases its Q1 2017 Skills Index, ranking the fastest-growing skills for freelancers", 2015-2017, https://www.upwork.com/press/2017/05/03/upwork-q1-2017-skills-index

25 The Economist, "Finland tests a new form of welfare", June 24, 2017, http://www.economist.com/news/business-and-finance/21723759-experiment-effect-offering-unemployed-new-form

26 The Economist, "Finland tests a new form of welfare", June 24, 2017, http://www.economist.com/news/business-and-finance/21723759-experiment-effect-offering-unemployed-new-form

27 Ben Chapman, "Finnish citizens given universal basic income report lower stress levels and greater incentive to work", Independent, June 21, 2017, http://www.independent.co.uk/news/business/news/finland-universal-basic-income-lower-stress-better-motivation-work-wages-salary-a7800741.html

28 Ben Chapman, "Finnish citizens given universal basic income report lower stress levels and greater incentive to work", Independent, June 21, 2017, http://www.independent.co.uk/news/business/news/finland-universal-basic-income-lower-stress-better-motivation-work-wages-salary-a7800741.html

29 Raya Bidshahri, "Is Universal Basic Income a Solution to Tech Unemployment?", SingularityHub, June 26, 2017, https://singularityhub.com/2017/06/26/is-universal-basic-income-a-solution-to-tech-un-

employment

30 Dom Galeon and Sarah Marquart, "Elon Musk: Automation Will Force Governments to Introduce Universal Basic Income", Futurism, February 14, 2017, https://futurism.com/elon-musk-automation-will-force-governments-to-introduce-universal-basic-income

31 Kaitlyn Wang, "Why Mark Zuckerberg Wants to Give You Free Cash, No Questions Asked", Inc., June 19, 2017, https://www.inc.com/kaitlyn-wang/mark-zuckerberg-elon-musk-universal-basic-in-come.html

32 Roope Mokka, "Basic income and the new universalism", LinkedIn, February 10, 2017, https://www.linkedin.com/pulse/basic-in-come-new-universalism-roope-mokka

33 Trevir Nath, "The Pros And Cons Of Basic Income", Nasdaq, April 12, 2017, http://www.nasdaq.com/article/the-pros-and-cons-of-basic-income-cm773398

34 BBC, "Switzerland's voters reject basic income plan", June 05, 2016, http://www.bbc.com/news/world-europe-36454060

35 Roope Mokka, "Basic income and the new universalism", LinkedIn, February 10, 2017, https://www.linkedin.com/pulse/basic-in-come-new-universalism-roope-mokka

36 Roope Mokka, "Basic income and the new universalism", LinkedIn, February 10, 2017, https://www.linkedin.com/pulse/basic-in-come-new-universalism-roope-mokka

제6장

자율주행차는 어떻게 교통을 변화시키는가?

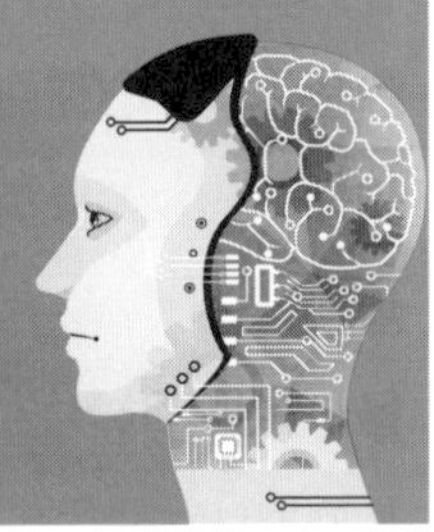

그림 6.1 | 6장의 주제

최근의 AI 발전 분야 중에서 우리의 일상생활, 경제, 사회 전반을 급진적으로 바꿀 수 있는 가장 큰 잠재력을 가진 기술 분야는 자율주행차 분야이다. 6장에서는 자율주행차 개발에 관한 정보와 기본적인 자료, 자율주행차가 우리 사회에 도입될 때의 장점과 단점을 설명할 것이다. 또한 나는 다양한 국가들이 자율주행차에 대한 실험들과 어떤 기업들이 최초로 자율주행차 시장에서 비즈니스를 할 것인지에 대해 설명할 것이다.

051 자율운송 수단과 자율주행차는 무엇인가?

인공지능의 급격한 발전으로 우리의 일상생활, 경제, 사회 전반에 영향을 미칠 수 있는 가장 큰 잠재력을 가진 기술은 자율주행차이다.

여러분은 자율운송 수단이 무엇인지 알고 있는가? 자율운송 수단에는 배와 비행기뿐만 아니라 자동차도 포함될 수 있다. 운전자 없는 자동차, 자율주행차, 자동화 자동차로도 알려진 기술은 운전자의 조작 없이 한 장소에서 다음 장소로 이동할 수 있도록 구현되었다.[01]

현재 자율주행 기능을 제공하는 자동차들은 필요할 때에 운전대를 잡을

그림 6.2 | 자율주행차

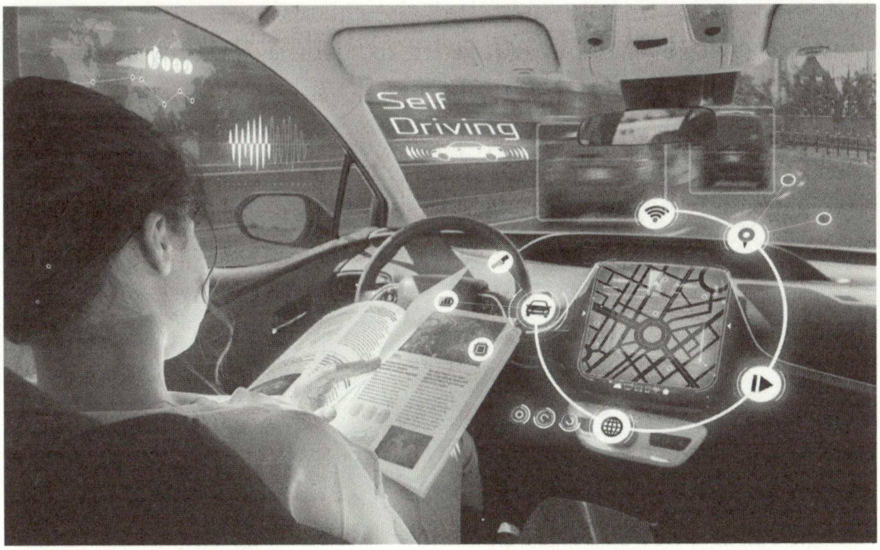

수 있는 운전자에 여전히 의존하고 있다. 하지만 미래 자율주행차는 아마도 운전대조차 없어서 개별 차량의 운전자를 승객으로 바꿀 것이며, 그들이 차량에 타는 동안 원하는 것을 할 수 있는 충분한 시간을 갖게 할 것이다.

운전자가 자동차를 제어할 필요 없이 운행하는 것은 상상하기 힘들 수도 있지만, 이 아이디어는 현실로 다가오고 있으며, 이로 인해 우리의 일상생활에 큰 영향을 미치게 될 것이다.

052 자율주행차의 가장 큰 이점은 무엇인가?

미래는 우리가 지금 상상할 수 있는 것보다 자율주행차로부터 더 많은 혜택을 얻을 수 있을 것이다. 다음은 우리가 자율주행차로부터 기대할 수 있는 주요 장점이다.

- **도로에서 안전성 강화**: 최근의 통계에 따르면 전 세계적으로 매년 120만~140만 명의 사람들이 교통사고로 사망한다고 한다. 음주 운전자와 휴대전화에 정신이 팔린 운전자들을 걱정하는 것은 더 이상 무인 자동차에서는 문제가 되지 않을 것이다. 자동차의 컴퓨터가 주변을 감시하면 그 자동차의 탑승자들뿐만 아니라 보행자, 자전거 타는 사람들, 다른 운전자, 승객들 또한 보다 안전해질 것이다.
- **의료비용 절감**: 자동차 사고가 줄어든다면 우리는 자동차 사고로 부상당한 사람이 줄어들어 이로 인한 의료비가 감소될 것이다. 미국에서만 2012년 교통사고 충돌과 관련된 총 비용은 2,120억 달러였다.[02]
- **생산성 향상**: 자율주행차는 모든 운전과 경로 안내에 대한 책임을 지기 때문에 자율주행차 안에 있는 사람들이 여행 중에 일하고 놀거나 공부할 수 있다. 자율주행차는 이전에 출퇴근에 잃어버린 시간을 다시 찾은 개인뿐만 아니라 목적지 사이에서 개인적인 시간을 보낼 수 있는 개인에게도 영향을 미칠 것이다.
- **비즈니스를 위한 신속한 흐름**: 운전자들은 내비게이션 시스템을 통해 가장 빠른 경로를 결정하고, 운행 중에 내비게이션 경로를 업데이트할

수 있다. 이에 따라 운전자들은 보다 효율적으로 자율주행차를 이용할 수 있고, 더불어 개별 기업과 전체 경제에도 긍정적인 영향을 미친다.

- **교통 효율 개선**: 무인 자동차는 인간의 부적절한 운전 습관으로 통제되지 않을 것이다. 그렇기 때문에 무인 자동차의 이용은 교통 흐름을 좋게 하고 혼잡을 줄여줄 것이다. 무인 자동차의 또 다른 장점은 경찰관들이 교통사고처리, 사건처리, 범칙금 통지서 발행에 많은 시간을 집중하지 않도록 할 것이고, 다른 중요한 법 집행 문제에 더 많은 시간을 할애할 수 있도록 할 것이다.
- **주차 문제 감소**: 자율주행차 서비스는 24시간 내내 운행하면서 승객을 태우고 내릴 수 있기 때문에 보다 적은 주차장이 필요하게 되어, 상업용 건물이나 주거용 건물과 같은 다른 용도로 더 많은 공간을 이용할 수 있게 될 것이다. 많은 국가에서 자동차 주차를 위한 많은 공간을 지정한다. 예를 들어, 현재 추정에 따르면 미국에는 거의 20억 개의 주차 공간이 있다고 한다.[03]
- **보다 저렴한 이동 선택권**: 자율주행차 서비스를 이용하면 차를 소유하거나 임대해야 하는 사람이 줄어든다. 그렇기 때문에 사람들이 필요한 곳에 갈 수 있는 비용이 보다 저렴해져서 자동차보험, 연료비용, 차량 수리비용을 지불할 필요가 없어진다. 이미 자율주행 택시는 택시운전사를 필요로 하지 않기 때문에 현재의 택시요금보다 대략 60% 더 저렴해질 것으로 추정되고 있다.
- **부정적인 환경 영향 감소**: 대부분의 자율주행차는 재생에너지나 전기를 이용할 것이며, 이것은 이산화탄소나 질소산화물과 같은 기후와 건강에 해로운 가스 발생을 감소시킬 것이다. 또한 자율주행차는 가능한 가장 효율적인 경로를 이용하여 A지점에서 B지점으로 이동할 것이므로 인간 운전자보다(어떤 유형의 연료를 이용하든) 연료를 덜 소비할 것이고, 에너지 소비를 줄일 수 있게 될 것이다.

이것은 자율주행차가 보다 눈에 띄고 보다 많이 이용됨에 따라 경험할 수 있는 몇 가지 긍정적인 변화 사례에 불과하다.

그림 6.3 | 자율주행차

053 자율주행차의 잠재적 도전과제는 무엇인가?

전통적으로 자동차는 도로 건설, 주차장 설계, 차량 배치와 같은 사항을 포함하여 도시를 설계하는 데 중요한 역할을 해왔다. 과거 대부분 사람들의 이동은 개인 차량에 의존해 왔다. 그렇기 때문에 자동차는 전통적으로 사람들의 이동에 중요한 역할을 해왔다. 그러나 이러한 현상은 자율주행차가 인기를 끌면 바뀔 것이다. 앞서 언급했듯이 자율주행차는 보다 안전한 도로 주행과 건강비용 절감을 포함한 많은 혜택을 제공할 것이다.

그러나 앞으로 정부와 과학자가 해결해야 할 몇 가지 어려운 과제가 있다. 그 과제는 다음과 같다.

- 데이터 보안: 자율주행차는 성능을 최적화하기 위해 데이터 수집과 이용에 크게 의존할 것이다. 데이터 수집과 이용에 따라 해결해야 할 수많은 프라이버시와 보안 문제가 유발되었다.
  인텔(Intel)과 스트래티지 애널리틱스(Strategy Analytics)에서 작성한 '미래 가속화: 신흥 여객 경제의 경제적 영향(Accelerating the Future: The Economic Impact of the Emerging Passenger Economy)' 보고서에서는 다음과 같은 미래 문제를 설명하였다.

> "우리 삶에서 '누구, 무엇을, 어디서, 언제'에 대한 데이터가 확보되고 저장될 것이다. 여기에는 스마트폰, 차량, 신용카드 그리고 잠재적으로 개인 보안과 생체인식과 관련된 여러 가지 감각 정보가 포함될 것이다. 엄격한 데이터 보안조치를 수립하지 않고, 이에 대한 경계심을 갖고 있지 않은 기업들은 소비자들과 규제 당국의 반발에 빠르게 직면할 것이다."[04]

국가(중앙 정부)와 지방 정부는 현재 자율주행 시행지침을 고민해야 한다. 하지만 자율주행 기술은 여전히 새로운 기술이기 때문에 자율주행차가 소비자의 프라이버시를 보호하도록 해야 한다.

- **예상치 못한 상황**: 자율주행차가 주행 과정에서 도로에서 보행자를 인지하고 정차하거나 또는 친숙하지 않은 물체를 파악하고 정치하는 것과 같이, 자율주행 과정에서 발생할 수 있는 가능한 모든 시나리오를 올바르게 해석하고 대응할 수 있도록 프로그래밍하는 일은 매우 중요한 일이다.[05]
- **윤리적인 문제**: 우리는 자율주행차와 관련된 윤리적인 과제를 염두에 두어야 할 것이다. MIT(Massachusetts Institute of Technology)의 연구원들은 자율주행차 사고로 승객이 죽거나 보행자를 치었을 때처럼, 자율주행차로 일어날 수 있는 특정한 위험 상황에서 자율주행차가 무엇을 해야 할지를 알 수 있게 해주는 모럴머신(Moral Machine)을 설계하였다. 이 도구가 흥미로운 이유는 사람들이 자율주행차를 이용하는 동안 나타날 수 있는 도덕적 딜레마 문제를 보여주기 때문이다. 다음 웹사이트에서 이 도구에 대한 자세한 정보를 얻을 수 있다(http://moralmachine.mit.edu).
- **기상 조건에 적응**: 폭우로 인해 떨어지는 우박이나 미끄러운 도로와 같이 변화하는 날씨 패턴에 대응하여 자율주행차는 빠르게 운전 방식을 바꿀 수 있어야 한다. MIT 로봇학자인 존 레너드(John Leonard)에 의

그림 6.4 | MIT 모럴머신

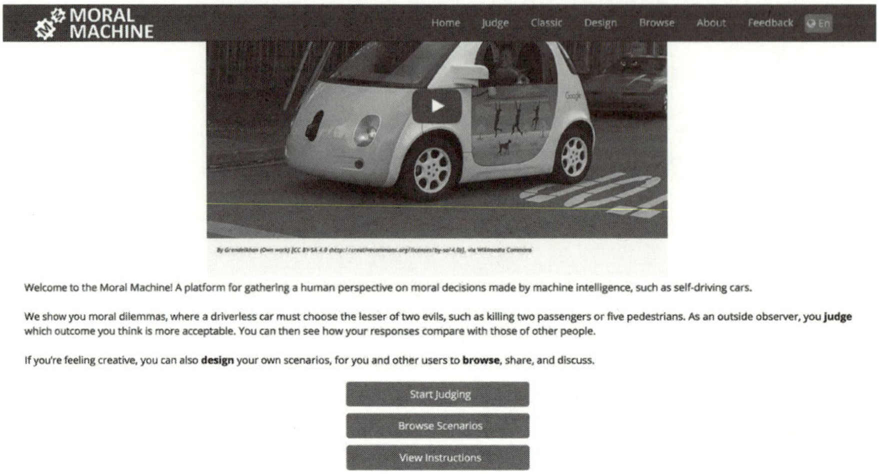

출처: http://moralmachine.mit.edu

하면 겨울에 도로에 내리는 눈은 자율주행차 센서들이 인식하기에 특히 어려운 조건인데, 이 문제는 현재 여러 자율주행 전문가들이 연구하고 있다.[06]

- **대중의 수용**: 아마도 모든 문제 중 가장 어려운 과제는 자율주행차가 기존 자동차보다 안전하다는 것을 대중에게 이해시키고 받아들이도록 설득하는 것이다. 2018년 3월, 미국 애리조나주에서 보행자가 우버(Uber)에 의해 운행되는 자율주행차에 사망하는 사고가 발생했다. 자율주행차가 일반 자동차보다 일반적으로 안전하지만 이러한 불행한 사고는 자율주행차가 거리에 나가기 전에 보다 더 많은 테스트와 개발이 필요하다는 사실을 보여준다. 또한 자율주행 운전에 반대하는 사람들은 시험 운전이 보행자가 많은 도시 지역에서 시행되어서는 안 된다고 주장하고 있다.

이러한 이슈는 자율주행차가 널리 보급됨에 따라 기업, 개인, 정부가 고려해야 할 몇 가지 도전과제이다. 아마도 모든 도전과제 중에서 어려운 과제는 자율주행차가 기존 자동차보다 안전하다는 것을 대중이 이해하고 받아들이도록 설득하는 것이다.

개인적으로 나는 정치인들과 세계 지도자들이 자율주행차를 둘러싼 장점과 도전에 대해 교육을 받아야 한다고 생각한다. 그래야 정치인들이 자율주행차가 시장에 대규모로 출시되기 전에 잠재적인 문제 해결책을 마련하기 위한 입법 준비를 더 잘할 수 있을 것이다.

054 다양한 수준의 자율주행차 기술은 무엇인가?

내가 이 책을 집필할 때 기업들이 운전자의 조작이나 개입 없이 특정 지역 사이를 이동할 수 있는 무인 자동차를 개발하기에는 아직도 갈 길이 멀었었다.

자율주행 기술 개발 과정을 더 잘 설명하기 위해 국제자동차공학회(SAE International)[1]는 무인 자동차를 이용할 수 있는 6가지 수준 (레벨 0, 레벨 1, 레벨 2, 레벨 3, 레벨 4, 레벨 5)의 자율주행 자동화 목록을 개발했다. 이 목록은 완전 자율주행차를 개발하는 데 필요한 점진적인 프로세스를 이해하는 데 도움을 줄 것이다.

처음 3단계(레벨 0, 레벨 1, 레벨 2)에서는 인간 운전자가 차량의 주행 환경을 모니터링해야 하는 반면, 마지막 3단계(레벨 3, 레벨 4, 레벨 5)에서는 자율주행 시스템이 모니터링 작업을 대신한다.

국제자동차공학회가 설명한 각각의 레벨은 다음과 같다.

- **레벨 0 – 자동화 기능 없음**: 레벨 0 수준에서 인간 운전자는 자동차 시스템으로부터 경고를 받을 때에도 모든 작업을 수행하면서 100% 통제를 유지한다.
- **레벨 1 – 운전자 보조**: 레벨 1에서 조향과 같은 작고 특정한 기능은 자동차에 의해 자동으로 수행될 수 있지만, 다른 모든 기능은 사람이 관

1) [역주] 국제자동차공학회(SAE International)는 항공우주, 자동차, 상용 자동차 산업의 엔지니어와 관련 기술 전문가의 글로벌 협회이다.

리한다.

- **레벨 2 – 부분 자동화**: 레벨 2에서 인간 운전자는 여전히 주요 업무를 담당하지만 자동차의 보조 시스템은 주행 환경에 대해 감지된 정보를 이용하여 가속 또는 감속과 같은 주행 경험의 일부 요소를 도울 수 있다. 운전자는 여전히 준비되고 어느 지점에서든 조종할 수 있어야 한다. 테슬라의 오토파일럿은 2014년 이후로 이 수준을 유지한다.
- **레벨 3 – 조건부 자동화**: 레벨 3에서 자동차는 대부분의 조건에서 운전할 수 있으며, 심지어 차선 변경과 같은 작업도 수행할 수 있지만, 필요에 따라 운전자에게 제어권을 요구할 수도 있다. 운전자는 언제든지 개입을 선택할 수 있지만, 이전 레벨 3단계와 같은 방식으로 환경을 모니터링할 필요는 없다.
- **레벨 4 – 높은 수준 자동화**: 레벨 4에서는 사람이 조작하지 않아도 거의 모든 상황에서 주행할 수 있는 기능이 있다. 이 수준의 자동차는 혹독한 기후 조건에서 운전하지 않도록 프로그래밍할 수 있다. 구글의 자

그림 6.5 | 자율주행 수준

율주행차들은 이 수준에서 시험운행을 해왔다.

- **레벨 5 – 완전 자동화**: 레벨 5에서 차량은 사람의 개입 없이 가장 어려운 조건이라도 처리할 수 있는 완전 자동화된 시스템을 이용한다.[07, 08, 09]

자율주행차 제조업체들은 경쟁적으로 자사의 차량을 레벨 4 또는 레벨 5 수준으로 끌어올리려고 경쟁하고 있는데, 이 수준을 달성한 첫 번째 자동차 제조업체들은 자율주행차 시장의 더 높은 부분을 차지할 수 있을 것이기 때문이다. 그러나 어떤 회사 자율주행차의 성공 여부는 기술 역량뿐만 아니라, 현재 시행 중인 법률과 자율주행차를 수용하기 위해 시행되고 있는 도시의 준비상태에 달려 있다. 6장의 후반부에서 이에 대해 추가 논의할 것이다.

055 자율주행이 가능한 이유는 무엇인가?

자율주행차 개발에는 다양한 첨단 기술이 활용되고 있다. 자율주행 프로세스가 매우 복잡하기 때문에, 자율주행 차량을 제작하는 데 시간이 오래 걸린다. 사실 자율주행차 디자인을 제대로 하려면 많은 시간이 걸릴 수 있다.

자율주행차를 만드는 데 시간이 오래 걸리더라도 전 세계의 도시들은 언젠가 도로에 출현할 자율주행차에 대해 대비하기 시작하는 것이 중요하다. 여기에는 자율주행차를 만드는 것과 관련된 기술에 대한 구체적인 세부 사항과 자율주행차를 거리에서 운전자 도움 없이 운행할 수 있게 만드는 세부 사항이 포함되어 있다.

맥킨지 & 컴퍼니(McKinsey & Company)에 따르면 자율주행차를 가능하게 하는 10가지 기술요소가 있다고 한다. 10가지 기술요소는 다음과 같다.

- **구동기(Actuation)**: 이는 스티어링, 브레이크, 엑셀러레이션 요소의 생성을 의미한다.
- **클라우드(Cloud)**: 자율주행차는 지도, 트래픽 데이터, 알고리즘의 도움을 받아 탐색되므로 클라우드에 연결해야 한다.
- **인식과 객체 분석(Perception and Object Analysis)**: 자율주행차는 장애물 주위에서 감지하고 조작할 수 있어야 하므로 이 기술은 개발해야 할 가장 중요한 요소이다.
- **주행 제어(Drive Control)**: 자율주행차가 움직일 수 있으려면 운전신호의 변환이 필요하다.

- **의사결정(Decision Making)**: 의사결정 기능은 단순히 차량이 자신의 경로를 계획할 수 있는 능력과 목적지에 도착하는 데 필요한 기술이다.
- **현지화와 매핑(Localization and Mapping)**: 도로에서 안전하게 운행하기 위해서 자율주행차는 환경 정보, 지도, 차량 위치 파악을 포함하는 데이터를 수집할 수 있어야 한다.
- **애널리틱스(Analytics)**: 자율주행 수단 또한 자체 시스템 내의 문제를 분석을 통해 감지할 수 있어야 한다. 여기에는 차량 설계 결함과 수리 권장 사항이 포함된다.
- **미들웨어와 운영체제(Middleware or Operating System)**: 이 소프트웨어는 알고리즘을 실행하는 데 필요한 소프트웨어이며 차량의 올바른 작동에 필수적이다.
- **컴퓨터 하드웨어(Computer Hardware)**: 자율주행차 개발자들은 자동차들을 위한 낮은 전력을 소비하는 고성능 시스템을 개발해 왔는데, 이 시스템은 그들이 시스템온칩으로 생산할 수 있다.
- **센서(Sensors)**: 장애물을 감지하는 것은 자율주행차의 중요한 기능이기 때문에 차량 설계에 많은 센서가 통합되어야 한다. 여기에는 라이다, 음파 탐지기, 레이더, 카메라가 포함된다.[10]

자율주행차에 대한 개념은 오래전에 존재했지만, 그것을 현실로 구현하는 데는 매우 오랜 시간이 걸렸다. 도로 위에서 안전하게 작동할 수 있는 실용적인 자율주행차를 생산하는 데 필요한 중요한 요소들을 개발하기 위해서는 보다 정교한 기술이 필요하다.

그림 6.6 | CES 2017에서 NVIDIA **자율주행차 시연**

출처: youtu.be/fmVWLr0X1Sk

자율주행차의 긴 개발 과정에도 불구하고 머지않아 다양한 국가와 도시의 도로에서 나타날 자율주행차의 불가피성에 대한 대비를 시작하는 것은 우리에게 닥친 필수적인 문제가 될 것이다.

056 자율주행차는 언제 도로에 나오는가?

자율주행차에 대한 이야기가 떠들썩한 가운데 당신은 언제 거리에서 자율주행차를 볼 수 있을지 궁금할 것이다. 이 질문에 대한 답변은 매우 어렵다. 소비자를 위한 자율주행차의 출시는 자동차 제조업체들의 안전성을 보장하기 위한 테스트 요인에 제한을 받기 때문이다. 또 다른 중요한 요소는 자율주행차에 대한 입법이다. 왜냐하면 다양한 국가들과 지방정부들이 자율주행차의 공공 운행에 대해 서로 다른 법률을 가지고 있기 때문이다. 자율주행차의 사회 진출을 가속화하기 위한 방법은 오직 자율주행차만을 위한 특별한 교통 차선이나 운전 구역을 지정하는 것이다.

주요 자율주행차 제조업체들은 두 가지 주요 범주로 구분할 수 있다. 하나는 첨단 테크 기업들이고, 다른 하나는 전통적인 자동차 제조업체들이다.

테슬라(Tesla)는 하이테크 분야의 잘 알려진 기업이고, 현재 자율주행 기술의 선두에 있다. 테슬라가 경쟁우위를 가지고 있는 가장 큰 요인은 다른 자율주행차 회사들보다 더 많은 자율주행 데이터를 보유하고 있다는 것이다. 테슬라의 CEO이자 공동 설립자인 일론 머스크(Elon Musk)에 따르면 테슬라는 머지않아 운전자의 조작 없이 집에서 회사까지 주행할 수 있는 완전 자율주행차를 출시할 것이라고 하였다.[11]

구글의 자율주행차 프로젝트인 웨이모(Waymo)는 이미 공공 도로에서 3백만 마일 이상의 테스트를 수행했다. 구글은 현재 일반 대중에게 정확한 이용 가능 날짜나 어느 자동차 제조사와 함께 이용할 것인지에 대한 정보를 공개하지 않았다. 구글에 따르면 2020년 COVID-19 대유행은 자율주행 프로젝트를 다소 방해하여, 다른 나라들로부터 필요한 하드웨어의 일부를 구입하는 업무가 지연되었다고 한다. 이런 예상치 못한 문제에도 불구하고 구글 웨이모 프로젝트는 COVID-19 대유행으로 인한 경제적 손실을 입었지만, 많은 전통적인 자동차 제조업체들보다 훨씬 더 전망 좋은 비즈니스를 추구하고 있다.

중국은 자율주행차 개발과 수용에서 세계의 리더가 될 것으로 예측되고 있다. 중국 일부 도시는 이미 자율주행차를 위한 지하도로를 건설했는데, 이것은 자율주행이 주류 교통수단이 되기 위한 길을 닦는 중요한 단계임을 알려준다. 또한 중국의 자동차 제조업은 미국 등 다른 나라보다 COVID-19 대유행의 경제적 영향으로부터 보다 빨리 회복할 수 있었다. 또한 2020년 5월, 캘리포니아주 자동차국(State of California Department of Motor Vehicles)은 바이두(Baidu)의 아폴로(Apollo)가 기술적으로 가장 진보된 자율주행차라고 보고했다. 수년 동안 구글의 웨이모는 자율주행기술 분야에서 1위를 차지해 왔지만 지금은 중국의 빅테크 기업인 바이두에 밀렸다.[12]

2020년 COVID-19 대유행은 자율주행차와 택시에 대한 수요를 가속화시켰다. COVID-19 대유행으로 사람들은 보다 위생적인 개인 이동수단을 원하는데, 자율주행차는 현재 운전자를 필요로 하지 않기에 일반 자동차보다 많은 사람들에게 더 바람직할 것이다. 그러나 자율주행차를 개발하고 있던 몇몇 회사들은 COVID-19 대유행으로 대규모 인력 해고와 경제적 어려움으로 자율주행 기술 개발에 방해를 받았다.[13]

2020년 1월, 제너럴 모터스(General Motors)는 혼다(Honda)와 제휴하여 핸들이나 페달이 없는 오리진(Origin)이라고 불리는 무인 자동차를 출시했다. 이 차는 제너럴 모터스사가 소유한 크루즈(Cruise)라고 불리는 승차 공유 앱용으로 개발되었으며 일반 대중에게는 판매되지 않는다. 전략적으로 이것은 제너럴 모터스와 혼다의 흥미진진한 움직임이다.[14] COVID-19 대유행 이후 세계에서와 마찬가지로 자율주행 서비스는 점점 더 대중화되고 수익성이 있을 것이다.

COVID-19 대유행은 자율주행차에 대한 수요를 증가시켰지만, 동시에 기업의 자율주행차 개발은 중단되었다. 거의 모든 주요 전통적인 자동차 제조업체는 자율주행차 개발부서를 갖고 있으며, COVID-19 대유행 이전에 다수의 기존 자동차 제조업체들은 2020~2021년까지 완전한 자율주행차를 제공하기로 약속을 했었다. 하지만 COVID-19 대유행에 따른 경제적 여파로 많은 사람들이 기존 운영 방식의 자동차를 구입하기 위해 애쓰는 동안 자동차 제조업체들은 자율주행차의 출시를 연기하였다.

몇몇 회사들은 배달 서비스에 자율주행차 이용을 테스트하기 시작했다. 예를 들면, 도미노피자(Domino's Pizza)는 라스베이거스(Las Vegas)에서, 고객들에게 도미노피자를 포드 자율주행차(Ford self-driving car)를 이용해 배달하는 테스트를 하였다. 이 테스트에서 고객이 피자를 주문하면 도미노피자는 고객에게 코드를 제공한다. 고객에게 피자 배달용 자율주행차가 도착하면, 고객은 자율주행차 외부에 부착된 장치에 코드를 입력하고, 배달용 자율주행차의 창문이 자동으로 열리면 고객은 자율주행차로부터 피자를 인수할 수 있게 된다.

나는 자율주행 배송이 어떻게 작동하는지 완전히 이해하기 위해 다음 유튜브에 있는 짧은 비디오 영상을 볼 것을 추천한다: https://youtube/5BEugKgdrxU.

2018년 11월, 포드는 월마트와 협력하여 월마트 고객들에게 식료품을 배달하기 위한 무인 자동차를 테스트했다. 포드에 따르면 이 테스트는 마이애미(Miami)에서 시작되었고 미국 전역의 800개 점포로 확대될 것이라고 하였다. 무인 자동차 활용 사례를 살펴보면 자율주행 배달 서비스는 곧 피자와 식료품점 이상으로 확대될 것이라고 해도 과언이 아니다. 자율주행 기술은 아마도 곧 배달될 수 있는 거의 모든 종류의 제품에 이용될 것이다.

057 어떤 국가와 도시가 자율주행 자동차를 시험하는가?

자율주행차에 대한 통찰력 있는 책 〈무인 운전: 인텔리전트 자동차와 전방 도로(*Driverless: Intelligent Cars and the Road Ahead*)〉의 저자인 호드 립슨(Hod Lipson)과 멜바 커먼(Melba Kurman)은 자율주행차가 특정 분야에서 이용될 것이라고 하며 다음과 같은 이야기를 하였다.

> "최초의 자율주행차는 주류 도로에 나타나기 전에 특수한 환경의 도로에 나타날 것이다. 광산과 농장에는 이미 자율주행차가 이용되고 있다. 또한 화물운송 분야는 자율주행차를 적용하는 얼리 어답터(early adopter) 분야가 될 것이다. 우선 도시에서는 무인 자동차를 도입하는 것은 조심스러울 것이고, 공항이나 리조트처럼 밀폐되고 구조화된 환경에서 천천히 자율주행하는 저속 셔틀이 나타날 것이다."

다음은 무인 자동차 기술과 테스트를 구현한 사례이다.

핀란드의 무인 로봇 버스

2016년 내가 태어난 조국인 핀란드에서는 이미 저속 자율주행 셔틀 테스트가 시작되었다. 핀란드가 자율주행차 기술의 선도국이 된 이유는 핀란드의 실제 교통 상황에서 운전자 없는 차량을 운행하는 것이 합법적이기 때문이다.

또한 핀란드는 자율주행차 기술을 먼저 개인의 차가 아닌 대중교통에 적용해야 한다는 사고방식을 채택한 최초의 국가이다. 이러한 신념은 도시 계획, 공공 안전, 교통 혼잡 수준, 그리고 자율주행 기술이 제공하는 환경 편익에 대한 우려를 고려할 때 매우 타당한 것이다.

원래 소형로봇 버스 시험 프로젝트의 배후에는 소호요아(Sohjoa)라고 불리는 회사가 있다. 헬싱키 메트로폴리아 응용과학대학교(Helsinki Metropolia University of Applied Sciences)의 스마트 모빌리티 프로그램 센터장이자 이 회사의 프로젝트 이사인 하리 산타말라(Harri Santamala)는 소형로봇 버스에 대해 다음과 같이 설명하였다.

"이 소형로봇 버스는 특정 경로를 운전하도록 프로그램되어 있는데, 이것은 대형 자동차 회사들이 개발하고 있는 것과 다르다. 이 소형로봇 버스는 어디든 갈 수 있고 누가 운전하든 간에 함께 이동할 수 있는 자율주행 차량이다."[15]

초기 테스트에서 이 소형로봇 버스의 속도는 시속 11km로 설정되었다. 비슷한 형태의 소형로봇 버스는 노르웨이에서 곧 테스트를 시작할 것이다. 노르웨이 사람들은 현재 전기차 구입에서 세계 선두주자이며, 테슬라 같은 기업에게 가장 큰 시장이다.[16]

싱가포르와 샌프란시스코에서 자율주행 택시 승차 서비스

싱가포르는 2016년에 처음으로 자율주행 택시를 도입한 국가이다. 이 택시는 기술 스타트업인 누토노미(NuTonomy)에 의해 운영되었다. 이 회사는 자율주행에 필요한 소프트웨어를 개발했다. 이 소프트웨어는 스마트폰 앱에서 자율주행 택시를 탈 수 있는 기능을 제공한다. 지금까지 자율주행 실험에

서 한 대의 자율주행차가 트럭과 충돌하는 사건을 유발했지만 이 사고에 따른 부상자는 없었다.[17]

제너럴 모터스는 샌프란시스코에서 비슷한 자율주행 시험 프로그램을 운영하고 있다. 이 자율주행 시험 프로그램은 직원들이 무료로 자율주행차를 탈 수 있도록 하고 있다. 이는 자율주행 시험을 위한 현명한 아이디어로, 직원의 기술 지식은 제너럴 모터스에 가치 있는 피드백을 제공할 수 있고, 직원들은 민간인에 비해 소셜 미디어에 기술적 결함을 언급할 가능성이 적다. 소셜미디어에 자율주행 기술에 대한 결함이 이야기되면, 자율주행 기술이 완성되기 전에 여론에 부정적인 영향을 받게 될 수 있다.[18]

미래에는 우리는 더 많은 도시와 나라들이 무인 대중교통 시스템을 위한 시험 프로그램에 참여하는 것을 기대할 수 있다.

058 자율주행차는 무엇을 변화시킬 것인가?

현실에서 사람이나 사물을 운반하는 모든 차량은 아마도 곧 자율주행차와 무인 자동차로 대체될 것이다. AI 기술은 모든 종류의 차량이 자율적으로 주행하는 데 이용될 것이다. 다양한 종류의 차량에서 운전자가 없는 무인 자동차들은 A지점에서 B지점까지 갈 수 있게 될 것이다.

다음은 향후 자율주행 기술을 적용할 운송수단이다.

선박

자율 선박은 국제 해운업계의 발전에 큰 기여를 할 것이다. 노르웨이에서는 이미 환경 친화적인 첫 번째 자율주행 선박을 개발했는데, 이 선박은 배기가스가 전혀 없고 사람의 보조 없이 A지점에서 B지점까지 갈 수 있다.[19]

배터리 전력으로 운영되는 야라 버클랜드(Yara Birkeland) 선박은 2018년부터 비료를 생산 공장으로 운송하는 작업을 시작할 예정이다. 이 자율주행 선박은 GPS 시스템, 레이더, 카메라, 센서를 이용하여 항해한다. 그것은 또한 하역하는 것을 돕기 위해 전기 기중기를 보유할 것이다.

트랙터

일본은 트랙터 영역에서 가장 발달한 기술을 가지고 있는 국가이며, 곧 자율주행 트랙터의 도움으로 농작물을 수확할 것이다. 일본 정부의 지원으로 개발된 무인 트랙터는 농사를 보다 쉽게 할 수 있도록 도와준다. 일본 농무성(Japan's Ministry of Agriculture)은 무인 농기계의 개발을 장려하기 위한 노력의 일환으로 안전표준을 제정했다. 한 미디어에 따르면 무인 트랙터는 2020년까지 완전히 자율적으로 작동할 것이라고 한다.[20]

이러한 무인 트랙터들은 GPS와 인공위성을 이용하여 정확한 위치를 파악하는 것을 도울 것이다. 2017년 6월에 출시된 시험 버전은 현재 전통적인 트랙터보다 약 50% 더 높은 가격으로 판매되고 있다. 빠르면 2018년 일본에서 새로운 위성이 가동될 때 다양한 종류의 자율주행 트랙터가 출시될 것으로 예상된다.

비행기

매년 약 38억 명의 사람들이 비행기를 타고 여행하는 것을 고려하면 무인 항공 기술은 항공 분야에 큰 기여를 할 것이다. 많은 사람들이 조종사 없이 비행기에 탑승하는 것을 주저할 수 있기 때문에 승객들이 무인항공 기술을 받아들이는 데 오랜 시간이 걸릴 것이다.[21] 컴퓨터 시스템과 AI 기술은 무인 항공기의 이착륙을 돕는 데 이용될 것이다.

보잉은 점점 더 많아지는 여행자와 감소되는 조종사 수에 대응하여 무인 항공기를 시험하고 있다고 발표했다. 보잉은 2018년 여름에 무인 항공기 테스트를 시작하였다.[22]

“당신은 조종사가 없는 비행기를 탈 의향이 있습니까?”라고 질문한다면, 참고로 나는 무인 항공기를 탈 것이라고 말할 것이다.

헬리콥터

두바이는 도로에 정체되는 교통량을 줄이기 위한 방법으로 최초로 무인 헬리콥터 택시를 시험하였다. 무인 헬리콥터 운영에 대한 지침이나 규정 미비와 상관없이 두바이 도로교통국(Dubai Roads and Transit Authority)은 여전히 이 프로젝트를 추진하겠다고 밝힌 가운데, 두바이는 무인 헬리콥터를 시험하는 첫 번째 도시가 될 것이 분명했다. 이러한 노력의 일환으로 두바이 정부는 독일의 신생 기업 볼로콥터(Volocopter)가 2017년 말 현지에서 무인 헬리콥터 택시 테스트를 실시하도록 하는 데 동의했다.[23]

무인 헬리콥터 크기는 약 2미터의 높이에 지름이 7미터이다. 무인 항공택시(AAT: Autonomous Air Taxis)는 시속 50km(약 31마일)의 속도로 30분 동안 순항할 수 있는 것으로 보고되었다.[24]

비행기와 마찬가지로 승객들이 이러한 무인 헬리콥터 택시에 탑승하는 것을 얼마나 망설이는지를 학습하는 것은 흥미로운 일이다. 무인 헬리콥터 택시가 안전한지 아닌지를 알기 위해 시험 승객이 되고 싶어 하는 사람은 많지 않을 것이다.

드론

온라인으로 주문을 하고 몇 분 이내에 배송되는 것을 상상할 수 있는가? 드론은 쇼핑과 운송의 미래 새로운 대안으로 예상된다.

전자상거래 대기업인 아마존은 운송용 드론 개발에 큰 관심을 보여왔다. 운송용 드론 기계가 제대로 작동하면 운송비용을 줄일 수 있을 뿐만 아니라 도시 지역에서 배송에 걸리는 시간도 줄일 수 있다.[25]

2016년 아마존이 실시한 실험에서 드론이 특정 지역에 물건을 전달하는 데 15분도 걸리지 않았는데, 만약 일반적으로 물건 배송을 하였다면 최소 몇 시간, 심지어 며칠이 걸릴 것이다. 아마존은 회사와 고객 모두에게 비용을 절감해 주는 드론 배송을 도입하려고 시도하고 있다.[26]

도미노피자는 2016년 11월 뉴질랜드에서 고객의 피자 주문에 따라 피자를 배달하기 위해 드론을 성공적으로 이용하였다. 이를 통해 상거래에서 드론 배송 가능성을 증명했다.

그러나 다수의 드론 전문가들은 규제 장벽 문제, 기술적 문제, 고객들이 선호하지 않는 문제에 따라 드론 배송의 채택이 지연될 것으로 보고 있다. 2020년 이후에는 드론 배송은 일반적인 배송 방법이 될 것이다.

드론이 고객의 집에서 어떤 종류의 데이터를 수집할지에 대한 윤리적인 우려도 있다. 한 언론 보도는 아마존이 고객들에게 광고를 맞춤화하기 위한 노력으로 공중에서 집을 스캔하기 위해 드론을 이용할지도 모른다고 주장하였다.[27]

드론 배달은 편의성 대 사생활의 문제로 귀결될 수도 있다. 드론 배송의 또 다른 단점은 택배 산업에서 일하는 많은 사람들이 실직 문제를 유발할 수 있다는 것이다.

자율주행차와 마찬가지로 다른 자율주행 수단의 개발과 시험도 점진적으로 이루어질 것이다. 이것은 대부분의 승객들에게 좋은 일이 될 것이다. 왜냐하면 한 번에 모든 것이 아니라 점진적으로 자율주행차에 적응할 시간을 주기 때문이다.

059 일반적인 자율주행차 용어는?

다음은 자율주행차와 관련하여 이용되는 몇 가지 용어이다.

- **고속도로 자동화 시스템(AHS: Automated Highway System)**: 이것은 주로 무인 자동차를 위해 고안된 일종의 지능형 교통 시스템 기술이다. 스마트 로드(smart road)라고도 불리는 AHS는 도로의 교통 체증을 줄여준다.
- **자율주행차(Autonomous Cars)**: 이것은 사람의 운전 조작이나 개입 없이 주행할 수 있는 완전한 자율주행차로 전형적으로 자율주행차에는 핸들이 없다. 이 자율주행차는 무선으로 서로 연결되며, 우회로를 탐색하고 신호등을 정확하게 해석하는 능력을 포함하여 기본적인 교통 패턴을 처리할 수 있다.
- **중앙 집중식 컴퓨터(Central Computer)**: 이것은 센서에 의해 수집된 모든 정보가 분석된다. 또한 중앙 집중식 컴퓨터는 차량의 조향, 가속, 제동을 담당한다.
- **GPS(Global Position Systems)**: 이것은 위성(satellites), 타코미터(tachometers), 고도계(altimeters), 자이로스코프(gyroscopes)를 이용해 차량 위치를 1.9m(약 6피트) 이내로 정확히 파악할 수 있다.
- **적외선 카메라(Infrared Camera)**: 적외선 카메라는 야간 주행에 필요한 자율주행 장비를 더 잘 갖추기 위해 헤드라이트를 통해 비추는 적외선 빔을 잡아낸다.

- **차선 안내(Lane Guidance)**: 자율주행차의 차량 안내 기능은 리어뷰 미러(rearview mirror)에 장착된 정교한 카메라를 통해 차선 내에 머무를 수 있다. 적외선 카메라들은 차선 표시를 감시하고 도로 표면과 구별할 수 있다.
- **라이다(Lidar)**: 라이다는 빛으로 탐지와 범위를 파악한다. 라이다는 레이저 기술의 변형으로 구성되어 있다. 일반적으로 라이다 장착 도구는 차량의 지붕에 부착되어 있어 주행 환경을 360도 조망할 수 있다.
- **레이더(Radar)**: 레이더 시스템을 이용하여 도로에 있는 물체를 탐지한다. 레이더는 전파 탐지와 범위 조정을 의미하며, 자율주행차가 주변 환경을 감시하도록 돕기 위해 전파를 이용한다.
- **반자율차(Semi-Autonomous Cars)**: 반자율차는 어느 정도 자율적이지만 여전히 사람의 조작을 요구하거나 받아들일 수 있는 차량을 의미한다. 현재 반자율차의 대표적인 사례로는 테슬라 모델 S와 메르세데스-

그림 6.7 | 자율주행차의 작동 방법

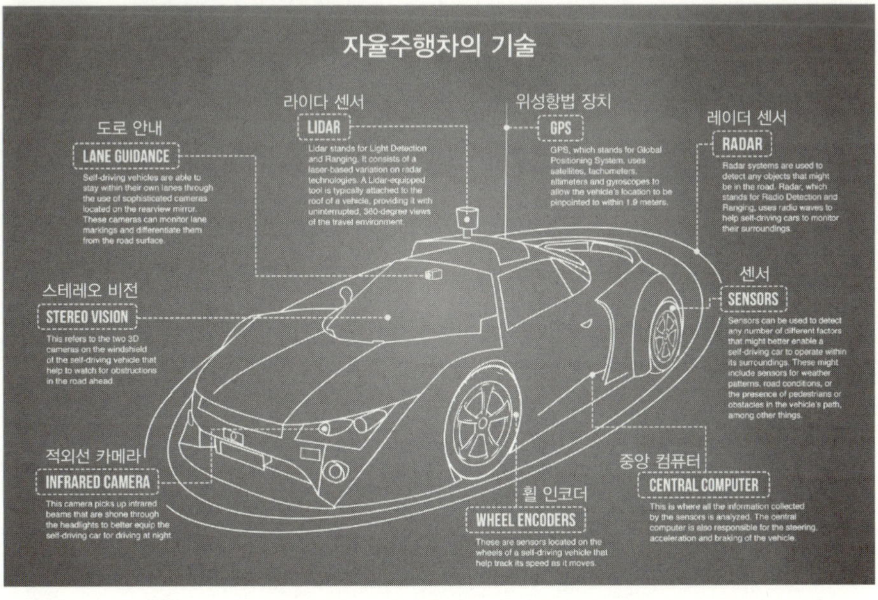

벤츠 E-클래스(Mercedes-Benz E-Class) 등이 있다.

- **센서(Sensors)**: 센서는 자율주행차가 주변 환경 내에서 더 잘 작동할 수 있도록 하는 다양한 요소들을 감지하는 데 이용된다. 여기에는 무엇보다도 날씨 패턴, 도로상태, 보행자, 차량 경로의 장애물 존재를 파악하는 센서가 있다.
- **스테레오 비전(Stereo Vision)**: 이것은 전방 도로의 장애물을 감시하는 데 도움이 되는 자율주행차의 앞 유리에 있는 두 개의 3D 카메라를 의미한다.
- **휠 인코더(Wheel Encoders)**: 휠 인코더는 자율주행차의 휠에 위치하여 움직이는 속도를 추적하는 데 도움을 주는 센서이다.[28, 29, 30, 31, 32]

060 자율주행차에 대한 추천 자료는 어떤 것이 있는가?

현재 자율주행차에 대한 정보를 얻을 수 있는 많은 자료들이 있다. 내가 추천하는 몇 가지 자료들은 다음과 같다.

책

호드 립슨(Hod Lipson)과 멜바 커먼(Melba Kurman)이 집필하고, MIT 출판부가 출판한 〈무인 운전: 인텔리전트 자동차와 전방 도로(*Driverless: Intelligent Cars and the Road Ahead*)〉는 자율주행차와 주변 문제에 대한 탁월한 통찰력을 제공한다. 이 책은 그다지 기술적이지 않기 때문에 정치와 다양한 실생활 측면에서 자율 운송 기술 학습에 관심이 있는 사람이라면 누구나 쉽게 읽을 수 있다: https:// www.amazon.com/dp/B01K13FURS/.

자율주행차가 도시에 미치는 영향에 대한 자료

만약 당신이 자율주행차 기술을 도시에 적응하는 방법에 관심이 있다면 블룸버그 자선단체와 아스펜 연구소(Bloomberg Philanthropies and the Aspen Institute)가 만든 '도시용 자율 자동차에 관한 글로벌 이니셔티브(Global Initiative on Autonomous Vehicles for Cities)'를 살펴보길 바란다. 이에 대한 보다 자세한 정보는 다음 웹사이트에서 얻을 수 있다: https:

//www.bloomberg.org/press/releases/five-cities-join-bloomberg-philanthropies-aspen-institutes-global-initiative-autonomous-vehicles/.

자율주행차에 대한 무료 강의

MIT는 강의, 파워포인트 발표, 초청 강연 등을 모아놓고 있으며, '자율주행차를 위한 딥러닝(Deep Learning for Self-Driving Cars)'이라는 강의를 제공하고 있다. 웹사이트(http://selfdrivingcars.mit.edu/)에서 보다 상세한 자료를 볼 수 있다. 나는 당신에게 렉스 프리드먼(Lex Fridman) 교수의 유튜브 채널에 가입하여 그의 자율주행차에 관한 흥미로운 강의를 들을 것을 추천한다: https://www.youtube.com/user/lexfridman/videos.

기술 자료

만약 당신이 자율주행차 개발의 이면에 있는 기술에 대해 배우기를 원하거나 현장에서 직접 자율주행 분야에 대해 일하는 것에 관심이 있다면, 유다시티(Udacity)의 자료를 참고하길 바란다. 유다시티는 자율주행차를 만드는 회사의 몇몇 선도기업들과 함께 개발된 혁신적인 커리큘럼을 제공하고 있다. 구글의 자율주행차 프로그램을 개발한 세바스찬 스런(Sebastian Thrun)은 나노학위(nanodegree)[2]를 제공하는 이 프로그램의 책임자이다: https://www.udacity.com/course/self-driving-car-engineer-nanodegree--nd013.

2) [역주] 나노학위(nanodegree)는 공식적으로 학력이 인정되는 정식학위가 아닌 특정한 교육을 이수하였다는 것을 인정하였다는 학위이다.

NOTES

01 Wikipedia entry on Autonomous car, December 06, 2017, https://en.wikipedia.org/wiki/Autonomous_car

02 Michele Bertoncello and Dominik Wee, "Ten ways autonomous driving could redefine the automotive world", McKinsey, June 2015, http://www.mckinsey.com/industries/automotive-and-assembly/our-insights/ten-ways-autonomous-driving-could-redefine-the-automotive-world

03 Michael Kimmelman, "Paved, but Still Alive", NYTimes, January 06, 2012, http://www.nytimes.com/2012/01/08/arts/design/taking-parking-lots-seriously-as-public-spaces.html

04 Roger Lanctot, "Accelerating the Future: The Economic Impact of the Emerging Passenger Economy", Strategy Analytics, June, 2017, https://newsroom.intel.com/newsroom/wp-content/uploads/sites/11/2017/05/passenger-economy.pdf

05 Laurel Hamers, "Five challenges for self-driving cars", Science-News, December 12, 2016, https://www.sciencenews.org/article/five-challenges-self-driving-cars

06 Laurel Hamers, "Five challenges for self-driving cars", Science-News, December 12, 2016, https://www.sciencenews.org/article/five-challenges-self-driving-cars

07 SAE International, "Automated Driving – Levels of Driving Automation Are Defined in New SEA International Standard J3016" http://www.sae.org/misc/pdfs/automated_driving.pdf

08 Dan Fagella, "Self-driving car timeline for 11 top automakers", VB, June 04, 2017, https://venturebeat.com/2017/06/04/self-driving-car-timeline-for-11-top-automakers

09 Hope Reese, "Updated: Autonomous Driving Levels 0 to 5: Understanding the Differences", TechRepublic, January 20, 2016, http://www.

techrepublic.com/article/autonomous-driving-levels-0-to-5-understanding-the-differences

10 Kersten Heineke, "Self-driving car technology: When will the robots hit the road?", McKinsey, May 2017, http://www.mckinsey. com/industries/automotive-and-assembly/our-insights/self-driving-car-technology-when-will-the-robots-hit-the-road

11 Roberto Baldwin, "Tesla Profits, Says Full Self-Driving Will Be Subscription by Year-End", Car and Driver, April 30, 2020, https://www.caranddriver.com/news/a32324475/tesla-posts-profit-q1-2020

12 Yifan Yu, "Are China's self-driving cars overtaking US peers?", Nikkei Asian Review, March 3, 2020, https://asia.nikkei.com/Business/Automobiles/Are-China-s-self-driving-cars-overtaking-US-peers

13 Cade Metz and Erin Griffith, "This Was Supposed to Be the Year Driverless Cars Went Mainstream", The New York Times, May 12, 2020, https://www.nytimes.com/2020/05/12/technology/self-driving-cars-coronavirus.html

14 Matt McFarland, "GM and Honda unveil self-driving car with no steering wheel or pedals, CNN, January 22, 2020, https://edition.cnn.com/2020/01/22/tech/cruise-origin-gm-honda/index.html

15 Jussi Sippola, "Robottiautot tulevat kohta Helsingin kaduille ja ajavat nakymattomilla raiteilla - nain bussit toimivat", Helsingin Sanomat, August 13, 2016, http://www.hs.fi/autot/art-2000002915588.html

16 Gerard Taylor, "Self-drive buses on their way to Oslo", Norway Today, June 25, 2017, http://norwaytoday.info/finance/self-drive-buses-way-coming-oslo

17 Reuters, "Driverless car in Singapore collides with truck, no injuries", October 18, 2016, http://www.reuters.com/article/us-singapore-car-idUSKCN12I0Q6

18 Alex Davies, "GM's Robocar Service Drives Employees Around SF for Free", Wired, September 08, 2017, https://www.wired.com/story/gm-cruise-anywhere-self-driving-san-francisco

19 Cecile Borkhataria, "The first self driving cargo ship will take to Norwegian seas in 2018 complete with robocranes to load and unload itself", Dailymail, 24 July 2017, http://www.dailymail.co.uk/sciencetech/article-4726094/Self-driving-cargo-ship-sail-Norwegian-seas-2018.html

20 The Japan Times, “Self–driving tractors soon to make tracks in Japan as aging farmers face labor shortage”, July 21, 2017, http://www.japantimes.co.jp/news/2017/07/21/business/corporate–business/self–driving–tractors–soon–make–tracks–japan–aging–farmers–face–labor–shortage/#.WX5VT–llDIV

21 IATA, “IATA Forecasts Passenger Demand to Double Over 20 Years”, 18 October 2016, http://www.iata.org/pressroom/pr/Pages/2016–10–18–02.aspx

22 Dan Catchpole, “With pilot shortage, Boeing explores self–flying aircraft”, HeraldNet, July 05, 2017, https://www.heraldnet.com/business/with–pilot–shortage–looming–boeing–explores–self–flying–aircraft

23 David Grossman, “Self–Driving Helicopter Taxis Coming to Dubai”, Popular Mechanics, June 20, 2017, http://www.popularmechanics.com/technology/infrastructure/a26997/self–driving–helicopter–taxis–coming–to–dubai

24 David Grossman, “Self–Driving Helicopter Taxis Coming to Dubai”, Popular Mechanics, June 20, 2017, http://www.popularmechanics.com/technology/infrastructure/a26997/self–driving–helicopter–taxis–coming–to–dubai

25 Andrew Meola, “Shop online and get your items delivery by a drone delivery service: The future Amazon and Domino’s have envisioned for us”, Business Insider, July 18, 2017, http://www.businessinsider.com/delivery–drones–market–service–2017–7

26 Los Angeles Times, “Amazon’s first drone–powered delivery takes 13 minutes from purchase to drop–off”, December 14, 2016, http://www.latimes.com/business/technology/la–fi–amazon–drone–delivery–20161214–story.html

27 Andrew Meola, “Shop online and get your items delivery by a drone delivery service: The future Amazon and Domino’s have envisioned for us”, Business Insider, July 18, 2017, http://www.businessinsider.com/delivery–drones–market–service–2017–7

28 Business Insider, “Amazon’s Delivery Drones Could Scan Your House to Sell You More Products”, July 26, 2017, https://www.inc. com/business–insider/amazon–drone–patent–deliveries–scan–your–house.html

29 Driverless.Global, “Glossary of Terms, Autonomous Vehicles”, 2017,

http://www.driverless.global/glossary

30 Bill Marcus, "19 Self Driving Car Terms You Really Need To Know", Gearbrain, July 05, 2016, https://www.gearbrain.com/autonomous-car-self-driving-terms-1904661774.html

31 Futurism, "Driving into the Future", 2016, https://futurism.com/images/the-technologies-that-power-self-driving-cars-infographic

32 Slideshare, "Under the Bonnet, How a Self-Driving Car Works", https://image.slidesharecdn.com/car-140309125057-phpapp02/95/fully-autonomous-driverless-cars-google-car-7-638.jpg?cb=1394369620

제7장

로봇은 어떻게 우리 삶을 변화시키는가?

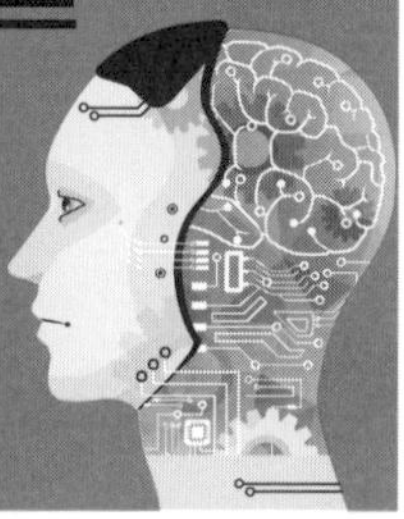

그림 7.1 | 7장의 주제

7장에서 당신은 로보틱스 분야의 발전이 사회와 일상적인 비즈니스에 어떤 방식으로 영향을 미치는지를 학습하게 될 것이다. 로보틱스 주제는 광범위해서 한 단원에서 포괄적으로 다룰 수 없다. 따라서 나는 로보틱스 주제에 대해 보다 심오한 학습을 원하는 사람들을 위해 추천 독서 목록을 제공했다. 또한 7장에서 당신은 기본적인 로봇과 관련된 몇 가지 윤리적 문제를 학습할 것이고, 더불어 향후 몇 년 안에 로봇 활용이 보다 중요해질 때, 이에 대한 대응 방법을 학습할 것이다. 당신이 이 책을 읽어감에 따라 로봇의 활용 목적이 인류

를 위해 도움을 제공하는 것이라는 것을 알게 될 것이다. 로봇의 활용은 개인의 삶이든 비즈니스 직무에 있어서든 필수적인 부분이 될 것이다. 그렇기 때문에 로봇의 잠재적인 용도와 한계에 대해 일찍 익숙해지는 것은 당신에게 도움이 될 것이다.

061 로봇이란 무엇인가?

할리우드(Hollywood)는 부정적인 시각에서 로봇을 묘사하는 많은 영화를 만들어냈다. 이는 로봇에 대해 많은 사람들이 부정적인 인상을 받는 데 영향을 미쳤다. 하지만 실제 로봇과 자동화 기계는 우리가 영화에서 보는 무서운 창조물과는 공통점이 없다. 복잡한 실생활에서 활용되는 로봇은 기본적으로 인간에게 위험하거나 어려운 작업을 돕기 위해 만들어졌으며, 주로 '악(evil)' 보다는 '선(good)'을 위해 이용되고 있다.

기본적으로 로봇은 복잡한 작업을 수행하도록 프로그래밍된 기계이다. 로봇이라는 단어는 강제 노동을 의미하는 슬라브어(Slavic word) 로보타(robota)에서 유래되었다.[01]

지능형 기계(intelligent machine)에 대한 개념은 고대부터 존재해 왔다. 예를 들면, 여러 신화에서 인공인간(artificial human)에 대한 다수의 이야기를 소개하고 있다. 다양한 종교에서도 이러한 이야기를 소개하고 있다.

최초의 전자자율 로봇(electronic autonomous robots) 또는 현대식 로봇(modern-day robots) 개념은 1948년 영국 브리스톨(Bristol, England)에서 윌리엄 그레이 월터(William Gray Walter)에 의해 창시되었다.[02] 오늘날의 표준화에 따라 기계가 로봇으로 정의되는 일반적인 협정이 있다. 그 기준은 다음과 같다.

그림 7.2 | 소매업 로봇

- 기계는 전자적으로 프로그래밍될 수 있다.
- 기계는 데이터를 처리하고 또는 물리적 인식을 처리할 수 있다.
- 기계는 자율적으로 작동할 수 있다.
- 기계는 움직일 수 있다.
- 기계는 일부 물리적 부품 또는 프로세스를 운영할 수 있다.
- 기계는 환경을 감지하고 그에 따라 변화할 수 있다.
- 기계는 인간과 비슷한 지능적인 행동을 할 수 있다.

오늘날 복잡하고, 반복적이고, 위험한 작업을 처리하기 위해 개발되고 활용되는 몇 가지 종류의 로봇들이 있다.

드론은 군사작전과 같이 인간이 매우 위험한 일을 수행하는 데 로봇 기술을 어떻게 이용할 수 있는지를 보여주는 좋은 사례이다. 또한 2020년의 매우 위험하고 전염성이 높은 COVID-19 팬데믹 기간 동안 로봇은 대중을 위한 건강 정보를 지역 사회에 안전하게 전달하는 데 이용되었다. 이를 통해 로봇은 여러 사람에게 상당한 도움을 제공한 것으로 입증되었다.

산업용 로봇은 다양한 제조 영역과 비즈니스 운영에서 효율성과 생산성을 크게 높여주었다. 다만 산업용 로봇을 성공적으로 운영하기 위해서는 소수의 인력 감독관을 필요로 한다.

전 세계적으로 자동차 제조공장에서는 광범위하게 산업용 로봇을 활용하고 있다. 또한 세계에서 가장 큰 전자상거래 회사인 아마존과 알리바바의 물류 창고에서는 전적으로 로봇에 의해 업무가 운영되고 있다. 이들 회사에서 로봇은 물류 창고를 보다 효율적으로 운영할 수 있게 지원해 주며, 보다 저렴하고, 보다 빠르고, 보다 좋은 제품과 서비스를 고객들에게 제공할 수 있도록 해준다.

기업에서의 단순하고 반복적인 작업을 처리하고, 예측 분석을 제공하고, 제안과 추천 서비스 제공을 위한 다양한 소프트웨어 로봇의 활용이 점진적으로 증가하고 있다. 곧 많은 사무직 종사자들은 로봇을 '동료(co-worker)'로 여기게 될 것이다.

소비자용 로봇(consumer robots)도 인기가 높아지고 있다. 오늘날 가장 널리 알려진 소비자용 로봇으로는 작은 원형 진공청소기인 룸바(Roombas)가 있다. 룸바는 내장된 센서를 통해 환경을 인식할 수 있다. 룸바를 만든 아이로봇(iRobot)의 CEO에 따르면, 룸바의 판매량이 1,400만 개 이상이라고 하였다.

또한 어린이들이 학습하는 것을 돕기 위한 교육용 로봇이 개발되고 있다. 일부 학교에서는 다양한 교육 혜택을 제공하는 '로봇 어시스턴트(robot assistants)' 이용을 시험하기 시작했다. 로봇 어시스턴트는 안전하고 중립적인 학습 환경을 제공할 수 있는데, 로봇 어시스턴트는 질문에 부정확하게 대답하거나 실수를 한 학생을 결코 비판하거나 비웃지 않는다. 그렇기 때문에 로봇 어시스턴트는 어린이들에게 위안을 줄 수 있다. 한 사례로 3살에서 7살

정도의 어린이들을 위해 고안된 교육용 로봇인 로이비(Roybi)가 있다. 이 로봇은 어린이들과 상호작용 놀이를 통해 어린이들이 과학, 기술, 공학, 수학과 같은 STEM(Science, Technology, Engineering, Math) 스킬을 익히고, 제2외국어를 학습할 수 있도록 도움을 준다(참고로 나는 로이비 로봇의 이사회 고문이다).

헬스케어 산업에서 로봇은 특정 유형의 수술을 포함하여 인간보다 더 빠르고 정확하게 다양한 의료 업무를 수행할 수 있다. 이에 따라 우리는 의료용 로봇으로부터 엄청난 혜택을 받게 될 것이다. 또한 의료용 로봇은 병원과 기타 의료 시설에서 위험한 조건이나 감염 위험에 노출된 의료 종사자들의 업무를 수행하는 데도 이용될 것이다. 예를 들면, 2020년 COVID-19 대유행 기간 동안 중국 병원들은 의료용 로봇을 이용하여 입원실을 소독하고, 보급품을 운반하여 의료 종사자들이 전염성이 높은 질병에 노출될 위험을 줄여주었다. 중국은 보다 안전한 의료 서비스 제공 목적을 위해 의료용 로봇을 활용한 최초의 국가였고, 현재 다른 몇몇 국가들에서도 의료용 로봇을 이용할 것으로 기대되고 있다.

또한 로봇은 실제로 사람들이 상상하는 다양한 업무를 수행하기 위해 개발되고 있다. 미래에 로봇은 많은 사람들에게 큰 도움을 줄 것이고, 사람들이 하는 일에 생산성을 높여줄 것이다.

062 얼마나 많은 로봇이 존재하는가?

다양한 산업에서 로봇을 이용하는 것이 일반화되었다. 사실 지난 몇 년간 주문용 로봇과 배송용 로봇은 극적으로 증가했다.

국제로봇연맹(International Federation of Robotics)에 따르면 2020년 초반에 전 세계의 다양한 공장에서 300만 개의 산업용 로봇이 활용되고 있다고 한다. 이 로봇들 중 상당수가 자동차 제조 분야에서 활용되고 있다고 있다. 또한 다양한 목적을 위해 개발되거나 이용되는 다양한 유형의 로봇들이 있다. 따라서 세계 전역의 다양한 영역에서 활용되는 로봇의 수를 추정하는 것은 어렵다.

국제로봇연맹의 조 젬마(Joe Gemma) 회장은 다음과 같은 이야기를 하였다.

> "자동화는 과거 전통적인 제조기업의 핵심 경쟁요소였지만, 현재는 전 세계의 중소기업에서 그 중요성이 점점 더 높아지고 있다."[03]

063 어떤 종류의 로봇이 있는가?

금속, 전자, 자동차 산업에서 이용하도록 설계된 다양한 종류의 로봇이 있다. 그 산업 영역뿐만 아니라 새로운 영역에서 활용할 수 있는 다양한 로봇들이 만들어지고 있다. 전 세계적으로 이용되는 로봇들은 다양한 크기와 모양, 스타일을 가지고 있다.

예를 들면, 의료 산업에서는 수술, 이동, 리프팅 보조에 다양한 로봇을 이용하고 있다. 또한 가정에서 여러 가지 일을 돕도록 로봇이 개발되고 있다. 예를 들면, 진공청소기에서 잔디 깎는 기계까지 다양한 집안일을 돕도록 만들어진 로봇들이 있다. 또한 군용 로봇은 폭탄처리와 수송 업무를 돕고, 법률 집행 환경에서 임무를 돕는 로봇도 있다. 더불어 장난감 공룡과 같이 어린이 오락을 위해 개발된 로봇도 있고, 취미나 경쟁력을 개발하기 위해 만들어진 로봇도 있으며, 화성 탐사선과 같은 우주 개척을 위해 설계된 로봇도 있다.

다양한 목적에 따른 로봇 이외에도 다양한 모양과 크기, 이동 기능을 가진 로봇이 있다. 로봇의 사례는 다음과 같다.

- 움직임이 제한적인 로봇 팔을 가지고 있는 고정 로봇
- 바퀴 달린 로봇
- 다리가 달린 로봇
- 비행 로봇
- 수영 로봇

일부 로봇은 사람의 동반자로 활용할 수 있도록 만들어진 매력적인 로봇도 있다. 페퍼(Pepper)라 불리는 로봇은 인간의 감정을 인식하기 위해 만들어졌다.[04] 이 로봇은 일본의 일부 매장에서 이용되고 있으며 사람들의 동반자로 여겨지고 있다. 페퍼는 얼굴 표정, 신체의 움직임, 언어 구사를 바탕으로 감정을 인식하도록 프로그램되어 있다. 페퍼는 스스로 인식하는 감정에 반응해서 동작한다.

스웜 로보틱스(swarm robotics)는 군집 행동을 보이는 몇몇 곤충에서 영감을 받아 개발한 매력적인 로봇이다. 다리를 건설하기 위해 무리를 지어 일하는 개미와 비슷하게, 이 로봇 기술은 서로 연결되어 있고 팀으로 일하는 많은 수의 작고 단순한 로봇을 활용한다. 스웜 로보틱스는 지진과 같은 다양한 재난 구조 임무를 수행할 수 있고, 심지어 의학 분야에서 활용할 수 있으며, 그 밖에 여러 목적으로 이용될 수 있다. 스웜 로보틱스는 현재 개발 초기 단계에 있으며 2022년경에는 보다 폭넓게 활용될 것이다. 가까운 미래에 우리는 다양한 도전에 대처하기 위해 스웜 로보틱스를 활용하는 몇 가지 사례를 보게 될 것이다.

기술 발전에 따라 로보틱스 분야도 발전하고 있다. 이에 따라 다양한 크기와 형태, 유형의 자동화 기계 또는 로봇이 개발될 것이다. 자동차를 조립하는 로봇에서부터 상점에서 고객을 돕는 로봇에 이르기까지, 로봇은 제조, 군사, 의학, 소매업을 포함한 다양한 산업에서 업무를 수행하도록 개발될 것이다.

064 로봇을 가장 많이 활용하는 국가는?

많은 국가에서 다양한 업무용 로봇을 활용하고 있다. 한 조사에 따르면 다양한 로봇을 가진 국가들은 다른 국가들보다 실업률이 낮은 것으로 나타났다.

뱅크오브아메리카(Bank of America)와 메릴린치(Merrill Lynch)의 조사에 따르면 2016년에 일본은 다양한 많은 로봇을 가진 국가로 나타났다. 그 당시 일본은 310,508대의 로봇을 가지고 있는 것으로 조사되었다.[05] 그 뒤를 이어 미국은 2위로 168,623대의 로봇을 가지고 있는 것으로 조사되었고, 독일은 3위로 161,698대로 로봇을 가지고 있는 것으로 나타났다.

최근 특정 미디어의 조사에 따르면 한국은 세계 어느 나라보다 로봇 밀도가 높다고 하였다.[06] 더불어 한국 정부는 향후 5년 동안 로보틱스 산업에 4억 5천만 달러를 투자할 것이라고 발표하였다.

2016년에 국제로봇연맹(International Federation of Robotics)은 다양한 국가에서 근로자 100명당 로봇 수에 대한 흥미로운 통계를 포함한 보고서를 발표했다. 한국은 100명당 5.31대의 로봇을 보유한 1위 국가로 나타났고, 전 세계 국가들의 로봇 보유 평균 비율은 100명당 0.69대에 불과한 것으로 나타났다.[07] [그림 7.3]은 이 보고서에서 나타난 통계 자료를 보여준다.

그림 7.3 | 국가별 로봇 대 노동자 비율

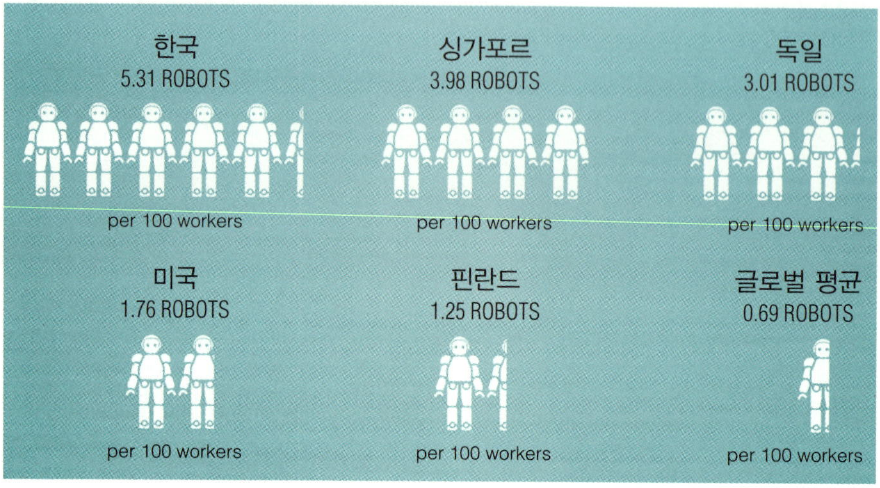

출처: International Federation Robotics

한 조사에서 연구자들은 로보틱스와 경제 성장의 연관성을 발견하였다. 그 연구자들은 특정 국가에서 GDP(Gross Domestic Product) 성장의 10%와 생산성 향상의 16%가 로봇의 수와 관련이 있다고 결론지었다.[08]

로봇에 의한 자동화가 보다 높은 실업률을 가져온다는 예측도 있었지만, 그것이 항상 사실이 아닌 것으로 증명되었다. 한 경제 간행물에서는 2000년에서 2016년 사이에 로보틱스 산업에 의해 900만에서 1,200만 개의 일자리가 창출되었다고 소개하면서, 로봇 수가 많은 국가들 역시 그렇지 않은 국가보다 실업률이 더 낮게 나타났다고 하였다.[09] 로봇이 노동 집약적인 직업을 대신하기도 하지만 로봇 설계자, 제조업자, 프로그래머 등과 같은 기술 분야에서의 새로운 일자리를 창출한다는 것은 명확한 사실이다.

아시아 국가들은 많은 로봇을 이용하는 경향이 있지만, 미국과 같은 서구 국가들 역시 로봇 이용에 그리 뒤처지지는 않는다. 또한 로보틱스 산업이 향후 몇 년 동안 계속해서 성장할 것이며, 이와 함께 창의적인 잡마켓도 성장할 것이 분명하다.

065 로봇 프로세스 자동화란 무엇인가?

로봇 프로세스 자동화(RPA: Robotic Process Automation)는 반복적으로 비즈니스 프로세스를 자동화하는 데 이용되는 로봇 소프트웨어 기술이다. 대부분의 RPA 소프트웨어는 현재 인공지능에 의해 작동되지 않는다는 측면에서 규칙 기반 시스템으로 보이지만, 미래에 대부분의 RPA 소프트웨어는 인공지능에 기반할 것으로 예상된다. 그렇기 때문에 기업들은 RPA 소프트웨어에 대해 익숙해져야 할 것이다.

RPA 소프트웨어는 물리적인 로봇이라기보다는 '소프트웨어 로봇(software robots)'을 이용한다. 사람들이 컴퓨터를 이용해 업무처리를 완벽하게 하는 것처럼, RPA 소프트웨어는 업무처리를 위한 소프트웨어 제품이다. RPA 소프트웨어는 일반적으로 단순하고 반복적인 작업을 자동화하는 데 이용되고, 더불어 기존 애플리케이션과 함께 이용하거나 다른 도구와 통합될 수 있다. RPA 소프트웨어 활용 사례로는 주문처리, 송장처리, 데이터 분석 수행, 웹 검색 수행 등이 있다. RPA 소프트웨어는 보다 복잡한 작업을 수행할 수 있으며, 지속적으로 발전하고 있다.

RPA 소프트웨어의 이용은 조직에서 생산성을 높여주고 근로자에게 창의성을 확보하거나 다른 근로자들과의 상호작용을 수반하는 작업을 위해 보다 많은 시간을 제공하는 등 여러 이점을 제공해 준다. 또 다른 중요한 이점은 RPA 소프트웨어가 기업의 기존 조직의 비즈니스 시스템 또는 기존 프로젝트에 통합될 수 있기 때문에 내부적으로 중요한 변화가 필요하지 않다.

RPA 소프트웨어는 종종 대기업과 중견기업에서 업무 자동화 프로세스를 구현할 때 활용된다. 유아이패스(UiPath), 오토매이션 애니웨어(Automation Anywhere), 블루 프리즘(Blue Prism)은 대기업용 RPA 소프트웨어를 개발하는 선도업체이다. 현재 소기업을 위한 혁신적이고 비용 효율적인 RPA 소프트웨어 제품들도 개발되고 있다.

RPA 소프트웨어의 장점은 글로벌 비즈니스 커뮤니티에서 점점 더 인정을 받고 있다. RPA 소프트웨어는 전 세계 기업들에 의해 폭넓게 채택되어 이용되고, 앞으로도 RPA 소프트웨어의 이용이 계속 증가할 것이다. 스태티스타(Statista)에 따르면 전 세계 RPA 소프트웨어 시장의 매출은 2019년에 29억 달러에 이르렀고, 2023년 말까지 104억 달러로 증가할 것이라고 하였다.[10]

만약 당신이 새로운 회사를 시작하거나 또는 새로운 프로젝트를 시작하는 경우, RPA 소프트웨어가 새로운 벤처 사업의 다양한 업무에서 어떻게 활용될 수 있는지 분석해야 할 것이다.

066 가장 정교한 로봇은 무엇인가?

보스턴 다이내믹스(Boston Dynamics)는 우리가 지금까지 살펴본 기업 중 가장 진보한 로봇을 개발한 선도적인 로보틱스 회사이다.

보스턴 다이내믹스는 MIT(Massachusetts Institute of Technology)에서 동물처럼 조종하는 로봇을 만드는 프로젝트에서 시작했다. 보스턴 다이내믹스의 초기 로봇 개발 자금은 국방 분야의 계약으로 조달되었다. 2013년 보스턴 다이내믹스가 구글 알파벳에 인수되었고, 이후 2017년 6월 소프트뱅크가 보스턴 다이내믹스를 인수하면서 상황이 크게 달라졌다.[1)][11]

보스턴 다이내믹스를 중요하게 살펴보아야 하는 이유는 디자인과 민첩성이 매우 뛰어난 로봇을 만들어 낸 최초의 회사이기 때문이다. 보스턴 다이내믹스에서 개발한 로봇들은 지금까지 영화에서나 볼 수 있었던 복잡한 작업을 수행하는 능력을 보여주었다.

유튜브와 페이스북과 같은 소셜 미디어 사이트 덕분에 보스턴 다이내믹스는 여러 사람들로부터 많은 관심을 받고 있다. 보스턴 다이내믹스는 로봇이 실제로 무엇을 할 수 있고, 로봇이 우리의 삶을 풍요롭게 하기 위해 제공하는 광범위한 가능성에 대한 새로운 인식을 대중들에게 제공해 주었다.

1) [역주] 매경이코노미(2021년 1월 1일) 기사에 따르면 한국의 현대차그룹은 2020년 12월 11일 일본의 소프트뱅크그룹으로부터 보스턴 다이내믹스 지분의 80%를 인수하기로 결정하였다고 한다(출처: http://news.mk.co.kr/v2/economy/view.php?year=2021&no=901).

그림 7.4 | 인공지능, 기계학습, 딥러닝

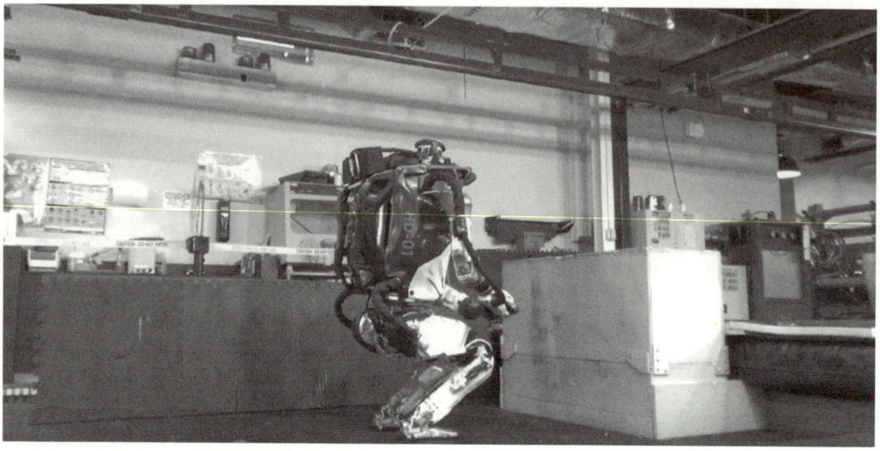

출처: https://youtu.be/fRj34o4hN4I

다음은 보스턴 다이내믹스가 디자인한 혁신적인 로봇 사례이다.

- **핸들(Handle)**: 핸들 로봇은 바퀴와 다리를 결합한 두 발로 걷는 모델로 힘과 기동성을 제공한다. 바퀴는 로봇이 평평한 표면에서 빠르게 움직일 수 있도록 해주며, 다리는 거의 모든 지형에서 움직일 수 있게 해준다. 또한 핸들 모델 로봇은 4피트 점프를 할 수 있으며, 이미 6.5피트 높이까지 점프할 수 있도록 기술이 개발되었다.[12] 핸들 로봇은 10개의 작동식 관절이 있어 무거운 물건을 들어 올리고, 모든 공간에서 기동할 수 있다. 시속 9마일의 속도로 15마일을 주행할 수 있으며, 전기와 유압 액추에이터가 장착되어 있다. 핸들 로봇은 2015 다르파 로보틱스 챌린지(2015 DARPA[2)] Robotics Challenge) 비디오에 처음 등장했다. 이때 '와이어드 매거진(Wired magazine)'은 이 핸들 로봇에 대해 '놀랄 만한 발전'이라고 하였다.[13]
- **스팟(Spot)**: 동물 로봇 개발의 역사를 살펴보면, 보스턴 다이내믹스는

2) [역주] DARPA: DoD's Advanced Research Project Agency(미국방부 방위고등연구계획국)

TED 2017 콘퍼런스(TED 2017 conference)에서 소포를 배달하기 위한 로봇 강아지 스팟을 소개했다. 보스턴 다이내믹스는 소포 배달 개념을 상품화하기 위한 방법으로 스팟 로봇을 설계했다. 그 이후 보스턴 다이내믹스는 스팟 로봇의 능력과 디자인을 개선하기 위해 사내 한 직원의 가정에서 소포를 전달하는 연습을 하였다. 스팟 로봇은 12개의 관절을 가지고 있으며 전기적으로 구동되며 유압식으로 작동한다.

2020년 5월, 보스턴 다이내믹스는 싱가포르 공원에서 스팟 로봇을 이용해 COVID−19 팬데믹 확산을 방지하는 도구로 활용하는 것을 시험하였다. 스팟 로봇은 공원 방문객들에게 사회적 거리두기의 중요성에 대해 상기시켜 주는 녹음된 메시지를 방송하는 데 이용되었다. 스팟 로봇은 물건과 사람을 감지하는 센서가 장착되어 있고, 시험기간에 항상 관계자와 동행하여 안전 예방조치를 취하였다.

또한 스팟 로봇은 미국 매사추세츠(Massachusetts)주 경찰에 의해 위험한 환경을 관찰하고 진입하는 업무를 수행하였고, 일반적으로 '상황인식(situational awareness)' 능력을 높이기 위한 테스트를 하였다. 물론 경찰 부서는 스팟 로봇을 통해 경찰들이 보다 안전하고 성공적으로 임무를 완수할 수 있도록 도움받는 것에 감사하였다. 하지만 인권 운동가들은 로봇 경찰견의 진정한 목적이 무엇이고, 무장할 것인지의 여부 등, 로봇 경찰견(스팟 로봇)의 이용에 대한 투명성이 필요하다고 목소리를 높였다. 이것은 왜 우리가 로봇 기술을 사회에 도입하기 전에 잠재적인 윤리 문제들을 다루기 위해 일반 대중들 사이에 토론이 필요한지를 보여주는 좋은 사례이다.

- **스팟 미니(Spot Mini)**: 보스턴 다이내믹스의 로봇 강아지(스팟 미니)는 사무실, 집 그리고 야외 환경에서 도움을 제공하는 로봇으로 만들어졌다. 스팟 미니는 17개의 관절을 가지고 있고 계단을 오를 수 있는 능력이 있으며 30파운드까지 물건을 운반할 수 있다. 스팟 미니는 25파운

드의 무게이고, 완전히 충전되면 90분 동안 달릴 수 있다. 스팟 미니는 대형 스팟 버전보다 이동성이 뛰어나며, 물건을 집어서 배달하는 데 이용할 수 있는 로봇 팔과 함께 제공된다. 또한 스팟 미니는 스테레오 카메라(stereo cameras)와 깊이 카메라(depth cameras)를 장착하고 내비게이션과 이동성을 보조하는 위치센서와 힘센서(position & force sensors)를 팔다리에 장착하고 있다. 더불어 보스턴 다이내믹스는 스팟 미니가 그들이 만든 로봇 중 가장 조용한 로봇이라고 주장하고 있다.[14] 보스턴 다이내믹스의 CEO 마크 레이버트(Marc Raibert)는 회사의 장기 계획이 일상적으로 이용할 수 있는 로봇을 만드는 것이라고 하면서, "우리의 목표는 이동성, 조작 능력, 지각 그리고 지능 측면에서 사람과 같거나 더 뛰어난 로봇을 만드는 것이다"라고 하였다.[15] 또한 레이버트

그림 7.5 | 한슨 로보틱스의 소피아 로보틱스

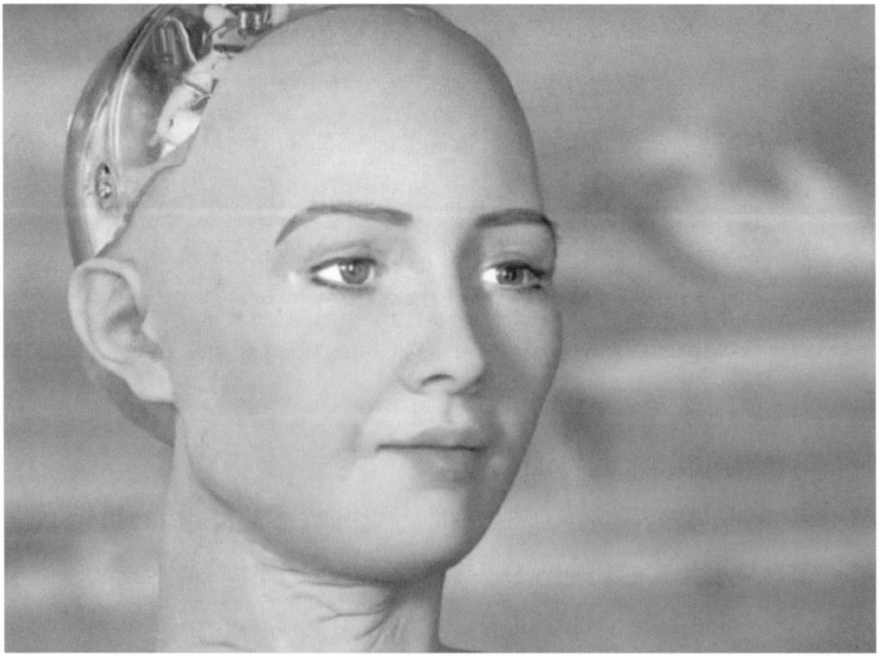

출처: http://sophiabot.com/about-me

는 로보틱스가 인터넷보다 더 큰 영향을 미칠 것이라고 하였다.[16]

이러한 로봇은 오늘날 설계된 로봇의 몇 가지 사례일 뿐이다. 미래에는 훨씬 더 많은 로봇이 나타날 것이다. 로봇이 곧 상업적인 공간에 널리 보급될 것이다. 그렇기 때문에 우리는 다양한 종류의 로봇과 일상생활을 위한 로봇에 보다 친숙해질 것이다.

언론의 스포트라이트를 받고 있는 로봇으로 소피아(Sophia)가 있다. 한슨 로보틱스(Hanson Robotics)는 놀랍도록 인간처럼 생긴 소피아 로봇을 만들었다. 이 회사의 웹사이트에 따르면 소피아는 아이들을 가르치고, 노인들을 돕고 그리고 가장 주목할 만한 것은 사람의 얼굴 표정을 흉내 낼 수 있다고 한다.[17]

2017년 10월, 사우디아라비아는 소피아에게 명예 시민권을 수여했다. 이 사건에 대해 많은 사람들은 홍보에 지나지 않는다고 여겼다. 이 사건은 석유에 의존하는 경제를 보다 디지털에 기반을 둔 경제로 바꾸려는 사우디아라비아 정부의 야망이라고 알려졌다. 많은 전문가들은 로봇과 같은 무생물에게 시민권을 부여하는 것은 몇 가지 이유로 문제가 될 수 있다고 하였다.[18]

067 인공지능 작동: 로봇이 운영하는 호텔은?

서비스업과 호스피탈리티 산업에서 기업을 지원하기 위한 인공지능 이용 사례는 많다. 하지만 일본의 헨나호텔(Henn na Hotel)은 그 자체만으로도 수준급으로 인공지능을 이용하였다. 히데오 사와다(Hideo Sawada)가 설립한 헨나 호텔은 완전히 로봇으로 구성된 스태프가 운영하는 세계 최초의 자동화된 호텔이다.

이 혁신적인 실험의 목적은 로봇을 이용해 독점적으로 호텔을 운영하는 것이 전체 효율성과 서비스를 최대화할 수 있는지를 파악하는 것이다. 초기 실험 결과는 긍정적이었다. 이에 따라 헨나호텔은 다른 지역의 체인호텔로 사업을 확장하기 시작했다. 궁극적으로 헨나호텔 경영진은 일본과 전 세계에 비슷한 호텔을 오픈하겠다는 목표를 수립하였다.

다음은 헨나호텔에서의 로봇 이용 사례이다.

- **접수원(Receptionists)**: 로봇 접수원들은 거의 사람처럼 보이고 영어, 일본어, 한국어를 말할 수 있다.
- **벨홉스(Bellhops)**: 이 로봇 도우미는 고객의 짐을 객실로 직접 배달할 수 있다. 또한 이 호텔은 열쇠를 이용하지 않는 방식으로 운영되며, 안면인식 기술을 기반으로 객실을 개방할 수 있다.
- **컨시어지(Concierge)**: 이 음성인식 컨시어지 로봇은 호텔 객실 내에서 작동하여 가전제품을 켜거나 끌 수 있으며, 몇 가지 간단한 구두 명령으로 날씨 등에 대한 정보를 제공한다.

헨나호텔에는 짐을 지키는 데 이용할 수 있는 로봇을 포함하여 다양한 로봇이 있다. 헨나호텔의 운영 방식을 더 잘 알고 싶다면 다음의 유튜브 영상을 살펴보기 바란다: https://youtube/mpzIQt6l4xY.

종합하면 헨나호텔은 지배인과 품질관리를 위한 7명의 직원 외에 총 140여 대의 로봇을 보유하고 있다. 로봇 팀을 활용하기 때문에 이 호텔의 관리자는 시간외 근무 수당, 휴가, 보너스, 기타 기존 직원과 관련된 문제에 대해 걱정할 필요가 없다.

헨나호텔은 서비스 산업이 로봇 기술에 의해 어떻게 도움을 받을지를 보여주는 중요한 사례이다. 비록 헨나호텔은 확실히 몇몇 사람들에게는 지나치게 극단적일 수 있다. 많은 관광객들은 호텔에 숙박하는 동안 인간적인 연결감을 갖는 것을 선호한다. 모든 가능성에서 놓고 볼 때 호스피탈리티 산업에서 이상적인 결합은 로봇 도우미들과 전통적인 인간관계를 혼합하는 것으로부터 나올 것이다.

중국 전자상거래의 거인인 알리바바는 중국 동부 항저우(Hangzhou)에서 '플라이주(FlyZoo)'라고 불리는 미래의 호텔(hotel of the future) 비즈니스를 시작할 것이라고 발표했다. 이 호텔은 전적으로 인공지능에 의해 운영될 것이며, 호텔 운영은 인간이 수행하는 유일한 서비스이다. 객실 온도 조절, 식사 주문 등 모든 호텔 관련 기능은 AI 기술로 운영될 것이다.[19]

미래에 우리는 호스피탈리티 산업과 서비스에서 로봇 도우미들이 기존의 인간 직원들과 함께 일하는 많은 기업을 보게 될 것이다. 현 상황에서 로봇의 초점은 양질의 경험을 제공하고 우수한 고객 서비스를 제공하는 데 계속 집중되어야 할 것이다.

068 로봇과 함께하는 삶에 윤리적 문제는 무엇인가?

로보틱스와 인공지능의 분야가 세상에 좋은 것들을 많이 만들어 낼 것이라는 데 의심의 여지가 없다. 여기에는 다양한 연구 중에 심각한 질병과 치료법에 대한 연구, 교통사고 사망자 수 줄이기 연구 그리고 경제 성장을 촉진하는 데 도움이 되는 연구 등이 포함될 것이다.

이러한 연구에도 불구하고 로봇 기술의 이용으로 발생하는 근본적인 윤리 문제들이 존재할 것이다. 이 분야의 전문가들이 수년간 제안한 기본 전제는 로봇 기술이 인류의 복지를 증진하면서 우리가 보다 나은 삶을 살 수 있도록 돕는 방향으로 활용되어야 한다는 것이다. 그러나 로봇 기술을 구현하는 개인 또는 회사가 이 지침을 준수한다는 보장은 없다. 더욱이 많은 사람들은 AI 도구를 이용하여 경제적 이득을 찾는 과정에서 복잡한 윤리적 문제에 직면할 것이다.

당신이 로봇과 AI 기술을 구현할 때 다음과 같은 윤리적 문제를 염두에 두어야 한다.

- **로보틱스가 세계의 불평등을 조장하지 않도록 어떻게 보장할 수 있을까?:** 소수의 부유한 사람들이 로보틱스에 먼저 투자하게 될 가능성이 높다. 그렇기 때문에 인공지능 기술이 제공하는 혜택으로 교육 기회 확대 및 정보 확산을 위한 이니셔티브를 만드는 것이 중요하다. 어떻게 이 일을 할 수 있을까?
- **로보틱스의 상호작용 증가에 따라 우리는 어떻게 사회적 스킬을 보존할**

수 있을까?: 새로운 종류의 기술이 폭넓게 받아들여질 때마다 새로운 기술은 사람들이 상호작용하는 방식을 변화시킨다. 우리가 필수적인 의사소통 능력을 잃지 않기 위해 AI 기술 속에서 긍정적인 인간관계를 장려할 수 있는 방법에는 어떤 것들이 있을까?

- **우리는 로봇을 완전히 믿어야 할까?**: 로봇 도구는 이미 외과센터, 병원, 군대 그리고 성장 가능성이 있는 다양한 분야에서 이용되고 있다. 다양한 산업에서 로보틱스 이용이 계속 증가하고 있다. 특정 목적을 위해 AI 도구를 내재한 로봇이 해야 할 일을 하지 못하거나 심지어 손해를 입힌다면 어떻게 대응해야 할까? 사람들이 중요한 질문에 대한 답을 제공하는 대신 로봇에 의존하면서 자신의 판단을 의심하기 시작할 때 무슨 일이 일어날까? 모든 로봇의 의사결정 과정을 파악하기 위해 모든 로봇에 '윤리적인 블랙박스'를 설치하는 것은 하나의 문제 해결 대안이다. 이것은 내가 전적으로 동의하는 사항이다. 이 제안에 대한 자세한 내용은 다음의 웹사이트에서 확인할 수 있다: https://goo.gl/SnCv2z.
- **로봇이 가져야 할 권리는 무엇인가?**: 사람들은 대부분의 정부에 의해 보호되는 기본적인 고유 권리를 가지고 있다, 지능형 로봇이 있다면 어떤 권리를 가져야 할까?
- **어떻게 하면 효과적으로 로봇 이용을 법제화할 수 있을까?**: 로봇 기술을 만드는 데 비용이 적게 들고 시간이 많이 소요됨에 따라 로봇 도구의 개발과 적용에 심각한 결과를 초래하는 실수를 피할 수 있도록, 사회적으로 어떤 종류의 입법 결정을 해야 할까?

윤리적 이슈는 공공 영역과 정치 영역 모두에서 로봇 기술의 초기 개발 단계에서 다루어져야 할 문제이다. 로봇에 대한 소스 코드 데이터의 대부분이 모든 사람들이 이용할 수 있는 오픈소스(open source)일 가능성이 있다. 그렇기 때문에 로봇 도구들이 우리 삶에 좋든 나쁘든 큰 영향을 미칠 가능성이 있다.

이미 AI 도구와 로보틱스 이용에 참여하는 일부 기업들은 인공지능에 대한 파트너십을 구축하기 위해 관련 주제를 토론하고 대중의 이해를 증진하기 위해 노력하고 있다. 당신이 http://www.partnershiponai.org에 접속한다면 보다 상세한 정보를 얻을 수 있다. 또 다른 이니셔티브는 오미다이어 네트워크(Omidyar Network), 나이트 파운데이션(Knight Foundation) 그리고 링크드인(LinkedIn)의 설립자인 리드 호프만(Reid Hoffman)이 주도하는 '인공지능 펀드의 윤리와 거버넌스(Ethics and Governance of Artificial Intelligence Fund)'가 있다.

하지만 현재 이러한 이니셔티브들은 널리 알려져 있지 않다. 그렇기 때문에 사람들은 로보틱스가 발전하는 속도를 인식하지 못하고, 개인, 기업, 정부가 현재 로봇 기술의 영향에 대해 사고하고 논의를 시작하는 것이 얼마나 중요한지 인식하지 못하고 있다.

069 로봇을 어떻게 삶에 성공적으로 적응할 수 있는가?

역사는 새로운 기술이 등장에 따라 대부분의 사람들이 적응하는 데 오랜 시간이 걸린다는 것을 알려주었다. 그리고 새로운 도구와 그 영향과 용도에 익숙해지는 데 오랜 시간이 걸린다. 인공지능과 로보틱스의 증대에 따라 발생하는 문제가 기하급수적으로 증가하고 있다. 그렇기 때문에 지금 로봇 자원들의 이용과 의미에 대해 논의하는 것이 중요하다.

한 가지 중요한 질문은 다음과 같다. 우리가 일상적으로 로봇과 함께 살고 일하게 될 미래에 적응을 위해 어떻게 준비해야 하는가? 이 질문에 대한 절대적이고 완벽한 해답은 없지만, 명심해야 할 중요한 사항은 로봇의 목적은 우리의 삶을 개선하는 데 도움을 준다는 것이다. 다양한 AI 도구들이 사람들이 한 때 수행했던 일을 담당하기 시작하면서, 로보틱스의 원래 목적이 잊힐 가능성이 있다. 우리는 로봇이 사람들을 도와주기 위해 존재한다는 것을 기억할 필요가 있다. 그 반대가 아니라는 것을 명심해야 한다.

우리가 로봇과 함께 삶에 적응하는 최상의 방법에 대해서 내가 모든 해답을 가지고 있지는 않다. 하지만 나는 미래에 로봇과 함께하기 위한 행동을 취하는 데 영감을 줄 수 있는 다음과 같은 몇 가지 질문을 가지고 있다.

- 사회 전체가 로봇과 함께 생활하고 일하는 데 적응할 수 있도록 돕기 위해 당신은 개인적으로 무엇을 할 수 있을까?
- 정치인들과 세계 지도자들이 로보틱스와 인공지능을 성공적으로 운영하기 위해 알아야 할 것은 무엇인가?

그림 7.6 | 페퍼 로봇

- 어떻게 우리는 아이들에게 로보틱스의 이용과 의미에 대해 교육할 수 있을까?
- 어떻게 하면 로봇의 중요성을 알리고 로봇과 함께 일하는 방법을 가르칠 수 있는 교육자를 보다 많이 양성할 수 있을까?
- 교육기관들이 로봇에 대한 긍정적인 정보를 공유할 수 있는 프로그램을 개발할 수 있는 방법은 무엇인가?
- 로봇의 이용과 관련하여 시행되어야 할 중요한 윤리지침은 무엇이며, 어떻게 하면 효과적으로 윤리지침을 구현할 수 있을까?
- 로봇 도구가 모든 사회경제적 그룹에서 이용 가능하도록 어떻게 보장할 수 있을까?
- 로봇에 의해 발생할 수 있는 잠재적인 결점이나 해로움을 어떻게 피할 수 있을까?
- 어떻게 사회의 모든 사람들이 로봇과 로보틱스에 대해 배우고 혜택을 받을 수 있는 동일한 기회를 제공할 수 있을까?

많은 사람들이 대부분의 시간을 인간 대신 로봇과 함께 보내고, 로봇과 커뮤니케이션을 하는 세상에서, 우리는 어떻게 대인관계에서 의사소통 기술에 피해를 입지 않도록 할 수 있을까?

이에 대한 내 견해는 우리가 사회에서 로봇의 역할에 대한 많은 대중적 교육과 대화가 시급하다는 것이다. 우리는 로봇의 역할이 대중화되고 실제와 같아질 때, 우리의 인간관계가 어떻게 진화하게 될지 그리고 로봇 대중화의 결과에 따라 인간의 역할이 어떻게 바뀔지와 같은 문제를 다루어야 할 것이다. 우리는 인간과 유사한 로봇이 크게 확산되기 전에 이러한 유형의 논의와 교육에 참여할 필요가 있다. 만약 우리가 로봇 대중화에 대해 사전에 제대로 준비하지 않는다면, 로봇의 갑작스러운 유입(대중화)은 사람들을 혼란스럽게 하고, 화나게 하고, 불행하게 하여 사회적 불안을 유발할 수 있을 것이다.

중요한 것은 진보된 로봇 기술이 우리 삶과 시장에 넘쳐날 때까지 기다리기보다는 지금 적절한 대응조치를 취하는 것이 좋을 것이다. 로봇에 대한 국제법과 규제는 향후 몇 년 내에 로봇의 개발과 이용에 중요한 역할을 할 것이다. 따라서 전 세계의 정치인들과 지도자들에 대한 교육은 로봇 기술의 지속적인 발전에 핵심을 두어야 한다.

예를 들면, 유명한 패스트푸드 체인 맥도날드(McDonald)는 이미 미국 애리조나주 피닉스에서 로봇이 완전히 운영하는 새로운 레스토랑을 만들 것이라고 발표하였다. 나는 가까운 미래에 로봇이 운영하는 맥도날드 매장이 증가할 것이라고 생각하고, 일상적인 업무가 이루어지는 다양한 호스피탈리티 사업장들이 빠르게 증가할 것이라고 생각한다. 이러한 현상은 다수 노동자들의 생계를 위태롭게 할 것이며, 대규모 시위, 폭동 그리고 다른 종류의 대중의 불안으로 이어질 가능성이 매우 높을 것이다. 이러한 상황은 우리가 가능한 한 빨리 대처해야 하는 중요한 사회경제적 문제이다.

070 로봇과 로보틱스에 대한 추천 자료는 어떤 것이 있는가?

만약 당신이 로봇의 내부 작동 방법 학습에 관심이 있다면, 아마존닷컴(Amazon.com)에서 로보틱스의 기술적인 측면에 관한 책들을 살펴보길 바란다. 그러나 만약 당신이 로봇 기술의 애플리케이션과 시사점에 관심이 있다면, 내가 아래에서 추천하는 몇 가지 자료를 확인해 볼 것을 제안한다.

로보틱스와 로보틱스의 잠재적 영향에 대해 잘 알려진 책으로 마틴 포드(Martin Ford)가 저술한 〈로봇의 부상: 인공지능의 진화와 미래의 실직 위협(*Rise of the Robots: Technology and the Threat of a Jobless Future*)〉이 있다. 이 책은 로보틱스 발전으로 인한 노동력의 변화를 주제로 다룬 최초의 책이다. 이 책에서는 로봇이 다양한 방법으로 개발되고 이용됨에 따라 미래에 일어날 수 있는 극적인 영향을 보여준다. 특히 이 책은 기술 발전에 따른 인간의 실직 가능성을 강조하고 있다.

또한 인간적인 측면에 초점을 맞춘 로봇을 다룬 서적으로 게르트 레온하르트(Gerd Leonhard)의 〈신이 되려는 기술: 위기의 휴머니티(*Technology vs. Humanity: The Coming Clash Between Man and Machine*)〉가 있다. 이 책은 잠재적 기술 발전과 로봇 기술이 사람에게 미치는 영향을 다루고 있다. 나는 당신에게 이 책을 읽어볼 것을 추천하고 싶다. 이 책에서 게르트 레온하르트는 로봇 도구로부터 유발되는 윤리적 문제와 기술의 본질 그리고 인간 존중의 중요성을 강조하였다.

만약 당신이 로봇을 만드는 방법에 관심이 있다면 나는 유다시티(Udacity)

에서 제공하는 상호작용이 가능한 무료 온라인 로보틱스 강좌를 수강하는 것을 추천하고 싶다. 이에 대한 상세한 내용은 유다시티 웹사이트에서 찾을 수 있다: https://www.udacity.com/course/artificial-intelligence-for-robotics—cs373. 이 웹사이트에서 제공하는 비디오 코스는 구글의 무인 자동차 팀을 이끌었던 독일 컴퓨터 과학자인 세바스찬 스런(Sebastian Thrun)이 개발하였다. 그는 오늘날 세계 로보틱스와 AI 분야의 최고 전문가 중 한 명으로 알려져 있다.

마지막으로 로봇과 AI 기술의 지속적인 발전에 대한 신뢰할 수 있는 최신 정보를 제공하는 세계경제포럼(World Economic Forum)의 기사가 있다. 이 기사는 다음의 웹사이트에서 찾아볼 수 있다: https://www.weforum.org/agenda/archive/artificial-intelligence-and- robotics/.

NOTES

01 Wikipedia entry on Robot, December 15, 2017, https://en.wikipedia.org/wiki/Robot

02 Wikipedia entry on Robot, December 15, 2017, https://en.wikipedia.org/wiki/Robot

03 International Federation of Robotics, "World Robotics Report 2016" September 29, 2016, https://ifr.org/ifr-press-releases/news/world-robotics-report-2016

04 SoftBank Robotics, "Who is Pepper?", https://www.ald.softbankrobotics.com/en/robots/pepper

05 Elena Holodny, "This map shows which countries are being taken over by robots", Business Insider, March 28, 2016, http://www.businessinsider.com/countries-with-greatest-number-of-robots-2016-3

06 Milena Mikael-Debass, "South Korea Has the Most Robot Workers per Human Employee in the World", Vice News, May 24, 2017, https://news.vice.com/story/south-korea-has-the-most-robot-workers-per-human-employee-in-the-world

07 International Federation of Robotics, "World Robotics Report 2016", September 29, 2016, https://ifr.org/ifr-press-releases/news/world-robotics-report-2016

08 Mathew Sayer, "Which Country Will Win the Robot War?", Future of Everything, December, 2016, http://www.futureofeverything.io/2017/01/17/countries-leading-the-world-in-industrial-robotics

09 The Economy Journal, "The countries with the most robots per worker are those with the lowest unemployment rates", http://www.theeconomy-journal.eu/texto-diario/mostrar/606573/paises-tienen-robots-cada-trabajador-disfrutan-tasas-paro-bajas

10 Shanhong Liu, "Robotic process automation(RPA) market revenues

worldwide from 2017 to 2023", Statista, March 10, 2020, https://www.statista.com/statistics/740440/worldwide-robotic-process-automation-market-size

11 April Glaser, "Boston Dynamics has been using its robot 'dog' to deliver packages in Boston", Recode, April 25, 2017, https://www.recode.net/2017/4/25/15422130/boston-dynamics-robot-dog-deliver-packages-boston-ted

12 John Mannes, "Boston Dynamics' Handle robot dominates parkour on wheels in new footage", Techcrunch, February 27, 2017, https://techcrunch.com/2017/02/27/boston-dynamics-handle-robot-dominates-parkour-on-wheels-in-new-footage

13 Matt Simon, "Boston Dynamics' New Rolling, Leaping Robot Is an Evolutionary Marvel", Wired, January 03, 2017, https://www.wired.com/2017/03/boston-dynamics-new-rolling-leaping-robot-evolutionary-marvel/

14 Boston Dynamics, "SpotMini, Good Things Come in Small Packages", 2017, https://www.bostondynamics.com/spot-mini

15 The Business Times, "SoftBank's Son explains how all those deals fit together", July 21, 2017, http://www.businesstimes.com.sg/technology/softbanks-son-explains-how-all-those-deals-fit-together

16 Dom Galeon, "Boston Dynamics CEO Believes Robotics Will Become 'Bigger Than the Internet", Futurism, November 15, 2017, https://futurism.com/boston-dynamics-ceo-believes-robotics-bigger-internet

17 SophiaBot, "Sophia", 2017, http://sophiabot.com/about-me

18 James Vincent, "Pretending to give a robot citizenship helps no one", The Verge, October 30, 2017, https://www.theverge.com/2017/10/30/16552006/robot-rights-citizenship-saudi-arabia-sophia

19 Esther Hertzfeld, "Alibaba Group unveils its first future hotel", Hotel Management, November 9, 2018, https://www.hotelmanagement.net/tech/alibaba-group-unveils-its-first-future-hotel

제8장

빅테크 기업들의 인공지능 활동

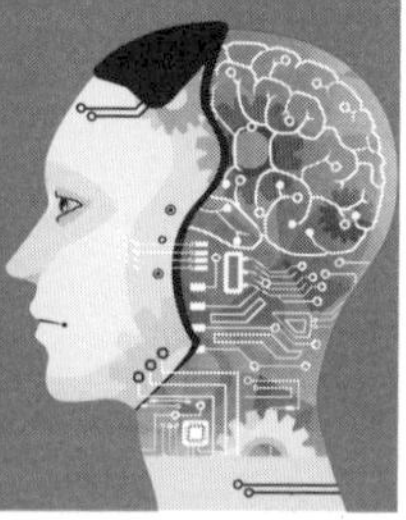

그림 8.1 | 8장의 주제

거의 모든 빅테크 기업들은 인공지능의 개발과 애플리케이션 개발에 높은 우선순위를 두고 있다. 8장에서는 10개 빅테크 기업에 대해 살펴보고, 어떻게 인공지능을 개발할지 살펴볼 것이다. AI 분야는 끊임없이 변화하기 때문에 인공지능의 모든 발전을 따라잡는 것은 복잡한 문제이다. 이러한 이유로 나는 기업들이 흥미로운 AI 기반 제품과 서비스를 계속해서 출시하고 AI 기술 발전을 잘 따라갈 것이라고 생각한다. 비록 8장에서 강조한 10대 기업 모두가 규모가 큰 글로벌 기업이이지만, 전 세계에는 인공지능을 활용해 매력적인 애플리케이션을

개발하고 있는 많은 신생기업들이 있다. 지난 몇 년 동안 AI 신생기업들에 대한 투자가 크게 증가하여 새롭고 흥미로운 방식으로 도전하고 있는 소규모 기업들에게도 AI 분야가 개방되어 있다. 또한 우리가 다룰 앞부분의 7개 기업들은 모두 미국에서 창업한 기업이다. 그러나 인공지능의 혁신과 발전은 전 세계적으로 일어나고 있으므로, 미국 이외의 지역에서도 개발되고 있는 AI 제품과 서비스를 주목해야 할 것이다. 특히 우리가 제시한 목록에 있는 후반부의 세 개의 기업은 중국 기업인데, 이 세 개 기업은 빠르게 AI 도구를 활용하는 기업이 되고 있다. 나는 당신에게 최신 정보를 유지하기 위해 중국에서 이루어지는 AI 기반 개발 과정을 주의 깊게 살펴볼 것을 제안한다. 빅테크 기업들의 AI 성과를 따라가는 것은 매력적이지만, 모든 기업들이 강력한 AI 애플리케이션을 만들 수 있는 오픈소스 인공지능에 관심을 갖는 것도 중요하다. 그렇지 않으면 우리는 이 빅테크 기업들이 만들어 낸 인공지능에 지나치게 의존할 것이고, 이것은 빅테크 기업들에게 더 큰 힘을 모아주게 될 것이다.

071 구글의 인공지능 활동은 무엇인가?

구글은 세계에서 가장 큰 데이터 기반 기업이며 구글닷컴 검색, 유튜브, 지메일 그리고 다른 구글 소유의 제품과 서비스들을 통해 수백만 명의 이용자들로부터 획득한 데이터를 가지고 있다. 이렇게 엄청난 양의 데이터에 접근할 수 있게 되면서 구글은 인공지능 분야에서 세계 선두주자 중 하나가 되었다.

인공지능은 구글과 모기업인 알파벳(Alphabet Inc.)이 가장 중시하는 분야이다. 구글의 거의 모든 신제품과 서비스가 어떤 식으로든 AI 기술을 적용하기 때문에 구글은 가장 진보된 AI 기업으로 여겨지고 있다.

구글의 AI 관련 웹사이트(https://ai.google/bout/)에 따르면 구글은 모든 사람에게 인공지능의 장점을 제공할 것을 약속하면서 사회의 이익을 위한 AI 솔루션을 연구하고 개발해 왔다. 그러나 이러한 주장에도 불구하고 구글은 자사의 AI 기능을 사회의 더 큰 이익을 위해 이용하지 않고, 대신 광고 수익을 늘리고 수익률을 높이기 위해 이용했다는 비판을 받아왔다.

이러한 비판의 한 가지 사례는 구글이 COVID-19 대유행에서 세계를 지원하지 못한 것이다. 인공지능, 하드웨어, 소프트웨어 연구에 투자한 엄청난 액수를 고려하면, 구글이 COVID-19 대유행 위기 동안 많은 도움을 제공하지 못했다는 것은 거의 믿을 수 없는 일이다. 구글이 공중보건 보호를 위한 AI 기반 도구와 시스템 개발에 대규모 투자를 단행했다면 많은 생명을 구할 수 있었을 것이다.

비록 구글이 최초의 COVID-19 대유행 발발 동안 어떠한 의미 있는 도움도 제공하지는 않았다. 이후 구글은 결국 애플과 협력하여 향후 전염병 발생을 방지하고 억제하기 위한 개인 연락처를 추적할 수 있는 앱을 출시했다. 이 스마트폰 기반 연락처 추적 앱은 COVID-19 대유행에 양성 반응을 보이는 개인과 접촉했을 수 있는 사람을 추적하는 데 이용된다. 이 AI 도구는 아마도 사회에 유용할 것이다. 또한 구글 소유의 회사인 딥마인드(DeepMind)는 코로나 바이러스 단백질의 유전적 염기서열을 바탕으로 3D 구조를 예측할 수 있는 기술을 개발하였다. 이론적으로 이것은 코로나 바이러스에 붙어 바이러스를 비활성화할 새로운 단백질의 생성에 대한 정보를 제공할 것이다. 이러한 발견으로 얻은 데이터는 온라인에서 무료로 이용할 수 있고, 의학 연구자들이 백신을 개발하기 위해 서두를 때 이용할 수 있게 되었다. 하지만 구글의 엄청난 자원과 힘을 감안할 때 많은 사람들은 구글이 훨씬 더 많은 것을 할 수 있었다고 믿고 있다.

구글이 자사 제품에 인공지능을 적용하는 방법

다음은 구글이 인공지능을 적용하는 몇 가지 실제 사례이다.

- **기본 구글 검색:** 당신이 구글닷컴(google.com)에서 무언가를 검색할 때마다 구글의 기계학습 알고리즘은 모든 검색 내용을 학습하고 검색 결과를 개인화하는 결과를 기반으로 당신에게 검색 결과를 제공한다. 구글은 기계학습과 인공지능 덕분에 당신이 검색하고자 하는 것을 예측할 수 있도록 검색 기능을 개발하고 있다.[01]
- **구글 어시스턴트:** 구글의 개인 어시스턴트 시스템은 현재 기상상태를 알려주고, 텍스트를 100개 이상의 언어로 번역함으로써 당신을 도울 수 있다. 당신이 구글 어시스턴트를 구글 홈 서비스(Google Home Service)와 함께 이용할 경우 알림 생성, 저녁 식사 예약, 심지어 집의

조명을 어둡게 하는 데 이용할 수 있다.

이와 같은 스마트 어시스턴트 시스템을 이용하는 것이 보편화됨에 따라 일부 비평가들은 사람들이 구글 어시스턴트 시스템과 나눈 대화 내용 데이터가 노출되는 사생활 침해 우려에 대해 목소리를 내고 있다. 이러한 이유로 구글은 개인 어시스턴트 시스템에 프라이버시 지원 섹션을 추가했는데, 이용자가 자신의 프라이버시 설정과 권한을 수정할 수 있도록 하고, 이용자가 원할 경우 과거의 어시스턴트 시스템 이용 데이터도 삭제할 수 있게 해주는 기능을 제공한다. 구글 어시스턴트 지원에 대한 내용은 다음의 웹사이트에서 자세한 내용을 확인할 수 있다: https://www.goo.gl/GPjkCf. 또한 일반적인 구글 어시스턴트 시스템의 이용법은 다음의 웹사이트에서 자세히 볼 수 있다: https://assistant.google.com.

- **구글 포토(Google Photos)**: 이 기능은 인터넷에 업로드된 사진을 정렬하고 인덱싱하는 데 활용된다. 구글은 이미지에서 누락된 세부사항을

그림 8.2 | 구글 어시스턴트 웹사이트

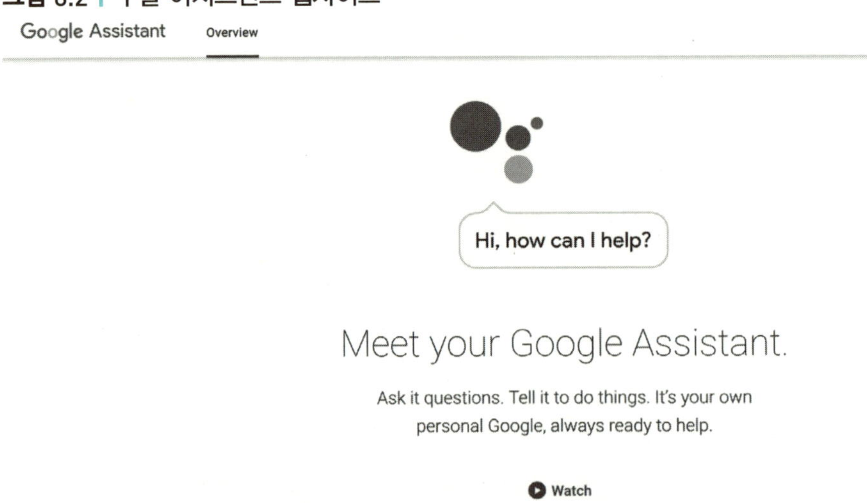

출처: https://assistant.google.com

추가할 수 있는 기능을 개선해 이용을 확대했다.

- **음성인식(Speech Recognition)**: 구글 어시스턴트 시스템은 질문과 다양한 음성 명령들을 인식하기 위해 딥러닝을 이용한다. 또한 음성인식은 구글의 번역 서비스로도 확장된다.[02]
- **유튜브(YouTube)**: 구글은 유튜브 이용자의 시청 습관을 더 잘 추적하기 위해 기계학습을 이용해 동영상 추천의 정확성을 향상시켰다.
- **구글 픽셀 버즈(Google Pixel Buds)**: 구글 픽셀 버즈는 구글의 블루투스 이어버드(Bluetooth ear buds) 브랜드로 40개 이상의 지원 언어에 대해 실시간 번역 서비스를 제공한다. 현재 구글의 인공지능으로 작동되는 언어 번역 서비스는 최고의 서비스이다. 픽셀 버즈를 이용하면 이용자는 오른쪽 이어버드를 누르고 "이탈리아어를 말해주세요"라고 말할 수 있다. 그러면 왼쪽 이어버드가 모든 언어를 이탈리아어로 번역한다. 이 제품의 첫 버전은 아마도 완벽하지는 않을 것이지만, 시간이 지나면서 구글 픽셀 버즈는 개인 또는 전문가들에게 엄청난 기능을 제공할 것이다.[03]
- **구글 음성 입력(Google voice typing)**: 이 도구를 이용하면 자신의 음성을 빠르게 문서에 입력할 수 있다. 이 프로그램은 구글 독스(Google Docs)와 119개 언어로 연결되어 작동하며, 구글 독스(https://docs.google.com) 웹사이트에서 이용할 수 있다. 구글 음성 입력 서비스는 음성으로 말할 때도 잘 작동하며, 이 서비스를 이용하면 문서 입력시간을 절약할 수 있다.
- **구글 자율주행차(Google's Self-Driving Cars)**: 구글의 자율주행차는 인공지능과 기계학습에 의해 구동되며, 이 회사의 보고서에 따르면 구글은 자율주행차 기술 개발을 위해 이미 11억 달러 이상을 개발비를 지출했다고 한다.[04]

또한 구글은 헬스케어 프로젝트와 클라우드 서비스 등 다양한 분야에서 인공지능을 적용하고 있다.

구글이 인수한 AI 기업

전문가들에 따르면 2014년에 구글은 딥마인드를 인수했는데, 딥마인드는 세계에서 가장 앞서가는 AI 회사이다. 또한 구글은 일반 사람들이 자신이 이용할 인공지능 어시스턴트 시스템을 만드는 데 이용할 수 있는 애플리케이션을 개발한 할리 랩스(Halli Labs), 캐글(Kaggle), 에이피아이에이아이(API.ai) 등 12개 AI 회사를 인수했다.

구글 인공지능의 최고 성과

구글의 AI 프로그램의 능력과 가능성을 보여주는 가장 좋은 사례는 다음과 같다.

- 알파고(AlphaGo): 딥마인드가 개발한 이 AI 소프트웨어는 중국 바둑의 복잡한 전략 게임에서 인간 플레이어를 물리친 최초의 컴퓨터 프로그램으로 딥러닝의 힘을 보여준다.
  딥마인드의 CEO 데미스 허사비스(Demis Hassabis)에 따르면 알파고는 중국의 바둑 게임을 수천 번 학습하면서 그 과정에서 실수를 배우는 데 심층 신경망(deep neural networks)을 이용한다.[05]
  2017년 10월, 딥마인드는 알파고 제로(AlphaGo Zero)가 인간의 입력 없이 완전히 바둑을 두는 방법을 학습했다고 발표했다. 이 새로운 시스템은 불과 3일 만에 이전 버전의 알파고를 물리칠 수 있었고, 게임 결과는 100대 0의 점수로 끝났다고 하였다. 알파고의 모든 이전 버전은 바둑 게임을 두는 방법을 배우기 위해 인간이 입력한 데이터를 필요로 했다. 이와는 대조적으로 알파고 제로는 무작위적인 움직임으로 시작하

는 자기 플레이를 통해서만 스스로 바둑을 학습한다.[06]

- **걷는 법을 배우는 봇(Bot Learns to Walk)**: 딥마인드가 개발한 구글 AI 봇은 사람의 지시 없이 걷고, 뛰고, 점프하는 법을 스스로 학습한다. 구글 AI 봇은 어떤 동작을 할 때 기계에 보내지는 보상 신호인 강화학습을 이용함으로써 장애물을 극복할 수 있는 자신만의 방법을 찾는다.[07]
- **텐서플로우(TensorFlow)**: 이 도구는 개발자와 연구자를 위한 기계학습을 지원하는 오픈소스 라이브러리이다. 구글은 2015년 11월에 텐서플로우를 처음 출시했다. 이후 구글은 2017년 11월 모바일 디바이스와 임베디드 디바이스를 위한 텐서플로우의 경량화 솔루션인 텐서플로우 라이트를 출시했다.[08]

구글의 AI 서비스와 실험

- **구글의 기업용 AI 서비스(Google's AI Services for Companies)**: 구글은 강력한 머신러닝 서비스 애플리케이션의 이용을 위해 자사의 AI 클라우드 서비스를 다른 회사에 개방하였다. 이 서비스는 회사들이 처음부터 자사의 AI 제품을 만드는 것보다 구글의 AI 모델과 제품을 이용할 수 있는 기회를 제공한다. 당신은 비전 AI(Vision AI)와 같이 이 AI 도구 중 일부를 테스트할 수 있다. 이에 대한 상세한 정보를 얻기 위해서는 다음의 웹사이트를 참고하기 바란다: https://cloud.google.com/vision. 또한 당신은 사진을 업로드하고 구글의 인공지능이 이미지에서 얼굴을 어떻게 감지하는지 확인할 수 있다. 이에 대한 상세한 정보는 다음의 웹사이트를 참고하기 바란다: https://cloud.google.com/products/ai.
- **구글의 클라우드 기반 AI 도구(Google's Cloud-Based AI Tools)**: 구글은 AI 프로젝트에 관련된 뉴스뿐만 아니라 모든 이용자들이 이용할 수 있

도록 추천하는 다양한 AI 도구들을 제공하며, AI 도구에만 초점을 맞춘 웹사이트를 제공하고 있다. 이 프로젝트로 만들어진 웹사이트가 캐글닷컴(Kaggle.com)이다. 이 사이트는 데이터 사이언스와 기계학습 프로젝트를 위한 세계에서 가장 큰 커뮤니티이며, 다양한 AI 실험을 수행하고 있다.[09] 보다 자세한 내용은 다음의 웹사이트에서 얻을 수 있다: https://ai.google.

- 구글의 AI 익스페리먼트(Google's AI Experiments): 구글은 누구나 AI 관련 프로젝트를 수행할 수 있는 AI 익스페리먼트(AI Experiments)라는 프로그램을 제공하고 있다. 이 프로그램은 매우 창의적이고 주목할 만한 것들을 웹사이트(https://withgoogle.com/ai)를 통해 제공하고 있다. 이 프로젝트의 한 사례로 오토드로우(AutoDraw)를 들 수 있다. 오토드로우는 어떤 그림을 그리려고 하는지 예측하고 보다 사실적으로 보이도록 지원하는 프로그램을 제공한다. 이 프로그램은 다음 웹사이트에서 직접 다운로드해서 이용해 볼 수 있다: https://www.autodraw.com.
- DIY AI(Do-It Yourself AI): 구글은 모든 이용자에게 자신만의 AI 관련 제품을 만들 수 있는 도구와 개발 키트를 제공하는 웹사이트가 있다. 구글은 이 웹사이트에서 공유한 첫 번째 프로젝트는 AIY 프로젝트 보이스 키트(Artifical Intelligence Yourself Projects Voice Kit)이다. 이 키트는 구글 어시스턴트에 연결할 수 있는 자연어 인식 도구이며, 기본적으로 구글 어시스턴트를 위해 자신만의 애플리케이션을 만들 수 있게 해준다. 보다 자세한 내용은 다음 웹사이트를 참고하기 바란다: https://aiyprojects.withgoogle.com/voice.

그림 8.3 | 구글 DIY AI 음성 키트

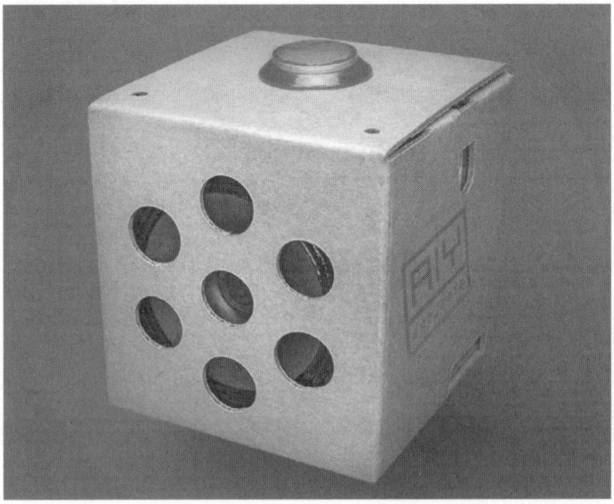

출처: https://aiyprojects.withgoogle.com/voice

구글의 AI 연구 확대와 다른 이용자들이 자신의 업무로부터 이익을 얻을 수 있도록 하는 개방성으로 AI 개발에 큰 기여를 하였다.

2018년 6월, 구글은 자사 직원들에게 회사가 만든 인공지능이 이용되어야 하는 목적에 대한 비전을 제공하기 위해 'AI 원칙(AI principles)'을 발표했다. 이 원칙에는 사회적 이익을 위한 AI 개발, AI 기반 제품의 이용으로 인한 불공정한 편견 방지와 같은 내용들이 포함되어 있다. 또한 구글은 인공지능이 무기화되거나 해롭게 이용될 수 있기 때문에, 부정적으로 AI 활용을 추구하지 않겠다고 맹세하는 AI 애플리케이션을 강조한다.

구글은 인도주의적인 AI 프로젝트를 지원하기 위해 2,500만 달러의 기금을 마련했다. 자세한 내용은 다음의 웹사이트를 참조하기 바란다: https://ai.google/social-good/impact-challenge.

최근 구글의 CEO 순다르 피차이(Sundar Pichai)는 회사의 기계학습 소프트웨어가 산업계의 인재 부족을 해결하기 위해 보다 많은 기계학습 소프트웨어를 생산하는 데 이용될 수도 있다고 말했다. 구글은 인공지능을 애플리

케이션과 이용자 경험을 향상시키기 위해 이용하면서 인공지능을 한 단계 더 발전시키기로 결정하였다.[10]

구글의 기계학습 출판물에 대한 자세한 내용은 다음의 사이트를 참조하기 바란다: https://research.google.com/pubs/MachineIntelligence.html.

구글 AI 웹사이트는 방대한 양의 연구와 교육 정보, AI 도구와 인공지능 관련 이야기들을 공유하며, 이 웹사이트가 제공하는 모든 정보를 보는 데 충분한 시간을 투자할 가치가 있다. 자세한 내용은 다음 웹사이트에서 확인할 수 있다: https://ai.google/education.

구글의 기계학습에 대한 교육 과정 정보는 다음 웹사이트에서 얻길 바란다: https://developers.google.com/machine-learning/crash-course.

또한 옥스퍼드 인터넷 연구소(Oxford Internet Institute)와 협력하여 'The A-Z of AI'라고 불리는 유용한 정보를 제공하는 웹페이지를 개발했다. 보다 자세한 내용은 다음의 웹사이트에서 찾아볼 수 있다: https://atozofai.withgoogle.com/intl/en-US/.

072 페이스북의 인공지능 활동은 무엇인가?

페이스북은 기계학습과 인공지능 덕분에 많은 이용자 기반을 축적할 수 있다. 페이스북의 이용자 프로필에는 많은 양의 상세한 개인정보가 결합되어 있다. 페이스북의 AI 기반 알고리즘은 이용자들의 개인 데이터를 분석하고 학습하여 이용자 개인의 선호도와 관심사를 파악하도록 해준다. 이를 통해 페이스북은 개별 소셜 네트워크 서비스 이용자들에게 독특하고 개인화된 페이스북 경험을 제공하여 큰 인기를 얻을 수 있다.

인공지능은 페이스북의 가장 중요한 우선순위가 되었다. 페이스북은 새로운 제품을 만들기 위해 인공지능을 이용해 왔고, 의심할 여지 없이 향후 프로젝트에서도 인공지능을 특징으로 할 것이다. 일부 프로젝트는 가상현실과 증강현실과 같은 기술들을 포함할 것인데, 이것도 인공지능에 의해 작동될 것이다.

페이스북은 이용자 데이터를 공유하고 있다. 여기에서 중요한 것은 페이스북이 제3자가 페이스북 데이터에 액세스하여 대규모 마이크로 타깃 광고 캠페인(massive micro-targeted advertising campaigns)을 할 수 있도록 허용했다는 것이다. 이것의 잘 알려진 사례는 영국 브렉시트 투표(U.K. Brexit vote)와 미국 대선(U.S. presidential election)에 영향을 주기 위해 페이스북 데이터가 이용되었던 케임브리지 애널리티카(Cambridge Analytica) 사건이다. 나를 포함한 많은 전문가들은 케임브리지 애널리티카 사건으로 인한 피해 여파가 페이스북의 개인정보 보호정책에 큰 변화를 주지 않았다는 사실에 크게 놀랐다.

구글과 함께 페이스북은 최첨단 AI 연구와 개발에 많은 투자를 하지만 COVID-19 발생 동안 공중보건에 실질적인 도움을 주지 않은 빅테크 기업이다. 그러나 이후 페이스북은 COVID-19 대유행 위기에 피해를 입은 중소기업들을 돕기 위해 총 1억 달러를 기부할 것이라고 발표했다. 또한 페이스북은 이용자들이 COVID-19 대유행과 관련된 귀중한 정보를 공유할 수 있는 정보센터를 만들기로 하였다.

페이스북 인공지능의 실제 사례

- **페이스북 사진 검색(Facebook Photo Search)**: 이 기능은 인공지능을 이용해 페이스북 사진 내용을 이해할 수 있게 해주는 데 도움을 제공한다. 이용자의 장점은 소셜 미디어 플랫폼의 키워드를 이용하여 이미지 검색을 수행할 수 있다는 것이다.[11]
- **페이스북의 FB러너플로우(FBLearner Flow)**: 위에서 언급한 바와 같이 기본적으로 페이스북의 모든 기능은 인공지능의 효과적인 이용 덕분에 가능하다. FB러너플로우는 페이스북의 'AI 백본(AI backbone)'으로 페이스북에 게시된 모든 이용자 콘텐츠를 분석한 후 고유한 방식으로 모든 이용자의 경험을 개인화한다.[12] 자세한 작동 방법을 알아보려면 다음의 웹사이트를 방문하기 바란다: https://code.facebook.com/posts/1072626246134461/introducing-fblearner-flow-facebook-s-ai-backbone/.
- **텍스트 분석(Text Analysis)**: 딥텍스트(DeepText)는 단어의 의미와 문맥을 이해할 수 있는 AI 도구이다. 현재 딥텍스트는 20개 이상의 언어로 된 게시물의 텍스트 내용을 이해할 수 있다.[13]

그림 8.4 | FB러너플로우(FBLearner Flow)

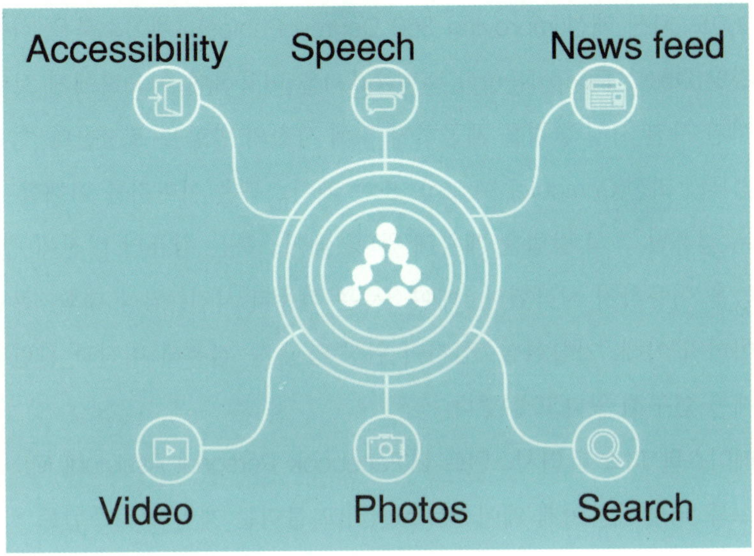

출처: https://code.facebook.com

이 거대 소셜 미디어 기업은 텍스트 분석을 테러와의 싸움에서 무기로 이용하기 시작했다. 페이스북의 CEO 마크 저커버그(Mark Zuckerberg)는 페이스북이 테러와 관련된 게시물에 대해 이용자들의 보고에 의존해 왔지만, 극단주의자들의 활동을 감시하는 가장 효과적인 방법이 아니기 때문에, 페이스북은 테러 활동 또는 위협과 관련 있는 모든 콘텐츠를 빠르고 효율적으로 걸러내기 위해 인공지능을 이용하기 시작했다고 하였다. 여기에는 시스템이 원하지 않는 활동과 관련된 텍스트와 사진을 인식하도록 학습시키는 것이 포함된다.[14]

- **자살 예방을 위한 패턴인식(Pattern Recognition to Prevent Suicides)**: 페이스북은 이제 가능한 자살 계획을 찾아내고 적절한 전문가들에게 알리기 위해 이용자의 게시물과 댓글을 분석할 수 있는 딥러닝 알고리즘을 갖게 되었다. 페이스북은 이 기술에 대해 2017년 3월 미국에서 테스트를 시작했으며, 테스트가 성공적으로 완료되면 다른 나라로 확대

할 계획이다.[15]

- 360도 사진 개선(Improving 360 Degree Photos): 페이스북은 심층 신경망(DNN: Deep Neural Networks)을 이용하여 이용자에게 보다 개선된 사진 시청 환경을 제공하기 위해 사진의 방향을 조정한다.[16]
- 컴퓨터 비전(Computer Vision): 또한 페이스북은 이미지를 이해할 수 있는 컴퓨터 분석 방법을 개발해 왔다. 페이스북은 컴퓨터 비전에 인공지능을 이용하기 시작했다. 페이스북은 컴퓨터 사진, 영상 대화, 콘텐츠, 이미지 이해, 가상현실, 심지어 위성 영상 등 컴퓨터 비전과 관련된 주제를 연구해 왔다고 밝혔다.[17]
- 페이스북 퍼스널 어시스턴트 M(Facebook Personal Assistant M): 페이스북 메신저는 이제 페이스북 M이라고 불리는 개인 어시스턴트 시스템에게 옵션을 제공하는데, 이 시스템은 이용자들에게 그들의 경험을 향상시키기 위한 추천 기능을 제공할 수 있다. 예를 들어, 이용자가 나중에 검토할 정보를 저장하도록 이용자에게 상기시키고, 이용자에게 생일 알림을 보낼 수 있다. 또한 페이스북 M은 앱에서 바로 완료할 수 있는 비디오나 음성 통화를 추천할 수 있다. 그러나 이러한 기능을 모든 이용자가 이용할 수 있는 것은 아니다.[18]
- 페이스북 메신저 플랫폼 챗봇(Facebook Messenger Platform Chatbots): 페이스북 메신저는 챗봇을 위한 플랫폼을 가지고 있다. 이것은 오늘날 가장 인기 있는 챗봇 플랫폼이며, 앞의 4장 챗봇 단원에서 더 자세히 설명하였다.

페이스북이 인수한 AI 기업

페이스북은 다양한 AI 성과를 성취하기 위해 자체적으로 인공지능 기술을 개발하기도 하였고 또한 몇몇 인공지능 분야에서 기술력을 확보하고 있는

AI 회사들을 인수하기도 했다. 대표적으로 페이스북이 인수한 회사로 대화형 AI를 개발하는 오즐로(Ozlo)가 있다. 오즐로는 소비자 대면 앱과 지식 그래프로 유명하다.[19]

페이스북은 API(Application Programming Interface) 개발과 음성인식 AI 인터페이스 분야에서 기술력을 가지고 있는 윗에이아이(Wit.ai)도 인수하였다.[20] 이 외에도 안면인식 기술을 개발하는 매스커레이드 테크놀로지(Masquerade Technologies)와 컴퓨터 비전 회사인 취리히아이(Zurich Eye)를 인수해서 페이스북의 AI 경쟁력을 강화하였다.[21]

페이스북의 AI 연구 활동

페이스북에는 AI 기술만을 전담하는 연구 부서가 있는데, 이 부서를 페이스북 AI 연구소(FAIR: Facebook AI Research)라고 한다. FAIR의 웹사이트는 페이스북이 AI 관련 기술을 어떻게 활용하고 있는지에 대한 기사, 뉴스, 통찰력을 공유한다. 이 사이트에서는 FAIR 연구원이 작성한 AI 관련 출판물을 읽어볼 수 있고, 다양한 기계학습 모델과 딥러닝 모델을 다운로드할 수 있다. 보다 상세한 정보를 얻으려면 다음 사이트를 방문하기 바란다: https://research.fb.com/category/facebook-ai-research-fair/.

페이스북은 최근 몬트리올(Montreal)에 과학자들과 엔지니어들이 다양한 AI 프로젝트를 수행할 수 있는 연구실을 열었다. FAIR 몬트리올(FAIR Montreal)로 알려져 있는 이 연구실은 애플리케이션, 소프트웨어, 하드웨어 구성요소, 데이터로부터 지식을 얻는 방법을 포함하여 AI 이슈와 관련된 모든 측면을 연구하고 있다.[22] 흥미롭게도 구글 역시 몬트리올에서 인공지능을 연구할 수 있는 연구소를 개설했다.

페이스북의 CEO이자 창업자인 마크 저커버그는 결국 거의 모든 일에서 인공지능이 인간보다 더 뛰어날 것이라고 믿고 있으며, 인공지능에 대해 다

그림 8.5 | 페이스북 AI 연구소(FAIR) 웹사이트

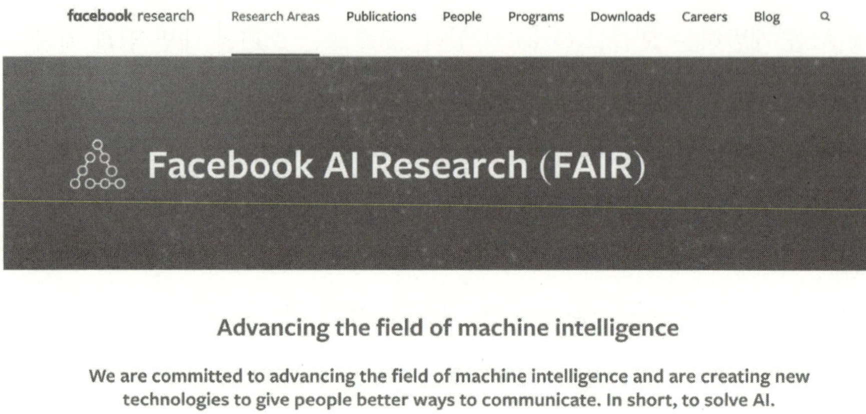

출처: https://research.fb.com/category/facebook-ai-research-fair

음과 같은 통찰력을 제시하였다.

> "나는 5~10년 안에 시각, 청각, 촉각 등 우리의 감각에 있어서 사람보다 더 정확한 인공지능 시스템을 갖게 될 것이라고 본다. 이러한 AI 도구들은 최신 기술이 얼마나 강력한지를 보여주는 인상적인 것이다. 나는 올해 이러한 예측에 더욱 자신감을 갖게 되었다. 어떤 측면에서 인공지능이 우리가 상상하는 것보다 더 가깝기도 하고 멀기도 하다. 인공지능은 자동차 운전, 질병 치료, 행성 발견, 미디어 이해 등 대부분 사람들이 기대하는 것보다 더 강력한 일을 할 수 있다. 인공지능은 우리가 사는 세계에 큰 영향을 미칠 것이지만, 우리는 여전히 진정한 인공지능이 무엇인지 알아내는 과정에 있다."[23]

페이스북은 AI 구현을 통해 페이스북 사이트에서의 혐오 발언이나 가짜 뉴스 같은 많은 파괴적인 내용을 탐지하고 삭제하기로 약속했다. 당신은 페이스북의 AI 이니셔티브(Facebook's AI initiatives)에 대한 자세한 정보를 다음 웹사이트에서 확인할 수 있다: https://ai.facebook.com/.

073 아마존의 인공지능 활동은 무엇인가?

아마존의 인기 있는 전자상거래 플랫폼인 아마존닷컴(Amazon.com)은 기계학습 알고리즘을 이용하고 있다. 아마존닷컴은 기계학습 알고리즘을 이용해 고객이 상품을 구입할 때 유사한 상품을 추천하거나, 특정 상품을 보았지만 구매하지 않은 고객에게 관련 프로모션을 제공하고 있다.

아마존은 물류창고에서 로봇을 이용해 생산성과 효율성을 높이고 있는 선도적인 전자상거래 업체이다. 아마존은 로봇을 활용해 빠른 배송과 고객관계를 개선하고 있다. 최근의 보고에 따르면 현재 아마존 물류창고에는 10만 개 이상의 오렌지색 로봇이 활용되고, 그 로봇과 관련되어 설계하고 프로그래밍하고 운영하는 1,000명 이상의 직원들이 있다.[24]

아마존은 다른 분야에서도 AI 개발에 자원을 쏟아붓고 있다. 아마존은 드론 배달부터 개인 어시스턴트 시스템인 알렉사에 이르기까지 고객 데이터 연구를 수행하고 인공지능 도입을 통해 제품과 서비스를 향상시킬 수 있는 다양한 방법을 모색하고 있다. 궁극적으로 아마존은 아마존닷컴에서 판매하는 상품에 대해 인공지능을 탑재한 드론으로 배송할 계획이다. 이것은 아마존이 미국 최고의 전자상거래 소매업체로서 이미 가지고 있는 것보다 훨씬 더 많은 경쟁적 이점을 줄 것이다. 드론 배달은 인간 택배 배달보다 훨씬 더 경제적일 수 있는데, 이것은 아마존이 훨씬 더 낮은 가격을 제시하여 더 높은 판매로 이어질 수 있다는 것을 의미한다.

그림 8.6 | 아마존 창고로봇

출처: Amazon Pressroom

아마존 인공지능의 실용화

아마존은 일부 전자상거래와 인터넷 서비스를 강화하기 위해 인공지능을 채택하였다. 이 기술은 다음과 같이 이용되었다.

- **아마존 상품 추천(Amazon Recommended Products) 애플리케이션**: 아마존의 추천 애플리케이션은 고객 데이터를 수집하고 분석하여 보다 정확한 제품을 추천하는 기능을 제공한다. 아마존과 공급자들은 소비자들을 계속 소비하게 하는 것이 핵심이고, 인공지능은 주문이 쇄도하도록 돕고 있다.
- **알렉사 퍼스널 어시스턴트(Alexa Personal Assistant) 시스템**: 아마존 퍼스널 어시스턴트 시스템은 최근 알렉사(Alexa)와의 상호작용을 보다

쉽게 해주는 디지털 스피커 장치인 에코(Echo)의 추가 도움을 받고 있다. 에코와 알렉사는 시간이나 날씨와 같은 정보를 검색하고, 음악을 재생하고, 보다 많은 작업에 활용되고 있다.[25]

- **클라우드 스토리지(Cloud Storage)**: 데이터 보안을 위해 아마존의 클라우드 스토리지 서비스에 인공지능이 적용되었다. 아마존 맥키(Amazon Macie)라고 불리는 이 서비스는 기밀 정보를 찾고, 분류하고, 보호하기 위해 기계학습을 이용한다. 맥키는 아마존 S3(Amazon S3)의 단순한 클라우드 스토리지 서비스에서 발생한 보안 침해에 대응하여, 미국 정부가 소유한 6만 개 이상의 중요한 파일에 일반 대중이 액세스할 수 있게 되면서 만들어졌다. AI 덕분에 맥키는 여러 유형의 기밀 데이터를 검색하여 보호할 뿐만 아니라 의심스러운 활동을 탐지하고 데이터에 액세스 내용을 추적할 수 있다.[26]

기업을 위한 아마존의 AI 클라우드 서비스

아마존은 구글, 마이크로소프트, IBM과 마찬가지로 자사의 인공지능 서비스를 제공하는 경쟁력 있는 회사이다. 오랫동안 아마존은 많은 기업 고객을 위한 웹사이트 호스팅 서비스 서비스를 제공하였으며, 현재 AI 기반 클라우드 서비스를 제공하고 있다. 현재 다른 회사들도 클라우드 서비스에 AI 기능을 제공하기 시작했다.

예를 들어, 터보택스(TurboTax)와 같은 인기 있는 금융 상품을 제공하는 금융 소프트웨어 회사인 인튜이트(Intuit)는 아마존의 AI 플랫폼을 이용하여 자사의 금융 서비스 제품에 기계학습을 주입하였다.[27]

아마존 AI 플랫폼은 다음과 같은 핵심 제품과 서비스를 기업들에게 제공한다.

- **아마존 렉스(Amazon Lex)**: 오디오 기능을 갖춘 강력한 챗봇을 만들 수

있다. 이는 아마존 알렉사에 동력을 공급하는 것과 동일한 기술로 작동하며 자동음성인식(ASR: Automatic Speech Recognition)과 자연어 이해(NLU: Natural Language Understanding)를 이용한다.

- 아마존 폴리(Amazon Polly): 이 기능은 여러 언어로 말하는 애플리케이션을 만들 수 있는 텍스트 음성변환 서비스(text to speech service)이다.
- 아마존 리코그니션(Amazon Recognition): 이 기능은 모든 애플리케이션에 이미지 분석기능을 추가할 수 있다.

나는 아마존의 AI 플랫폼이 다양한 업종의 기업들, 특히 인공지능과 함께 일하는 것의 중요성을 이해하는 중소기업들 사이에서 매우 인기가 있을 것이라고 확신한다. 보다 자세한 내용은 다음의 웹사이트에서 확인할 수 있다: https://aws.amazon.com/ amazon-ai. 이 회사는 이미 대부분의 제품에 인공지능을 탑재하고 있고, 제품을 개선하기 위해 인공지능 발전에 기대를 걸고 있다.

그림 8.7 | 아마존 AI 플랫폼

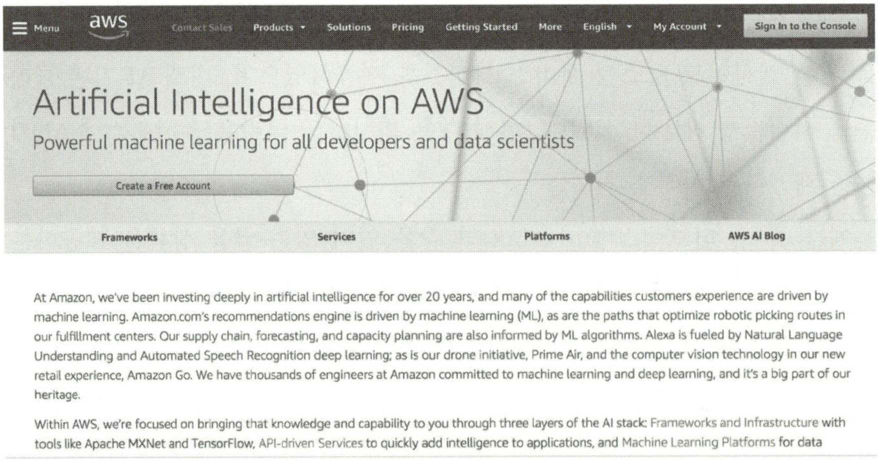

출처: https://aws.amazon.com/amazon-ai

아마존 CEO 제프 베조스(Jeff Bezos)에 따르면 인공지능은 기업의 성공에 필수적인 요소이다.

> "기계학습 알고리즘은 수요 예측, 제품 검색 순위, 제품, 거래 권장사항, 판매장소, 부정 행위 탐지, 번역 등에 활용하고 있다. 기계학습 알고리즘은 의미 있게 핵심 작업을 개선하고 있다."[28]

또한 베조스는 인공지능이 모든 기업과 정부를 더 좋게 만드는 열쇠가 될 것이라고 말했다.[29] 아마존 웹 서비스(AWS)의 딥러닝과 AI 총책임자인 맷 우드(Matt Wood)는 최근 온라인 전자상거래 거대 기업이 세계에서 가장 큰 AI 플랫폼을 보유하고 있다고 언급했다.[30]

074 마이크로소프트의 인공지능 활동은 무엇인가?

유명 빅테크 기업인 마이크로소프트는 최근 기존 소프트웨어 판매 방식에서 벗어나 클라우드 기반 서비스 판매 방식으로 비즈니스 모델을 전환하고 있다. 2017년 5월, 이 회사는 월 5억 명의 윈도우즈 10(Windows 10) 활성 이용자, 1억 명의 오피스 365(Office 365) 상용 이용자, 1억 4천만 명의 마이크로소프트 코타나 활성 이용자에 대한 몇 가지 놀라운 수치를 발표했다.[31]

최근 몇 년 동안 마이크로소프트는 모바일 개발에 우선순위를 두지 않고, 인공지능 연구 개발에 중점을 두고 있다. 사실 마이크로소프트는 CEO 사티아 나델라(Satya Nadella) 주도하에 대부분의 제품에 인공지능을 통합하고 있다. 최근 연례 보고서에서 마이크로소프트는 핵심 비전 명세서에 인공지능을 추가하고 모바일 개발에 대한 언급을 삭제함으로써 변화를 시사했다. 이는 기본적으로 마이크로소프트가 미래의 모든 제품에서 인공지능을 구현한다는 것을 의미한다.[32]

또한 마이크로소프트는 AI 개발에 막대한 투자를 해왔는데, 이는 마이크로소프트가 자사의 제품군에 활력을 불어넣기를 희망한다는 신호이다. 이 회사의 목표는 수년 전 PC 업계에서 최고의 명성을 누렸던 성공을 되찾는 것이다. 이러한 야망은 최근 들어 마이크로소프트의 전략적인 채용으로 입증된다. 마이크로소프트는 유명한 인공지능과 딥러닝 전문가인 요슈아 벤지오(Yoshua Bengio)와 함께 일하기 시작했으며, 요슈아 벤지오는 마이크로소프트가 3대 AI 기업이 되는 데 도움을 줄 것으로 기대된다.[33]

이 장에 언급된 모든 빅테크 기업들 중에서 마이크로소프트는 내가 가장 신뢰하는 기업으로 사회를 위해 인공지능을 윤리적으로 잘 활용하는 기업이다.

마이크로소프트가 인공지능을 적용하는 방법

마이크로소프트가 인공지능을 이용해 개발해 온 몇 가지 제품은 다음과 같다.

- **코타나(Cortana)**: 코타나는 마이크로소프트의 개인 디지털 어시스턴트 시스템으로 그 분야에서 가장 인기 있는 솔루션으로 상당히 안정적이다. 이용자가 할당한 작업에서 배우고 적응하기 위해 인공지능을 이용한다. 코타나는 이용자에게 시간 기반 또는 위치 기반 세부사항이 포함된 약속이나 활동을 상기시킬 수 있다. 또한 당신은 다음 웹사이트에서 부가적인 정보를 얻을 수 있다: https://www.microsoft.com/en-us/windows/cortana.
- **프레젠테이션 번역기(Presentation Translator)**: 이 제품은 마이크로소프트의 신제품으로 라이브 스피치를 통해 파워포인트 프레젠테이션에 60개 이상의 언어로 자막을 추가할 수 있다. 이 도구는 자연어 처리로 알려진 AI 기술에 의해 구동된다. 자세한 정보는 다음 웹사이트를 참고하기 바란다: https://translator.microsoft.com/help/presentation-translator.
- **홀로렌즈(HoloLens)**: 홀로렌즈는 AI를 중추로 하는 혼합현실(Mixed Reality) 장치이다. 홀로렌즈는 이미지 처리와 인식 개발을 이용하여 최초의 홀로그램 컴퓨터이다. 홀로렌즈는 안경처럼 착용하여 디지털 콘텐츠와 홀로그램에 동시에 활용할 수 있다. 마이크로소프트는 홀로렌즈가 기술이 발전하여 보다 저렴한 가격에 판매될 것이고, 몇 년 안에 차세대 이용자 인터페이스가 될 것으로 예상하고 있다. 보다 자세한 정

보는 다음 웹사이트를 참고하기 바란다: https://www.microsoft.com/en-us/hololens.

- 이너아이(InnerEye): 이너아이는 마이크로소프트가 의료 커뮤니티에 힘을 실어주기 위해 개발한 클라우드 기반 AI 기반 헬스케어 제품이다. 이 제품은 의사들이 기존의 자기공명영상(MRI: Magnetic Resonance Imaging)으로 볼 수 있는 것보다 훨씬 더 많은 것을 볼 수 있게 해주는 이미지 분석 도구이다. 보다 자세한 정보는 다음 웹사이트를 참고하기 바란다: https://www.microsoft.com/en-us/AI/be-unstoppable.
- 애저 클라우드 서비스(Azure Cloud Service): 애저는 전문가들이 애플리케이션을 개발하고 관리하는 데 이용할 수 있는 클라우드 기반 지원 서비스이다. 또한 애저는 데이터를 계산하고 예측 모델을 개발하는 데 이용할 수 있도록, 인공지능에서 실행되는 기계학습 구성요소를 가지고 있다. 보다 자세한 정보는 다음 웹사이트를 참고하기 바란다: https://azure.microsoft.com/en-ca/overview/ what-is-azure/.
- 지구를 위한 AI(AI for Earth): 마이크로소프트는 환경과 지속가능성 문제를 해결하기 위해 인공지능을 적용했다. 지구를 위한 인공지능은 농업, 물 공급, 생물 다양성, 기후변화와 관련된 문제들을 해결하기 위한 프로젝트이다. 마이크로소프트에서 수행하는 가장 흥미로운 프로젝트로 프리모니션 프로젝트(Project Premonition)가 있다. 이 프로젝트는 사람들에게서 질병 발생을 막기 위해 병원균에 대한 정보를 수집하기 위해 모기를 추적한다. 보다 자세한 정보는 다음 웹사이트를 참고하기 바란다: https://www.microsoft. com/en-us/aiforearth.
- AI 언어 번역기(AI Language Translator): 마이크로소프트는 딥러닝 신경망(deep learning neural networks)을 기반으로 하는 번역 서비스를 업데이트했다. 보다 자세한 정보는 다음 웹사이트를 참고하기 바란다: https://translator.microsoft.com/neural/.

그림 8.8 | 마이크로소프트 AI 웹사이트

출처: www.microsoft.com/en-us/ai

마이크로소프트는 몇 가지 AI 이니셔티브도 추진하고 있다. 예를 들어, 2017년 9월에 마이크로소프트는 AI 기술을 기반으로 한 새로운 헬스케어 부서를 출범할 것이라고 발표했다. 마이크로소프트는 헬스케어 관련 AI 제품과 서비스의 현재 선두 업체인 IBM과 경쟁할 것이다.[34]

또한 마이크로소프트는 인공지능 활용 프로젝트를 통해 자율주행차 산업에서의 시장점유율 확대를 추구하고 있으며, 중국 기술 회사인 바이두와 자율주행차 기술 개발에 협력할 것이라고 발표했다.[35] 또한 마이크로소프트는 활용할 수 있는 강력한 AI 도구 세트를 보유하고 있다. 여기에는 오피스 365(office 365), 루이스 AI(Luis.AI)도 포함되어 있고,코타나에서 인공지능으로 작동하는 챗봇을 만들 수 있는 인공지능과 애저 클라우드 서비스도 포함되어 있다. 또한 AI 인프라 서비스뿐만 아니라 다양한 기계학습 도구와 서비스도 갖추고 있다. 다양한 AI 도구에 대한 정보는 다음 웹사이트에서 확인할 수 있다: https://azure.microsoft.com/en-us/disc/ai-platform.

마이크로소프트의 AI 연구

2016년에 마이크로소프트는 5,000명 이상의 엔지니어와 컴퓨터 과학 전문가로 구성된 AI 연구 그룹을 출범하였다. 이것은 마이크로소프트가 얼마나 중요하게 AI 개발을 추구하고 있는지를 보여주는 또 다른 증거이다. 마이크로소프트는 미래에 최고의 AI 회사가 될 가능성이 매우 높다.[36]

마이크로소프트의 CEO 사티아 나델라(Satya Nadella)는 인공지능을 '세 번째 런타임(third run time)'이라고 언급했다. 그는 "운영체제가 첫 번째 런타임이라면 두 번째 런타임은 브라우저라고 말할 수 있고, 세 번째 런타임은 실제로 인공지능 에이전트가 될 수 있다"고 말한 것으로 전해졌다.

> "어느 의미에서 에이전트는 당신과 당신 회사의 작업 상황에 대해 잘 알고 있다. 이것이 바로 우리가 코타나(Cortana)를 구축하는 방법이다. 우리는 그것을 정말 자연스럽게 여기고 있다."[37]

나델라는 또한 지난 몇 년 동안 기술 발전으로 인해 AI 산업이 실제로 살아났다고 말했다.

> "지난 5년 동안 가장 흥미로웠던 것은 심층신경망(deep neural network) 분야인데, 이 분야는 기본적으로 음성이든 이미지인식이든 간에 우리에게 인간의 인식을 제공한다. 그리고 그것은 마법과도 같다."[38]

2019년 7월, 마이크로소프트는 거의 모든 능력에서 인간보다 더 똑똑한 범용 인공지능(AGI: Artificial General Intelligence)을 창조하기 위해 샌프란시스코에 기반을 둔 연구실 오픈AI(OpenAI)에 10억 달러를 투자한다고 발표했다. 오픈AI에 대한 투자로 마이크로소프트는 클라우드 컴퓨팅 서비스를 독점적으로 제공하는 공급업체가 되었다.

추가 정보

다른 프로젝트에서 마이크로소프트는 실시간 인공지능으로 작동되는 기계 판독과 이미지 수정 제품을 개발하는 일을 해오고 있다. 보다 상세한 내용은 다음 웹사이트를 참고하기 바란다: URL: https://news.microsoft.com/ai/.

또한 마이크로소프트는 인공지능에 대한 지식과 통찰력을 공유하기를 열망하며, 이미 유명한 온라인 강좌 사이트 이디엑스(edX)에 4개의 강좌를 추가로 제공하고 있다. 이 강좌는 다음 웹사이트에서 볼 수 있다[1]: https://www.edx.org/course?search_query=ai+microsoft.

1) [역주] edX는 2012년 하버드대학교와 MIT대학교 과학자들에 의해 설립된 미국 최대의 온라인 교육 서비스를 제공하는 단체이다.

075 IBM의 인공지능 활동은 무엇인가?

IBM은 창업한 지 100년이 넘었고, 현재 주력 제품인 IBM 왓슨(Watson)은 2011년 TV 게임 쇼인 '제퍼디(Jeopardy)'에서 인간 퀴즈 챔피언 2명을 물리쳐 인공지능 기술로 세계를 매료시켰다. IBM 왓슨의 개발은 2004년에 연구원들이 이미 '제퍼디'에서 사람과 경쟁하기 위해 인공지능 시스템을 만들기로 결정한 후 2005년부터 개발이 시작되었다. 게임쇼에서 1백만 달러의 우승 상금을 획득한 후, IBM은 왓슨의 능력을 확장하기 위한 작업을 하고 있다. IBM은 왓슨을 종종 AI가 아닌 '인지 컴퓨팅(cognitive computing)'이라고 부른다.[39]

그 이후로 왓슨은 원래 여러 서버에 저장되었고, 현재 클라우드에 위치해 있으며, 특히 의학 분야에서 큰 발전을 이룩했다. 왓슨의 이력을 보면 단지 '게임 쇼 참가자(game show contestant)'만이 아니라 사회에 다양하고 중요한 공헌을 한 것을 볼 수 있다.

현재 왓슨은 소매업, 법률, 음악, 호스피탈리티 산업을 포함한 17개 산업에서 이용되고, 특히 의사들의 숙련도를 높이기 위해 '인지 컴퓨팅' 또는 인공지능 기능을 적용하면서 의학 분야에서 큰 성공을 거두고 있다. 예를 들어, IBM의 가장 큰 성과 중 하나는 2013년에 소개된 왓슨 온콜로지(Watson Oncology)이다. 이 프로그램은 의사들이 왓슨을 이용하여 암환자들을 위한 최선의 진단과 치료 계획을 세울 수 있도록 도와준다.[40]

노스캐롤라이나 의과대학(University of North Carolina's School of

Medicine)이 실시한 연구에서 왓슨은 암환자를 분석하기 위해 1,000명의 환자 자료를 학습했다. 이 사례들 중 99%는 왓슨의 환자 치료 계획이 의사들이 제안한 환자 치료 계획과 일치했다. 게다가 이 인공지능은 의사들이 소요하는 시간의 약 30%의 시간만을 소요했다. 왓슨의 뛰어난 데이터 처리 능력 덕분에 왓슨은 의사들이 놓쳤거나 몰랐을 수 있는 연구논문과 임상실험 데이터를 통합할 수 있었다.[41]

또한 IBM 왓슨은 퀘스트 다이아그노스틱(Quest Diagnostics)과 제휴하여 퀘스트 다이아그노스틱의 IBM 왓슨 지노믹스(IBM Watson Genomics)를 만들어 의학계에 공헌해 왔다. 이것은 종양학자들이 암환자들에게 가능한 한 가장 정확한 치료를 제공하는 것을 돕기 위해 고안된 고도로 진보된 유전체 염기서열 분석 서비스이다.

왓슨이 의료계에 매우 귀중한 성공을 거둔 데는 IBM이 의료 데이터를 취급하는 회사를 인수하는 데 40억 달러를 투자한 것 때문인 것으로 알려져 있다.[42] 왓슨의 기여는 의학 분야에 국한되지 않는다. 다음은 왓슨이 사회에 명성을 떨치고 있는 다양한 분야에 대한 몇 가지 사례이다.

- **왓슨 애널리틱스(Watson Analytics)**: IBM은 시각화 기술력도 뛰어나다. 이 회사는 AI 전문 지식을 활용하여 데이터셋에서 관계, 상관관계, 전망을 발견할 수 있는 시스템을 설계했다. 이를 통해 기업은 데이터로부터 기업에 대한 동향과 예측 등 유용한 정보를 얻을 수 있다. 자세한 내용은 다음 웹사이트에서 얻을 수 있다: https://www.ibm.com/watson-analytics.
- **엔터프라이징 왓슨(Enterprising Watson)**: 범위를 더욱 확대하기 위해 IBM은 다른 회사와의 전략적 연결을 모색해 왔다. 이를 위해 세일즈포스(Salesforce)와 파트너십을 맺고 있으며, 세일즈포스의 고객 서비스 플랫폼인 '아인슈타인(Einstein)'에서 왓슨에 정보를 제공한다.[43]
- **교육 분야의 왓슨(Watson in Education)**: 왓슨은 심지어 대학생들을 훈

련시키는 것을 돕고 있다. 조지아공대는 인공지능 어시스턴트인 '질 왓슨(Jill Watson)'을 출시했다. 이 인공지능 비서는 아쇼크 고엘(Ashok Goel) 교수와 조지아공대 대학원생들이 온라인 조지아공대 강의를 듣는 학생들의 질문에 답하는 것을 돕기 위해 개발한 것이다. 비록 IBM 제품은 아니지만 질 왓슨은 IBM 왓슨 플랫폼에 기반을 두고 있다.[44]

IBM CEO 아르빈드 크리슈나(Arvind Krishna)에 따르면 IBM은 고객의 요구를 충족시키기 위해 보다 기업가적인 문화를 받아들일 것이라고 한다. 그는 디지털 전환이 COVID-19 대유행으로 가속화되었으며, 또한 COVID-19 대유행 이후 세계에서 클라우드 컴퓨팅과 인공지능의 중요성을 강조하면서 "모든 기업이 AI 기업이 될 것"이라고 말하였다.[45]

IBM AI 클라우드 서비스

IBM은 대기업과 중소기업 모두를 위한 강력한 클라우드 기반 AI 서비스를 제공한다. IBM은 아마존이 제공하는 것과 유사한 컴퓨터 비전, 이미지인식, 음성인식 도구를 이용하여 AI 제품과 서비스를 구축하였다. 또한 IBM은 AI 기반 데이터 통찰 서비스를 제공하여 시장 조사에 도움을 주었다.

왓슨의 AI가 어떻게 작동하는지 살펴보자. IBM은 다양한 왓슨 제품과 서비스를 제공하고, 이 제품들은 모두 인공지능을 구현하고 있다. 다음에는 가장 흥미로운 네 가지 왓슨 제품 데모(demo) 중에서 잠재적인 애플리케이션을 직접 테스트해 볼 수 있는 제품들이 나와 있다.

- **톤 애널라이저(Tone Analyzer)**: 이 도구는 언어 분석을 이용해 서면 텍스트로 전달되는 감정을 식별한다. 이 도구를 이용하여 트윗, 전자메일 또는 임의 텍스트의 콘텐츠를 붙여넣고 감정 분석을 할 수 있다. 보다 자세한 정보는 다음 웹사이트를 참고하기 바란다: https://toneanalyzer-demo.mybluemix.net.

- **디스커버리(Discovery)**: 이 도구는 이용자가 키워드와 관련된 뉴스 동향을 분석하고, 키워드 관련 뉴스 보도가 긍정적이었는지 부정적이었는지 여부를 결정하는 감성 분석을 수행할 수 있다. 보다 자세한 정보는 다음 웹사이트를 참고하기 바란다: https://discovery-news-discovery.mybluemix.net,
- **비주얼 리코그니션(Visual Recognition)**: 이 도구는 왓슨이 이미지를 분석하고 시각적 콘텐츠에 대한 통찰력을 제공한다. 온라인에서 찾은 이미지에 대한 링크를 제공하여 이 이미지가 어떻게 작동하는지 다음 웹사이트를 통해 직접 확인해 보기 바란다: https://visual-recognition-demo.ng.bluemix. net.
- **텍스트투스피치(Text to Speech)**: 이 도구는 왓슨이 어떤 텍스트든 사람들이 원하는 언어로 변환해 준다. 이 서비스는 현재 7개 언어로 된 13가지 음성 유형을 지원한다. 보다 자세한 정보는 다음 웹사이트를 참고하기 바란다: https://text-to-context-to-stables.ng.bluemix.net.

당신은 다음의 웹사이트에서 IBM 왓슨 제품과 서비스에 대한 정보를 찾을 수 있다: https://www.ibm.com/watson/products-services.

IBM의 파워 AI

파워 AI(Power AI)는 IBM의 인공지능을 이용한 엔터프라이즈 플랫폼이다. 특히 딥러닝과 기계학습으로 작업하고자 하는 대기업에 플랫폼 서비스를 제공한다. 자세한 내용은 다음 웹사이트에서 확인할 수 있다: https://www.ibm.com/ us-en/marketplace/deep-learning.

IBM의 CTO 롭 하이(Rob High)는 왓슨의 인공지능을 '증강지능(augmented intelligence)'으로 칭하였다. 그는 증강지능이 현실의 복잡한 문제를 인간의 마음가짐으로 해결하도록 기계를 훈련시키는 기술이라고 하였다. 그런 점에서 IBM은 AI 세계와 의료 세계를 위한 많은 현실적인 문제들을 해결할 수 있는 능력을 선도하고 있다.[46]

IBM의 AI 리서치

IBM은 인지 컴퓨팅(cognitive computing)이라고도 알려진 인공지능 연구를 위한 많은 자원을 개발했다. 회사의 웹사이트에서 주요 연구 분야와 파트너십에 대해 알 수 있으며, 통찰력 있는 기사를 읽을 수 있다. 또한 IBM의 인지 컴퓨팅 전문가들의 강의는 테드 토크(TED Talks)를 통해 시청할 수 있다. 자세한 내용은 다음의 웹사이트를 참고하기 바란다: http://research.ibm.com/cognitive-computing.

IBM의 인지 교육 센터(Cognitive Training Center)

또한 IBM은 기계학습, 딥러닝, 챗봇 개발을 포함한 인공지능 필수 주제에 대한 가치 있는 무료 강좌를 제공한다. 이러한 비디오 기반 온라인 강좌는 이수 완료 후 수료증을 제공한다. 이러한 기술에 대해 보다 많은 내용을 알고 싶은 알고 싶은 사람은 다음 웹사이트를 이용하기 바란다: https://cognitiveclass.ai/badges.

그림 8.9 | IBM의 인지 교육 센터

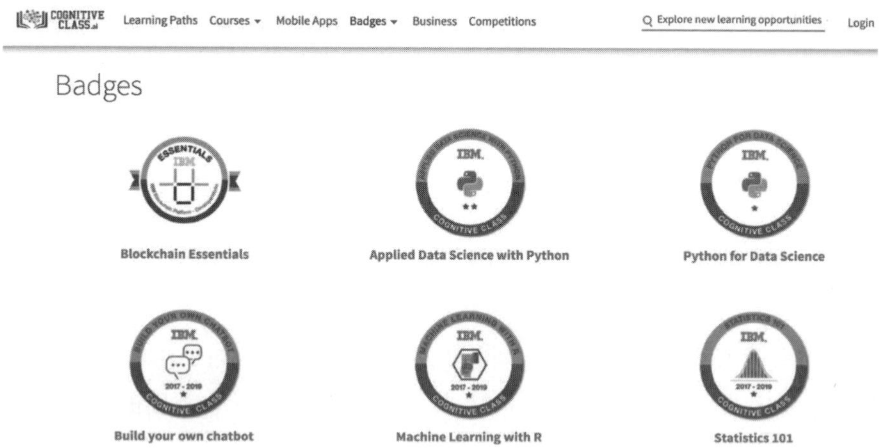

출처: https://cognitiveclass.ai/badges

076 애플의 인공지능 활동은 무엇인가?

수년 동안 애플의 iOS는 구글의 안드로이드와 함께 스마트폰 산업의 주요 운영체제로 자리매김하였다. 그러나 일부 전문가들은 구글과 아마존이 인공지능 연구 개발에서 애플을 앞지르고 AI 운영체제 분야에서도 우위를 점하며, 애플은 AI 리더십 경쟁에서도 뒤처지고 있다고 믿고 있다.[47]

어떤 사람들은 애플의 개인 어시스턴트 시스템인 시리가 구글 어시스턴트 시스템이나 마이크로소프트의 코타나 같은 경쟁사들보다 훨씬 덜 효과적이라고 믿는다.[48] 그러나 현재 시리가 가장 널리 이용되는 개인 어시스턴트 시스템이라는 것에 주목할 필요가 있다. 비록 시리가 여전히 간단한 요청만 처리할 수 있지만, 시리는 가까운 미래에 훨씬 더 강력해질 것이다.

구글과 페이스북과 같은 경쟁사들이 AI 개발에서 빠르게 움직이고 있다는 것을 인식한 애플은 이에 대응하기 위해 최근 몇몇 최첨단 AI 스타트업을 인수하였다.

애플의 최고 경영자인 팀 쿡(Tim Cook)은 페이스북이 이용자들의 사생활에 높은 우선순위를 두지 않는다고 공개적으로 비난했다. 애플은 자사 제품이 제공하는 사생활 보호를 개선하기 위해 인공지능을 이용함으로써 경쟁력을 추구하는 것으로 보인다.

애플이 인수한 신생 기업으로 엑스노어에이아이(Xnor.ai)가 있는데, 이 회사는 애플 제품의 보안을 궁극적으로 향상시킬 수 있는 첨단 컴퓨팅 AI 도구를 개발하는 회사이다.

엑스노어에이아이는 엣지컴퓨팅을 이용하여 아이폰(iPhone)의 얼굴 추적(face-tracking) 기능을 개선할 수 있을 것이다. 엣지컴퓨팅은 애플의 많은 경쟁 업체처럼 클라우드에 의존하지 않고 휴대폰에서 로컬 알고리즘을 이용하기 때문에 휴대폰의 데이터를 비공개로 유지할 수 있는 장점이 있다.[49]

애플이 자사 제품에 인공지능을 적용하는 방법

애플의 모든 미래 제품은 인공지능에 의해 구동될 것으로 보이며, 현재 애플 제품에 인공지능이 채택되는 몇 가지 방법은 다음과 같다.

- 시리의 음성인식(Speech Recognition on Siri): 시리는 애플사의 퍼스널 어시스턴트 도구(personal assistant tool)로 현재 몇 가지 언어로 된 인간의 기본적인 음성을 이해할 수 있다.
- 퀵타입(QuickType): 아이폰 또는 아이패드에 무엇인가를 입력할 때 애플의 퀵타입은 이용자가 입력할 수 있는 단어에 대한 예측 가능한 제안을 제공한다. 기계학습으로 인해 이 기능은 이용할수록 점점 더 똑똑해지고 자신만의 독특한 대화 스타일도 배울 수 있다.
- 아이폰8과 아이폰X(iPhone 8 and iPhone X): 아이폰X에는 애플이 AI 관련 업무를 처리하기 위해 맞춤형으로 만든 'A11 바이오닉 칩(A11 Bionic chip)'이 탑재되어 있다. 이 칩 내부에는 '뉴럴 엔진(neural engine)'이 포함되어 있는데, 이것은 아이폰X의 많은 고급 기능을 작동시키기 위한 기계학습 알고리즘을 관리한다. 이 같은 칩은 아이폰 앱 개발자들에게 새로운 앱에 인공지능을 포함시킬 수 있는 기능을 제공한다.[50]
- 애플 뮤직(Apple Music): 애플 뮤직 서비스는 기계학습을 이용하여 사람들이 선호하는 종류의 음악을 이해하고, 사람들이 즐길 수 있는 음악을 추천한다. 이는 넷플릭스 고객에게 콘텐츠를 추천하는 방식과 유사

하다.

- 애플 홈팟(Apple HomePod): 초기 버전의 홈팟 스피커에는 고급 AI 어시스턴트 시스템이 포함되어 있지 않았다. 대신 애플은 스피커에서 나오는 소리를 만드는 가장 좋은 방법을 결정하기 위해 인공지능으로 작동하는 마이크를 이용하면서 뛰어난 음질을 제공한다고 홍보하였다.[51]
- 애플 포토 앱(Apple Photos App): 애플 포토 앱의 개선사항으로 인해 이 소프트웨어는 안면인식 기능을 제공하며, 사진을 분석하여 가장 좋은 사진을 결정할 수 있으므로 사진 관리가 훨씬 쉬워졌다.[52]

애플에 인수된 AI 스타트업들

내가 이 저서를 집필할 때 애플은 어떤 AI 회사도 인수하지 않았다. 이와는 대조적으로 구글은 2014년에 딥마인드를 인수하였다. 이를 통해 구글은 AI 연구와 개발 역량을 강화할 수 있었다. 이후 애플은 다음과 같은 AI 기반 스타트업을 인수하였다.

- 래티스 데이터(Lattice Data): 이 회사는 구조화되지 않은 다크 데이터(dark data)를 구조화된 데이터로 변환하는 전문기업이다.
- 이모션트(Emotient): 이 회사는 인공지능을 이용하여 얼굴표정을 읽고 감정을 인식하는 기술을 개발한다.
- 센소모토릭 인스트루먼트(SensoMotoric Instruments): 이 회사는 인공지능으로 작동되는 시선 추적 기술을 제공한다.
- 리게인드(Regaind): 이 회사는 컴퓨터 비전 스타트업이다.

코어ML: 앱 개발자를 위한 기계학습 프레임워크

코어ML(Core ML)은 개발자들이 기계학습을 활용한 앱을 쉽게 만들 수 있도록 애플에서 만든 새로운 기계학습 프레임워크이다. 코어ML 웹사이트에 따르면 코어ML 프레임워크는 시리와 퀵타입(QuickType)과 같은 애플 제품에서 이용하도록 설계되었다. 자세한 내용은 다음 웹사이트를 참조하기 바란다: https://developer.apple.com/machine-learning/.

프로젝트 타이탄: 애플의 자율주행차 부품

비록 애플은 자율주행차 기술을 연구해 왔지만, 현재 일반 대중에게 알려진 자율주행차 관련 기술은 거의 없다. '프로젝트 타이탄(Project Titan)'이라는 코드명의 프로젝트는 차량 지붕 랙에 설치될 부품 개발에 중점을 두고 있다.[53]

특히 애플은 다른 기술 회사들과 자동차 회사들이 가지고 있는 첨단 기술을 고려해 볼 때, 엄청나게 비싸고 시간이 많이 소모되는 자율주행차를 처음부터 만들기보다는 상당히 독특한 접근 방식을 취하고 있다. 만약 애플의 타이탄 프로젝트가 성공한다면 자동차 산업에 중요한 제품이 출시될 것이다.

애플의 AI 연구 활동

다른 빅테크 기업들과 비교해서 애플은 인공지능 연구에 그렇게 적극적이지 않았다. 실제로 애플의 첫 AI 연구논문은 2016년 12월에야 발표되었다.[54]

또한 애플은 2016년 10월 카네기멜론대학교(Carnegie Mellon University)의 딥러닝 전문가인 루슬란 살라쿠트디노프(Ruslan Salakhutdinov)를 영입하기 전까지 AI 연구 책임자를 채용하지 않았다.[55]

애플이 다른 회사들보다 늦게 AI 연구를 시작했다는 사실은 자사의 AI 기술 또한 뒤처질 것임을 암시하는 것일 수 있다. 그럼에도 불구하고 인공지능은 애플워치, 아이폰, 홈팟 스마트 스피커, 애플 TV를 포함한 많은 애플 제품의 중심에 있다. 애플이 계속해서 제품라인을 만들고 개선하기 때문에 기술 분야에서 AI 애플리케이션을 선도하기 위해 아마존과 구글을 따라갈 수 있을지 지켜보는 것은 흥미로운 일이다.

애플의 기계학습 저널(Machine Learning Journal)에 대한 정보는 다음 웹사이트에서 자세한 내용을 볼 수 있다: https://machinelearning.apple.com.

그림 8.10 | 애플의 머신러닝 저널

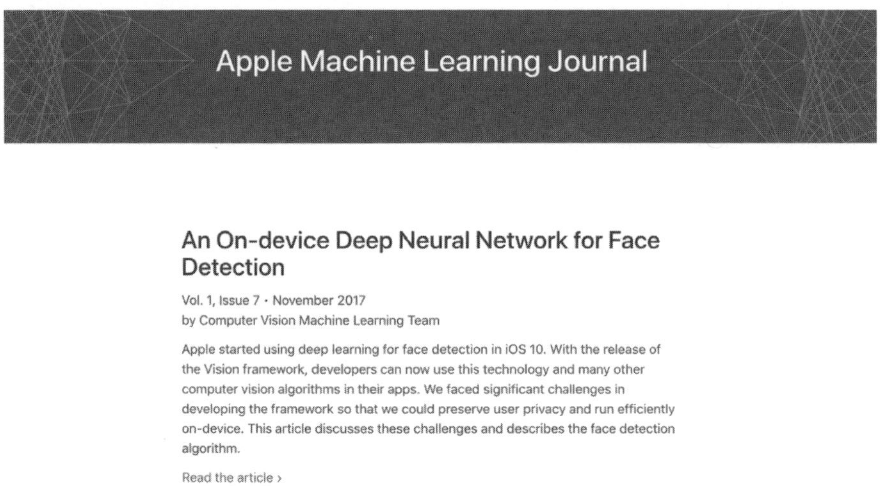

출처: https://machinelearning.apple.com

077 엔비디아의 인공지능 활동은 무엇인가?

엔비디아(Nvidia)는 비록 많은 사람들에게 알려지지 않았지만, AI 세계에서 매우 강력한 플레이어로 성장하고 있는 미국의 빅테크 기업이다. 캘리포니아주 산타클라라에 본사를 둔 엔비디아의 제품과 서비스는 개별 소비자가 아닌 기업을 대상으로 한다. 그렇기 때문에 AI 산업에서 엔비디아의 주요 존재는 대부분 막후에서 발생한다.

원래 엔비디아의 주요 제품은 세가(Sega), 엑스박스(Xbox), 플레이스테이션3(PS3: PlayStation 3)와 같은 비디오 게임을 작동시키는 데 이용되는 그래픽 처리장치(GPU: Graphics Processing Units)였다. 오늘날 엔비디아가 하는 업무 중 가중 우선순위를 두고 있는 업무는 AI 기반 제품을 만드는 다른 회사들을 위해 'AI 칩(AI chips)'으로 알려진 GPU를 만드는 것이다. 이러한 칩은 까다롭고 복잡한 컴퓨터 실행을 처리할 수 있는 일종의 슈퍼컴퓨팅 하드웨어이다.

엄청난 양의 AI 칩이 아마존, 구글, 페이스북, 마이크로소프트와 같은 빅테크 기업들의 데이터 센터에서 이용되고 있다.[56] 비록 엔비디아가 수많은 회사들을 위해 인공지능 칩을 제공하지만 인공지능에 대한 가장 중요한 기여는 아마도 자율주행차 산업일 것이다.

엔비디아는 대부분의 최고 브랜드와 전략적 파트너십을 구축한 자율주행차 업계의 핵심 기업이다. 엔비디아는 운전자 없는 자동차 산업에 힘을 실어주는 선도적인 회사일 뿐만 아니라 미래에 인공지능을 탑재할 다양한 분야에서 최고의 AI 칩 공급자가 되기를 열망하고 있다. 다양한 산업의 예로는 소매업, 의료, 로봇 공학, 스마트 시티, 웨어하우징 등이 있다.[57]

엔비디아의 CEO 젠슨 황(Jensen Huang)은 다음과 같이 이야기했다.

> "인공지능은 인류 역사상 가장 중요한 발명품이다. 이 기술이 생산성 개선을 가져다줄 수 있는 잠재력은 의심할 여지가 없지만, 이 강력한 기술이 부적절한 방식으로 이용되는 것을 상상할 수 있다."[58]
> "우리는 엔비디아의 AI 기술을 잘 활용할 수 있는 가장 좋은 방법은 이 기술을 대중화하는 것이라고 생각한다. 우리는 이를 위해 엔비디아의 GPU(Graphic Processing Unit) 기술과 CUDA(Compute Unified Device Architecture) 기술을 개방하였다. 이 기술들은 모두 클라우드에 있고 모든 컴퓨터에 있으며 더불어 누구나 이용할 수 있다."[59]

인텔(Intel)이나 퀄컴(Qualcomm)과 같은 분야에서 경쟁하는 다른 회사들도 있지만 엔비디아는 시장의 선두주자가 되기 위한 좋은 출발점에 있다. 실리콘 밸리 벤처캐피탈리스트인 마크 안드레센(Marc Andreessen)은 현 상황을 "1990년대 사람들은 대부분 윈도우에 빠져있었고, 2000년대 후반에는 아이폰에 빠져있을 때와 같다"고 말했다. 오늘날 엔비디아는 사실상 모든 스타트업과 기업에서 AI 기반 제품을 만드는 데 이용되는 주요 플랫폼을 제공하고 있다.[60]

엔비디아의 인공지능 교육

엄청난 속도로 증가하는 AI에 대한 수요를 따라잡기 위해 엔비디아는 매년 약 1,000명의 새로운 딥러닝 개발자를 교육하는 것을 목표로 딥러닝 연구소를 설립했다.[61] 딥러닝 연구소는 데이터 과학자와 개발자를 위한 무료 온라인 과정을 제공한다. 이 분야에서 일하고 싶어 하는 사람들은 다음 웹사이트에서 자세한 정보를 얻을 수 있다: https://www.nvidia.com/en-us/deep-learning-ai/education/.

그림 8.11 | 엔비디아의 딥러닝 연구소

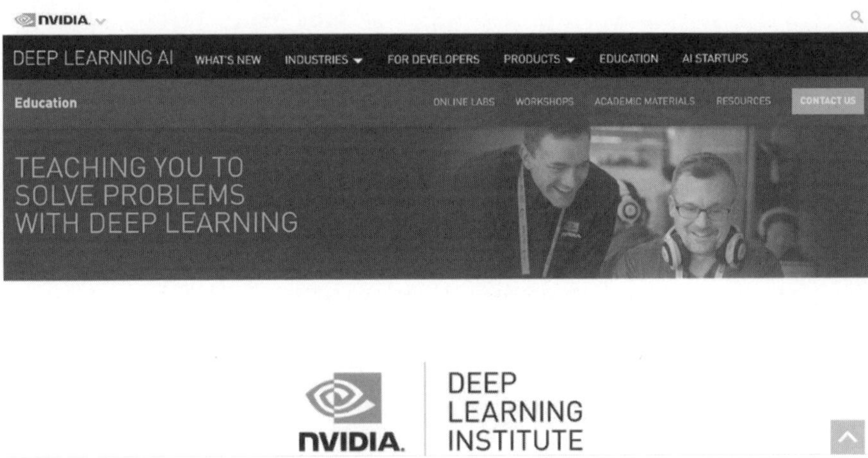

출처: https://www.nvidia.com/en-us/deep-learning-ai/education

AI 칩의 생산자와 공급자들 사이에서 엔비디아는 시장의 선두주자가 될 준비가 되어 있다. 엔비디아는 가장 중요한 자율주행차 회사들과 제휴한 덕분에 인텔과 퀄컴과 같은 경쟁사들에 비해 큰 경쟁우위를 점하고 있다. 또한 엔비디아는 사물인터넷과 함께 작동하도록 개발될 스마트 기기와 기타 제품을 위한 최고의 AI 칩을 제공하는 기업이다. 본질적으로 엔비디아는 조용하게 가장 강력한 테크 기업으로 성공할 것이다. 엔비디아는 다른 테크 기업들이 AI 개발 분야에서 성공적으로 일할 수 있게 하는 숨은 힘을 지원하고 있어, 엔비디아를 '힘의 배후에 있는 힘'을 가진 회사라고 부른다.

078 알리바바의 인공지능 활동은 무엇인가?

알리바바는 중국 최대 온라인 소매업체로서 전 세계 전자상거래 웹사이트에서 엄청난 양의 데이터를 처리한다. 또 다른 거대 온라인 소매업체인 아마존처럼 알리바바는 고객 쇼핑 경험의 모든 측면을 개선하기 위해 인공지능을 이용하고 있다. 예를 들면, 알리바바는 AI 기술의 도움으로 개인화된 제품 추천, 독특한 선호도에 기초하여 쇼핑객들에게 정보를 보여주는 맞춤형 상점 서비스 그리고 소비자들이 관심을 가질 수 있는 더 많은 제품을 찾고 구매할 수 있도록 도울 수 있는 많은 서비스를 제공하고 있다.[62]

알리바바가 인공지능을 적용하는 방법

- **창고 운영 로봇(Robots Run the Warehouses)**: 전자상거래의 거대 기업인 아마존과 마찬가지로 알리바바는 운영 효율성을 높이기 위해 창고에서 스마트 로봇을 이용한다. '비즈니스 인사이더(Business Insider)'에 따르면 로봇은 현재 알리바바의 창고에서 행해지는 작업의 70%까지 처리하고, 최대 500킬로그램(약 1,100파운드)의 짐을 운반할 수 있으며, 충돌을 피하기 위해 특수 센서를 이용하고 있다고 한다.[63] 이것은 중국의 전자상거래 리더인 알리바바가 어떻게 로봇을 이용해 회사의 성장을 촉진하고 있는지를 보여주는 좋은 사례이다.
- **AI 기반 제품 추천 알고리즘(AI-Powered Product Recommendation**

Algorithm): 알리바바의 제품 추천 알고리즘은 제품 리뷰와 웹사이트 이용자 행동을 조사하여 제품을 추천하고 있다.[64] 이 기능은 아마존이 구현한 것과 유사하며 알리바바가 더 많은 온라인 판매를 창출하도록 도와준다.

- AI 기반 드론 배송(AI-Powered Drone Deliveries): 알리바바는 소포를 배달하기 위해 드론을 이용하기 시작했다. 2017년 10월, 다양성 실험에서 알리바바는 처음으로 야외에서 드론 패키지 배송을 달성했다. 총 무게가 약 12kg(약 26.5파운드)인 이 소포들은 드론으로 약 5.5km(3.4마일)의 거리로 운반되었다.[65] 알리바바는 미래에 신선한 음식과 의료품과 같은 물품들도 드론으로 배달할 수 있기를 바란다.
- 패션 AI 쇼핑 컨설턴트(Fashion AI Shopping Consultant): 알리바바는 패션이라는 새로운 AI 기반 서비스를 개발했다. AI는 소매점에서의 판매 증가를 위해 고안되었다. 다양한 AI 기술로 구성된 패션 AI 시스템은 옷가게 탈의실에 설치되어 있다. 탈의실의 화면은 의복에 내장된 작은 센서를 기반으로 고객이 가져온 의류를 인식할 수 있다. 그런 다음 화면에서는 이 정보를 이용하여 고객이 입어 볼 수 있도록 비슷한 스타일의 의상이나 액세서리를 제안한다.[66] 고객은 화면의 버튼을 눌러 판매원에게 전화를 걸어 이러한 품목을 탈의실로 가져올 수 있다.

  현재 중국 전역에 이 전문화된 이용자 경험을 제공하는 13개의 상점이 있다. 이러한 기술이 대규모로 채택되면, 고객들이 온라인 쇼핑 외에도 전통적인 쇼핑센터를 방문하도록 유도하면서, 회사들에게 이윤을 창출할 새로운 방법을 제공할 것이다. 이것은 보다 쉽고 개인화된 쇼핑 경험을 제공하기 위해 컴퓨터 비전과 다른 AI 기술을 실재적으로 적용한 사례이다.
- 고객 서비스 챗봇(Customer Service Chatbot): 또한 알리바바는 그들의 고객들이 빠르고 효과적인 고객 서비스를 경험할 수 있도록 인상적인

챗봇을 만들었다. 예를 들어, 알리바바에 문의 전화를 걸면 실제로 사람과 통화하는 것이 아니라 알리바바의 업무 보조 챗봇인 알리 샤오미(Ali Xiaomi)와 통화할 수 있다. 이 챗봇은 말하기와 쓰기 질문에 모두 대답할 수 있다. 알리 샤오미는 거래에 대한 우려사항을 처리하고, 자주 묻는 질문에 답변하며, 제품 추천 서비스를 제공한다. 알리바바에 따르면 이 고객 서비스 챗봇은 고객 서비스를 위해 들어오는 질문의 최대 95%를 처리할 수 있는 능력을 갖추고 있다고 한다.[67]

- **강력한 컴퓨팅 엔진(Powerful Computational Engine)**: 알리바바는 특히 강력한 AI 기반 컴퓨팅 엔진을 갖추고 있어 175,000건 이상의 트랜잭션을 1초에 신속하게 처리할 수 있다.[68]

알리바바의 인공지능 연구

알리바바 혁신 연구(AIR: Alibaba Innovative Research)는 기계학습, 자

그림 8.12 | 알리바바의 인공지능 연구소 웹사이트

출처: https://102.alibaba.com/news/index

연어 처리 등 다양한 핵심 기술과 미래의 애플리케이션 분야에 초점을 맞추고 있다.

AI 연구개발에 주력하고 있는 알리바바 다모 아카데미(Alibaba Damo Academy)는 중국 본토, 미국, 러시아, 싱가포르, 이스라엘 등지에 새로운 연구소를 설립하였다.[69]

중국 국가 인공지능 팀 역할

중국 과학기술부는 최근 2030년까지 중국을 인공지능 분야에서 세계 리더로 만드는 임무를 맡고 있는 중국 최초의 국가 AI 팀을 신설했다. 알리바바는 바이두와 텐센트와 같은 중국의 다른 기업 리더들와 함께 이 프로젝트에 참여하고 있다. 현재 알리바바는 '도시두뇌(city brains)'라는 AI 개발 프로젝트를 추진하고 있다. 이 프로젝트는 도시 생활 개선을 돕기 위해 스마트 교통과 같은 AI 솔루션을 구현하는 것을 목표로 하고 있다.[70]

079 바이두의 인공지능 활동은 무엇인가?

바이두는 중국에서 AI 기술을 잘 활용하는 큰 회사이다. 바이두의 가장 잘 알려진 제품은 검색 엔진이다. 바이두는 방대한 양의 이용자 검색 데이터에 접근할 수 있다. 이것은 바이두가 서양의 구글과 유사한 영향력을 갖게 하고, 소비자들의 구매 습관을 이해하는 데 장점을 제공한다. 바이두는 가까운 미래에 검색 엔진에 AI 기술을 접목시킬 계획이다. 이렇게 하면 이용자의 검색을 기반으로 보다 좋은 검색 결과를 이용자에게 제안할 수 있게 될 것이다.

또한 바이두는 자율주행차 기술에도 많은 투자를 하고 있으며, 이미 아폴로(Apollo)라고 불리는 자율주행 자동차 제조업체들을 위한 무료 운영체제를 출시했다. 또한 바이두는 자율주행차 산업의 또 다른 선두 기업인 엔비디아와도 파트너십을 맺었다. 엔비디아는 바이두 관련 연구 데이터에 보다 많이 접근하고 경쟁 기업들보다 앞서 나갈 수 있도록 지원할 것이다.[71]

또한 바이두는 이미 중국의 일부 도시에서 테스트를 거친, 인공지능으로 작동되는 안면인식 시스템의 공인된 선두업체이다.[72] 생체인식 기술은 곧 전 세계의 호텔과 공항에서 구현될 것이다. 이 안면인식 기술은 여행 안전을 높이고 대기시간을 단축하며 범죄 해결을 도울 것이다.

바이두에 따르면 안면인식 솔루션(프로그램)은 사람이 수동으로 신원을 확인하는 것보다 더 정확하다. 공항, 호텔, 기타 관광지에서 활용되는 안면인식 솔루션(프로그램)을 판매하는 많은 회사들이 있지만, 바이두는 안면인식 솔루션(프로그램)에서 확실한 우위를 점하고 있다. 그러나 일부 안면인식 기술 활용을 반대하는 사람들은 바이두와 같은 대형 기업들이 많은 개인 데이터에 접근하고 이를 통제할 때 사생활 문제가 발생할 수 있다고 말한다.[73]

바이두는 세계에서 탁월한 AI 회사 중 하나이다. 바이두는 2019년 12월 현재 자율주행 기술과 안면인식 기술의 세계적 선두주자일 뿐만 아니라 중국 내 어느 기업보다도 많은 5,712건의 AI 관련 특허를 보유하고 있는 것으로 알려졌다.[74]

스마트 스피커와 로봇

바이두는 최근에 레이븐 H(Raven H)라고 불리는 스마트 스피커(가정용 로봇)를 출시했다. 아마존 에코(Amazon Echo)와 구글 홈(Google Home) 처럼 레이븐 H는 음악을 연주하거나 일기 예보를 알려주는 등 다른 주요 가정용 어시스턴트 로봇과 같은 기본적인 서비스를 제공한다. 하지만 아마존 에코와 구글 홈과 달리 레이븐 H는 '듀어OS(DuerOS)'를 장착했는데, 이 기술은 이용자가 집 주위를 돌아다닐 수 있게 해주고, 다양한 장치에 연결되도록 지원해 주는 진보된 음성기술이다.[75]

또한 바이두는 감성지능을 가진 것으로 알려진 레이븐 R(Raven R)이라고 불리는 가정용 로봇(스마트 스피커)을 만들었다. 이 로봇은 컴퓨터 비전과 안면인식과 같은 AI 기술에 의해 작동된다. 또한 바이두의 자율주행 기술을 지원하는 아폴로(Apollo) 운영체계도 AI 기술로 작동된다.[76] 내가 이 책을 집필할 때 레이븐 R이 언제 판매될 것인지 또한 얼마의 비용에 판매될지는 발표되지 않았다.

바이두의 인공지능 연구

바이두는 2013년 처음으로 실리콘 밸리에 AI 연구소를 열었고, 이 연구소는 바이두의 AI 연구에서 주도적인 역할을 하고 있다. 현재 바이두에는 1,300명 이상의 AI 연구원들이 일하고 있다. 이 AI 연구팀은 이전에 인공지능 분야의 최고 전문가인 앤드류 응(Andrew NG)이 이끌었으며, AI 프로그램 개발에 경쟁력을 제공하였다.[77]

또한 바이두는 자사 AI 제품과 서비스에 대한 정보를 담은 중국어 웹사이트를 운영하고 있다. 자세한 내용은 다음 웹사이트를 참고하기 바란다: http://ai.baidu.com/.

그림 8.13 | 바이두 연구소 웹사이트

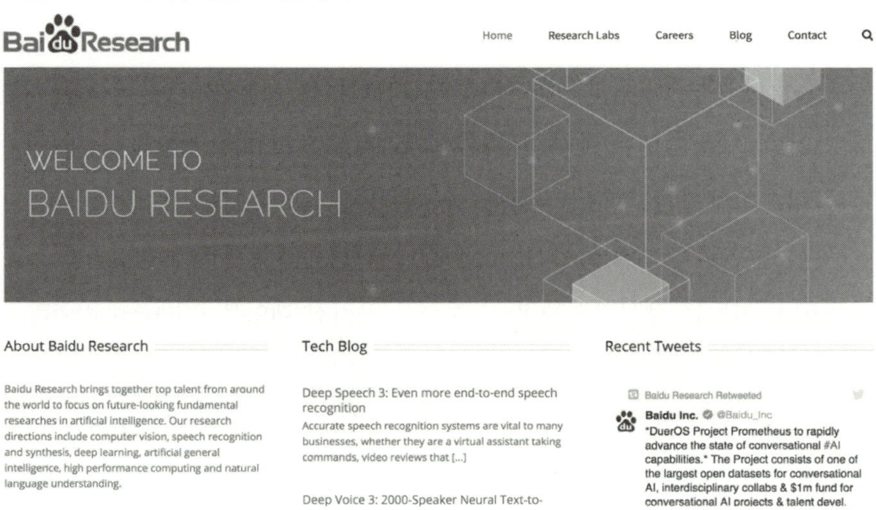

출처: http://research.baidu.com

중국 국가 인공지능 팀 역할

중국 정부의 지원을 받는 국가 AI 팀에서 바이두의 역할은 자율주행차의 개발과 구현에 초점을 맞추는 것이다. 바이두가 오랫동안 아시아에서 자율주행차 기술의 선두주자로 인정받았기 때문에 이 역할을 잘 수행할 것이다.[78]

080 텐센트의 인공지능 활동은 무엇인가?

텐센트(Tencent)는 중국에서 가장 큰 소셜 미디어 네트워크를 지원하는 기업이다. 텐센트는 소셜 미디어, 지도, 메일, 엔터테인먼트, 도박, 비디오 스트리밍, 게임, 교육과 관련된 제품과 서비스를 제공하고 있다.

텐센트는 위챗(WeChat)을 개발한 회사로서 인공지능 분야의 핵심 기업이며 현재 3,000억 달러 이상의 가치가 있다. 텐센트는 인스턴트 메신저 앱인 위챗에 AI 기술을 구현하는 것 외에도 이미지인식, 자율주행차 등 다양한 AI 기술을 개발하고 있다.

위챗은 왓츠앱(WhatsApp)과 페이스북 메신저(Facebook Messenger)와 같은 인스턴트 메신저보다 이용자들의 일상활동에 더 깊이 관여되어 있다. 위챗을 이용하면 택시 호출, 온라인 쇼핑, 뉴스 읽기, 친구에게 돈 보내기 등을 할 수 있다. 위챗은 중국에서 모든 사람들이 필요로 하는 독창적인 앱이 되기 위해 기술을 개발하고 있다.

수백만의 위챗 이용자들의 매일매일의 활동 덕분에 텐센트는 고객의 개인 습관에 대한 엄청난 양의 데이터에 접근할 수 있다. 많은 전문가들에 따르면 이러한 종류의 데이터는 바이두가 가지고 있는 검색 데이터나 알리바바가 이용할 수 있는 전자상거래 데이터보다 높은 가치가 있으며, 이 데이터는 텐센트에 최첨단 AI 제품과 서비스를 만들 수 있는 훌륭한 기반을 제공한다.[79]

텐센트의 AI 연구

텐센트는 시애틀에 AI 연구소를 개설하고 AI 연구개발 프로젝트에 많은 투자를 하고 있다.[80] 텐센트는 자체 AI 연구소를 가지고 있을 뿐만 아니라 다수의 AI 관련 스타트업에도 투자하고 있다. 텐센트의 AI 연구는 기계학습, 컴퓨터 비전, 음성인식, 자연어 처리, 게임, 소셜·콘텐츠 기반 제품, AI 플랫폼의 잠재적 애플리케이션 분야에 초점을 맞추고 있다. 이 회사의 AI 연구에 대한 자세한 내용은 다음 사이트를 참조하기 바란다: http://ai.tencent.com/ailab/index.html.

그림 8.14 | 텐센트 AI 연구소 웹사이트

출처: http://ai.tencent.com/ailab/index.html

중국 국가 인공지능 팀 역할

중국 AI 팀의 일원으로서 텐센트의 역할은 의료진단 개선을 돕기 위해 컴퓨터 비전 기술 개발에 집중하는 것이다.[81]

중국에는 앞서 논의한 3대 빅테크 기업과 함께 보다 강력한 AI 기술 개발을 위해 노력하는 많은 스타트업들이 있으며, 시간이 흐르면서 그 스타트업들은 보다 더 큰 성과를 창출할 것이다.

NOTES

01 Cade Metz, "AI Is Transforming Google Search. The Rest of the Web Is Next", Weird Magazine, April 02, 2016, https://www.wired.com/2016/02/ai-is-changing-the-technology-behind-google-searches

02 Abner Li, "Google's speech recognition is now almost as accurate as humans", 9TO5Google, June 01, 2017, https://9to5google.com/2017/06/01/google-speech-recognition-humans

03 Samuel Gibbs, "Google Pixel Buds: is Babel fish dream of inear translation now a reality?", The Guardian, October 05, 2017, https://www.theguardian.com/technology/2017/oct/05/google-pixel-buds-babel-fish-translation-in-ear-ai-wireless-language

04 Danielle Muoio, "Google spent at least $1.1 billion on self-driving cars before it became Waymo", Business Insider, September 15, 2017, http://www.businessinsider.com/google-self-driving-car-investment-exceeds-1-billion-2017-9

05 Demis Hassabis, "Demis Hassabis on AlphaGo: its legacy and the 'Future of Go Summit' in Wuzhen, China", DeepMind, April 10, 2017, https://www.youtube.com/watch?v=uvtRWWzuybo

06 David Silver, "AlphaGo Zero: Starting from scratch", DeepMind, October 18, 2017, https://www.youtube.com/watch?v=tXlM99xPQC8

07 Jimmy Nsubuga, "Beware – Google's AI is so smart it just taught itself to walk without any human help", Metro.co.uk, July 17, 2017, http://metro.co.uk/2017/07/17/beware-googles-ai-is-so-smart-it-just-taught-itself-to-walk-without-any-human-help-6786514

08 Tensor Flow, "Team Announcing Tensor Flow Lite Google Developers", Google Developers, November 14, 2017, https://developers.googleblog.com/2017/11/announcing-tensorflow-lite.html

09 Kaggle, "The Home of Data Science & Machine Learning", 2017, https://

www.kaggle.com

10 Tom Simonite, "Why Google's CEO Is Excited About Automating Artificial Intelligence", MIT Technology Review, May 17, 2017, https://www.technologyreview.com/s/607894/why-googles-ceo-is-excited-about-automating-artificial-intelligence

11 John Mannes, "Facebook's AI unlocks the ability to search photos by what's in them", TechCrunch, February 02, 2017, https://techcrunch.com/2017/02/02/facebooks-ai-unlocks-the-ability-to-search-photos-by-whats-in-them

12 Jeffrey Dunn, "Introducing FBLearner Flow: Facebook's AI backbone", Facebook, 09 May 2016, https://code.facebook.com/posts/1072626246134461/introducing-fblearner-flow-facebook-s-ai-backbon

13 Ahmad Abdulkader and Aparna Lakshmiratan, "Introducing DeepText: Facebook's text understanding engine", Facebook, June 02, 2016, https://code.facebook.com/posts/181565595577955/introducing-deeptext-facebook-s-text-understanding-engine

14 Mark Zuckerberg, "We just passed an important milestone", Facebook, August 28, 2015, https://www.facebook.com/zuck/posts/10102329188394581

15 David Ingram, "Facebook to expand artificial intelligence to help prevent suicide", Reuters, November 27, 2017, https://www.reuters.com/article/us-facebook-suicide/facebook-to-expand-artificial-intelligence-to-help-prevent-suicide-idUSKBN1DR1YT

16 Rob LeFebvre, "Facebook will use AI to help correct skewed 360-degree photos", Engadget, August 31, 2017, https://www.engadget.com/2017/08/31/facebook-ai-correct-skewed-360-photos

17 Facebook Research, "Research Advancing computer vision technologies at CVPR 2017", Facebook, July 21, 2017, https://research.fb.com/advancing-computer-vision-technologies-at-cvpr-2017

18 Lucas Matney, "Facebook improves its AI Messenger assistant 'M' with new wits", TechCrunch, Jun 27, 2017, https://techcrunch.com/2017/06/27/facebook-improves-its-ai-messenger-assistant-m-with-new-wits

19 Alex Wilhelm, "A look back in IPO: Google, the profit machine", TechCrunch, July 31, 2017, https://techcrunch.com/2017/07/31/a-look-back-in-ipo-google-the-profit-machine

20 Josh Constine, "Facebook Acquires Wit.ai To Help Its Developers With Speech Recognition And Voice Interface", TechCrunch, January 05, 2015, https://techcrunch.com/2015/01/05/facebook-wit-ai

21 Venus Tamturk, "Google, Apple, Facebook, and Intel Battle for AI Supremacy", CMS Connected, April 21, 2017, http://www.cms-connected.com/News-Archive/April-2017/Google-Apple-Facebook-Intel-Microsoft-Salesforce-Twitter-Battle-AI-Supremacy

22 Yann LeCun, "Expanding Facebook AI Research to Montreal Newsroom", Newsroom.fb, September 15, 2017, https://newsroom. fb.com/news/2017/09/fair-montreal

23 Mark Zuckerberg, "Building Jarvis", Facebook, December 19, 2016, https://www.facebook.com/notes/mark-zuckerberg/building-jarvis/10154361492931634

24 Angel Gonzalez, "Amazon's robots: job destroyers or dance partners?", The Seattle Times, August 11, 2017, https://www.seattletimes.com/business/amazon/amazons-army-of-robots-job-destroyers-or-dance-partners

25 Dan Evon, "What is Alexa? It's Amazon's new virtual assistant", Digital Trends, September 07, 2017, https://www.digitaltrends.com/home/what-is-amazons-alexa-and-what-can-it-do

26 Janakiram MSV, "Amazon Brings Artificial Intelligence to Cloud Storage to Protect Customer Data", Forbes, August 20, 2017, https://www.forbes.com/sites/janakirammsv/2017/08/20/amazon-brings-artificial-intelligence-to-cloud-storage-to-protect-customer-data/#1cb359674327

27 Larry Dignan, "Intuit to use AWS as its standard artificial intelligence platform", ZDNet, November 27, 2017, http://www.zdnet.com/article/intuit-to-use-aws-as-its-standard-artificial-intelligence-platform

28 Connor Hubschman, "Bezos Says Artificial Intelligence to Fuel Amazon's Success", Agilyx Solution, May 11, 2017, http://insights.agilyxsolutions.com/post/102e6l2/bezos-says-artificial-intelligence-to-fuel-amazons-success

29 Connor Hubschman, "Bezos Says Artificial Intelligence to Fuel Amazon's Success", Agilyx Solution, May 11, 2017, http://insights.agilyxsolutions.com/post/102e6l2/bezos-says-artificial-intelligence-to-fuel-amazons-success

30 Tiernan Ray, "Amazon Has Largest A.I. Platform in the World, Its Machine Learning Guru Boasts", Barron's, August 14, 2017,https://www.barrons.com/articles/amazon-has-largest-a-i-platform-in-the-world-its-machine-learning-guru-boasts-1502735878

31 Greg Sterling, "Microsoft says it's infusing AI into all of its products from Xbox to Office", Marketing Land, May 10, 2017, https://marketingland.com/microsoft-says-infusing-ai-products-xbox-of-fice-214337

32 Nat Levy, "Microsoft's new corporate vision: artificial intelligence is in and mobile is out", GeekWire, August 02, 2017, https://www.geekwire.com/2017/microsofts-new-corporate-vision-artificial-intelligence-mobile

33 Jessi Hempel, "Inside Microsoft Al Comeback", Wired, June 21, 2017, https://www.wired.com/story/inside-microsofts-ai-comeback

34 Cara McGoogan, "Microsoft launches new healthcare division based on artificial intelligence software", The Technology, September 24, 2014, http://www.telegraph.co.uk/technology/2017/09/24/microsoft-launches-new-healthcare-division-based-artificial

35 Microsoft News Center, "Baidu and Microsoft join forces in the intelligent cloud to advance autonomous driving", Microsoft, July 18, 2017, https://news.microsoft.com/2017/07/18/baidu-and-microsoft-join-forces-in-the-intelligent-cloud-to-advance-autonomous-driving

36 Susmita Baral, "Microsoft Expands Artificial Intelligence Efforts With New 5,000-Member Research Group", International Business Times, September 29, 2016, http://www.ibtimes.com/microsoft-expands-artificial-intelligence-efforts-new-5000-member-research-group-2424076

37 Lance Ulanoff, "Cortana awakens: The evolution of Microsoft's smart assistant", Mashable, July 24, 2016, http://mashable.com/2016/07/24/inside-microsoft-cortana/#tQQ9GNA2sSqf

38 Sohini Mitter, "Microsoft CEO says artificial intelligence is the ultimate breakthrough", Mashable, Feb 20, 2017, http://mashable.com/2017/02/20/microsoft-satya-nadella-artificial-intelligence-focus/#6vvmDfwFsiq9

39 Lauren J. Young, "What Has IBM Watson Been Up to Since Winning 'Jeopardy!5 Years Ago?", Inverse, April 05, 2016, https://www.inverse.com/article/13630-what-has-ibm-watson-been-up-to-since-winning-jeopardy-5-years-ago

40 Lauren J. Young, "What Has IBM Watson Been Up to Since Winning Jeopardy!' 5 Years Ago?", Inverse, April 05, 2016, https://www.inverse.com/article/13630-what-has-ibm-watson-been-up-to-since-winning-jeopardy-5-years-ago

41 Dom Galeon and Kristin Houser, "IBM's Watson AI Recommends Same Treatment as Doctors in 99% of Cancer Cases," Artificial Intelligence, October 28, 2016, https://futurism.com/ibms-watson-ai-recommends-same-treatment-as-doctors-in-99-of-cancer-cases

42 Steve Lohr, "IBM Is Counting on Its Bet on Watson, and Paying Big Money for It", NYTimes, Oct 17, 2016, https://www.nytimes.com/2016/10/17/technology/ibm-is-counting-on-its-bet-on-watson-and-paying-big-money-for-it.html

43 Jonathan Shieber, "IBM and Salesforce partner to sell Watson and Einstein", Techcrunch, Mar 06, 2016, https://techcrunch.com/2017/03/06/ibm-and-salesforce-partner-to-sell-watson-and-einstein

44 Hillary Lipko, "Meet Jill Watson: Georgia Tech's first AI teaching assistant", Georgia Professional Tech Education, November 10, 2016, https://pe.gatech.edu/blog/meet-jill-watson-georgia-techs-first-ai-teaching-assistant

45 Larry Dignan, "IBM CEO Krishna: Every company will be an AI company", ZDNet, May 5, 2020, https://www.zdnet.com/article/ibmceo-krishna-every-company-will-be-an-ai-company

46 Dan Costa, "IBM Watson CTO on Why Augmented Intelligence Beats AI", PCmag Asia, August 14, 2017, http://sea.pcmag.com/feature/16986/ibm-watson-cto-on-why-augmented-intelligence-beats-ai

47 Fast Company Staff, "How Apple, Facebook, Amazon, And Google Use AI To Best Each Other", Fast Company, November 10, 2017, https://www.fastcompany.com/40474585/how-apple-facebook-amazon-and-google-use-ai-to-best-each-other

48 Fast Company Staff, "How Apple, Facebook, Amazon, And Google Use AI To Best Each Other", Fast Company, November 10, 2017, https://www.fastcompany.com/40474585/how-apple-facebook-amazon-and-google-use-ai-to-best-each-other

49 Leo Sun, "Apple is Quietly Expanding its Artificial Intelligence Ecosystem", The Motley Fool, January 23, 2020 https://www.fool.com/investing/2020/

01/23/apple-is-quietly-expanding-its-artificial-intellig.aspx

50 James Vincent, "The iPhone X's new neural engine exemplifies Apple's approach to AI", The Verge, Sep 13, 2017, https://www. theverge. com/2017/9/13/16300464/apple-iphone-x-ai-neural-engine

51 Mike Brown, "Apple Reveals Why the A.I.-Powered HomePod Will Sound So Advanced", Inverse, July 06, 2017, https://www.inverse.com/article/33806-apple-patent-homepod-siri-speaker-ai-airplay

52 Nicole Lee, "Apple acquires AI tech that seeks to understand your photos", Engadget, September 30, 2017, https://www.engadget.com/2017/09/30/apple-regaind-machine-learning-acquisition

53 Kif Leswing, "Apple has new self-driving car hardware covered with iPod-style white plastic", Business Insider, October 18, 2017, http://www.businessinsider.com/apple-self-driving-project-titan-car-new-sensors-video-2017-10

54 Aaron Tilley, "Apple Publishes Its First Artificial Intelligence Paper", Forbes, December 26, 2017, https://www.forbes.com/sites/aarontilley/2016/12/26/apple-publishes-its-first-artificial-intelligence-paper/#34b1f8e052f7

55 Will Knight, "Apple Gets Its First Director of AI", MIT Technology Review, October 17, 2016, https://www.technologyreview.com/s/602670/apple-gets-its-first-director-of-ai

56 Aaron Tilley, "The New Intel: How Nvidia Went From Powering Video Games To Revolutionizing Artificial Intelligence", Forbes, November 30, 2016, https://www.forbes.com/sites/aarontilley/2016/11/30/nvidia-deep-learning-ai-intel/#3be71b837ff1

57 Chris Nolter, "How Nvidia Is Preparing for an A.I. Future", The Street, December 05, 2017, https://www.thestreet.com/story/14410379/1/how-nvidia-is-preparing-for-an-a-i-future.html

58 Carly Page, "Nvidia CEO Jensen Huang: Humanity will use AI positively if access to artificial intelligence is democratized", V3, October 13, 2017, https://www.v3.co.uk/v3-uk/news/3019106/nvidia-ceo-jensen-huang-humanity-will-use-ai-positively-if-access-to-artificial-intelligence-is-democratised

59 Carly Page, "Nvidia CEO Jensen Huang: Humanity will use AI positively if access to artificial intelligence is democratized", V3, October 13, 2017,

https://www.v3.co.uk/v3-uk/news/3019106/nvid-ia-ceo-jensen-huang-humanity-will-use-ai-positively-if-access-to-artificial-intelligence-is-democratised

60 Aaron Tilley, "The New Intel: How Nvidia Went From Powering Video Games To Revolutionizing Artificial Intelligence", Forbes, November 30, 2016, https://www.forbes.com/sites/aarontilley/2016/11/30/nvidia-deep-learning-ai-intel/#3be71b837ff1

61 Paige Tanner, "NVIDIA Expands Deep Learning Institute to Boost AI Research", Market Realist, November 07, 2017, http://marketrealist.com/2017/11/nvidia-expands-deep-learning-institute-boost-ai-research

62 Jim Erickson and Susan Wang, "At Alibaba, Artificial Intelligence Is Changing How People Shop Online", Alizila, June 05, 2017, http://www.alizila.com/at-alibaba-artificial-intelligence-is-changing-how-people-shop-online

63 Jasper Pickering, "Take a look inside Alibaba's smart warehouse where robots do 70% of the work", Business Insider, September 19, 2017, http://www.businessinsider.com/inside-alibaba-smart-warehouse-robots-70-per-cent-work-technology-logistics-2017-9

64 Celia Chen and Sarah Dai, "Lets AI, robots and drones do the heavy lifting on Singles' Day", SCMP, November 11, 2017, http://www.scmp.com/tech/innovation/article/2119359/alibaba-lets-ai-robots-and-drones-do-heavy-lifting-singles-day

65 Celia Chen and Sarah Dai, "Lets AI, robots and drones do the heavy lifting on Singles' Day", SCMP, November 11, 2017, http://www.scmp.com/tech/innovation/article/2119359/alibaba-lets-ai-robots-and-drones-do-heavy-lifting-singles-day

66 Yiting Sun, "Alibaba's AI Fashion Consultant Helps Achieve Record-Setting Sales", MIT Technology Review, November 13, 2017, https://www.technologyreview.com/s/609452/alibabas-ai-fashion-consultant-helps-achieve-record-setting-sales

67 Jim Erickson and Susan Wang, "At Alibaba, Artificial Intelligence Is Changing How People Shop Online", Alizila, June 05, 2017, http://www.alizila.com/at-alibaba-artificial-intelligence-is-chang-Artificial Intelligenceing-how-people-shop-online

68 Jim Erickson And Susan Wang, "At Alibaba, Artificial Intelligence Is Changing How People Shop Online", Alizila, June 05, 2017, http://www.alizila.com/at-alibaba-artificial-intelligence-is-changing-how-people-shop-online

69 Alibaba Tech, "Research", 2017, https://102.alibaba.com/research/index

70 Meng Jing and Sarah Dai, "China recruits Baidu, Alibaba and Tencent to AI national team", SCMP, November 21, 2017, http://www.scmp.com/tech/china-tech/article/2120913/china-recruits-baidu-alibaba-and-tencent-ai-national-team

71 Jacob Kastrenakes, "Nvidia partners with Baidu to build a self-driving car AI", The Verge, September 01, 2016, https://www. theverge.com/2016/9/1/12748554/nvidia-baidu-autonomous-car-plat-form-partnership

72 Justin Lee, "Chinese town implements Baidu face recognition to identify tourists", Biometric Update, November 18, 2016, http://www.biometricupdate.com/201611/chinese-town-implements-baidu-face-recognition-to-identify-tourists

73 Sean Captain, "Baidu Says Its New Face Recognition Tech Is Better Than Humans At Checking IDs", Mind And Machine, November 17, 2016, https://www.fastcompany.com/3065778/baidu-says-new-face-recognition-can-replace-checking-ids-or-tickets

74 Globe News Wire, "Baidu Leads the Way in Innovation with 5,712 Artificial Intelligence Patent Applications", December 06, 2019, https://www.globenewswire.com/news-release/2019/12/06/1957432/0/en/Baidu-Leads-the-Way-in-Innovation-with-5-712-Artificial-Intelligence-Patent-Applications.html

75 Sam Shead, "Chinese tech giant Baidu launched a smart speaker and robots that will give people a sci-fi' experience", Business Insider, November 16, 2017, http://www.businessinsider.com/baidu-unveiled-raven-smart-speaker-and-robots-2017-11

76 Sam Shead, "Chinese tech giant Baidu launched a smart speaker and robots that will give people a sci-fi' experience", Business Insider, November 16, 2017, http://www.businessinsider.com/baidu-unveiled-raven-smart-speaker-and-robots-2017-11

77 Yiting Sun, "Baidu's Plan for Artificial Intelligence without Andrew Ng",

Business Impact, March 30, 2017, https://www.technologyreview.com/s/604014/baidus-plan-for-artificial-intelligence-with-out-andrew-ng

78 Meng Jing and Sarah Dai, "China recruits Baidu, Alibaba and Tencent to AI national team", SCMP, November 21, 2017, http://www.scmp.com/tech/china-tech/article/2120913/china-recruits-baidu-alibaba-and-tencent-ai-national-team

79 Josh Howritz, "China's Tencent is a sleeping giant in the global artificial intelligence race", Quartz, May 03, 2017, https://qz.com/974408/tencents-wechat-gives-it-an-advantage-in-the-global-artificial-intelligence-race

80 Paul Sawers, "Chinese internet giant Tencent opens artificial intelligence lab in Seattle", VB, May 02, 2017, https://venturebeat.com/2017/05/02/chinese-internet-giant-tencent-opens-an-artificial-intelligence-lab-in-seattle

81 Meng Jing and Sarah Dai, "China recruits Baidu, Alibaba and Tencent to AI national team", SCMP, November 21, 2017, http://www. scmp.com/tech/china-tech/article/2120913/china-recruits-baidu-alibaba-and-tencent-ai-national-team

제9장

인공지능에 대한 FAQ(1)

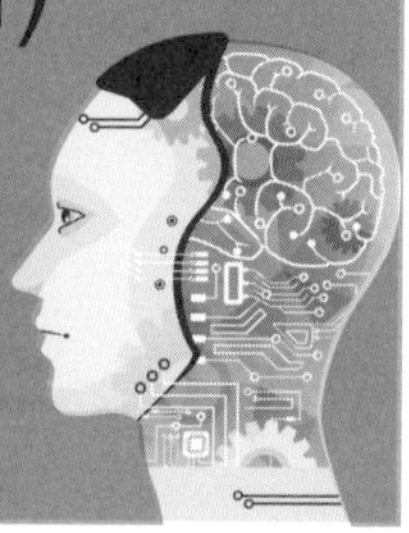

081 이미 이용 중인 인공지능 리소스는 무엇인가?

082 인공지능을 둘러싼 일반적인 두려움은 무엇인가?

083 인공지능 기술의 주요 프라이버시 우려사항은 무엇인가?

084 기술 발전으로 외로움, 고립, 분리된 행동이 증가하는가?

085 인공지능을 둘러싼 과대 선전이 있는가?

086 인공지능에서 윤리는 어떤 역할을 해야 하는가?

087 기후변화에 대처하기 위해 인공지능을 어떻게 이용할 수 있는가?

088 인공지능을 어떻게 비즈니스에 적용할 수 있는가?

089 인공지능이 기하급수 기술에 미치는 영향은?

090 인공지능이 언제 인간보다 일을 더 잘할 수 있는가?

그림 9.1 | 9장의 주제

최근 몇 달 동안 내가 발표한 강연과 세미나에서 인공지능이 어떻게 발전하고 있는지에 대해 참석자들은 질문과 의구심을 가지고 있었다. 9장에서 다루는 질문 중 일부는 우리가 이미 일상생활에서 어떤 종류의 인공지능을 이용하고 있는지 그리고 어떻게 하면 인공지능을 보다 잘 사업에 적용할 수 있는지와 같은 일반적인 내용이다. 그밖의 질문은 인공지능의 개발이 우리의 프라이버시에 어떤 영향을 미칠지 그리고 왜 AI 제품과 서비스 개발을 위해 명확한 윤리적 지침을 확보하는 것이 중요한지와 같은 복잡한 문제이다. 나는 이러한 질문

에 구체적인 데이터와 내 개인적인 의견 사이에서 균형을 가지고 답변하려고 노력하였다. 나의 목표는 인공지능에 대한 사람들의 관심을 불러일으키고 사람들 스스로 인공지능에 대해 보다 많은 것을 학습하도록 하는 데 영감을 주는 것이다.

081 이미 이용 중인 인공지능 리소스는 무엇인가?

사람들이 인공지능에 대해 깨닫지 못하지만 이미 매일 인공지능을 이용하고 있다. 다음은 가장 일반적인 AI 이용 사례이다.

- **스마트 가상 개인 어시스턴트(Smart Virtual Personal Assistants)**: 시리, 코타나, 구글 어시스턴트는 널리 이용되는 AI 도구이며, 이 책의 여러 부분에서 광범위하게 설명하였다.
- **맞춤형 미디어 추천 도구(Personalized Media Recommendations)**: 당신은 넷플릿스(Netflix)나 스포티파이(Spotify)를 이용해 본 경험이 있는가? 이러한 회사들은 AI 리소스를 이용하여 이전에 당신이 이용했던 서비스 항목에 따라 영화나 음악을 추천하는 서비스를 제공한다.
- **페이스북 스마트 검색(Smart Searches on Facebook)**: 페이스북 AI 도구를 이용하면 이미지 인식 프로그램을 이용하여 콘텐츠별로 사진을 검색할 수 있다. 예를 들면, 당신은 '가족' 또는 '피자'와 관련된 이미지를 검색할 수 있다. 페이스북 AI 도구는 당신이 원하는 해당 이미지를 찾아줄 것이다.[01]
- **제품 추천(Product Recommendations)**: 아마존닷컴(Amazon.com)을 통해 무언가를 구입하고자 할 때, 기계학습 알고리즘은 당신이 구매하고자 하는 유사 제품이나 관련 제품에 대한 추천 서비스를 제공한다.
- **구글 검색(Google Searches)**: 구글은 기계학습 알고리즘을 이용해 수년 동안 이용자의 위치와 과거 검색에 따라 개인화된 결과를 제공한다.

- **구글 음성인식 검색(Speech Recognition in Google Search)**: 구글 검색은 텍스트 기반 검색 외에 음성 명령을 통해 검색할 수 있는데, 음성인식은 AI 기술을 이용해 구현되었다.
- **페이스북 메신저 봇(Facebook Messenger Bots)**: 많은 기업들이 매일 고객의 서비스 요청에 응답하기 위해 페이스북 메신저의 챗봇을 이용하고 있다.
- **온라인 사기방지 시스템(Online Fraud Protection)**: 오늘날 인공지능 기술은 대부분의 온라인 금융 서비스에 이용되는 핵심 기술이다. 온라인 결제 서비스를 제공하는 페이팔(PayPal)은 기계학습 알고리즘을 이용해 고객의 방대한 금융 데이터를 분석해서 사기 위험 가능성을 평가하였다. 페이팔이 고객의 사위 위험 가능성을 평가한 이유는 온라인 금융 서비스가 사이버 범죄자들의 빈번한 범죄 대상이기 때문이었다.[02]
- **온라인 광고(Online Advertising)**: 온라인 광고는 인공지능을 활용함으로써 성과를 효과적으로 개선할 수 있는 분야이다. 예를 들면, 페이스북은 딥러닝 알고리즘(deeplearning algorithms)을 이용해 광고를 타깃팅하는 방법을 구현하였다. 이 연구 결과를 통해 페이스북 이용자들이 광고를 의도적으로 볼 가능성을 높일 수 있었다.

그림 9.2 | 구글 음성 검색

앞서 살펴본 내용은 인공지능이 우리의 일상생활에서 이미 다양한 방식으로 이용되고 있는 것에 대한 통찰력을 제공하는 몇 가지 사례일 뿐이다. 세상에는 훨씬 더 많은 AI 활용 사례가 있다. 미래에 인공지능은 종종 눈에 띄지 않는 부분에서 작동하고, 우리의 삶을 보다 효율적으로 만드는 많은 솔루션을 제공할 것이다.

082 인공지능을 둘러싼 일반적인 두려움은 무엇인가?

다양한 사람들과의 대화를 바탕으로 나는 많은 사람들이 인공지능에 대해 최소한 어느 정도의 두려움을 가지고 있다는 것을 알게 되었다. 대부분의 두려움은 인공지능이 무엇인지에 대한 이해 부족이나 주류 미디어가 AI 기술에 대해 부정적으로 말하는 것에 대한 지나친 의존에 기인한다. 부정적인 뉴스는 긍정적인 뉴스보다 많은 관심을 끌고, 그렇기 때문에 많은 뉴스 매체들이 인공지능을 둘러싼 많은 부정적이거나 과장된 보도에 집중함으로써 청중의 관심을 받고 있다.

새롭고 복잡한 거의 모든 것들은 사람들 사이에 혼란과 공포를 유발한다. 연구자들은 이것을 '부정적인 편견(negative bias)'이라고 부른다. 부정적인 편견은 나쁜 소식을 듣고 기억하고 싶어 하는 우리의 집단적인 경향을 가리킨다.[03]

대부분의 사람들이 인공지능에 대해 교육을 받지 않았기 때문에 인공지능 주제는 부정적인 이야기의 대상이 된다. 예를 들어, 2017년 여름에 많은 뉴스 매체들은 페이스북의 AI 실험에 관한 부정적 뉴스를 헤드라인으로 장식했다. 야후 뉴스(Yahoo News)에서 실행되는 다음과 같은 헤드라인 사례를 생각해 보자.

> "페이스북 엔지니어들 패닉, 봇이 자체 언어를 개발한 후 엔지니어들은 AI 이용 종료"
>
> – 야후 뉴스

이 야후 뉴스 헤드라인은 확실히 청중의 주목을 끌었지만, 이 사건이 페이스북 엔지니어들을 당황하게 만들지는 않았기 때문에, 그것은 사실과는 완전히 동떨어진 이야기이다. 대신 언론 미디어는 더 많은 트래픽을 발생시키고 더 많은 관심을 끌기 위해 이야기를 바꾸었다.

기즈모도(Gizmodo) 웹사이트에 게재된 톰 맥케이(Tom McKay)의 '페이스북은 위험하게 스마트해지고 있는 AI 프로그램에 당황하지 않았고, 이 AI 프로그램 이용을 종료하지도 않았다(Facebook Did Not Panic and Shut Down a AI Program That Was Getting Thomerously Smart)'라는 제목의 기사는 실제 페이스북에서 일어난 일을 설명하고 있다. 당신은 다음 웹사이트에서 이 기사를 읽을 수 있다: http://gizmodo.com/no-facebook-did-not-panic-and-shut-down-an-ai- program-1797414922.

AI 애플리케이션이 점점 더 보편화됨에 따라 나는 당신이 앞으로도 이와 같은 과장된 헤드라인 뉴스를 계속 보게 될 것이라고 확신한다. 이런 이유로 나는 당신이 과장된 헤드라인 뉴스를 지나치거나 출처를 확인하고 독자적인 안목으로 뉴스 기사를 살펴보는 것을 추천하고자 한다.

인공지능의 발전을 둘러싼 가장 흔한 두려움은 결국 인간에게 해를 끼치거나 심지어 목숨을 앗아갈 수 있는 다양한 슈퍼 인공지능(super artificial intelligence)을 만들 것이라는 것이다. 이러한 두려움의 원인은 수년 동안 인공지능을 부정적이거나 무섭게 묘사한 할리우드의 터무니없는 묘사 때문이다. 예를 들면, 할리우드에서 제작한 영화에서는 로봇들이 그들의 창조자를 파괴하는 무서운 이미지를 반복적으로 보여준다. 또 다른 인공지능이 유발하는 두려움의 이유는 오늘날 우리가 만들 수 있는 인공지능 기술이 그 어느 때보다 실제와 비슷하다는 것이다. 인공지능은 본질적으로 보고, 듣고, 이해하고, 이성을 가질 수 있고, 어떤 경우에는 걷고, 말하고, 심지어 사람처럼 보일 수도 있다. 이것은 이 기계들이 무엇을 할 수 있을지에 대해 생각할 때 일부 사람들이 상상하는 것처럼 될 수 있는 길을 열어준다.

대중의 공포를 유발하는 또 다른 요인은 존경받는 과학자들과 인공지능 연구원들이 우려의 정당한 원인이 될 수 있는 문제들을 토론하는 뉴스에서 목격된다. 스티븐 호킹(Stephen Hawking)과 일론 머스크(Elon Musk)와 같은 일부 유명한 전문가들은 우리가 알려진 인공지능의 위험에 따라 준비하고 계획하지 않으면, 인공지능 발전이 인간에게 위험할 수 있다고 공개적으로 경고했다. 이러한 인공지능이 유발하는 우려를 공유하는 것은 인공지능에 대한 대중의 두려움을 높이는 의도하지 않은 결과를 가져올 수도 있다.

이미 인공지능과 다양한 과학 분야에서 뛰어난 수백 명의 전문가들이 인공지능이 유발하는 공포에 대해 연구하고 있다. 이러한 주제를 연구하는 기관으로 '생명미래연구소(Future of Life Institute)'가 있다. 나는 그들이 일반 대중이 가지고 있는 인공지능에 대한 근거 없는 공포를 없애기 위해 노력하는 것이 좋은 일을 하는 것이라고 굳게 믿는다.

개인적으로 인공지능 발전과 관련하여 큰 두려움은 나쁜 사람들이 그들의 목표를 달성하기 위해 인공지능을 악의적으로 이용하는 것이다. 가장 파괴적으로 인공지능을 이용하는 방법은 전쟁이나 테러 또는 다른 인간들을 물리적으로 해치거나 죽이려는 폭력에 인공지능을 활용하는 것이다. 또 다른 위험한 사례는 미디어 기사나 비디오의 형태일 수도 있다. 예를 들면, 가짜 뉴스를 대량으로 생성하는 데 인공지능을 이용할 수 있다. 인공지능이 이런 악의적인 의도로 이용되는 것을 막기 위해서 우리는 이 문제에 대한 윤리적 지침과 법률을 제정하고 시행하는 데 적극적으로 나설 필요성이 있다.

[그림 9.3]은 첨단 인공지능에 대한 전형적인 두려움을 보여준다. 이 내용

은 원래 생명미래연구소(Future of Life Institute)에서 나온 것으로 첨단 인공지능에 관한 신화와 진실을 잘 보여준다.

그림 9.3 | 슈퍼 인공지능에 대한 7가지 주요 신화(생명미래연구소)

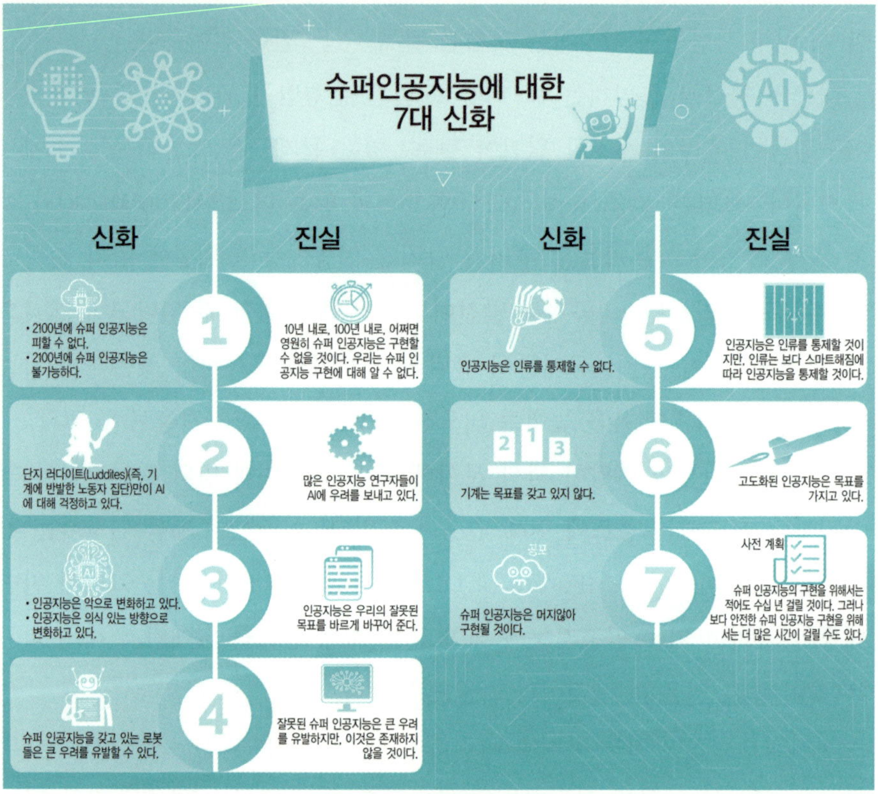

출처: Future of life Institute(futureoflife.org)

나는 이 책을 통해 인공지능에 의해 긍정적인 영향을 받게 될 일상생활의 다양한 측면을 다루었다. 여전히 해결해야 할 몇 가지 문제와 과제가 있지만, 주요 전문가들은 이미 해결책을 제시하고 있다. 그러므로 과장된 미디어 헤드라인에 대해 걱정하는 대신에, 현재와 가까운 미래에 어떻게 인공지능을 적용할 수 있는지에 대해 고민해 보기 바란다.

083 인공지능 기술의 주요 프라이버시 우려사항은 무엇인가?

빠르게 증가하는 인공지능의 이용으로 인해 사회가 직면한 많은 문제 중 하나는 프라이버시 보호이다. 아무도 온라인상에서 당신의 이름을 검색하지 않고, 당신에 대한 정보를 얻을 수 없었던, 소셜 미디어와 구글 이전의 시대를 기억하는가? 그때부터 지금까지 프라이버시에 대한 우리의 기대와 생각은 엄청나게 바뀌었다. 많은 경우에 구글과 페이스북은 접근할 수 있는 데이터의 양과 종류만으로 우리보다 우리의 일상생활과 의사결정 과정에 대해 더 많이 알고 있다. 이것은 많은 사람들로 하여금 빅테크 기업들에 의한 프라이버시 침해에 대하여 우려를 만들었다.

앞으로 몇 년 동안 인공지능은 우리 삶의 많은 분야에서 널리 퍼지게 될 것이다. 우리는 인공지능 덕분에 의료, 교육, 공공 안전 등에서 놀라운 발전을 경험할 수 있다. 이는 대량의 데이터를 수집하고 분석하기 위해 빠르고 정확하게 작동하는 AI 도구의 능력으로 인해 가능해지고 있다.

그러나 너무 많은 데이터를 이용할 수 있기 때문에 개인정보가 부적절하게 또는 상업적 목적으로 이용되지 않도록 어떻게 보장할 수 있는지에 대한 의문이 제기된다. 이러한 종류의 질문은 개인의 수준과 시민의 프라이버시를 보호하기 위해 법률이 변경되거나 도입될 수 있는 정치 영역 모두에서 다루어질 필요가 있다.

애플의 시리, 아마존의 알렉사, 구글 어시스턴트와 같은 스마트 디지털 어시스턴트(smart digital assistants)는 사람들에게 매우 유용한 AI 도구이다.

하지만 이러한 AI 도구는 사람들이 살아가는 공간에서 얻어지는 많은 정보를 가지고 있다. AI 도구를 통해 서비스를 제공하는 회사들이 광고 또는 나쁜 목적으로 이용자의 개인정보를 팔거나 이용함으로써 심각한 우려를 유발하고 있다. 이러한 이유로 많은 사람들이 이러한 종류의 AI 도구의 이용을 주저하고 있다.

이를 위해 많은 사람들은 개인이 항상 테크기업이 가지고 있는 데이터에 접근할 수 있어야 한다고 주장하고 있다. 간단한 사례로 구글의 '나의 활동(My Activity)' 서비스를 들 수 있다. 이 서비스는 구글 계정에서 로그인하여 구글 사이트에서 검색, 보기 또는 방문한 내용을 확인할 수 있다. 다음 웹사이트에서 이 서비스에 대한 상세한 내용을 확인할 수 있다: https://myactivity.google.com/myactivity.

또한 프라이버시의 개념은 나라마다 다르다. 예를 들어, 미국의 프라이버시 정책은 종종 기술 동향에 관련하여 보다 엄격하고, 유럽의 최신 프라이버시 정책과 내용이 크게 다르다.

EU의 개인정보보호법을 GDPR(General Data Protection Regulation)이라고 하며, 2018년 5월 25일에 발효되었다. 이 법률의 기본 전제는 EU의 시민들은 개인 데이터가 이용될 수 있는 것에 대해 보다 많은 통제권을 갖는다는 것이다.

GDPR에서 다루는 세 가지 주요 내용은 다음과 같다.

- **잊혀질 권리(The Right to Be Forgotten)**: 이를 통해 모든 EU 시민은 회사의 기록에서 개인 데이터를 삭제하도록 요청할 수 있다.
- **사전동의(Informed Consent)**: 이 법에 따르면 회사들이 길고 혼란스러운 약관을 이용하는 것을 허용하지 않는다. 이용자 동의 요청은 쉽게 이해할 수 있고 접근할 수 있어야 한다. 이것은 알렉사, 구글 어시스턴트, 시리와 같은 인공지능으로 작동되는 일부 서비스에 큰 도전이 된다.
- **데이터 이동성(Data Portability)**: EU 시민이라면 누구나 자신의 데이터

를 다른 제공자에게 전송해 줄 것을 요청할 수 있다.

다음 웹사이트에서 이 법률의 전체 내용을 볼 수 있다: http://www.eugdpr.org/key-changes.html.

그림 9.4 | EU GDPR 웹사이트

출처: eugdpr.org

AI 도구를 제공하는 일부 대기업은 이러한 법률이 부과하는 제한에 적응하기가 어려울 것이다. 가트너(Gartner)는 기업의 50%가 2018년 말까지 GDPR(General Data Protection Regulation)을 완전히 준수하지 못할 것이라고 하였다.[04]

GDPR은 빅테크 기업들의 패러다임 전환과 개인의 프라이버시 권리를 위해 한 걸음 앞으로 나아가는 것을 보여준다. EU의 빅테크 기업들은 GDPR을 준수하기 위해 사업 관행에 프라이버시 보호 방안을 채택해야 할 것이다. 다양한 국가들이 시민들의 프라이버시 보호를 위해 유사한 종류의 프라이버시 보호 법안을 도입하기 시작했다.

앞에서 언급한 바와 같이 2020년의 COVID-19 발병은 공공 부문과 민간 부문 모두의 여러 영역에 인공지능을 적용해야 하는 절박함을 가속화시켰다. 인공지능은 미래의 유행병과 기타 사회적 과제로부터 우리를 보호하는 데 큰 잠재력이 있지만, 입법자들은 AI 기반 솔루션을 채택할 때 개인의 프라이버시와 공공 안전 우려 문제 사이의 균형을 이룰 수 있도록 신중하게 고려할 필요가 있다.

또한 미국과 유럽의 많은 시민들은 AI 기반 도구와 서비스에 개인정보를 공유하는 것에 반대한다. 앞으로 우리는 사회가 어떻게 인공지능의 혜택을 얻으면서 동시에 모든 사람들의 프라이버시 권리를 보호할 수 있는지에 대한 많은 교육과 토론이 필요할 것이다.

084 기술 발전으로 외로움, 고립, 분리된 행동이 증가하는가?

지난 몇 년 동안 연구원들은 사람들이 삶에서 기술 도구에 많은 애착을 가지고 있다는 것을 발견했다. 다음 질문에 대해 생각해 보자. 당신은 스마트폰 없이 하루 종일 보낸 마지막 시간을 기억할 수 있는가? 당신이 내일부터 스마트폰을 포기해야 한다면 기분이 어떨까?

베스트셀러 작가이자 퓰리처상(Pulitzer Prize)을 세 번 수상한 토머스 프리드먼(Thomas Friedman)은 기술 발전과 그것이 사회에 미치는 영향을 분석하는 특별한 재능이 있다. 그는 최근 저서인 〈늦어서 고마워(*Thank You for Being Late*)〉에서 우리에게 인공지능과 기하급수 기술(exponential technologies)을 융합하는 것은 필수적이며, 만약 우리가 그렇게 하지 못한다면 우리는 어려움에 처하게 될 것이라고 하였다.[05]

스마트폰은 우리에게 엄청난 양의 정보에 즉시 접근할 수 있게 해주었고, 우리가 보다 효과적으로 의사소통하고 어려운 문제를 해결하도록 도와주었지만, 시간이 지남에 따라 스마트폰을 지속적으로 이용하는 것에 대가를 치러야 한다.

최근의 한 보고서에서 척추 외과의사들(spinal surgeons)은 목과 허리 통증을 가진 환자 수가 증가하고 있다고 하였다. 이 문제는 스마트폰의 광범위한 이용에 따른 자세 문제로 발생한다.[06] 대부분의 사람들은 스마트폰에서 분리될 수 없다. 이것은 신기술 이용과 관련된 장기적으로 중요한 문제이다.

소셜 미디어의 등장과 함께 비슷한 상황이 명확해지고 있다. 소셜 미디어 플랫폼(social media platforms)은 우리가 정보를 교환하고 공유할 수 있는 다양한 정보공유 및 커뮤니케이션 네트워크를 제공할 수 있지만, 사회적 문제를 유발하기도 한다. 영국의 심리학자들에 따르면 소셜 미디어의 지나친 이용은 외로움이 높아지는 것과 직접적으로 관련이 있다고 한다.[07]

사실, 일부 사람들은 다른 사람들보다 컴퓨터나 스마트폰 화면과 상호작용하는 데 많은 시간을 보낸다. 다른 사람들에게 그들의 사진이 인스타그램에서 얼마나 많은 "좋아요(likes)"를 받는지 보는 것은 실제 생활에서 사회적 상호작용을 하는 것보다 더 중요해졌다. 이런 사례는 기술이 적절히 이용되지 않을 때 문제를 일으킬 수 있는 것을 보여주는 일부 사례이다.

만약 우리가 적절한 소셜 미디어 플랫폼 이용 권고를 지키지 않는다면, AI 기술에서도 유사한 문제가 발생할 가능성이 매우 높다. 예를 들어, 미래에는 애플 시리와 구글 어시스턴트와 같은 똑똑한 개인 어시스턴트 시스템들이 훨씬 더 강력해지고, 거의 모든 작업을 할 수 있으며, 심지어 이들과 의사소통도 할 수 있게 될 것이다. 만약 우리가 AI 도구에 우리의 모든 것을 의존한다면, 이 과의존은 AI를 인간으로 여기는 위험에 노출될 것이다. 예를 들어, AI 도구에 대한 과의존은 사회적 관계를 형성할 수 있는 능력을 위협한다. 그리고 이것은 개인으로서 그리고 사회로서 우리에게 부정적인 결과를 가져올 수 있다. 인공지능은 삶을 바꾸는 애플리케이션에 엄청난 잠재력을 제공하지만 여전히 적절히 이용되어야 한다. 무엇보다도 인공지능은 사람들이 자신을 독특하게 만드는 해결책을 얻는 데 이용되어야 할 것이다.

085 인공지능을 둘러싼 과대 선전이 있는가?

새롭고 흥미로운 것이 어느 정도의 과대 선전을 유발하며, 인공지능에서도 마찬가지다. 과대 선전은 어떤 것의 이익과 가능성을 과장한 것을 말하며, 일반적으로 마케팅과 홍보 노력과 관련되어 있다.

[그림 9.5]는 '인공지능(artificial intelligence)'이라는 용어의 검색을 위한 구글 검색 데이터를 보여준다.

그림 9.5 | 인공지능 키워드 검색 결과

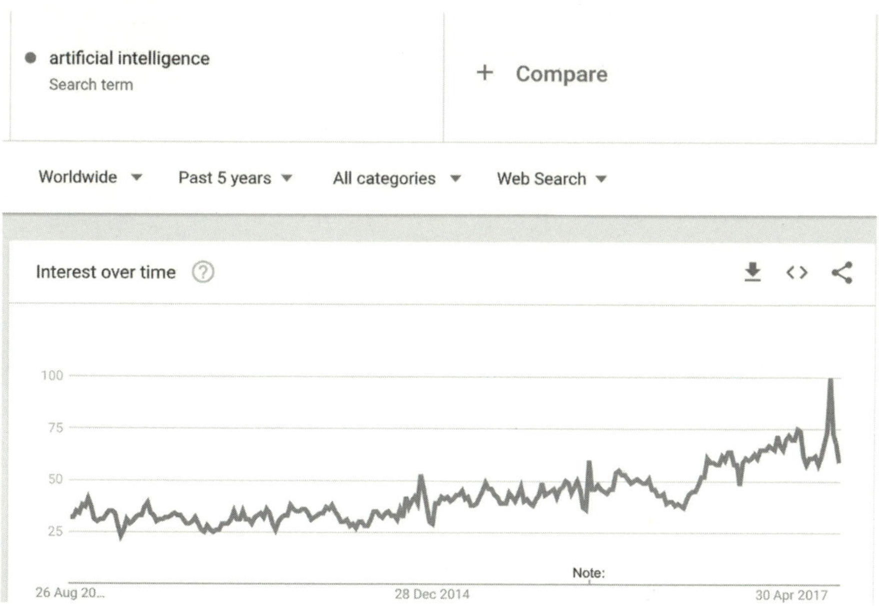

출처: Google Trends

인공지능 키워드 검색 결과를 통해 분명히 알 수 있듯이 이 인공지능 용어에 대한 검색은 시간이 지남에 따라 상당히 증가했다. 이는 AI 기술이 다양한 산업과 애플리케이션 분야로 확장되고 있으며, 이러한 AI 도구들이 미디어에서 더 많은 주목을 받고 있기 때문일 가능성이 크다.

이러한 키워드에 대한 인터넷 검색의 엄청난 증가 때문에 일부 회사들은 그들의 광고를 더 많이 보게 하기 위해 인공지능과 관련된 허위 정보를 홍보한다. 어떤 신기술 스타트업이나 제품도 그것이 사실이든 아니든 간에 쉽게 'AI 기반'이라고 주장할 수 있는데, 단순히 그것은 마케팅 게시물을 보거나 클릭할 수 있는 사람들의 수를 늘리기 위해서이다.

쿼라(Quora)[1)]에 올린 글에서 지샨 지아(Zeeshan Zia) 박사는 AI 기술의 과장된 실행에 대해 몇 가지 통찰력 있는 의견을 제시하였다. 예를 들어, 지아 박사에 따르면 학술연구단체 사이의 논의에서 AI가 지나치게 과장되지는 않지만, 많은 AI 관련 상업적 벤처 기업에 대해서는 같은 말을 할 수 없다고 하였다.[08] 이러한 이유로 AI 도구와 그 역량과 관련하여 제기된 모든 주장의 출처를 확인할 필요가 있다.

1) [역주] 쿼라(Quora)는 우리가 궁금해 하는 다양한 사항에 대해 질의와 응답을 제공하는 웹사이트이다. 쿼라는 페이스북 출신의 애덤 디안젤로(Adam D'angelo)가 설립하였다. 보다 자세한 내용은 웹사이트(http://www.quora.com/)를 참고하기 바란다.

086 인공지능에서 윤리는 어떤 역할을 해야 하는가?

인간이 지구라는 행성에 살고 있는 한 윤리는 무엇이 옳고 그른지 그리고 어떤 종류의 것들이 허용되거나 금지되어야 하는지 정의하는 것을 돕기 위해 이용되어 왔다. 어떤 면에서는 윤리는 사회가 함께 움직이고 일반적인 일련의 승인된 규칙들과 공존하는 데 필요한 틀을 제공한다.

인공지능 분야에서 새로운 기술과 관련하여 윤리를 확립하는 방법으로 〈신이 되려는 기술: 위기의 휴머니티(*Technology vs. Humanity: The Coming Clash Between Man and Machine*)〉의 저자인 게르트 레온하르트(Gerd Leonhard)는 "많은 회사들이 윤리적인 면에서 투자를 하고 있지 않다. 많은 회사들은 자율적인 규제가 필요하고, 책임성을 확보해야 한다. 만약 회사들이 기술을 자율적으로 규제하지 않고 책임을 갖지 않는다면, 우리가 그것을 해야 한다"고 하였다.[09]

나는 이 말에 전적으로 동의한다. 레온하르트의 주장에 따라 나는 AI 세계에서 윤리의 중요성에 대해 더욱 확신을 갖게 되었고, 이 윤리 책무 개념은 대학과 다른 교육기관이 가르쳐야 한다고 생각한다. 또한 모든 사람들이 AI 윤리와 기술 사이의 상호작용에 대해 더 학습하기 위해 이 주제에 대한 레온하르트의 최근 서적을 읽어볼 것을 추천한다.

생명미래연구소(Future of Life Institute)의 설립자이자 〈슈퍼인텔리전스: 경로, 위험, 전략(*Superintelligence: Paths, Dangers, Strategies*)〉이라는 책의 저자인 스웨덴의 철학자 닉 보스트롬(Nick Bostrom)은 AI 기술 개발에

관한 윤리지침을 제정하는 또 다른 옹호자였다. 반복적으로 닉 보스트롬은 인공지능의 비윤리적인 적용이 기후변화보다 인류에 더 큰 위협이 될 수 있다고 지적했고, 이 분야에서 일하는 전문가들에게 그 점을 더 많이 고려해 줄 것을 요청했다.

비록 우리가 갈 길이 멀지만 AI 이용에 따른 윤리적 위협에 맞서기 위한 몇 가지 긍정적인 노력을 해야 한다.

36개 회원국으로 구성된 경제협력개발기구(OECD: Organisation for Economic Co-operation and Development)는 2019년 5월 인공지능의 올바른 이용을 위한 글로벌 표준을 제정했다. 견고성, 안전성, 공정성, 신뢰성을 포함하는 이러한 AI 윤리표준의 발표는 인공지능의 윤리적 이용의 중요성을 올바르게 홍보하는 방법을 보여주는 좋은 사례이다.[10]

EU는 인공지능의 윤리적 이용의 중요성을 강조하는 정책들을 만드는 것에 있어서 선두주자로 여겨지고 있다. 흥미롭게도 유럽의 많은 새로운 AI 스타트업들은 이제 인공지능이 몇 년 안에 널리 채택되는 산업표준이 될 것을 기대하면서, 인공지능의 윤리적인 이용을 경쟁우위로 인식하고 있다.

내 개인적인 견해는 OECD, EU, UN과 같은 영향력 있는 단체들이 인공지능에서 윤리의 중요성을 강조하고 있지만, '돈 먼저, 윤리 나중'이라는 사고방식은 여전히 AI 비즈니스 세계에 너무 많이 존재하며, 이것은 변화해야 한다는 것이다. 이러한 사고방식을 바꾸는 가장 강력한 방법은 교육을 통해서 가능해질 것이다. 나는 일반 교과 과정의 일환으로 고등학교와 대학의 학생들에게 윤리를 가르쳐야 하고 수학이나 과학과 같은 다른 전통적인 과목만큼 중요하게 다루어져야 한다고 믿는다. 미래에는 인공지능과 기술로 거의 모든 것을 창조하는 것이 점점 더 가능해짐에 따라 모든 AI 애플리케이션의 윤리적 부작용을 고려하는 것이 점점 더 중요해질 것이다.

087 기후변화에 대처하기 위해 인공지능을 어떻게 이용할 수 있는가?

이미 인공지능을 활용하는 여러 가지 유망한 기후변화 프로젝트가 진행 중이며, 앞으로 인공지능은 환경을 보호하기 위한 우리의 추구에서 점점 더 근본적인 도구가 될 것이 분명하다.

영국의 플리머스 해양 연구소(Plymouth Marine Laboratory)는 인공지능을 훈련시켜 위성사진을 이용하여 바다에 떠 있는 플라스틱 쓰레기를 확인할 수 있게 했다. 이 알고리즘은 매우 정교해서 지름이 5밀리미터 정도 되는 플라스틱 조각을 구별할 수 있다. 이 놀라운 성과는 환경 당국과 해양 과학자들이 우리의 바다를 오염시키는 많은 플라스틱 물질들의 위치를 찾아 제거하는 것을 훨씬 쉽게 만들어 줄 것이며, 이것은 환경을 정화시키는 중대한 단계이다.[11]

이것은 인공지능이 기후변화 문제를 해결하는 데 어떻게 도움이 될 수 있는지에 대한 사례이다. 2019년 유명한 AI 연구진들은 '기계학습으로 기후변화에 대처하기(Tackling Climate Change with Machine Learning)'라는 논문을 발표했는데, 이 논문은 기계학습과 AI가 기후변화에 대처하기 위해 이용될 수 있는 수많은 분야를 정리한 것이다. 여기에는 CO2 제거, 교육, 에너지 생산, 태양광 지구공학, 금융 등이 포함된다.[12]

환경을 돕기 위한 AI 기반 이니셔티브의 기여가 증가하고 있음에도 일부 대형 AI 프로젝트에 의해 야기되는 전기 소비와 탄소 배출의 증가에 대한 우려도 커지고 있다.

과거에는 대형 AI 프로젝트의 성공에 가장 필수적인 요소가 데이터였다. 그러나 오늘날의 대형 AI 프로젝트의 성공을 위해 중요한 요소는 컴퓨팅 능력이다. 이것은 딥러닝을 통한 방대한 양의 데이터를 처리할 수 있는 능력이 필요하기 때문이다. 대규모 컴퓨터를 운영하기 위해서는 환경에 해로울 수 있는 방대한 에너지를 필요로 한다.

예를 들면, AI 분야에서 괄목할 만한 업적을 성취한 샌프란시스코에 위치한 오픈AI(OpenAI) 연구소가 있다. 이 연구소는 시간당 2.8기가와트의 전기를 필요로 한다. 이 전기 소요량은 3개의 원자력 발전소가 1시간 동안 생산한 전기 출력과 거의 같은 양이다.[13]

이러한 전기 소요량 문제를 해결하기 위한 많은 노력이 이루어지고 있다. '기계학습 이산화탄소 영향(ML CO2 Impact)'이라고 불리는 웹사이트가 있다. 이 웹사이트는 이 전기 소요량 절감에 관심을 갖는 사람들을 교육하기 위해 만들어졌다. 그것은 기계학습 관련 프로젝트를 하는 사람들이 그들의 작업에 의해 생성된 탄소발자국을 추정 계산하고, 투명성을 높이고, 이 문제에 대한 대중의 인식을 높이기 위해 노력하고 있다. 보다 자세한 내용은 다음의 웹사이트를 방문해 얻을 수 있다: https://mlco2.github.io/impact/#home.

희망하건대 나는 AI 전문가들과 연구원들이 환경적으로 지속 가능한 AI 모델을 구축하고, 탄소발자국과 관련되어 증가하는 우려를 극복하기 위해 보다 많은 관심을 갖기를 희망한다. 공공 부문과 민간 부문 모두에서 인공지능에 대한 연구와 투자가 급격하게 증가하고 있다. 인공지능이 기후변화에 문제를 일으키기보다는 기후변화에 대처하는 데 도움이 되는 환경 친화적인 해결책을 제공할 수 있도록 해야 할 것이다.

088 인공지능을 어떻게 비즈니스에 적용할 수 있는가?

빅테크 기업들 중 다수는 조직 전체에 인공지능 도구를 구현하는 데 높은 우선순위를 두고 있다. 대기업을 운영하든 중소기업에서 일하든, 이러한 기술을 가장 먼저 구현하고 적응하는 사람들이 가장 큰 보상을 받을 것이기 때문에 같은 일을 하는 것이 좋다.

잠시 시간을 할애하여 인공지능이 비즈니스 프로세스를 어떻게 변화시키고 있는지 살펴보고, 나열된 열 개 프로세스 중 어느 두 프로세스가 당신 회사의 비즈니스와 가장 관련이 있는지 알아보자. 이제 당신은 AI 도구를 애플리케이션에 적용하기 위해 어떤 조치를 취할 수 있는가?

대부분의 기업들에게 AI 적용을 위한 가장 쉬운 시작 방법은 페이스북 메신저용 간단한 챗봇을 만드는 것이다. 페이스북 메신저는 간단한 고객 서비스 질의를 처리할 수 있고 나중에 더 복잡한 업무를 처리하도록 개발할 수 있다. 하지만 거기에서 멈추지 않기를 바란다. 당신 회사의 AI 솔루션을 적용할 수 있는 방법을 적극적으로 모색하길 바란다. 경쟁 업체와 유사한 분야의 다른 업체에서 이러한 AI 도구를 활용하는 방법을 조사하길 바란다. 그런 다음 조사 결과를 활용하여 비즈니스에 도움이 되는 AI 도구를 최대한 활용할 수 있는 방법에 대한 영감을 얻길 바란다.

또한 IBM 왓슨 같은 AI 공급업체와 연락하여 해당 업체가 당신 회사에 적합한 AI 솔루션을 제공하는지 확인할 수 있다. IBM 왓슨 공급업체에 대한 자세한 내용은 다음 웹사이트에서 확인할 수 있다: http://www.ibm.com/

watson.

경제학자인 에릭 브린욜프슨(Erik Brynjolfsson)과 앤드류 맥아피(Andrew Mcafee)는 AI 도구를 비즈니스에 적용할 때, 가장 큰 병목현상은 관리, 구현, 기대에서 나타난다고 주장한다. 일부 기업에 있어서는 인공지능을 이용해 제품과 서비스를 보다 혁신적으로 만들거나 또는 워크플로우를 개선하는 것이 어려울 수도 있다.[14] 이러한 사항을 염두에 두고, 우리가 미래를 위해 지속적으로 노력해야 할 것이다. 기업주들에게 가장 가치 있는 스킬 중 하나는 아마도 인공지능에 대한 무한한 가능성을 상상하는 것이다. 우리는 인공지능을 회사에 최대한 균형 있게 적용하기 위해 시도하는 것이 좋다.

기업에서 인공지능을 적용하기 전에 먼저 인공지능이 비즈니스에 도움이 되는 방법과 AI 도입 이유를 이해해야 한다. 당신은 인공지능에 대한 강좌를 듣거나, 교육을 받거나, 연구하는 것과 같이 인공지능에 대해 스스로 학습할 수 있는 많은 방법들이 있다.

다음 단계는 당신 회사에서 어떤 내부 데이터를 보유하고 있는지 분석하는 것이다. 이 데이터의 적용에 적합한 인공지능을 파악해야 비즈니스에 유용성을 더할 수 있다. 대부분의 대기업들은 공급망 관리와 관련된 데이터를 보유하며, 소기업은 일반적으로 상거래와 관련된 데이터를 보유하고 있다. 다음으로 기업의 내부 데이터는 빅데이터 분석과 AI 애플리케이션에 응용할 수 있는 좋은 데이터이다.

인공지능을 보다 잘 활용하기 위해 유사한 산업 내 경쟁업체의 AI 이용 방법을 조사하는 것도 좋다. 그 다음 조사 결과를 자신의 비즈니스에 도움이 되도록 AI 도구를 최대한 활용할 수 있는 방법을 찾아야 할 것이다.

089 인공지능이 기하급수 기술에 미치는 영향은?

오늘날 우리가 살고 일하는 방식을 개선하기 위해 다양한 기술을 이용하고 있다. 가장 두드러진 기하급수 기술(exponential technologies)로는 사물인터넷, 블록체인, 나노기술, 증강현실, 가상현실, 3D 프린팅, 양자컴퓨팅 등이 있다. 이런 기술들은 다음과 같은 가치가 있다. 그 기술들이 인공지능과 결합할 때 그 영향은 매우 강력할 것이다.

사물인터넷

- **정의**: 위키피디아에 따르면 사물인터넷은 기본적으로 데이터를 수집하고 교환하는 방법을 제공하는 센서, 소프트웨어, 네트워킹 기능을 포함하는 차량, 건물 또는 다른 곳에서 온 장치들 사이의 연결로 정의된다.[15]
- **AI 애플리케이션**: 미래에는 모든 것이 인터넷에 연결될 것이고, 사물인터넷은 글로벌 인프라를 제공할 것이다. 사물인터넷에 연결된 다양한 장치에서 나오는 데이터양이 매우 많아 AI 도구에 완벽하게 적합하다. 예를 들어, 사물인터넷은 자율주행차가 보다 안전하게 운행하도록 돕고 도시의 범죄 동향을 예측하기 위해 데이터를 이용할 수 있다.

  글로벌 빅데이터 콘퍼런스(Global Big Data Conference)에 따르면 인공지능이 사물인터넷에 도움을 줄 수 있는 세 가지 핵심 요소가 있다.

그 세 가지 내용은 다음과 같다.

- AI 애플리케이션: 미래에는 모든 것이 인터넷에 연결될 것이고, 사물인터넷은 글로벌 인프라를 제공할 것이다. 사물인터넷에 연결된 다양한 장치에서 나오는 데이터 양이 많아 인공지능 도구에 완벽하게 적합하다.
- 개인화: 인지시스템은 고도로 개인화된 이용자 경험을 만드는 데 도움이 될 수 있다. 예를 들어, 인공지능은 데이터를 이용하여 특정 개인의 취향과 선호도에 맞는 새로운 요리법을 만들고, 그 사람의 지역을 기반으로 한 재료 선택을 제안하며, 맞춤 메뉴를 추천할 수 있다.
- 감각 능력 향상: 새로운 종류의 센서는 컴퓨터가 이용자의 주변 환경에서 음파 정보를 수집함으로써 청각을 재현할 수 있게 해줄 것이다.[16]

3D 프린팅

- **정의**: 3D 프린팅(3D Printing)은 디지털 파일에서 입체적인 견고한 물체를 만드는 것으로 정의된다. 3D 프린터는 점점 더 보편화되고 있으며, 오늘날 상점에서 구입할 수 있다. 3D 프린팅 기능은 현재 대부분 작은 물체로 제한되어 있다. 하지만 미래에는 3D 프린팅 기술을 이용하여 의류와 같은 제품을 제조할 수 있을 것이며, 어쩌면 언젠가는 집이나 특정한 종류의 음식을 제조할 수도 있을 것이다.[17]
- **AI 애플리케이션**: 전통적으로 대부분의 3D 프린터는 사람들에 의해 작동되어 왔다. 하지만 현재 인공지능 로봇을 이용하여 3D 프린터를 작동시키는 다양한 프로젝트가 수행되고 있으며, 이것은 더 효율적인 생산 능력을 제공할 것이다.

  런던에 본사를 둔 에이아이 빌드(Ai Build)라는 회사는 현재 로봇 팔과 컴퓨터 비전 기능이 있는 3D 프린터를 이용하여 놀라울 정도로 빠른 속도로 대형 물체를 만들고 있다.[18] [그림 9.6]에서 로봇 팔과 컴퓨터 비전 기능을 가진 3D 프린터에 의해 만들어진 5미터(약 16피트) 크기의 물체를 볼 수 있다. 이것은 AI 애플리케이션과 3D 프린팅을 결합한 완벽한 사례이다.

그림 9.6 | 인공지능 기반 컴퓨터 비전과 로봇 팔을 이용한 3D 프린팅 구조물

출처: https://ai-build.com

블록체인

- **정의**: 블록체인은 기본적으로 데이터 트랜잭션의 영구 기록을 유지하는 분산 원장이다. 오늘날 블록체인의 가장 일반적인 애플리케이션은 비트코인(Bitcoin)과 같은 디지털 통화로 볼 수 있다. 그러나 블록체인

은 앞으로 많은 추가 애플리케이션 분야로 확대될 것이다. 예를 들어, 에스토니아(Estonia)에서는 전자투표를 인증하는 데 블록체인이 이용되어 시민들이 온라인 투표를 할 수 있게 하고 유권자의 부정행위 위험을 줄일 수 있었다. 블록체인은 법률, 의료, 디지털 신원 확인과 같은 다른 중요한 분야에서도 이용될 것이다. 일부 전문가들은 블록체인을 '웹 3.0(Web 3.0)'이라고 부르기도 했다.[19]

- **AI 애플리케이션**: 더 많은 기업들이 블록체인이 제공하는 가능성을 수용하기 시작함에 따라 우리는 AI 기술과 더 많은 수의 블록체인 파트너십을 보게 될 것이다. 인공지능을 블록체인과 함께 이용한 기업으로는 독에이아이(doc.AI)라고 알려진 미국에 기반을 둔 스타트업이 있다. 이 회사는 인공지능을 블록체인 기술과 결합해서 보다 개선된 개인화된 의료 서비스를 제공하고 있다. '더블록(blockchaintechnology-news.com)'에 따르면 블록체인 서비스는 다음과 같이 작동한다.

> "블록체인은 데이터셋의 타임 스탬프를 찍고 저장하는 데 이용되는 반면, 정교한 인공지능은 데이터를 이용하여 환자의 진료에 대한 질문에 응답한다."[20]

기하급수 기술과 인공지능이 계속 발전하고 강력해짐에 따라 우리는 이러한 특별한 도구들 간의 협력관계를 보여주는 많은 사례들을 보게 될 것이다.

090 인공지능이 언제 인간보다 일을 더 잘할 수 있는가?

AI 기술의 성장과 관련하여 존재하는 모든 정보에도 불구하고 그것이 앞으로 어떻게 발전할지 예측하는 것은 어려운 일이다. 이 책을 통해 우리는 현재 또는 향후 몇 년 이내에 구현되는 여러 가지 놀라운 AI 발전에 대해 논의하였다. 그러나 연구자들이 가지고 있는 의구심은 AI 기술이 인간보다 모든 일을 더 잘 수행할 수 있는 시대가 올 것인지 그리고 만약 그렇다면 언제가 될 것인지에 대한 것이다.

지금까지 행해진 AI 발전에 대한 가장 포괄적인 연구는 옥스퍼드대학교의 인류미래연구소(Future of Humanity Institute at Oxford University)에 의해 수행되었다. 352명의 인공지능 연구원들을 대상으로 인터뷰한 연구로 '인공지능이 언제 인간의 성과를 넘어설 것인가?(When Will AI Exceed Human Performance?)'라는 보고서에 설명되어 있다. 이 연구는 AI 전문가로부터 도출된 결과이다. 이 보고서 전체를 읽을 수 있는 웹사이트는 다음과 같다: https://arxiv.org/pdf/1705.08807.pdf.

다음은 이 연구의 가장 흥미로운 결과 중 일부를 간략히 요약한 것이다. 인공지능은 다음 시간에 따라 발전하였으며, 해당 연도까지 다음 작업에서 인간을 능가할 수 있게 될 것이다.

- 언어 번역: 2024년
- 고등학교 에세이 쓰기: 2026년
- 트럭 운전: 2027년

- **소매업에서 일하기**: 2031년
- **베스트셀러 집필**: 2049년
- **수술 수행**: 2053년

또한 이 연구는 AI 도구가 45년 이내에 모든 업무에서 인간을 능가하고 120년 이내에 모든 인간의 일을 자동화할 가능성이 50%까지 된다는 것을 발견했다.[21] 만약 여러분이 이러한 예측에 대해 처음 들었다면 당신은 약간 충격을 받을 수 있다. AI 기술 발전에 비추어 볼 때 인공지능이 세계를 장악하고 사람들이 할 수 있는 일이 아무것도 남지 않을 것이다. 인공지능의 미래는 여러분의 상상력에 맡기고자 한다.

그러나 나는 인공지능이 주로 반복적인 작업을 수행함으로써 인간이 가장 잘하는 창의적이고 혁신적인 작업에 더 많은 시간을 할애하고, 우리가 가장 즐기는 재미있고 흥미로운 활동에 참여할 수 있을 것으로 믿는다.

마지막으로 이 연구에서 인터뷰한 대부분의 연구원들은 인공지능이 기본적인 업무에서 인간을 능가하기 시작하면서, 인공지능은 전반적으로 인류에 긍정적인 영향을 미칠 것이라고 하였다.[22]

이 AI 주제에 대해 보다 많이 학습하기 위해 나는 당신에게 맥스 테그마크(Max Tegmark)의 〈라이프 3.0: 인공지능이 열어갈 인류와 생명의 미래(*Life 3.0: Being Human in the Age of Artificial Intelligence*)〉라는 책을 읽어볼 것을 강력히 추천한다. 이 책은 당신에게 미래 인공지능에 대한 통찰력 있는 시각을 제공할 것이다.

NOTES

01 Natt Garun, "Facebook's AI now lets you search for photos by their content", The Verge, February 02, 2017, https://www.theverge.com/2017/2/2/14486034/facebook-ai-update-photo-search-by-keyword

02 Michael Morisy, "How PayPal Boosts Security with Artificial Intelligence", Technology Review, January 25, 2016, https://www.technologyreview.com/s/545631/how-paypal-boosts-security-with-artificial-intelligence

03 Tom Stafford, "Why bad news dominates the headlines", BBC, July 29, 2014, http://www.bbc.com/future/story/20140728-why-is-all-the-news-bad

04 Gartner, "Gartner Says Organizations Are Unprepared for the 2018 European Data Protection Regulation", May 03, 2017, https://www.gartner.com/newsroom/id/3701117

05 Recode Staff, "Full transcript: Pulitzer Prize-winning New York Times columnist and best-selling author Tom Friedman", Recode, January 27, 2017, https://www.recode.net/2017/1/27/14412318/tom-thomas-friedman-pulitzer-prize-new-york-times-best-selling-author-thank-you-for-being-late

06 Thomson Reuters, "Smartphone-related neck pain on the increase", CBC, April 14, 2017, http://www.cbc.ca/news/health/text-neck-study-1.4071191

07 BBC, "Psychologists claim social media increases loneliness'", March 06, 2017, http://www.bbc.co.uk/newsbeat/article/39176828/us-psychologists-claim-social-media-increases-loneliness

08 Quora, "Is AI over-hyped in 2017?", June 18, 2017, https://www.quora.com/Is-AI-over-hyped-in-2017

09 Edwin Smith, "Smart observations about the future", Raconteur, January 19, 2017, https://www.raconteur.net/technology/smart-observations-

about-the-future

10 Brandi Vincent, "42 Countries Agree to International Principles for Artificial Intelligence", NextGov, May 22, 2019, https://www. nextgov.com/emergingtech/2019/05/42-countries-agree-international-principles-artificialintelligence/157189

11 Donna Lu, "AI can search satellite data to find plastic floating in the sea", NewScientist, April 23, 2020 https://www.newscientist.com/article/2241500-ai-can-search-satellite-data-to-find-plastic-floating-in-the-sea/#ixzz6QE9KXsFwhttps://www.newscientist.com/article/2241500-ai-can-search-satellite-data-to-find-plastic-floating-in-the-sea

12 Jackie Snow, "How artificial intelligence can tackle climate change", National Geographic, July 18, 2019 https://www.nationalgeographic.com/environment/2019/07/artificial-intelligence-climate-change

13 Will Knight, "AI Can Do Great Things—if It Doesn't Burn the Planet", Wired Magazine, January 21, 2020, https://www.wired.com/story/ai-great-things-burn-planet

14 Erik Brynjolfsson and Andrew McAfee, "The Business of Artificial Intelligence", HBR, July 26, 2017, https://hbr.org/cover-story/2017/07/the-business-of-artificial-intelligence

15 Wikipedia entry on Internet of things, March 05, 2017, https://simple.wikipedia.org/wiki/Internet_of_things

16 Global big Data·conference, "How Artificial Intelligence Will Kickstart the Internet of Things", November 11, 2016, http://globalbigdataconference.com/news/130115/how-artificial-intelligence-will-kick-start-the-internet-of-things.html

17 3D Printing, "What is 3D printing?", 2017, https://3dprinting.com/what-is-3d-printing

18 Gian Volpicelli, "A vision for 3D precision: this robot arm prints' giant structures using AI", February 06, 2016, http://www.wired.co.uk/article/ai-powered-computers-could-perfect-3d-printing

19 Peter Huminski, "The technology behind bitcoin could revolutionize these 8 industries in the next few years", Business Insider, July 16, 2017, http://www.businessinsider.com/8-applications-of-block-chain-2017-7

20 Colm Hebblethwaite, "Doc.ai combines healthcare, AI and blockchain", Blockchain Techology, August 25, 2017, https://www.block-chaintech-

nology-news.com/2017/08/25/doc-ai-combines-healthcare-ai-blockchain

21 Agnes Cseh and Tamas Fleiner, "The complexity of cake cutting with unequal shares", Arxiv, September 10, 2017, https://arxiv.org/abs/1709.03152

22 Edd Gent, "When Will AI Be Better Than Humans at Everything? 352 AI Experts Answer", Singularity Hub, July 25, 2017, https://singularityhub.com/2017/07/25/when-will-ai-be-better-than-humans-at-everything-352-ai-experts-answer

제10장

인공지능에 대한 FAQ(2)

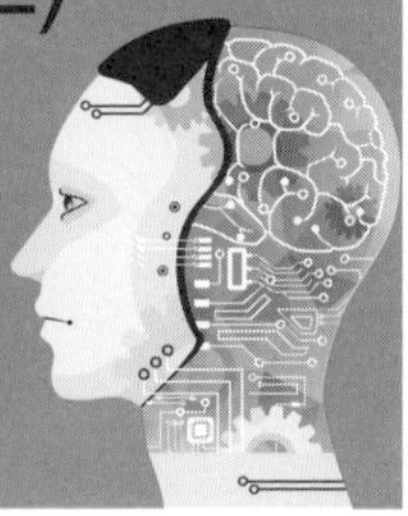

그림 10.1 | 10장의 주제

10장에서 나는 인공지능에 대한 일반적 질문에 답변하였다. 10장에서는 인류가 가난을 종식시키고 언젠가는 세계평화를 이루는 것과 같이, 인공지능이 세상에 제공할 수 있는 몇 가지 놀라운 혜택을 설명한다. 반대로 인공지능의 무기화, 정치 선전을 위한 인공지능의 남용과 같은 우리가 직면할 수 있는 심각한 문제들을 다룬다. 또한 AI 정부 부처 신설 여부에 대한 조사와 향후 AI 개발 경쟁에서 어느 국가가 주도할지에 대한 흥미로운 분석을 검토한다. 나는 이러한 주제에 당신이 흥미를 갖기를 바라며, 중요성이 증가함에 따라 당신은 이 문제들에 대해 보다 자세한 내용을 살펴보아야 할 것이다.

091 인공지능이 세계 평화를 이루는 데 도움을 줄 수 있는가?

AI 기술이 이용될 수 있는 분야 중에서 아마도 가장 복잡하고 중요한 분야는 세계평화를 달성하는 분야일 것이다.

지난 30년 동안 핀란드 교수 티모 혼켈라(Timo Honkela)는 인공지능과 기계학습을 연구해 왔다. 그의 연구는 인공지능을 이용해 인류에게 봉사하고 보다 평화로운 세상을 만들 수 있는 방법에 초점을 맞추고 있다. 구체적으로 그는 국제 분쟁의 와중에 화합과 이해를 가져오는 데 이용될 AI 기반의 평화기계(AI-based peace machine)를 만들기 위해 노력해 왔다. 최근 혼켈라는 다음과 같이 이야기했다.

> "기계와 인공지능이 인간을 대신할 수는 없지만, 지식, 가능성, 평화 프로세스를 지원할 수 있다. 이러한 AI 지원 프로세스는 언어, 문화, 주변화(marginalization)의 이해와 관련된 경우가 많다."[01]

혼켈라는 언어와 문화에 대한 진정한 이해가 두 가지 질문에 기초하고 있다고 강조하였다.

- **어떻게 하면 다른 사람들을 더 잘 이해할 수 있는가?**: 우리가 동일한 언어를 이용해 이야기할 때조차도 하나의 단어는 두 사람 사이의 대화에서 다른 의미나 함축성을 가질 수 있다. 예를 들어, '정의(justice)' 또는

'공정(fairness)'과 같은 단어가 당신에게 무엇을 의미하는지 생각해 보자. 당신의 경험에 근거해 당신은 언어에 어떤 선입견을 가지고 있는가?[02]

인공지능은 우리가 잠재적으로 다양한 방법으로 이해될 수 있는 것을 말할 때 추천이나 힌트를 제공함으로써 의사소통의 장애물을 극복하는 데 도움을 줄 것이다.

- **어떻게 하면 감정적인 갈등을 해결할 수 있는가?**: 많은 경우에 우리의 과거의 감정적 경험은 우리가 어떤 상황에 반응하는 데 영향을 줄 수 있다. 종종 우리는 대화와 관계에 가져오는 감정적인 짐에 대해 전혀 알지 못하기 때문에 우리가 적절하게 의사소통하고 있지 않을 때 인지하는 것을 어렵게 만든다.[03] 이러한 경우 AI 도구는 우리의 감정을 인식하고 대처하는 방법에 대한 권장사항을 제공하여 우리가 보다 효과적으로 대응할 수 있도록 해준다.

그림 10.2 | 티모 혼켈라의 저서, 〈평화기계(*Rauhan-kone; Peace Machine*)〉

혼켈라는 모든 사람들의 갈등을 마술처럼 해결할 수 있는 완벽한 AI 도구가 없다는 것을 알지만, 그는 여전히 '평화기계(peace machine)'를 만들기 위한 그의 연구가 올바른 방향으로 나아가는 첫걸음이 될 것이라고 믿고 있다.

092 인공지능에 대한 일반 대중의 의견은?

최근 나는 인공지능에 대해 일반 대중으로부터 다양한 이야기를 들었다. 어떤 사람들은 할리우드에 의해 묘사된 인공지능의 무서운 이미지들 때문에 인공지능을 정말로 두려워한다. 반면 어떤 사람들은 AI 기술을 이용한 의료 분야에서의 발전을 경험하게 되어, 인공지능에 대해 흥분하고 있다. 여전히 많은 사람들은 인공지능에 관심이 없고 인공지능이 얼마나 빠르고 심오하게 그들의 삶에 영향을 미칠지를 이해하지 못하고 있다.

대부분의 경우, 일반 대중은 인공지능과 그에 상응하는 기술의 진보, 특히 이러한 AI 도구들이 사회를 변화시킬 방법에 대해서 잘 알지 못한다. 그러한 사실은 내가 이 책을 써야 한다고 느끼는 한 가지 이유이다.

영국 왕립학회(Royal Society)에서 행한 최근의 한 조사로 기계학습에 관한 대중의 인식도 조사가 있다. 이 조사에서 질문을 받았던 대부분의 응답자들은 적어도 기계학습이라는 용어를 인식하고 있었다.[04]

이 조사에서 기계학습과 관련하여 일반 대중이 가장 두려워하는 것이 집이나 자동차에 기계학습 도구를 사용하는 것으로 나타났다. 대부분의 사람들이 현재 높은 수준의 프라이버시 침해 우려를 느끼기 때문에, 이러한 불안감이 어디에서 비롯되었는지 쉽게 이해할 수 있다.

자동차와 집에서의 AI 기술 보급이 확산됨에 따라 사람들은 해커들이 자동차나 집에서 이용하는 시스템에 접근하거나 또는 정부가 사람들의 사적인 대화를 감시하게 된다면 어떤 일이 발생할지에 대해 질문했다. 일부 사람들은 AI 기반 애플리케이션을 집과 자동차에 추가하는 것에 대해 두려움을 갖게 될 것이고, 일부 사람들이 저항할 가능성이 높아질 것이다. 또한 이 조사에서는 일반 대중이 보건의료 산업에서 AI 기술 발전이 긍정적인 변화를 제공할 가장 큰 잠재력을 가지고 있다고 하였다.

'베니티 페어(Vanity Fair)' 매거진은 미국 CBS TV의 '60 미니츠(60 Minutes)' 프로그램과 공동으로 이 주제에 대해 조사하였다. 이 조사 결과는 조사 대상자의 3분의 2가 인간의 지능이 인공지능보다 인류에 더 큰 위협이 된다고 믿고 있는 것으로 나타났다. 또한 이 조사에 참가한 사람들에게 어떤 의사결정을 먼저 컴퓨터에 위임할 것인지에 대해 질문하였다. 응답자 중 33%는 퇴직 계획을 결정하는 일을 컴퓨터에 위임할 것이라고 응답하였다.[05]

왕립학회의 보고서(Royal Society's report)는 새로운 AI 기술의 혜택을 사회에서 광범위하게 경험될 수 있도록 '세심한 책무(careful stewardship)' 환경을 조성하는 것을 강조하였다. 전반적으로 나는 이것을 공개적으로 추진되어야 할 건전한 이니셔티브라고 생각한다.[06]

093 각국에 인공지능 장관이 있어야 하는가?

전통적으로 많은 국가들은 농업, 교육, 상업과 같은 다양한 산업 분야를 감독하기 위해 장관이나 비서들을 임명했다. 가까운 미래에 정부는 인공지능과 로봇에 관련된 중요한 이슈와 과제를 다루는 '기술 장관(secretary of technology)'과 같은 직책의 설립 가능성을 고려할 필요가 있다.

사실 국가들이 답해야 할 가장 근본적인 질문 중 몇 가지는 인공지능을 윤리적으로 이용하도록 하자는 것과 그 인공지능의 혜택이 단순히 테크기업 내에서 이용되거나 또는 부자들만이 즐기는 것이 아니라 사회의 모든 계층으로 확산될 것을 보장하는 것이다.

2017년 10월, 아랍에미리트(United Arab Emirates)는 세계 최초로 인공지능 장관 직책을 만들었고, 오마르 빈 술탄(Omar Bin Sultan)을 장관으로 임명하였다.[07] 이 중요한 단계를 밟는 것은 아랍에미리트가 인공지능의 미래를 보다 적극적으로 준비하고 있음을 분명히 보여준다. 그리고 그렇게 하는 것이 다른 정부들에도 본보기가 될 수 있을 것이다.

2017년 2월, 덴마크는 실리콘 밸리(Silicon Valley)에 기반을 둔 기술 대사(technology ambassador)를 지정한 첫 번째 국가였다. 이와 같은 노력은 미래를 위해 현실적인 계획을 수립하는 데 주도적인 역할을 하고 있다는 것을 보여준다.

덴마크의 앤더스 사무엘슨(Anders Samuelsen) 외무장관은 이 역할의 필요성에 대해 다음과 같이 이야기하였다.

> "기술 대사는 기업, 연구기관, 국가, 도시, 당국, 조직 등 광범위한 기술 담당자들과 보다 포괄적인 대화를 수립하기 위한 노력에 앞장설 것이다."[08]

바라건대 다양한 국가들은 정부 내에서 기술 분야에서 전문적인 리더십 역할을 창출하기 위해 아랍에미리트와 덴마크가 제시한 모범 사례를 따르길 바란다. 이것은 다른 지도자들이 최신 기술 발전을 따라가는 동시에 사생활, 윤리적 이용, 공공 이익과 같은 주요 문제들을 다루는 데 도움이 될 것이다.

094 인공지능이 빈곤 퇴치에 도움을 줄 수 있는가?

보통 우리가 뉴스에서 인공지능의 장점을 읽었을 때 그 뉴스는 인공지능으로 사업을 개선하거나 보다 효율적으로 일할 수 있는 방법과 관련되어 있다. 인공지능은 실제로 빈곤과 같은 세계적인 도전과제를 해결하는 데 적합할 것이다

인공지능이 빈곤 퇴치를 위해 사용할 수 있는 한 가지 방법은 위성 이미지와 기계학습 기술의 조합에서 비롯된다. 스탠퍼드대학교(Stanford University)의 한 연구팀은 현재 어떤 지역이 빈곤층의 밀도가 가장 높은지 그리고 사하라 이남 아프리카(Sub-Saharan Africa)에서 어떤 종류의 도움이 필요한지 알아내기 위해 AI 도구를 이용하였다.

이러한 AI 도구를 통해 관찰할 수 있는 빈곤 지표는 낮은 야간 조명 강도이다. 대도시에는 밤에도 풍부한 광원이 있다. 반면 보다 가난한 시골 지역은 심지어 저녁 시간에도 보다 낮은 광도를 가질 가능성이 있다. 이러한 AI 시스템은 낮에 촬영한 것과 야간 조명 품질의 이미지를 비교해 도로, 농경지, 기타 지역을 구분하고 빈곤이 가장 심한 지역을 보다 정확히 파악할 수 있다.

이 연구의 기본 목표는 빈곤이 가장 심각한 곳의 상세한 지도를 작성하는 것인데, 이는 공공적으로 공유되어 이 분야에 대한 인식과 원조를 높이는 데 활용되기 시작하였다.[09]

2030년까지 극심한 빈곤을 종식하기 위해 노력하는 단체인 세계은행

(World Bank)에 따르면 '극심한 빈곤(extreme poverty)'은 하루 1.90달러 이하로 생활하는 것을 특징으로 한다.[10]

위에서 설명한 연구는 현재 진행되는 AI 프로젝트들의 한 사례로서, 가장 도움이 필요한 사람들을 돕고 빈곤을 없애기 위해 AI 도구를 이용하는 것을 보여준다.

095 사하라 이남 아프리카 같은 외딴 곳에서 인공지능이 도움을 줄 수 있는가?

창업자들이 놀라운 AI 애플리케이션을 개발하는 미국, 중국, 유럽으로 스타트업 허브가 계속 확장될 것이다. 그렇기 때문에 다음 몇 년은 매우 즐거운 시간이 될 것이다. 이러한 AI 발전의 대부분은 선진 국가들에 직접적으로 큰 영향을 미칠 것이다. 반면, 사하라 이남의 아프리카와 같은 후진 개발도상국을 위한 AI 애플리케이션도 다수 존재할 것이다.

10장에서는 인공지능이 다양한 산업을 어떻게 변화시키고 있는지를 설명하였다. 예를 들면, AI 도구의 능력으로 농업이 어떻게 변화할 것인지를 논의할 것이다. 또한 AI 도구들은 전 세계에 외지고 가난한 지역들을 구제하는데 도움을 줄 것이다.

또한 인공지능으로 움직이는 드론은 농작물을 감시하는 것뿐만 아니라 밀렵과 같은 문제에도 해결책을 제공할 것이다. 기존에는 밀렵꾼들이 어디에서 일했는지 알아내는 것은 어려웠지만, 드론은 이를 보다 쉽게 알아내도록 하는 데 도움을 줄 것이다.[11]

또한 원격지에 있는 사람들을 돕기 위한 몇몇 새로운 AI 벤처기업도 있다. 한 사례로 쿠디 AI(Kudi AI)라고 불리는 챗봇이 있는데, 이것은 사람들이 나이지리아와 같은 먼 곳의 친구들에게 돈을 보내기 위해 메시지를 이용할 수 있게 해준다. 또한 이용자가 자신의 소비 습관을 추적하고 사기로부터 보호할 수 있도록 해준다.

또 다른 사례는 아조(Aajoh)라고 불리는 나이지리아의 한 스타트업이 개

그림 10.3 | 쿠디 AI 웹사이트

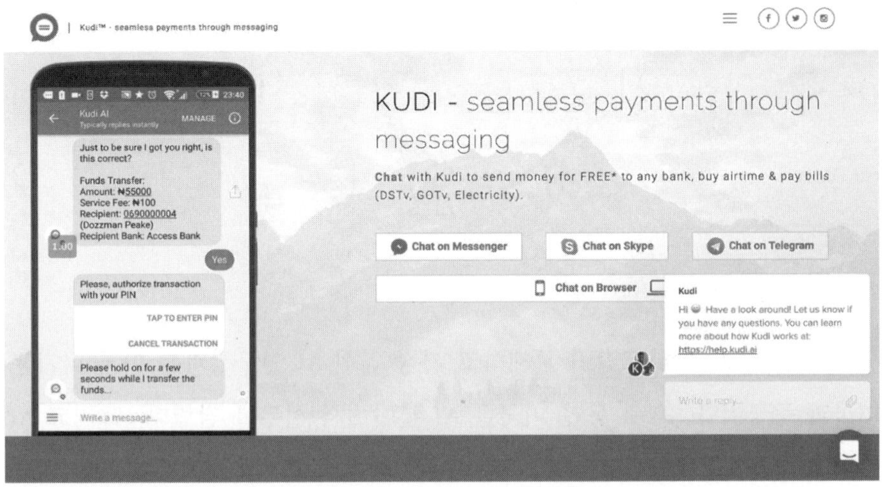

출처: kudi.ai

발한 AI 앱이다. 이 AI 앱을 이용하면 양질의 의료 서비스에 직접 접근할 수 없는 환자가 텍스트, 오디오, 이미지를 통해 증상을 입력한 다음 제공된 정보를 기반으로 의료 진단 서비스를 받을 수 있다.[12]

이것은 원격지역에서 AI 기술을 이용해 가난, 기아, 의료 부족 등과 같은 문제에 대해 긍정적인 해결책을 제공할 수 있는 몇 가지 사례에 불과하다.

096 현재 어느 나라가 인공지능 리더십 경쟁에서 앞서가고 있는가?

현재 많은 AI 스타트업이 존재하고 가장 앞선 AI 연구성과를 이룬 국가는 미국과 중국이다. 오랫 동안 미국은 AI 분야에서 선두를 달렸다. 그리고 AI 자원을 만들고, 개발하고, 응용하는 구글, 페이스북, 아마존 등과 같은 빅테크 기업들의 본거지이다. 하지만 현재 중국은 AI 기술 분야에서 미국을 따라잡기 위해 많은 노력을 하고, 안면인식 도구와 다른 AI 자원의 상용화에서 이미 성공을 거두기 시작했다.[13, 14]

중국 정부에 따르면 2025년까지 중국의 AI 산업은 매년 590억 달러 이상의 생산량을 창출한다고 한다. 또한 중국은 2030년까지 AI 기술 분야에서 최고의 리더가 되기 위해 노력하고 있다고 하였다. 중국이 공공 부문과 민간 부문 모두에서 AI 개발에 쏟고 있는 노력을 고려하면 2030년 혹은 더 빨리 중국은 세계 AI 리더가 될 가능성이 높다. 게다가 중국이 점점 더 많은 자원

그림 10.4 | 미국과 중국

을 인공지능에 투입하고 있는 동안, 미국은 과학 기금을 삭감하여 중국이 목표를 달성하는 데 더 좋은 기회를 제공하였다.[15]

액센츄어 PLC(Accenture PLC)와 프론티어 이코노믹스(Frontier Economics)의 한 보고서에 따르면 AI 도구가 총부가가치(gross value added) 측면에서 2035년까지 중국의 연간 성장률을 1.6%포인트 높일 수 있는 잠재력을 가지고 있다고 추정하였다.[16]

〈기계가 모든 것을 다하게 될 때 무엇을 할 것인가?(*What to Do When Machines Do Everything*)〉라는 책의 공동 저자인 말콤 프랭크(Malcolm Frank)에 따르면 인도는 수많은 빅테크 기업을 유치하고 창업자들에게 역동적인 환경을 제공하기 때문에, AI 혁명에서 주도적인 역할을 할 국가 중 하나라고 주장하였다.[17]

중국은 국민의 사생활 보호와 무관하게 광범위한 감시와 검열과 같은 정치적 의제를 진전시키기 위해 AI 기술을 활용했다는 비난을 받아 왔다. 일부 보도에 따르면 중국 정부는 심지어 특정 종교나 민족 집단에 속해 있는 사람들을 체포하고 수용소에 감금하기 위해 AI 기술을 이용하고 있다고 한다.[18]

현재 중국은 AI 개발에 투입하는 재능, 연구, 자본으로 인해 세계에서 가장 큰 AI 생태계를 가지고 있다. 하지만 나는 장기적으로 유럽의 AI 전략이 우세할 것이라고 믿는다. 유럽연합의 인공지능에 대한 '시민중심접근(citizen-centric approach)'은 사람들의 삶을 개선하는 데 맞춰져 있는 반면, 인공지능에 대한 중국의 '정부중심접근(government-centric approach)'은 자국민을 감시하고 통제하고 억압하는 데 맞춰져 있다. 중국과 유럽연합과 달리 미국은 인공지능에 대해 '소비자중심접근(consumer-centric approach)'을 취하고 있다. 미국의 몇몇 유망한 AI 프로젝트는 자국민의 사생활과 안녕을 고려하지만 미국 기업들은 역사적으로 주주가치를 높이기 위해 인공지능을 이용하는 데 집중해 왔다. 이는 종종 자국민의 개인 데이터 이용에 따른 법적 또는 윤리적인 위반을 유발하였다.

097 인공지능 리더가 되기 위해 노력하고 있는 국가들은?

AI 개발과 구현 분야에서 세계를 선도하고 있는 미국과 중국 외에도 AI 도구에 집중적으로 투자하기 시작한 다양한 국가들이 있다.

캐나다는 인공지능이 자국 내에서 더 효과적으로 이용될 수 있도록 하는 몇 가지 혁신적인 이니셔티브를 도입했다. 그것은 기계학습과 인공지능 분야의 재능 있는 사람들의 유입을 촉진했다.

기술 리더들이 캐나다로 이주한 한 가지 이유는 AI 애플리케이션 분야를 깊이 연구하며, 세계 어느 연구기관보다 보다 깊이 있는 AI 교육을 받은 졸업생들을 배출하고자 하는 단체인 벡터 연구소(Vector Institute)가 있기 때

그림 10.5 | 벡터 연구소의 웹사이트

출처: http://vectorinstitute.ai

문이다.[19] 벡터 연구소에 대한 더 많은 정보는 다음 웹사이트에서 찾을 수 있다: http://vectorinstitute.ai.

구글 알파벳의 자회사 딥마인드는 캐나다의 에드먼턴(Edmonton)에 최초의 국제 연구소를 설립하였다. 이 연구소는 딥러닝 분야의 캐나다 석학인 제프리 힌튼(Geoffrey Hinton)과 요슈아 벤지오(Yoshua Bengio)에 의해 만들어졌다.[20] 또한 페이스북은 캐나다 몬트리올에 인공지능 연구원 10명을 채용할 AI 연구소를 설립할 것이라고 발표했다. 간단히 말해 캐나다는 AI 슈퍼파워가 되기 위해 필요한 모든 요소를 갖추고 있다.[21]

핀란드는 교육과 첨단 기술 분야에서 AI 선두주자가 되고 있다. 핀란드 유하 시필라(Juha Sipilä) 총리는 이미 핀란드가 AI 기술에서 세계를 선도하기를 바라는 자신의 소망에 대해 말했다.[22] 신생기업을 위한 활기찬 환경을 갖춘 디지털화되고 혁신적인 소규모 국가인 핀란드는 글로벌 AI 리더십의 잠재력이 크다. 또한 핀란드는 세계 AI 리더인 IBM에 의해 IBM의 유명한 AI 도구인 왓슨을 이용하여 개인화된 의료 서비스를 개발하고 경제 성장을 촉진하도록 선정되었다.[23]

프랑스 대통령 에마뉘엘 마크롱(Emmanuel Macron)은 프랑스가 인공지능 분야에서 세계의 리더 중 하나가 될 것을 확실히 하기 위해 확고한 조치를 취했다. 마크롱 대통령은 프랑스가 앞으로 몇 년 안에 정부 자금 15억 유로(약 17억 5,000만 달러)를 AI 연구에 투자할 것이라고 발표했다. 이 발표 덕분에 마이크로소프트, IBM, 구글 등 미국의 일부 빅테크 회사들도 AI 관련 프로젝트 개발을 위해 프랑스에 투자 계획을 밝혔다.

개인적으로 이것은 프랑스뿐만 아니라 유럽 전체에 큰 뉴스라고 생각한다. 왜냐하면 유럽 국가들은 AI 연구와 개발 면에서 미국과 중국에 상당히 뒤처져 있기 때문이다. 또한 프랑스에서 인공지능의 윤리적 이용에 관한 여러 프로젝트가 시작될 가능성이 매우 높으며, 이는 매우 즐거운 일이다.

많은 국가들은 인공지능 선도국들의 사례를 모방하고 있다. 많은 국가와 단체들이 AI 애플리케이션에 관심을 갖게 되면서, 추가적으로 여러 국가들이 관심을 보이고 있다.

098 인공지능이 정치적 선전에 이용되는가?

과거에 중요한 선거 전에 정보의 확산은 주로 전단지와 포스터를 통해 이루어졌다. 오늘날 이러한 유형의 정보는 주로 디지털 형태로 전파되며, 보다 개인적인 수준에서 유권자의 의견에 영향을 미치기 위해 고급 기술을 이용한다.

페이스북과 같은 서비스는 엄청난 양의 데이터를 이용할 수 있기 때문에 잠재적 유권자들의 취미, 민족적 기원 심지어 그들이 특정한 상황에서 경험하는 감정 등과 같은 특징을 파악하는 것이 가능하다. 그런 다음 이러한 유형의 정보를 이용하여 정치 캠페인에서 고객화된 메시지와 타깃 광고(targeted ads)를 만들 수 있다.

페이스북의 방대한 데이터를 잘못 이용한 두 가지 사례로, 하나는 2016년 브렉시트 국민투표(영국이 유럽연합을 탈퇴해야 하는지에 대한 투표) 사례가 있고, 다른 하나는 같은 해 치러진 미국 대통령 선거 사례가 있다.

이 두 사례 모두 영국 회사인 케임브리지 애널리티카(Cambridge Analytica)가 만든 AI 알고리즘이 개별 유권자들의 페이스북에서의 영향력을 파악하는 데 이용하였다. 이 회사의 위법행위를 처음 폭로한 전 케임브리지 애널리티카 직원 크리스토퍼 와일리(Christopher Wylie)에 따르면 케임브리지 애널리티카가 페이스북 데이터에 대한 접근권을 정치적 선전 무기로 이용하지 않았다면 이런 결과는 일어나지 않았을 것이라고 하였다.[24]

이 두 스캔들은 모두 케임브리지 애널리티카가 수백만 명의 페이스북 이용자의 프로필에 접속하는 능력을 남용한 결과였다. 이런 참담한 사건들에 대응하여 페이스북은 이제 정치적 광고 목적으로 페이스북에서 가짜뉴스가 퍼지는 것을 막기 위해 제3의 회사들에 대한 데이터 접근을 제한하겠다고 발표했다. 이것은 페이스북과 같은 빅테크 회사들이 인공지능을 정치적 선전 같은 사악한 목적으로 오용되는 것을 막기 위해 적극적으로 노력하는 것이 왜 중요한지를 보여주는 분명한 사례이다.

이러한 종류의 데이터 남용은 결코 완전히 없어지지 않을 것이며, 미래에 인공지능은 정치적 목적으로 사람들에게 영향을 미치기 위해 가짜 뉴스와 다른 종류의 정치 선전 뉴스의 생성과 유통에 지속적으로 이용될 것이다. 분명히 이러한 관행들은 윤리적, 도덕적 우려를 낳는다. 그렇기에 이러한 우려를 막기 위해 규칙과 법을 시행할 필요가 있다.

정치적 선전을 위해 인공지능을 이용하는 것과 관련된 또 다른 트렌드는 딥페이크 비디오의 출현이다. 이 가짜 동영상들은 정치인들이 하지 않은 말을 하는 것처럼 보이게 하기 위해 AI 기술을 이용해 의도적으로 조작한 것이다.

이러한 딥페이크 비디오 중 일부는 놀라울 정도로 그럴듯해 보이며, 일반 인터넷 이용자들로서는 식별하기가 매우 어렵다. 페이스북은 자사의 웹사이트에서 이러한 사기성 동영상을 탐지하고 삭제하는 데 천만 달러를 투자하기로 약속했다. 하지만 인터넷에서 모든 딥페이크 비디오를 완전히 제거하고, 새로운 딥페이크 비디오가 나타나지 않게 하는 것은 불가능하다. 불행하게도 위험하게 속임수를 쓰는 이러한 비디오들은 아마 지금도 페이스북에 남아있을 것이다.[25]

099 인공지능이 지정학적 불평등이나 불균형을 만들 것인가?

AI 기술의 발전으로 인해 우리 사회가 직면하고 있는 가장 큰 도전은 우리가 이 책의 다른 장에서 설명한 것처럼 노동자들을 자동화된 로봇 도구로 대체하는 것이다. 그러나 우리가 인공지능을 둘러싼 문제를 논의할 때 자주 다루어지지 않는 주제는 AI 기술이 국가 간의 불균형을 가져올 수 있다는 것이다. AI 기술의 발전은 놀라운 속도로 빠르게 진행되고 있다. 그러나 대부분의 AI 기술 개발은 8대 AI 기업(구글, 아마존, 페이스북, 마이크로소프트, IBM, 바이두, 텐센트, 알리바바)이 본사를 두고 있는 미국과 중국에 집중되어 이루어지고 있다.

시노베이션 벤처스(Sinovation Ventures) 회장이자 AI 연구소 대표인 카이푸 리 박사는 '인공지능의 진짜 위협(The Real Threat of Artificial Intelligence)'이라는 제목의 뉴욕 타임즈 칼럼에서 AI의 도전과제를 논하였다. 카이푸 리 박사는 모든 국가가 정치적, 경제적으로 경쟁력을 유지하기 위해 AI 도구를 필요로 하기 때문에, 보다 작거나 가난한 나라들은 필요한 소프트웨어를 얻기 위해 미국, 중국과 협상을 해야 할 수도 있다고 주장하였다.[26] 또한 그는 많은 국가의 정부가 자동화로 인해 일자리를 잃은 사람들을 돕기 위해 일종의 보편적 기본소득이나 보조금을 제공하는 동시에 그 사람들로부터 소득세 기금이 손실되는 것을 처리할 필요가 있을 수도 있다고 지적하였다.

카이푸 리 박사의 의견은 테크 기업과 정부가 협력하고 통찰력을 확보하

는 데 도움이 될 것이다. 빅테크 기업들은 그들의 AI 도구의 사회적 영향을 인지하지 못하고 있다.[27]

AI 도구 활용에 대한 세계적인 불균형 문제에 대한 해결책은 전 세계 어느 누구나 AI 기술을 활용할 수 있도록 하는 것이다. 이를 위한 대안은 다양한 오픈소스 AI 소프트웨어(open source AI software)를 장려하고, AI 소프트웨어에 이용되는 데이터를 제공함으로써 지속 가능하고 공정한 개발을 이룰 수 있도록 지원하는 것이다.

100 인공지능이 무기가 될 수 있는가?

불행히도 "인공지능이 무기가 될 수 있는가?"라는 질문에 대한 대답은 "그렇다"이다. 역사를 통틀어 악용되는 몇 가지 AI 도구를 살펴보자. 많은 경우에 AI 도구들은 처음에 사람들이 더 좋게 더 빨리 임무를 수행하는 것을 돕기 위해 만들어졌지만, 나중에는 전쟁의 목적으로도 채택되었다. 인공지능과 로봇이 지속적으로 발전함에 따라 군 조직들은 그 기술들이 군의 이익을 위해 이용될 수 있는 방법을 찾아낼 것이다.

2017년 8월 일론 머스크(Elon Musk)는 26개국 116명의 최고경영자(CEO)와 AI 연구원과 함께 유엔에 AI 무기 이용 금지를 요구하는 공개서한에 서명했다.[28] 다음 웹사이트에서 이 서한의 내용과 서명자 이름을 확인할 수 있다: https://futureoflife.org/autonomous-weapons-open-letter-2017.

본 서한에는 다음과 같은 중요한 내용이 수록되어 있다.

> "일단 치명적인 자율무기가 개발되면 무력충돌은 그 어느 때보다 큰 규모로, 때로는 인간이 이해할 수 있는 것보다 더 빠른 속도로 싸우게 될 것이다. 이 판도라의 상자가 열리면 닫기가 어렵다. 따라서 우리는 당국자들에게 이러한 위험으로부터 우리 모두를 보호할 수 있는 방법을 찾을 것을 간청하고자 한다."[29]

바라건대 로봇과 AI 분야의 리더들의 지지는 산업계의 다른 리더들이 그 뒤를 따르도록 격려해 줄 것이다.

토비 월쉬(Toby Walsh)가 발표한 공개 서한에도 각국에 AI 군비 경쟁을 시작하지 말라고 경고하고 있다. 이 서한은 AI와 로봇 산업 연구원 3,105명과 그 외 사람 17,701명이 서명을 했다. 다음 웹사이트에 접속하면 이 서한을 직접 볼 수 있다: https://futureoflife.org/open-letter-autonomous-weapons.

생명미래연구소(Future of Life Institute)의 설립자인 맥스 테그마크(Max Tegmark)는 우리가 미래를 위해 처음부터 첨단 AI 이용 권리에 대해 제대로 준비할 필요가 있다고 경고하였다. 테그마크에 따르면 인류는 다양한 유용한 기술을 발명하고 발견하였다. 이 과정에서 우리는 실수로부터 많은 것을 배울 기회를 얻었다. 하지만 우리는 아직 진보된 슈퍼 인공지능(super AI)을 갖고 있지 않기에 인공지능의 잘못된 활용으로 실수하지 말아야 할 것이다. 따라서 우리는 미래 인공지능에 대해 보다 신중한 개발을 추진해야 한다.

첨단 슈퍼 AI 분야에서는 작은 계획 실수라도 미래에 큰 문제로 이어질 수 있다. 테그마크는 이런 일이 일어나지 않도록 모든 관련자들에게 '안전 공학(safety engineering)'에 참여할 것을 촉구하였다. 이에 대한 주요 사례로 치명적인 자율무기의 이용을 금지하고, 인공지능에 의해 발생되는 이익을 사회 전체에 공평하게 분배되도록 해야 할 것이다.[30]

또한 당신이 이러한 종류의 문제에 대해 보다 자세히 알고 싶다면 생명미래연구소의 활동에 참여하기를 권장한다. 이 연구소는 다음 웹사이트에서 접속할 수 있다: https://futureoflife.org/.

101 인공지능 시대에 당신은 어떻게 대비해야 하는가?

당신은 지금까지 이 책에서 접한 AI에 대한 아이디어와 통찰력이 즐거웠는가? 내가 마지막으로 당신에게 추천하고 싶은 것은 당신만의 AI 계획을 수립하고 행동하라는 것이다.

인공지능이 우리의 미래를 변화시킬 방법에 대해 제시된 아이디어를 생각해 보자. 당신은 개인적으로 어떤 것이 당신의 일이나 사생활에 가장 매력적이고 관련이 있다고 생각하는가? 당신은 세 가지 핵심 아이디어를 선택하고 이에 대해 자세히 알아보고 구현을 시작하기 위한 계획을 수립해야 한다. AI 발전이 가까운 미래에 우리 생활에 가져올 주요 과제를 인식하고 이를 적극적으로 대처하는 것도 매우 중요하다. 주요 뉴스 미디어는 인공지능이 가져올 이점만을 다루는 경우가 너무 많다. 하지만 우리는 인공지능이 우리의 삶을 어떻게 변화시킬지 그리고 그러한 변화와 함께 다가올 도전과 문제점을 모두 알아야 한다.

인공지능이 여러분 자신의 삶에 가져다줄 수 있는 가장 큰 도전과 문제점 중 몇 가지를 상상해 보고, 그것들을 최소화하거나 해결할 수 있는 방법을 생각해 보길 바란다. 지금까지 다룬 주요 과제 중 일부는 다음과 같다.

- AI와 잡마켓
- AI와 외로움
- AI와 윤리
- AI와 정치 선전

- AI와 지정학적 불평등
- AI와 공포
- AI와 무기화

또한 나는 당신이 게르트 레온하르트(Gerd Leonhard)의 현명한 권고를 고려해 보길 제안한다.

> "기술은 활용하지만 기술에 종속되지 말라".

당신의 삶이나 직장생활에서 인공지능과 다양한 종류의 기술을 구현하는 새로운 방법을 배우는 것은 좋은 일이다. 하지만 보다 좋고, 보다 강하고, 보다 건강한 인간이 되는 것에 초점을 맞추면서 노력하는 것은 훨씬 더 중요하다.

인공지능을 완전히 피하거나 너무 많이 의존하는 등 극단으로 치닫지 않는 것도 중요하다. 인생의 대부분과 마찬가지로 절제가 중요하다. 인공지능이 당신의 삶을 돕도록 하자. 하지만 그것이 여러분의 삶을 차지하거나 바뀌게 하지는 말길 바란다. 인간 경험의 경이로움을 감상하는 것의 중요성을 간과하지 말길 바란다. 우리는 배우고 성장하며 우리 자신을 개선하려는 노력을 멈추지 말아야 한다. 또한 우리는 사회적 · 정서적 지능, 창의성, 전반적인 행복과 같은 인간의 경험을 향상시킬 수 있는 자질들을 위해 항상 열심히 노력해야 한다. 당신은 새로운 기술의 애플리케이션의 장점을 인식하는 데 도움을 필요로 하는 많은 사람들을 만나게 될 것이다. 당신이 알고 있는 것을 기꺼이 공유하길 바란다.

마지막으로 중요한 것은 당신이 얼마나 멀리 갈 수 있는지는 당신 스스로 취하는 행동에 달려있다는 것을 명심하길 바란다.

NOTES

01 Niko Nurminen, "Couldartificial intelligence lead to world peace?", Aljazeera, 30 May 2017, http://www.aljazeera.com/indepth/features/2017/05/scientist-race-build-peace-machine-170509112307430.html

02 Timo Honkela, "Itse asiassa kuultuna", Yle Areena, June 01, 2017, https://areena.yle.fi/1-3971511

03 Timo Honkela, "Itse asiassa kuultuna", Yle Areena, June 01, 2017, https://areena.yle.fi/1-3971511

04 The Royal Society, "Machine learning", 2017, https://royalsociety.org/topics-policy/projects/machine-learning

05 CBS News, "60 Minutes/Vanity Fair poll: Artificial Intelligence", CBSnews, March 28, 2016, https://www.cbsnews.com/news/60-minutes-vanity-fair-poll-artificial-intelligence

06 The Royal News, "Machine learning requires careful stewardship says Royal Society", April 25, 2017, https://royalsociety.org/news/2017/04/machine-learning-requires-careful-stewardship-says-royal-society

07 Arabian Business, "UAE appoints first Minister for Artificial Intelligence", October 19, 2017, http://www.arabianbusiness.com/politics-economics/381648-uae-appoints-first-minister-for-artificial-intelli- gence

08 The Local, "Denmark names first ever digital ambassador for Silicon Valley role", 26 May, 2017, https://www.thelocal.dk/20170526/denmark-names-first-ever-digital-ambassador-for-silicon-valley-role

09 Umberto Bacchi, "Artificial Intelligence Could Now Help Us End Poverty", Huffington Post, August 19, 2016, https://www.huffingtonpost.com/entry/artificial-intelligence-satellite-images-locate-poverty-researchers_us_57b71211e4b0b51733a2dd20

10 World Bank, "Tackling Inequality Vital to Ending Extreme Poverty by 2030", October 02, 2016, http://www.worldbank.org/en/news/press-

release/2016/10/02/tackling-inequality-vital-to-end-extreme-poverty-by-2030

11 JP Buntinx, "Drones and Artificial Intelligence aim to end Poaching in Africa", The Merkle, May 23, 2017, https://themerkle.com/drones-and-artificial-intelligence-aim-to-end-poaching-in-africa

12 Stephen Timm, "6 artificial intelligence startups in Africa to look out for [Digital All Stars]", Venture Burn, April 24, 2017, http://ventureburn.com/2017/04/five-artificial-intelligence-startups-africa-look-2017

13 Will Knight, "Paying with Your Face", MIT Technology Review, March, 2017, https://www.technologyreview.com/s/603494/10-breakthrough-technologies-2017-paying-with-your-face

14 Will Knight, "China Plans to Use Artificial Intelligence to Gain Global Economic Dominance by 2030", MIT Technology Review, July 21, 2017, https://www.technologyreview.com/s/608324/china-plans-to-use-artificial-intelligence-to-gain-global-economic-dominance-by-2030

15 Paul Mozur, "Beijing Wants A.I. to Be Made in China by 2030", NYTimes, July 20, 2017, https://www.nytimes.com/2017/07/20/business/china-artificial-intelligence.html

16 Accenture, "How Artificial Intelligence Can Drive China's Growth", 2017, https://www.accenture.com/cn-en/insight-artificial-intelligence-china

17 Rishi Iyengar, "These three countries are winning the global robot race", CNN, August 21, 2017, http://money.cnn.com/2017/08/21/technology/future/artificial-intelligence-robots-india-china-us/index.html

18 Ryan Saavedra, "'ARREST BY ALGORITHM': China Uses Artificial Intelligence To Flag Entire Groups Of People For Arrest, Report Says", The Daily Wire, November 25, 2019, https://www.dailywire.com/news/arrest-by-algorithm-china-uses-cybernetic-brain-to-flag-groups-of-people-for-arrest-report-says

19 Bijan Khosravi, "There's An AI Revolution Underway And It's Happening In Canada", Forbes, June 09, 2017, https://www.forbes.com/sites/bijankhosravi/2017/06/09/theres-an-ai-revolution-under- way-and-its-happening-in-canada/#58401a81c73b

20 Jonathan Vanian, "Google's Deep Mind Turns to Canada for Artificial Intelligence Boost", Fortune, July 05, 2017, http://fortune.com/2017/07/05/google-deepmind-artificial-intelligence-canada

21 John Kelleher and Laura Mcgee, "Canada has a chance to monopolize the artificial intelligence industry", The Globe and Mail, June 26, 2017, https://www.theglobeandmail.com/report-on-business/rob-commentary/canada-has-a-chance-to-monopolize-the-artificial-intelligence-industry/article35449406

22 Finnish Government, "Artificial intelligence changes society – Sipila says Finland could be the world leader", February 09, 2017, http://valtioneuvosto.fi/en/article/-/asset_publisher/10616/tekoaly-muuttaa-yhteiskuntaa-sipila-suomella-edellytykset-olla-maailman-ykkonen

23 IBM, "Finland and IBM Partner to Develop Personalized Healthcare and Spark Economic Growth with Watson", September 14, 2016, https://www-03.ibm.com/press/us/en/pressrelease/50524.wss

24 Pablo Guimon, "Brexit wouldn't have happened without Cambridge Analytica", El Pais, March 27, 2018, https://elpais.com/elpais/2018/03/27/inenglish/1522142310_757589.html

25 "Facebook puts $10m into effort to spot deep fake videos", BBC, September 6, 2019, https://www.bbc.com/news/technology-49607057

26 Steemit, "What is the real risk of artificial intelligence?", July, 2017, https://steemit.com/technology/@steemmaster/what-is-the-real-risk-of-artificial-intelligence

27 Kai-Fu Lee, "The Real Threat of Artificial Intelligence", NYTimes, June 24, 2017, https://www.nytimes.com/2017/06/24/opinion/sunday/artificial-intelligence-economic-inequality.html

28 Tracey Lien, "Elon Musk and AI experts urge U.N. to ban artificial intelligence in weapons", LATimes, August 21, 2017, http://www.latimes.com/business/technology/la-fi-tn-musk-killer-robots-20170821-story.html

29 Future of Life Institute, "An Open Letter To The United Nations Convention On Certain Conventional Weapons", August 21, 2017, https://futureoflife.org/autonomous-weapons-open-letter-2017

30 Andrew Anthony and Max Tegmark, "Machines taking control doesn't have to be a bad thing", The Guardian, September 16, 2017, https://www.theguardian.com/technology/2017/sep/16/ai-will-superintelligent-computers-replace-us-robots-max-tegmark-life-3-0

찾아보기

| 저자소개 |

라세 로우하이에넨(Lasse Rouhiainen)은 인공지능, 파괴적 기술, 디지털 마케팅 분야에서 베스트셀러 작가이자 국제적인 전문가이다. 라세는 기업과 사회가 일반적으로 인공지능에 더 잘 적응하고 혜택을 받을 수 있는 방법을 연구하고 있다. 하버드 비즈니스 리뷰, BBC, 비즈니스 인사이더를 포함한 국제 언론에 그의 연구결과와 의견이 소개되었다.

라세는 전 세계 16개국 이상의 국가에서 기조 발표, 세미나, 워크샵을 개최했으며, 여러 대학에서 국제 콘퍼런스를 개최하였다. 또한 그는 전 세계의 수천 명의 학생과 전문가들에게 3개 언어(영어, 스페인어, 핀란드어)로 교육을 제공하였다.

라세의 연구에 대한 자세한 내용과 콘텐츠를 구독하려면, 다음 웹사이트를 방문하기 바란다: www.lasserouhiainen.com.

인공지능: 미래를 위해 반드시 알아야 할 101가지 사항들

2021년 9월 5일 1판 1쇄 인쇄
2021년 9월 10일 1판 1쇄 발행

저 자 | 라세 로우하이에넨
역 자 | 임세헌
발 행 인 | 이수영
발 행 처 | 도서출판 청람
서울시 마포구 독막로 288(대흥동, 세양상가 109호)
전 화 | 02)3272-2601~2
팩 스 | 02)3272-2603
이 메 일 | crbooks@daum.net
홈페이지 | www.crbooks.co.kr
등 록 | 2000년 8월 26일 제6-0509호

ISBN 978-89-5972-833-6 93320 [정가 25,000원]